2015 解读浙江经济

李学忠 主编

图书在版编目(CIP)数据

2015 解读浙江经济 / 李学忠主编. —杭州：浙江工商大学出版社，2015.7

ISBN 978-7-5178-1107-7

Ⅰ. ①2… Ⅱ. ①李… Ⅲ. ①区域经济发展—研究—浙江省—2015 Ⅳ. ①F127.55

中国版本图书馆 CIP 数据核字(2015)第 116420 号

2015 解读浙江经济

李学忠 主编

责任编辑 刘 韵
封面设计 流 云
责任校对 何小玲 王倩华 郑梅珍
责任印制 包建辉
出版发行 浙江工商大学出版社
(杭州市教工路 198 号 邮政编码 310012)
(E-mail:zjgsupress@163.com)
(网址:http://www.zjgsupress.com)
电话:0571-88904980,88831806(传真)
排　　版 杭州朝曦图文设计有限公司
印　　刷 浙江新华数码印务有限公司
开　　本 710mm×1000mm 1/16
印　　张 27.5
字　　数 479 千
版 印 次 2015 年 7 月第 1 版 2015 年 7 月第 1 次印刷
书　　号 ISBN 978-7-5178-1107-7
定　　价 69.00 元

编辑委员会

目　录

经济监测

建设美丽浙江　创造美好生活

——新中国65年浙江经济社会发展成就总报告 …… 3

开局平缓　压力较大

——2014年一季度浙江经济运行情况 …… 15

稳中有升　稳中向好

——2014年上半年浙江经济运行情况 …… 27

稳步回升　持续向好

——2014年前三季度浙江经济运行情况 …… 40

2014年浙江经济运行平稳向好 …… 52

2014年浙江居民收支情况分析 …… 64

浙江省2014年CPI运行情况分析 …… 73

2014年浙江省工业生产者价格运行情况分析 …… 83

2014年浙江低收入农户收支特征分析 …… 89

2014年浙江高新技术产业发展良好 …… 94

2014 年浙江节能降耗成效明显 …………………………………………………… 99
浙江消费者信心指数继续上扬　消费意愿变化值得关注 ……………………… 103

专题研究

浙江省经济转型升级主要指标分析 ………………………………………………… 113
浙江省 R&D 投入现状分析 ……………………………………………………… 124
浙江高技术产业竞争力研究 ……………………………………………………… 133
浅析三大需求与 GDP 增长的关系 ……………………………………………… 144
2014 年浙江省装备制造业发展状况分析………………………………………… 149
浙江工业结构优化升级的方向和路径研究 ……………………………………… 154
浙江工资水平与沿海省份的比较研究 …………………………………………… 166
浙江人口发展进入新常态的思考 ………………………………………………… 187
劳动年龄人口负增长下的变化与挑战 …………………………………………… 196
浙江生产性服务业发展研究 ……………………………………………………… 203
浙江医疗设备产业发展强势突起 ………………………………………………… 212
杭州汽车限牌对全省消费品市场的影响分析 …………………………………… 217
关于统计新常态的思考 …………………………………………………………… 223

市县经济

杭州城市化进程与经济增长的匹配性探析 ……………………………………… 233
全面提升杭州经济竞争力思考
——杭州市与全国 8 个 GDP 8000 亿元以上城市比较分析 ………… 247
新常态下温州经济发展态势和对策研究 ………………………………………… 262
从几组经济指标比较看嘉兴转型发展差距及对策 ……………………………… 273
嘉兴工业水资源利用状况研究 …………………………………………………… 294

高耗能行业对湖州市“十二五”节能降耗的影响 …………………… 309

发展亲水产业　实现名城复兴

——新常态下提升绍兴水城产业的思考 …………………… 317

金华电子商务产业发展初探 …………………… 325

粮食生产财政扶持政策调查报告 …………………… 334

国家级新区比较研究 …………………… 340

台州模具制造产业发展现状及路径研究 …………………… 363

台州市制造业固定资产投资发展状况探析 …………………… 371

发展趋势良好　扶持尚需加力

——余杭涉农企业电子商务发展探析 …………………… 389

新经济时代港口物流业的转型思考

——以宁波北仑为例 …………………… 397

加快发展都市区经济　提升金华核心竞争力

——推进金华市县域经济向都市区经济转型的思考 …………………… 402

象山县战略性新兴产业发展状况与未来发展思路 …………………… 410

关于衢江区类金融经济发展的若干思考 …………………… 419

松阳县茶产业链经济发展探析

——基于统计视角 …………………… 425

经济监测

建设美丽浙江　创造美好生活

——新中国65年浙江经济社会发展成就总报告

浙江省位于中国东南沿海长江三角洲南翼，陆域面积10.18万平方公里，占全国陆域面积的1.06%，是中国面积较小的省份之一；海域面积26万平方公里，海岸线总长6486公里，辖2个副省级城市、9个地级市、34个市辖区、21个县级市、35个县(1个自治县)，地处亚热带中部，属季风性湿润气候，年温适中，四季分明，光照充足，雨量充沛。浙江自然风光与人文景观交相辉映，人文荟萃，名人辈出，有“鱼米之乡、丝茶之府、文物之邦、旅游胜地”之称。

新中国成立65年来，特别是改革开放以来，在党中央和历届省委的坚强领导下，浙江发生了翻天覆地的变化，成为全国经济最具活力的省份之一，经济快速发展，社会全面进步，城乡面貌发生巨大变化，人民生活实现了由基本温饱向总体小康和全面小康的历史性跨越，创造了浙江历史上从未有过的繁荣和富足，并正向建设美丽浙江、创造美好生活的社会主义现代化目标阔步迈进，努力为实现中华民族伟大复兴的中国梦贡献浙江力量。

一、经济发展屡上新台阶，综合实力显著增强

浙江省生产总值，1949年仅有15亿元，1978年为123.7亿元，到2013年，达到37568亿元，按可比价格计算，比1949年增长423倍，年均增长9.9%，其中，1950—1978年年均增长6.8%，1979—2013年年均增长12.6%。人均GDP由1949年的72元增加到1978年的331元，2013年达68462元，比1949年增长145倍，年均增长8.1%，其中，改革开放以来的35年年均增长11.3%，是改革开放以来全国各省市区中人均GDP增长最快的地区之一。

经济的快速增长，大大增强了浙江的综合实力。1952年，在各省市区中，浙江经济总量排在第11位。到1978年，浙江经济总量排在第12位(被湖北赶超)，人均GDP仅列第16位。到2013年，浙江经济总量占全国GDP的比重为6.6%，位于广东、江苏、山东之后，居全国第4位；人均GDP位于天津、北京、上海、江苏之后，居全国第5位。财政实力不断增强。2013年，财政总收入6908亿元，是1949年的1.5万倍，年均增长16.3%。地方财政收入从1994年的94.6亿元增加到2013年的3797亿元，增长39倍，年均增长21.4%，地

方财政收入总量位于广东、江苏、上海、山东之后，居全国第5位，比1978年的第14位上升9位。财政总收入相当于生产总值的比重由1990年的11.2%上升到2013年的18.4%。随着财力的增长，政府宏观调控能力明显增强，民生支出比重不断加大，为支持地方经济建设和推进各项社会事业发展创造了有利的物质条件，有效地促进了全省经济社会的稳定协调发展和人民生活改善。

二、产业结构不断优化，转型升级加快推进

1949年，浙江属于典型的农业社会，在GDP中，三次产业的比例为68.5：8.0：23.5。改革开放之前，与较弱的经济基础相对应，产业结构层次仍很低。1978年，尽管农业占GDP的比重低于第二产业，但农业增加值仍高于工业，特别是农业劳动力占全社会劳动力的比重高达近四分之一，因此仍然属于比较典型的农业省份。改革开放以来，伴随着经济总量的高速增长，经济结构也发生了深刻变化。在GDP中，三次产业比例由1978年的38.1：43.3：18.7转变为2013年的4.8：49.1：46.1；劳动力比重则由74.8：17.1：8.1转变为13.7：50.0：36.3，一产从业人员比重下降61.1个百分点，二、三产从业人员比重分别上升32.9和28.2个百分点。产业结构的根本性变化，标志着浙江实现了由落后的农业社会向先进的工业化社会的历史性跃迁。

农业结构向多元化方向发展。农、林、牧、渔业总产值的比例，由1949年的81.4：5.4：11.3：1.9，调整为1978年的77.3：3.0：14.3：5.3，2013年为47.1：5.0：19.3：26.7(农、林、牧、渔服务业占1.9%)。农作物播种面积中，粮食与经济作物的比例，也由1952年的78.2：21.8，调整为2013年的51.3：48.7。2013年，粮食、油料、茶叶、水产品产量分别为734，37.8，16.9和550.8万吨，比1949年分别增长70.7%和2.2，24.5，76.6倍；猪牛羊肉、水果产量分别达到141.6万和715.7万吨，比1978年增长2.3和48倍；蔬菜产量1764万吨，比1985年增长16.6倍。

工业在国民经济中的主导地位日益突出。2013年，工业增加值达到16368亿元，按可比价格计算，比1952年增长2378倍，年均增长13.6%，其中，1979—2013年年均增长15.4%，增幅比全国平均水平高4.2个百分点，比同期GDP增速高2.8个百分点。工业从业人员达到1474.6万人，比1978年增加1192.6万人，占从业人员的比重从15.7%提高到39.8%。2013年，钢材、布、丝织品产量分别比1949年增长1689，393和17倍，汽车、电视机、家用电冰箱、金属切削机床、水泥产量分别比1978年增长277，1013，1998，14和68倍。工业产品国内国际市场占有率提高，规模以上工业企业销售收入占全国的比重，从1979年的3.3%上升到2013年的6.0%。出口交货值占全国的比重,从1990年的3.6%上升到2013年的10.2%。工业行业结构发生了重大改变,已经形成工业门类比较齐全的产业结构,涵盖38个工业大类、180个行业中类、464个行业小类。轻重工业比例,由1952年的89.3∶10.7,1978年的60.2∶39.8,1998年的62.2∶37.8,2013年的42.1∶57.9。到2013年,规模以上工业中,装备制造业增加值、战略性新兴产业和高新技术产业增加值占规模以上工业的比重分别为34.8%,34.4%和24.6%。企业经济效益较好,2013年,规模以上工业企业实现利税5984亿元,比1978年乡及乡以上独立核算工业增长248倍,年均增长9%,比1998年增长14.7倍,年均增长19.6%,其中,实现利润3561亿元,比1998年增长19.8倍,年均增长22.4%,每百元主营业务收入实现利税9.76元,比1998年提高0.64元;劳动生产率达18万元/人,比1998年名义增长4.1倍。以产业集群为支撑的区域特色工业造就了发达的县域经济。2013年,浙江90个县(市、区)中,有17个县(市、区)规模以上工业总产值超千亿;有5个国家级高新技术产业园区和20多个省级高新技术产业园区,实现工业增加值1641亿元,占规模以上工业的14.0%,比上年增长11.0%,增幅比规模以上工业高2.5个百分点。

第三产业取得长足发展。1951—2013年,第三产业增加值年均增长10.2%,其中,改革开放以来35年年均增长13.3%,第三产业占GDP的比重由1950年的22.7%调整为1978年的18.6%,2013年提高到46.1%。交通运输、批零住餐等传统服务业通过运用现代经营方式和服务技术,保持较快的发展势头,但比重下降。批发零售住宿餐饮业增加值占三产比重从1952年46.6%下降至2013年的28%;交通运输仓储邮政业增加值占三产比重由1952年的17.9%下降至7.6%。金融、保险、技术、信息、咨询、软件、会展、旅游、房地产等现代服务业发展更为迅速。2013年,房地产业增加值达2190亿元,与2000年相比,年均增长11.1%。金融业增加值2966亿元,占三产比重由2000年的9.9%提升到2013年的17.1%,上升7.2个百分点。其他服务业增加值6008亿元,占三产比重为34.7%,比2000年上升6个百分点。

三、投资建设成就巨大,扩大内需成效明显

新中国成立初期的1950年,全省固定资产投资总额仅0.21亿元,到2013年,达20194亿元,比1950年年均增长20.0%。

改革开放以来,投资规模的扩张速度更快,投资结构逐步优化。1979—2010年,全社会固定资产投资累计达到8.67万亿元,年均增长21.7%。2011—2013年,固定资产投资5.14万亿元,年均增长20.8%。基础设施逐步完善,长期以来困扰经济社会发展的基础设施瓶颈得到明显缓解。在交通运输方面，已形成四通八达的综合交通运输网络。铁路营业里程由1949年的390公里增至2013年的2031公里。2013年，浙江铁路客运量1.1亿人，旅客周转量437亿人·公里，1979—2013年年均分别增长5.0%和8.0%，其中，2001—2013年年均分别增长8.0%和8.7%，高铁和动车的发展推动旅客运输量迅猛增长。1979—2013年，铁路货运量和货物周转量年均分别增长3.0%和2.5%，2013年达到4037万吨和270亿吨公里。公路通车里程由1949年的2197公里增至2013年的11.5万公里(含村道)，高速公路从无到有，1992年建成7公里，到2013年末达到3787公里。1978年，沿海港口货物吞吐量只有867万吨，2013年增加到10.1亿吨，年均增长14.5%，其中，宁波—舟山港吞吐量达8.1亿吨，1979—2013年年均增长17.5%，成为世界级大港口。民用航空有杭州、宁波、温州等7个机场，2013年末，浙江航线334条，其中，国内航线285条，国际(地区)航线49条；航班起降32.6万架次，其中杭州萧山国际机场起降19.1万架次，占全省的58.4%。民航旅客吞吐量3664万人，2005—2013年年均增长13.8%。2013年与1978年相比，全省铁、公、水路客运量和周转量分别增长5.7和14.4倍，年均增长5.6%和8.1%，货运量和周转量分别增长21.2和53.5倍，年均增长9.3%和12.1%。邮电通讯是基础设施中增长最快、变化最大的领域，基本构建起立体型、大容量、高性能、高科技的现代化通讯信息网络。1949年浙江邮电业务总量只有0.06亿元，1978年增加到0.69亿元(1990年价)，2013年达1179亿元(2010年价)，按可比价计算，1950—2013年年均增长18.5%，其中，改革开放35年年均增长27.1%。2013年，邮政业(包括规模以上快递企业)业务总量327.9亿元，居全国第2位，2006—2013年年均增长33.2%；电信业业务总量850.7亿元，居全国第3位，2003—2013年年均增长19.9%。固定电话用户由1949年的0.24万户增加到1978年的7.5万户，2007年为史上最多的2406万户，电话普及率由1978年的每百人不到0.4部提高到45部，但随着移动电话的普及，固定电话逐年减少，2013年回落到1871万户。移动电话在20世纪90年代初尚是空白，至2013年移动电话用户多达7072万户，2001—2013年年均增长19.8%，移动电话普及率由2000年的每百人11.8部猛增到2013年的128.7部。国际互联网宽带业务发展迅速，2013年末互联网用户已达到1243万户，2001—2013年年均增长29%。近年来，通信业实施了技术和产业升级，无线网络完成了从2G到3G的升级，4G网络进入试商用阶段，构筑"三网融合"产业发展格局。农村通信完成了行政村通电话、自然村通电话、行政村通宽带的"三级跳"。能源生产能力得到明显提高。1949 年，发电装机容量只有 3.31 万千瓦，年发电量 5937 万千瓦时，且是单一的火力发电，人均年用电量仅 2.8 千瓦时。改革开放以来，陆续建成了北仑、镇海、台州、浙能兰溪、大唐乌沙山、国华宁海、华能玉环等大型发电厂。还组织实施了秦山核电站、三门核电站、天荒坪抽水蓄能电站、江厦潮汐电站、临海括苍山风电场等新型发电项目的建设。目前我省已经形成了较为合理的能源供给结构。2013 年，发电量达 2884 亿千瓦时，是 1949 年的 4887 倍，人均年用电量 6281 千瓦时，是 1949 年的 1 万倍，其中人均年生活用电 800 千瓦时。农田水利基础设施状况也有显著改善。65 年来，建成了大量的防洪、防台风、排涝、灌溉、发电等工程设施，经受住了超强台风和超强降雨袭击的考验。工业投资对产业结构调整和重点行业的技术改造起到了重要的推动作用。1979—2002 年，全省工业(不含个体)累计投资 7074 亿元，2003—2013 年，限额以上工业累计投资 44909 亿元。2013 年，装备制造业投资 3005 亿元，2004 年以来年均增长 20.5%，占制造业投资的比重由 2003 年的 30.2%提高到 49.0%，当年新增固定资产 2133 亿元。工业技改投资 4661 亿元，比上年增长 25.8%，占工业投资的比重从上年的 61.1%上升到 66.3%。房地产投资对经济增长的贡献明显提高。1991—2013 年，全省房地产开发投资规模从 11.7 亿元扩大到 6216 亿元，累计投资 33530 亿元，年均增长 32.5%。其中，住宅投资规模从 9.4 亿元扩大到 4089 亿元，累计投资 22971 亿元，年均增长达 31.3%。

消费快速增长。2013 年，社会消费品零售总额 15226 亿元，比 1952 年增长 1376 倍，年均增长 12.6%，其中 1979—2013 年年均增长 15.1%。消费结构升级明显加快，城镇、农村居民的交通通讯支出比重分别从 1992 年的 3.3%和 2.3%提高到 2013 年的 19.6%和 16.1%，文教、娱乐支出比重分别从 9.1%和 5.6%提高到 12.3%和 8.9%。近年来，城乡居民的消费热点主要在住房、汽车、旅游、信息等方面，支出成倍增长。2013 年与 2005 年相比，城镇居民在交通、文化娱乐服务、家庭设备用品及服务、住房、居住服务、通讯服务等方面的支出分别增长 1.6，1.4，1.3，1.4，2.3 和 0.6 倍；农村居民在交通工具、旅游休闲娱乐、医疗保健、居住、家庭设备用品及服务、衣着、通讯等方面的支出分别增长 3.8，3.5，1.4，1.3，1.2，1.7 和 0.8 倍。

四、体制改革不断深化，对内对外开放不断扩大

民营经济快速发展。1979—2012 年，民营经济增加值按现价计算年均增长 18.2%，其中，个体私营经济年均增长 26.4%，大大快于按现价计算的 GDP 年均增长速度(18%)。2012 年，民营经济创造增加值 22111 亿元，占 GDP 的比重为 63.8%，其中，个体私营经济增加值占 GDP 的 58%；个体私营经济实现税收收入 3465 亿元，比 2005 年增长 2.3 倍，年均增长 18.5%，占总税收的比重为 45.3%，比 2005 年提高 2.1 个百分点。2013 年，个体私营经济从业人员达 1571.7 万人，占全省从业人员的 42.4%。全省民间投资 12308 亿元，比 2005 年增长 2.9 倍，年均增长 18.5%，占固定资产投资额的比重由 2005 年的 51.6%提高到 2013 年的 60.9%；民营企业出口比重为 67.0%，比 1997 年提高 60.4 个百分点。在“2014 中国民营企业 500 强”评选中，浙江以 138 席领跑国内。

市场体系不断健全。改革开放前，在社会消费品零售总额、生产资料销售额和农副产品收购额中，政府定价的比重分别达到 97%，100%和 92%。目前，除了一些行政性收费项目和资金等要素以及个别商品外，绝大多数商品和服务价格已由市场供求关系决定。企业产品生产或服务供应，完全由生产经营者根据市场供求状况自主决定。以消费品市场为基础、专业批发市场为特色的商品交易市场体系，成为浙江省改革开放和经济发展的一大特色。浙江城乡商品交易市场由 1978 年的 1051 个增加到 2013 年的 4316 个，增长 3.1 倍；市场成交额由 1978 年的 8.6 亿元增加到 2013 年的 17800 亿元，增长 2069 倍。2013 年末，拥有年成交额超亿元的市场 767 个，超 10 亿元的 225 个，超 100 亿元的 38 个，均名列全国前茅。近年来，电子商务快速发展，网络消费异军突起，发展势头迅猛。2013 年，全省共实现网络零售 3821 亿元，比上年增长 88.5%，网络零售额相当于社会消费品零售总额的 25.2%，比上年提高 10.2 个百分点，省内居民共实现网上消费 2262 亿元，增长 73.3%。近年来，随着改革的全面深化，浙江的资本、技术、劳动、土地等要素市场也加快建立健全。

政府职能加快转变。行政、财税、投资体制等方面改革全面深化。加大“三张清单一张网”的实施力度，创新行政管理方式，全面清理省级各部门行政权力，增强政府公信力和执行力，建设法治政府和服务型政府。2013 年，省级行政许可事项只有 424 项，非行政许可事项只有 96 项。各类改革试点先行先试、亮点纷呈。改革开放以来浙江改革一直走在全国前列，如今再创体制机制新优势成为全省上下的共识和一致行动。

对外贸易规模不断扩大。2013 年，全省进出口总额为 3357.9 亿美元，相当于 GDP 的 55.4%，其中，出口总额由 1978 年的 0.52 亿美元增加到 2487 亿美元，1978 年以来年均增长 27.4%。出口结构不断改善，实现了从资源密集型的初级产品向劳动、技术密集型制成品的转变，工业制成品的出口比重由

1986年的49.7%上升到2013年的95.8%;以纺织服装鞋帽、玩具家具、塑料制品为代表的劳动密集型产品占工业制成品出口总额的比重由1992年的74.4%下降到2013年的39.0%。机电产品和高新技术产品出口增势较好,1995—2013年,机电产品出口年均增长27.4%,占出口总额的比重从1994年的16.1%提高到40.8%;2003—2013年,高新技术产品出口年均增长25.5%,占出口总额的比重从2002年的4%提高到5.7%。服务贸易发展初具规模。国际服务贸易进出口额由2000年的7.9亿美元增加到2013年的325.6亿美元,年均增长33.1%,远高于同期货物贸易的进出口增速;进出口额占全国服务贸易总额的6.2%,规模居北京、上海和广东之后位列全国第四。国际服务贸易与货物贸易的比例已由2000年的2.8%上升到2013年的10.3%;国际服务贸易总额相当于CDP的比重已经由2000年的1.1%上升到2013年的5.4%。2013年,服务贸易中的国际服务外包、通信服务、教育服务、文化服务、分销服务等领域增长超过25%。

利用外资取得积极成效。外商投资领域从最初的农业、工业、饮食娱乐业,向交通业、商品零售业、高新技术产业、金融保险业、城市建设业、房地产业等拓展。至2013年末,浙江累计批准设立外商直接投资企业52577家,投资总额4296亿美元,实际外资1259亿美元,协议外商投资的平均规模由20世纪80年代初的34.5万美元扩大到2013年的1551万美元。至2013年末,到浙江投资的国家和地区已达近200个,已累计批准166家世界500强投资企业478个,投资总额237.2亿美元,合同外资93.0亿美元。

境外投资日益活跃。2013年末,浙江经审批和核准境外企业和机构共计6444家,累计中方协议投资额203.7亿美元,数量和规模居全国前列,投资项目遍布六大洲121个国家和地区,涉及批发和零售业、采矿业、商务服务业、制造业等14大类33个细分行业。2013年,境外企业投资总额57.2亿美元,境外投资单个项目平均中方投资额达到862万美元,是2000年的61倍多;以增资形式实现的境外投资项目115个,以并购形式实现的境外投资项目38个。

对内开放和区域经济合作取得可喜成果。主动接轨上海,加强与长江三角洲其他地区的合作与交流,积极参与西部大开发、中部崛起和东北老工业基地振兴,加强对口支援工作。鼓励和引导浙商把在省外投资创业与回乡反哺发展结合起来,形成“走出去”和“引进来”双向互动格局。2013年,浙商投资新引进项目到位资金1752亿元,比上年增长35%,央企合作项目完成投资800亿元。

五、科教文卫创新发展，社会事业全面进步

教育事业进入一个崭新发展阶段。新中国成立前，各级各类学校人数 90.6 万人，仅占总人口的 4.3%，全省人口大多数是文盲。新中国成立后特别是改革开放以来，教育改革不断深化，教育规模扩大、质量提高。1989 年全省普及了初等教育；1997 年实现了基本普及 9 年义务教育、基本扫除青壮年文盲的“两基”目标；2004 年实现了由普及 9 年义务教育向普及学前 3 年到高中段 15 年教育的跨越；2008 年实现城乡免费义务教育。2013 年，学前 3 年到高中段的 15 年教育普及率为 98.4%，初中毕业生升入高中段的比例为 98.5%，升入普通高中和中等职业学校的普职比例为 1∶0.91。高中段教育毛入学率为 94.5%，高中段教育巩固率为 99%，9 年义务教育的普及程度名列全国前茅。普通高等学校由 1949 年的 4 所增加到 2013 年的 106 所，普通高考录取率为 85.9%，高等教育毛入学率为 51.7%，在校学生由 1949 年的 0.3 万人增加到 2013 年的 101.7 万人，增长 328.2 倍，其中，在校就读的博士研究生 10038 人，硕士研究生 47763 人；毕业学生由 1949 年的 0.1 万人增加到 2013 年的 26.05 万人，增长 260.5 倍，进入了高等教育大众化阶段。职业教育加快发展。2013 年，全省中等职业教育学校 403 所，招生 22.9 万人，在校生 69.7 万人，为 1952 年的 24 倍，毕业生 23.5 万人，中职毕业生中获得职业资格证书的人数为 19.7 万人。

全面实施创新驱动战略。创新能力大幅提升，以 2005 年为 100，则 2012 年，浙江自主创新能力指数提高到 142.37 个百分点，区域创新能力居全国第 5 位。科技投入力度加大。2013 年，R&D 经费支出 817.3 亿元，是 1990 年的 400 倍、2000 年的 22.3 倍；R&D 经费支出相当于 GDP 的比重为 2.18%，分别比 1990 的 0.23%与 2000 年的 0.6%提高 1.95 和 1.58 个百分点，在全国的位次由 2000 年的第 17 位上升到第 6 位。强化企业技术创新主体地位。2013 年，规模以上工业企业研发经费支出 684.4 亿元，分别是 1990 年和 2000 年的 1316 和 62 倍，占全省研发经费的比重由 1990 的 25.5%和 2000 年的 72.5%提升到 2013 年的 83.7%，相当于主营业务收入的比例为 1.12%。取得了一大批科技创新成果，有些成果达到全国乃至世界先进水平。2009—2013 年，获得 142 项国家科学技术奖，其中，国家自然科学奖 7 项，国家技术发明奖 26 项，国家科技进步奖 109 项；1391 项科技成果获省科技进步奖。深入实施知识产权战略和品牌战略，加强创新体系建设。2013 年，国内专利申请受理数、授权数分别为 29.4 万和 20.2 万件，分别是 2000 年的 28.5 和 27 倍，其中，发明专利申请量 4.27 万件、授权量 1.11 万件，分别是 2000 年的 49.8 和 60.5 倍，居全国第2位。加快人才培养和引进，科技队伍稳步扩大。全部城镇单位专业技术人员由1978年的13.2万人增加到2013年的233.3万人。加强创新载体建设。至2013年末，建有省级高新技术企业研发中心1870家，省重点企业研究院91家，省级企业研究院155家，省级重大创新平台80家，省级可持续发展实验区24家，国家重点实验室12家，国家工程技术研究中心15家，国家工程实验室3家，省级重点实验室和工程技术研究中心251家，国家级科技企业孵化器39家，居全国第4位，省级科技企业孵化器70家。

文化、卫生、体育事业健康发展。2012年，文化产业增加值占GDP的比重达到4.56%。2013年，文化馆和图书馆分别达到102和98个，农村文化礼堂1705家，村级文化活动室覆盖率达97.8%，基本实现省、市、县、乡、村五级文化设施网络全覆盖。加快推进数字图书馆推广工程，完成了省、市和60%以上的县级数字图书馆虚拟网建设，并与国家数字图书馆虚拟网联通。一大批标志性文化设施相继建成，文艺精品创作成果丰硕。重点文保单位由1978年的3处增至2013年的231处，名列全国第5。全省有杭州、绍兴、宁波、临海、衢州、金华、嘉兴7座国家级历史文化名城，中国历史文化名镇、名村30个。2013年，广播、电视人口覆盖率达到99.6%和99.6%。数字电视用户数已达1334.3万户，农村有线数字电视用户达到872.5万户。年出版图书12706种，总印数3.85亿册，分别是1978年的46.4和3.2倍；出版期刊223种，年发行量近0.81亿册，分别是1978年的10.1和20.6倍。公共卫生体系和基本医疗服务体系不断健全。2013年末，已设立卫生机构30060家，比1949年的288家增长103倍，比1978年的6939家增长3.3倍；医疗机构床位数23万张，为1949年的38倍，比1978年6.18万张增长2.7倍；卫生技术人员35.2万人，为1949年的22倍。每千人口执业(助理)医师2.86人，分别比1978年和1949年增加1.3和1.74人，增长1.5和4倍；每千人口注册护士2.75人。人民健康水平不断提高，人均期望寿命从新中国成立前的38岁提高到77.8岁，基本达到中等发达国家水平。人口自然增长率由1949年的17.2‰下降到2013年的4.56‰，计划生育率达到91.9%。全民体育健身运动掀起高潮，越来越多的人投入健身强体的体育运动和锻炼中。2013年底，全民健身路径工程共23194条，各级各类健身活动点达24600多个。竞技体育成绩喜人。至2013年底，浙江运动员累计获得231个世界冠军、385个亚洲冠军和2256.5个全国冠军。

推进“平安浙江”建设，社会和谐稳定呈现新局面。加强社会治理方式创新，健全重大决策社会稳定风险评估机制，创新信访工作机制，加强城乡社区建设，有效预防和化解各类社会矛盾。健全公共安全体系，加强食品药品和农产品质量安全监管，深化安全生产管理体制改革，建立隐患排查和安全预防控制长效机制，有效防范安全事故，保持生产安全事故起数、死亡人数和直接经济损失持续下降。加强社会治安综合治理，完善立体化社会治安防控体系，依法严密防范和严厉打击各类违法犯罪活动。2004 年以来，群众安全感满意率保持在 95%左右，均高于同期全国平均水平，2013 年为 96.1%，比 2004 年提高 3.8 个百分点，浙江被认为是最具安全感的省份之一。

六、城乡统筹协调发展，新型城市化扎实推进

全面推进新农村建设和美丽乡村建设。至 2013 年，2.7 万个行政村完成了村庄整治建设，占行政村总数的 94%，35 个县成为美丽乡村创建先进县，79%以上农户家庭实现卫生改厕，农村卫生厕所普及率达到 93.2%，自来水普及率达到 90.7%。建成国家生态县（市、区）6 个、省级生态县（市、区）57 个，省级以上生态县（市、区）的创建比率已达 70%；建成国家级生态乡镇 450 个，居全国第一。农村劳动力转移成效显著。2013 年，全社会从业人员中，非农比重达到 86.3%，比 1985 年的 45.1%提高 41.2 个百分点；农村劳动力中，从事非农产业的人员比重达 76%，比 1978 年的 11.2%提高 64.8 个百分点。健全城乡发展一体化体制机制，促进城市基础设施和公共服务向农村延伸，让广大农民共同分享城市化成果。

城市化水平不断提高。浙江城市化率从 1949 年的 11.8%提高到 2013 年的 64%。城市基础设施条件明显改善，2013 年与 1978 年相比，设市城市用水普及率从 81.8%提高到 99.97%，人均拥有道路面积从 0.09 平方米增加到 17.9 平方米，燃气普及率从 2%扩大到 99.8%，污水处理率从 8.1%（1989 年）扩大到 89.3%，生活垃圾无害化处理率从 3.96%（1989 年）扩大到 99.4%，公园数从 32 个增加到 1068 个，人均公园绿地面积增加到 12.4 平方米，建成区绿化覆盖率为 40.3%。加大治理城市交通拥堵工作力度，平均每万人拥有公共车辆数从 2001 年的 7.46 标台增加到 2013 年的 14.64 标台，城市轨道交通（在建）线路已达 224.8 公里，其中，地铁 171.3 公里。

七、居民收入不断增长，人民生活更加美好

城乡居民收入保持较快增长。1949 年，城镇居民人均可支配收入和农村居民人均纯收入分别仅为 116 和 47 元，1978 年增加到 332 和 165 元，2013 年大幅增加到 37851 和 16106 元，2013 年分别比 1978 年增长 113 和 97 倍，扣除价格因素，年均实际增长 8.1%和 8.5%。城乡居民储蓄存款余额由 1952 年的 0.37 亿元增加到 1978 年的 7.73 亿元，2013 年大幅增加到 29360 亿元（本外币），人均储蓄53402元。城乡居民收入差距小于全国平均水平。2013年，城镇居民人均可支配收入是农村居民人均可支配收入的2.35倍，小于全国的3.03倍。

以扩大就业和社会保障为重点，加快建立健全社会保障体系。推行积极的就业政策，加强就业服务体系建设。城镇登记失业率，1978年为7.2%，2007—2013年均控制在3.5%以内。加快完善最低工资标准制度和工资协商调解机制，逐步提高最低工资标准。社会保障体系基本形成。到2013年末，全省基本养老参保人数达3731万人，其中，企业基本养老保险参保人数2273万人，城乡居民养老保险参保人数1356万人。基本医疗保险参保人数为4121万人，其中，城镇职工医疗险参保人数1791万人。工伤、失业、生育保险参保人数分别达1826万、1145万和1173万人。大学生基本医疗保险全面推行。城乡最低生活保障制度基本实现动态管理下的应保尽保，并随着经济发展和价格上涨逐年有所增加。实施了贫困家庭教育、医疗、住房、司法、文化等专项救助制度和社会帮扶、慈善救济等。

居民生活质量明显提高。城镇居民人均消费性支出由1949年的106元增加到1978年的301元，2013年增加到23257元。农村居民人均消费性支出由51元增加到1978年的157元，2013年增加到11760元。城乡居民人均消费性支出分别比1978年增长76.3和73.9倍，年均增长13.2%和13.1%。城乡居民恩格尔系数分别从新中国成立初期的60%以上降至2013年的34.4%和35.6%。居民膳食结构由满足温饱向追求营养和保健转变。高档耐用消费品大量进入普通居民家庭。城镇居民的人均居住面积由1957年的6.4平方米增加到2013年的38.8平方米，农村居民人均居住面积由1962年的11.7平方米增加到2013年的60.8平方米。

八、美丽浙江建设积极推进，生态环境有所改善

资源节约与环境治理取得积极成效。2013年，单位GDP能耗为0.53吨标准煤/万元（2010年价），居全国各省区市第3位（由低到高），处于全国先进水平，仅高于北京和广东两地；比1990年下降58.6%，年均下降3.8%，其中“十一五”期间和“十二五”前3年单位GDP能耗年均降幅分别为4.4%和4.3%；“十一五”期间，化学需氧量和二氧化硫排放总量呈现逐年下降的态势，2010年分别比2005年下降18.1%和21.1%，两项指标均超额完成国家下达的污染减排任务。2013年，化学需氧量、氨氮、二氧化硫和氮氧化物四项主要污染物排放总量分别为75.5万、10.8万、59.3万和75.3万吨，比2012年分别下降4.0%，4.3%，5.2%和6.9%。废水排放总量为41.9亿吨，比2010年减少0.8%。其中,工业废水排放量为16.37亿吨,减少11.3%。工业固体废物综合利用率由2001年的86.7%上升到2013年的93.2%。环境质量总体稳定,局部有所改善。2013年,全省221个省控断面监测结果表明,2013年全省江河干流总体水质较好,水质达到或优于地表水环境质量Ⅲ类标准的断面占63.8%,其中钱塘江、曹娥江Ⅰ—Ⅲ类水质断面分别占70.2%和80.0%,瓯江、飞云江、苕溪水质均为Ⅰ—Ⅲ类。到2013年,累计创建合格规范饮用水水源保护区570个,县级以上城市集中式饮用水源地水质达标率为86.1%。11个设区城市日空气质量达标天数(AQI)比例范围为52.2%—90.0%,平均为68.4%。58个县级城区日空气质量优良天数(API)比例为79.6%—99.3%,平均为91.6%。

九、全面小康建设走在全国前列

根据《浙江全面建设小康社会综合评价指标体系》测算,2008年起全省全面小康实现度已达到90%以上,基本实现全面小康;按全国统一的指标体系测算,2012年,我省全面小康实现程度指数为95.8%,高于全国(初步数约为83.6%)12.4个百分点,居全国第3位(北京、上海超过96%),省区第1位(江苏超过95%,但略低于我省)。

65年的变化是全面而深刻的,艰辛的努力换来一系列辉煌的成就,为今后的发展创造了诸多有利条件,打下了良好的基础。当前,在以习近平同志为总书记的党中央和省委、省政府的坚强领导下,全省上下围绕建设美丽浙江、创造美好生活,大力实施"五水共治""三改一拆""四换三名""浙商回归"及深化改革等战略部署,全力推动经济转型升级和社会和谐稳定,浙江的明天一定会更好。

综合处　王美福　傅吉青

开局平缓　压力较大

——2014年一季度浙江经济运行情况

2014年以来，浙江坚持稳中求进、改中求活、转中求好，抓改革、治环境、促转型、惠民生。一季度浙江经济开局平缓，出现了一些具有中长期意义的积极变化。工业保持增长，投资增速较快，消费增幅回升，出口增势较弱，财政收支和金融运行平稳，就业和居民收入稳定增长，居民消费价格总水平温和上涨，工业生产者价格降幅又有扩大。总体来看，与错综复杂的国内外经济形势相比，与减弱的内外需求相比，与已经下降的潜在经济增长率相比，与比较谨慎的企业家意愿相比，当前经济增速仍处于合理增长区间，但下行压力比预期大，经济运行中出现了一些值得关注和解决的新问题和新风险。保持经济持续健康发展，实现年度预期目标任务需要付出艰巨努力。

一、经济运行的主要特征

一季度，地区生产总值7768亿元，按可比价格计算，比2013年同期增长7%，增幅同比回落1.3个百分点，其中，一产增加值274亿元，增长0.3%；二产增加值3745亿元，增长6.5%；三产增加值3749亿元，增长7.9%。

1.三大产业稳中有进。工业产销保持增长。一季度，规模以上工业增加值2669亿元，比2013年同期增长6.2%；销售产值13232亿元，增长4.4%。用电量增幅回升。一季度，全社会用电量为755.6亿千瓦时，比2013年同期增长4.6%，增幅同比提高4.3个百分点，其中，工业用电526.4亿千瓦时，由2013年同期下降2.2%转为增长3.9%；制造业用电增长4.2%。服务业发展稳中有升。一季度，批发和零售，金融，交通运输仓储和邮政，住宿和餐饮业，其他服务业增加值分别比2013年同期增长9.4%，8.8%，7.7%，7.2%和10.9%，房地产业下降4.9%。全社会铁、公、水路货运量同比增长6.4%，货物周转量增长1.6%。1—2月，1.4万家规模以上服务业（不包括批零住餐、银证保和房地产开发）企业营业收入同比增长11.5%，利润总额增长18.8%。农业生产基本稳定。预计春粮播种面积284万亩，比上年增长5%。药材、果用瓜、花卉苗木播种面积增长3.7%，7.0%，3.3%。油菜籽和春季蔬菜播种面积分别减少2.9%和1.1%。一季度，肉类总产量同比下降6%，水产品产量增长2.5%。

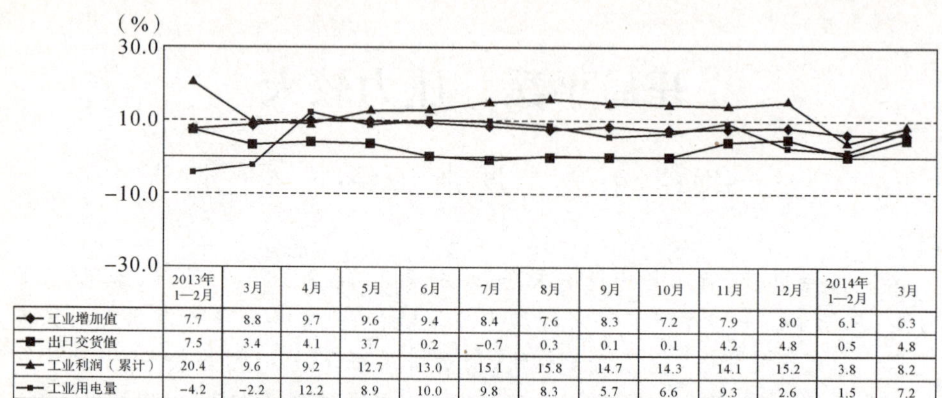

	2013年1—2月	3月	4月	5月	6月	7月	8月	9月	10月	11月	12月	2014年1—2月	3月
工业增加值	7.7	8.8	9.7	9.6	9.4	8.4	7.6	8.3	7.2	7.9	8.0	6.1	6.3
出口交货值	7.5	3.4	4.1	3.7	0.2	−0.7	0.3	0.1	0.1	4.2	4.8	0.5	4.8
工业利润（累计）	20.4	9.6	9.2	12.7	13.0	15.1	15.8	14.7	14.3	14.1	15.2	3.8	8.2
工业用电量	−4.2	−2.2	12.2	8.9	10.0	9.8	8.3	5.7	6.6	9.3	2.6	1.5	7.2

图 1　工业增加值、出口交货值、工业用电量当月增速和工业利润累计增速

2. 三大需求保持增长。投资较快增长。一季度，固定资产投资 4120 亿元，比 2013 年同期增长 16.1%。施工项目 25340 个，同比增长 3.3%。消费增幅回升。一季度，社会消费品零售总额 3974 亿元，比 2013 年同期增长 13.1%，扣除价格因素，实际增长 11.5%，增幅分别比 2013 年同期提高 2.8 和 1.9 个百分点。出口增势较弱。一季度，进出口总额 759 亿美元，比 2013 年同期增长 2.9%，其中，进口 219 亿美元，增长 4.4%；出口 540 亿美元，增长 2.3%，增幅高于全国（−3.4%）5.7 个百分点，也高于上海（−1.9%）、福建（−2.6%）、广东（−20.2%），但低于江苏（2.4%）、山东（6.5%）。按人民币计价，一季度，进出口总额 4641.1 亿元，与 2013 年同期持平，其中，出口 3301.3 亿元，同比下降 0.5%；进口 1339.8 亿元，同比增长 1.5%。服务贸易快速发展。一季度服务贸易实现进出口 88 亿美元，同比增长 50%，其中，出口 52.7 亿美元，增长 53%，进口 35.3 亿美元，增长 48.4%。引进外资和对外投资开局良好。一季度，新批外商投资企业 327 家，合同外资 53.3 亿美元，实际外资 45.9 亿美元，同比分别增长 15.6% 和 32.3%。其中，世界 500 强投资企业 3 家，投资总额 3.7 亿美元，合同外资 1.6 亿美元。经核准的境外投资企业 106 家，中方协议额 12 亿美元，同比增长 70.9%，对外承包工程营业额 11.3 亿美元，同比增长 37.8%。

3. 财政和金融运行平稳。财政收支平稳增长。一季度，财政总收入 2098 亿元，比 2013 年同期增长 8.1%，增幅同比提高 1.5 个百分点。公共财政预算收入 1205 亿元，增长 7.6%，其中，税收收入 1128 亿元，增长 9.2%，增幅同比回落 1 个百分点，占公共财政预算收入的 93.6%，比重同比提高 1.4 个百分点。在税收收入中，增值税、营业税及改征增值税、企业所得税同比分别增长

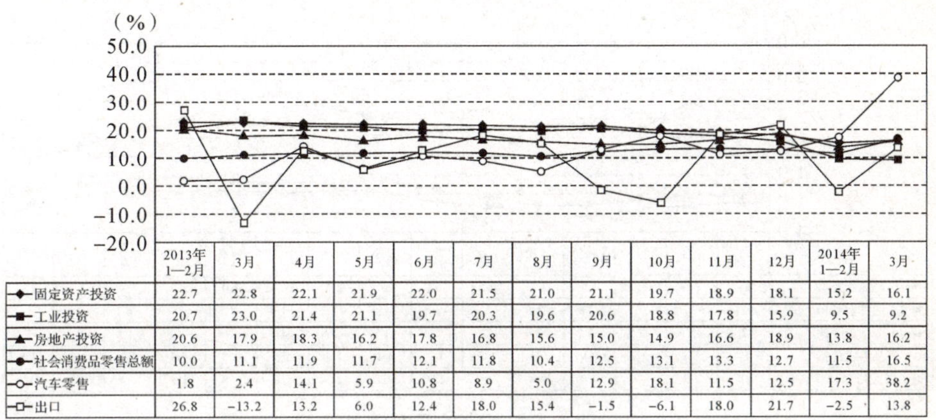

	2013年1—2月	3月	4月	5月	6月	7月	8月	9月	10月	11月	12月	2014年1—2月	3月
固定资产投资	22.7	22.8	22.1	21.9	22.0	21.5	21.0	21.1	19.7	18.9	18.1	15.2	16.1
工业投资	20.7	23.0	21.4	21.1	19.7	20.3	19.6	20.6	18.8	17.8	15.9	9.5	9.2
房地产投资	20.6	17.9	18.3	16.2	17.8	16.8	15.6	15.0	14.9	16.6	18.9	13.8	16.2
社会消费品零售总额	10.0	11.1	11.9	11.7	12.1	11.8	10.4	12.5	13.1	13.3	12.7	11.5	16.5
汽车零售	1.8	2.4	14.1	5.9	10.8	8.9	5.0	12.9	18.1	11.5	12.5	17.3	38.2
出口	26.8	-13.2	13.2	6.0	12.4	18.0	15.4	-1.5	-6.1	18.0	21.7	-2.5	13.8

图2　固定资产和房地产投资累计增速，社会消费品零售总额、汽车零售额和出口当月增速

8.2%，5.5%和4.6%，个人所得税增长15.7%。公共财政预算支出1027.6亿元，同比增长7.8%，增幅比2013年同期回升0.8个百分点。存贷款增幅回落。3月末，金融机构本外币存款余额76456亿元，比2013年同期增长6.7%，增幅同比回落7.2个百分点，新增存款2723亿元，同比少增2263亿元，主要原因是以互联网金融、理财等为代表的新兴金融业务兴起导致存款搬家。金融机构本外币贷款余额为67693亿元，增长9.6%，增幅同比回落2.8个百分点，新增贷款2138亿元，同比多增13.6亿元。从境内贷款投向看，短期贷款增长6.8%，中长期贷款增长15.2%，票据融资下降10.6%。一季度，社会融资规模2638亿元，同比少增1371亿元。

4.居民消费价格温和上涨，工业生产者价格下降。一季度，居民消费价格总水平比2013年同期上涨2.7%，其中，上年价格上涨的翘尾因素约为1.1个百分点，新涨价因素约为1.6百分点。其中，3月份，居民消费价格总水平比2013年同月上涨2.9%，环比下降0.6%。一季度，八大类消费价格同比六涨二跌，食品，娱乐教育文化用品及服务，居住，医疗保健和个人用品，家庭设备用品及维修服务，衣着类价格分别上涨4.2%，3.4%，3.1%，2.0%，1.7%，1.5%，交通和通信，烟酒类价格分别下降0.3%和0.4%。在食品类中，干鲜瓜果、水产品、菜类价格同比上涨较快，分别上涨14.5%，8.1%，6.2%，猪肉、蛋、油脂价格同比分别下降6%，2.3%和7.7%。一季度，工业生产者出厂价格同比下降1.5%，购进价格同比下降2.1%。

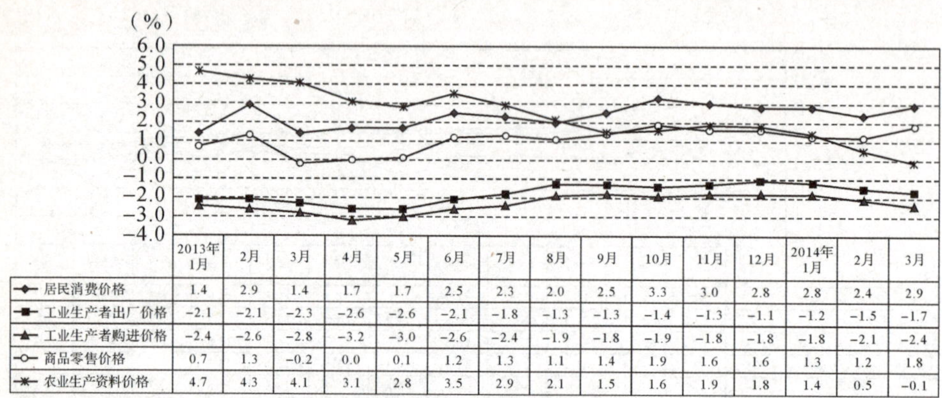

	2013年1月	2月	3月	4月	5月	6月	7月	8月	9月	10月	11月	12月	2014年1月	2月	3月
居民消费价格	1.4	2.9	1.4	1.7	1.7	2.5	2.3	2.0	2.5	3.3	3.0	2.8	2.8	2.4	2.9
工业生产者出厂价格	−2.1	−2.1	−2.3	−2.6	−2.6	−2.1	−1.8	−1.3	−1.3	−1.4	−1.3	−1.1	−1.2	−1.5	−1.7
工业生产者购进价格	−2.4	−2.6	−2.8	−3.2	−3.0	−2.6	−2.4	−1.9	−1.8	−1.9	−1.8	−1.8	−1.8	−2.1	−2.4
商品零售价格	0.7	1.3	−0.2	0.0	0.1	1.2	1.3	1.1	1.4	1.9	1.6	1.6	1.3	1.2	1.8
农业生产资料价格	4.7	4.3	4.1	3.1	2.8	3.5	2.9	2.1	1.5	1.6	1.9	1.8	1.4	0.5	−0.1

图 3　各类价格月度涨幅

二、经济运行中出现的积极变化

通过近几年的调整和发展，当前浙江经济运行中正在出现一些具有中长期意义的积极变化。

1. 经济结构优化。一是服务业增长快于工业增长。一季度，三产增加值增幅高于 GDP 增幅 0.9 个百分点，高于规模以上工业 1.7 个百分点，三产对 GDP 的增长贡献率达 53.3%，拉动 GDP 增长 3.7 个百分点。三产项目投资（不含房地产）同比增长 25.3%，高于二产投资增幅 16.3 个百分点。二是装备制造业、高新技术产业增长快于规上工业增长，高耗能行业比重下降。一季度，装备制造业增加值同比增长 9.5%，增幅高于规模以上工业 3.3 个百分点，对规模以上工业增长的贡献率达 48.8%，占规模以上工业的 33.3%，同比提高 0.9 个百分点；高新技术产业增加值增长 8.5%，增幅高于规模以上工业 2.3 个百分点；高新技术产品出口增长 6.3%，增幅高于出口总额 4 个百分点。战略性新兴产业中，新一代信息技术和物联网产业（13.0%）、新能源产业（13.8%）、新能源汽车（8.2%）、新材料产业（8.0%）和高端装备制造业（7.0%）增长较快。而高耗能行业增加值增长 3.5%，增幅比规模以上工业低 2.7 个百分点，所占比重为 35.6%（按可比价计算），同比下降 0.9 个百分点。规模以上工业单位增加值能耗同比下降 7.3%，38 个大类行业中，30 个行业单耗下降。规模以上高技术服务业企业实现营业收入和利润总额分别比 2013 年同期增长 17.1%和 20.1%。三是电子商务等新兴流通业态快速发展。一季度，网络零售总额 1122 亿元，同比增长 67.1%，其中省内居民实现网上消费 616 亿元，增长 55.3%。阿里巴巴所属的 5 家公司实现营业收入和利润总额同比分别增长 48.4%和 38.9%。

2.创新驱动和内需拉动作用增强。一季度，公共财政科技支出28.5亿元，比2013年同期增长13.1%；规模以上工业科技活动经费支出146.4亿元，增长12.3%。规模以上工业新产品产值增长19.5%，增幅比规模以上工业产值增幅高15.2个百分点；新产品产值率为25.3%，同比提高3.2个百分点。固定资产投资中，工业技术改造投资增长14.3%，占工业投资的63.8%。经济增长更多地依靠内需拉动。一季度，规模以上工业内销产值增长5%，出口交货值增长2.2%，内销快于外销2.8个百分点。

3.就业情况基本稳定，居民收入稳定增长。在劳动力供求关系已经发生重大变化的情况下，新增就业总量对经济增长下滑的“容忍度”提高。在“机器换人”的背景下，经济增速下行，挤出的是外来低端劳动力，对本省就业影响不大。一季度，全省城镇新增就业26.3万人，同比增长0.8%，城镇登记失业率为2.94%。规模以上工业从业人员减少1.8%，工业增加值增长6.2%，劳动生产率同比提高8.1%。在财政收入增幅回落的同时，对民生支出力度不减反增。一季度，公共财政预算支出中有关民生的卫生计生、文体传媒、公共安全、教育、科技、住房保障、社会保障和就业等支出增长较快，分别增长25.4%，20.3%，16.9%，13.2%，13.1%，12%，10.8%。

根据城乡一体化住户调查，一季度，全省居民人均可支配收入10157元，同比增长10.3%，扣除价格因素，实际增长7.4%，高于同期GDP增幅0.4个百分点，其中，城镇常住居民人均可支配收入12333元，农村常住居民人均可支配收入6495元，同比分别增长9.8%和10.8%，扣除价格因素，实际增长6.9%和7.8%，农村居民收入增长快于城镇居民。

4.经济增速回落并没有带来企业大面积亏损。一季度，规模以上工业实现利润在2013年同期增长9.6%的基础上继续增长8.2%，企业亏损面为24.9%，同比仅扩大0.3个百分点，亏损额上升9.9%。民营企业和小微企业活力有所增强。一季度，规模以上工业中，民营企业增加值同比增长8.2%，小微企业工业增加值增长9.7%，增幅分别高于规模以上工业2和3.5个百分点，小微企业对规模以上工业增加值的增长贡献率达71.6%，同比提高17.3个百分点。民营企业工业增加值比重为55%，民间投资占投资总额的63.8%，民营企业出口占出口总额的67.1%(美元)，比重同比提高2.9个百分点。企业经营理念日趋成熟。面对市场、资源和环境、资金制约，人工成本上升等众多困境，企业经营决策已悄然发生变化，许多企业发展思路已从过去盲目追求多元化经营转向立足主业、稳健发展，在细分行业领域做到“强而精”，销售额力争进入全球前列。

5.经济增长过度依赖信贷投入的状况得到了很大改变。2009 年，金融机构本外币贷款新增额达到 9597 亿元的历史高位，之后贷款新增额逐年下降，2010—2013 年分别为 7714，6482，6267 和 5705 亿元，企业发展更多地依赖自有资金的积累、资本市场融资等。2014 年一季度，金融机构新增贷款同比仅多增 13.6 亿元。规模以上工业企业银行贷款余额同比增长 5.5%，利息支出仅增长 3%，而 2009 年银行贷款余额比上年末增长 17.3%。

6.省委、省政府各项重点举措得到有效推进。近几年来，省委、省政府突出抓改革、治环境、促转型、惠民生，进一步推进事关长远发展的“五水共治”、“四换三名”、有效投资、“浙商回归”等重点工作，在“三改一拆”基础上推进“无违建县”创建。把加快政府自身改革，切实转变政府职能作为重点工作，深化行政审批制度及要素市场化配置改革，进一步简政放权，依法取消和严格管理一批不符合全面深化改革要求的行政权力，使市场活力持续增强。企业登记数快速增长。一季度，新设企业 4.5 万多户，同比增长 47.1%；新设个体工商户 11.3 万多户，同比增长 13.2%。至 3 月底，在册企业达到 110.8 万户，同比增长 19.3%。3 月份全面落实工商登记制度改革以来，当月新设企业 2.4 万户，同比增长 55.5%，其中，民营（私营）企业 2.3 万户，占新登记企业总数的 97.2%，注册资本达 681.5 亿元，增幅达 53.8%，其中亿元以上企业 117 家，比上年同期增加 30 家。浙商回归步伐加快，一季度到位资金 545 亿元，同比增长 29%，完成年度计划的 27.3%。

三、2014 年经济增长有所回落及原因分析

2014 年以来，浙江主要经济指标增速处于相对低位，低于 2013 年同期，低于全国平均水平，低于江苏、山东、广东等沿海省份，也低于年初确定的预期目标，形势比较严峻。一季度，GDP 增幅低于 2013 年同期 1.3 个百分点，低于全国 0.4 个百分点，居 31 个省市区并列第 25 位；规模以上工业增加值增幅低于 2013 年同期 1.9 个百分点，低于全国 2.5 个百分点，居 31 个省市区的第 24 位；固定资产投资增幅低于 2013 年同期 6.7 个百分点，低于全国 1.5 个百分点，居第 26 位；出口（按美元计）增长 2.3%，低于 2013 年同期 9.4 个百分点，居第 19 位；公共财政预算收入增速低于 2013 年同期 3 个百分点，低于全国 4.2 个百分点，居第 23 位（详见表 1）。

表 1　2014 年一季度主要经济指标增速(%)

	浙江	同比增减百分点	全国	同比增减百分点	江苏	山东	广东	福建	上海	北京
地区生产总值(GDP)	7.0	-1.3	7.4	-0.3	8.8	8.7	7.2	9.4	7.0	7.1
规模以上工业增加值	6.2	-1.9	8.7	-0.8	10.6	9.5	8.1	12.2	6.1	6.0
固定资产投资	16.1	-6.7	17.6	-3.3	17.5	17.5	17.3	22.8	6.5	2.6
社会消费品零售总额	13.1	2.8	12.0	-0.4	12.4	12.4	11.3	12.8	7.2	5.1
出口(以美元计)	2.3	-9.4	-3.4	-21.8	2.4	6.5	-20.2	-2.6	-1.9	-0.4
公共财政预算收入	7.6	-3.0	11.8	-1.9	11.1	9.5	16.2	15.7	18.9	11.7
居民消费价格	2.7	0.8	2.3	-0.1	2.3	1.6	3.0	2.6	2.7	2.3
工业生产者出厂价格	-1.5	0.7	-2.0	-0.3	-2.0	-1.6	-1.1	-1.7	-1.6	-1.3

以工业、出口、投资、新增贷款、工业生产者价格为代表的经济增长指数，呈现有所回落的态势，这是多方面原因导致的。

(一)内外需求减弱

1.外需疲弱和不稳定。2013 年以来出口月度增长率呈现大起大落“过山车”式的变化，进入 2014 年以来继续延续了这种不稳定态势。继 2013 年 11 和 12 月出口高速增长之后，2014 年受春节与 2013 年错月影响，在 1 月份出口规模创历史新高后(245 亿美元，增长 11.1%)，2 月份大幅回调至 119.3 亿美元，同比下降 22%，3 月回升至增长 13.8%，一季度累计仅增长 2.3%，按人民币计价，出口下降 0.5%。欧美日俄等出口市场需求仍较疲弱。一季度，对欧盟、美国出口仅增长 4.7%和 1.8%，对俄罗斯、日本出口分别下降 3.1%和 3.6%，对非洲、拉美出口分别下降 3.9%和 0.9%。从出口商品来看，机电产品出口仅增长 0.5%，纺织服装增长 2.4%，鞋类、箱包等出口分别增长 2.4%和 5.4%，船舶出口下降 45.2%。出口订单短期化和订单转移。据商务厅对

5000 多家重点出口企业调查，3 月份，3 个月以内的短期订单为主（占比超过一半）的企业比重为 55.5％，有 10％左右的订单被转移到东南亚（6.6％）和东欧（3.2％）。此外，人民币汇率大幅波动、国际贸易保护主义加剧在一定程度上抑制出口增长。

2. 消费增长回升有短期因素和不可比因素。一是杭州小客车限牌前的抢购拉动。由于杭州采取限制车牌政策，汽车销量增长迅猛。一季度，汽车类零售额 748 亿元，比 2013 年同期增长 25.9％，拉动社会消费品零售总额增长 4.4 个百分点。其中，杭州汽车类零售额 244 亿元，占全省汽车零售额的 32.6％，估计 4 月后将大幅回落。二是 2013 年以来中央严控"三公"经费支出，住宿餐饮等公款消费大幅下降，使 2014 年的对比基数较低，餐饮业转降为升，住宿业降幅收窄。一季度，限额以上企业（单位）餐饮业零售额 86 亿元，同比增长 3.5％，增幅同比回升 5.7 个百分点；住宿业零售额 38.2 亿元，同比下降 0.4％，降幅同比收窄 14.2 个百分点。如果撇开这两个因素，社会消费品零售总额的增速与 2013 年同期基本持平。加上商品房销售前景不乐观，城市治堵措施力度加大，与住、行相关的装潢、建材、家电、家具、汽车等消费将受到抑制。

3. 企业投资意愿不强。受国内外市场需求疲软等多种因素影响，企业信心普遍不足，对下一步宏观经济走向心存观望，暂不考虑扩大生产规模。3 月末，固定资产投资新开工项目 5079 个，同比下降 5.9％，新开工计划总投资下降 4.5％。一季度，制造业企业固定资产投资增长 6.6％，增幅比 2013 年同期回落 15.8 个百分点，低于投资平均增幅 9.5 个百分点。民间投资增长 15.5％，低于投资平均增幅 0.6 个百分点，占投资总额的 62.6％，比重同比下降 0.3 个百分点。

（二）潜在风险有所增加

房地产市场可能出现波动的风险，产能过剩风险，一些企业资金链紧张风险，地方政府债务风险等，都制约了经济的增长。

1. 房地产开发投资增幅回落，销售量价回落。房地产企业资金链趋紧，新开工和销售面积在 2013 年大幅增长的基础上出现下降。一季度，房地产开发投资比 2013 年同期增长 16.2％，增幅同比回落 1.7 个百分点。房屋施工面积增长 10.9％，其中，新开工面积下降 20.3％。在房屋竣工面积增长 29.8％的基础上，商品房销售面积和销售额同比分别下降 25.6％和 29.4％。一些城市商品房打折促销力度加大。3 月份，列入国家统计局监测的 70 个大中城市新建商品住宅（不含保障性住房）同比价格，杭州、宁波、金华分别上涨 8.1％，

6.3%和6.2%，居并列第31，50和52位，温州下降4.2%，居末位。与上月环比，金华上涨0.1%，居并列第47位，杭州、宁波持平，均居并列第57位，温州下降0.1%，居并列第67位，是唯一一个同比和环比均下降的城市。据浙江调查总队资料，一季度，全省新建住宅销售价格同比上涨5.9%，涨幅比2013年四季度回落1.2个百分点。3月份，11个设区市新建住宅销售价格环比呈现2涨3平6跌，除温州外，台州、舟山、绍兴、湖州、丽水市房价环比也均呈下跌之势。

2.产能过剩和成本持续上升，部分行业和企业生产经营困难。近几年产业结构调整力度不大，发展前景好的制造业项目不多，新的产业发展不快，传统产业产能过剩，核心竞争力不强。规模以上工业主营业务收入增长4.2%，实现利润增长8.2%，增幅同比分别回落3.3和1.4个百分点，利润增幅低于全国1.9个百分点。利润增长主要集中在电气机械、非金属矿物制品、通信电子、通用设备、专用设备、化纤、仪器仪表等行业(7个行业新增利润是全部新增利润的1倍)，而黑色和有色金属、家具、食品、石油加工、印刷、服装、化学等行业利润分别下降34%，27.1%，23.3%，16.8%，13.7%，12.4%，7.5%，船舶、废弃资源综合利用、机械设备修理等行业全行业亏损。大多数工业产品价格持续下降，降幅在2013年下半年缩小之后2014年又呈扩大之势，已连续27个月下降(详见图3)。2013年规模以上工业企业应付职工人均薪酬达47000元以上，比2009年翻了一番，2014年一季度又增长12.6%，部分企业在短期内难以承受和消化。

3.资金链紧张的风险继续显现。2014年以来，银行业不良贷款延续2013年的“双升”趋势。3月末，不良贷款余额比年初增加97亿元，不良贷款率1.91%，比年初上升0.08个百分点。制造业和批发零售业企业资金链、担保链断裂风险持续积累，部分地区担保链风险有所显现。地方政府融资平台债务风险也在增大。

(三)主动采取结构调整和转型升级措施的结果

近年来浙江积极实施治水治污、“四换三名”、“三改一拆”、“四边三化”、“双清”行动、淘汰落后产能、加强安全生产等“组合拳”，2014年又把“五水共治”作为倒逼经济转型升级的战略举措，铁腕治污治气，各地按照“十百千万治水大行动”，排出时间表、项目表、责任表，都或多或少会减少短期粗放增长速度。如，在2013年全省25个块状经济和7个重污染高耗能行业淘汰关停1.8万家企业(作坊)，淘汰18个行业1658家企业落后产能的基础上，2014年以来又淘汰了300多家企业和6000家小作坊。对开化和淳安县等重点生态功能区,建立与出境水水质、森林覆盖率及林木蓄积量等挂钩的财政奖惩机制和与污染排放总量挂钩的生态补偿专项政策,把全域作为生态公园,不再发展一般制造业。

（四）可能是从高速增长到中速增长转换期行将结束的表现

根据国务院研究中心的判断,最近两三年是中国经济从高速增长到中速增长的转换期。一季度全国 GDP 增速从 2013 年同期的 7.7%回落到 7.4%,工业、出口、投资、消费和财政收入等主要经济指标增速同比回落。转换期结束后增长速度可能还要下来一点,增长速度回落到什么程度才能稳住,还有待观察。浙江经济变化往往领先于全国经济变化,可能已经处于从高速增长到中速增长转换期的尾声阶段,正处于增长速度继续“探底”的过程中。

以上四个方面原因,也证明了 2014 年以来浙江经济运行态势和增长速度仍处于合理区间,但下行压力依然存在。还要看到,3 月份,出口、用电量、货运量等指标增幅比 1—2 月有所回升,就业和居民收入稳定增长,经济运行也出现了一些企稳回升的迹象。

下阶段,要坚定科学发展理念,坚持稳中求进、改革创新,继续扩大积极变化,高度关注经济运行中出现的新情况、新问题,特别是各种风险,通过全面深化改革来保持合理的经济增长速度,在产业结构优化中推进经济提质增效升级,努力实现全年预期目标任务。

综合处　王美福　傅吉青　范菁雁

附录

附表 1　浙江省主要经济指标

	2014 年			2013 年				
	一季度		1—2 月	一季度		同比增长(%)		
	绝对值	增长(%)	增长(%)	绝对值	增长(%)	上半年	前三季度	全年
地区生产总值(GDP)(亿元)	7768.5	7.0		7261.5	8.3	8.3	8.3	8.2
规模以上工业增加值(亿元)	2669	6.2	6.1	2432.7	8.1	8.9	8.6	8.5
工业销售产值(亿元)	13232	4.4	3.7	12930.2	8.4	8.8	7.5	7.1
#出口交货值(亿元)	2507	2.2	0.5	2475.04	5.5	4.1	2.2	2.2
利润总额(亿元)	604.1	8.2	3.8	555.3	9.6	13.0	14.7	15.2
全社会用电量(亿千瓦时)	755.6	4.6	2.1	722.4	0.3	5.0	8.0	7.6
#工业用电量(亿千瓦时)	526.4	3.9	1.5	506.8	−2.2	4.6	5.9	5.9
全社会货运量(万吨)	37182	6.4	−2.1	34943	3.8	3.4	3.3	2.4
固定资产投资(亿元)	4120	16.1	15.2	3547.3	22.8	22.0	21.1	18.1
#房地产投资(亿元)	1315.4	16.2	13.8	1131.8	17.9	17.8	15.0	18.9
商品房销售额(亿元)	829.2	−29.4	−25.9	1174.8	115.6	70.1	38.8	26.6
社会消费品零售总额(亿元)	3974	13.1	11.5	3512.8	10.3	11.1	11.3	11.8
进出口总额(亿美元)	759.4	2.9	0.8	738.7	5.8	6.5	7.0	7.5
#出口总额(亿美元)	540.2	2.3	−2.5	528.5	11.7	11.0	10.7	10.8

续　表

	2014 年			2013 年				
	一季度		1—2 月	一季度		同比增长(%)		
	绝对值	增长(%)	增长(%)	绝对值	增长(%)	上半年	前三季度	全年
人民币计价:进出口总额(亿元)	4641.1	持平	−2					
#出口总额(亿元)	3301.3	−0.5	−5.2					
财政总收入(亿元)	2098.1	.8.1	8.5	1940.2	6.6	8.0	8.6	7.8
#公共财政预算收入(亿元)	1205.5	7.6	7.3	1120.8	10.6	11.5	10.6	10.3
居民消费价格(CPI)涨幅(%)		2.7	2.6		1.9	1.9	2.1	2.3
工业生产者出厂价格涨幅(%)		−1.5	−1.4		−2.2	−2.3	−2.0	−1.8
全省居民人均可支配收入(元)	10157	10.3(7.4)						
#城镇常住居民人均可支配收入(元)	12333	9.8(6.9)		12212	8.4(6.4)	8.8(6.7)	9.1(7)	9.6(7.1)
#农村常住居民人均可支配收入(元)	6495	10.8(7.8)		6716	9.4(7.5)	9.9(8.0)	10.3(8)	10.7(8.1)

注:GDP、工业增加值增速为扣除价格因素的实际增速。城乡居民收入括号内为扣除价格因素的实际增速。居民收入 2013 年为老口径。

稳中有升　稳中向好

——2014年上半年浙江经济运行情况

2014年以来,浙江坚持稳中求进、改中求活、转中求好,经济运行总体平稳、稳中有升、稳中向好,转型升级取得新进展,质量效益逐步好转,创新驱动有所增强,民生不断改善。总的来看,当前浙江经济增速处于正常合理区间,也是我省主动采取“五水共治”“四换三名”“三改一拆”,淘汰落后产能,关停部分高耗能、高污染企业,优化产业布局等调整措施的结果。但经济下行压力和困难在一段时期内持续存在,完成全年经济增长8%左右等预期目标需要下很大力气。

一、经济运行稳中有升

上半年,全省生产总值17978亿元,按可比价格计算,比2013年同期增长7.2%,增幅比一季度回升0.2个百分点,但比2013年同期回落1.1个百分点。在31个省(市、区)中,浙江与北京、辽宁并列第24位,超过一季度并列的上海(7.1%)、吉林(6.8%),高于山西(6.1%)、河北(5.8%)和黑龙江(4.8%)。广东增长7.5%,江苏增长8.9%,山东增长8.8%,福建增长9.7%,内蒙古增长7.6%,河南增长8.8%。

(一)三大产业增长平稳

1.工业生产略有回升。上半年,二产增加值8915亿元,增长6.5%。规模以上工业增加值5793亿元,比2013年同期增长6.4%,增幅比一季度回升0.2个百分点,但同比回落2.5个百分点。月度增幅上下波动1个百分点,但均低于2013年同期(见图1)。小微企业增长较快。上半年,小微企业工业增加值同比增长8.7%,高于规模以上工业2.3个百分点;大型企业增长5.2%,比一季度提高2.3个百分点;中型企业增长3.8%,比一季度回落0.3个百分点。设备利用率回升。二季度,规模以上工业平均设备利用率为76.2%,规模以下工业为78.9%,分别比一季度提高1.3和1.2个百分点。产值占规模以上调查企业总量83.9%的企业表示正常发挥或高于生产能力。制造业用电量同比回升。上半年,工业用电量增长2.4%,增幅比一季度和2013年同期分别回落1.5和2.2个百分点,其中,制造业用电量增长3.8%,比一季度仅回落

0.4 个百分点，比 2013 年同期回升 0.6 个百分点。PMI 创年内新高，出口订单指数重上 50%荣枯线。6 月份，浙江制造业采购经理指数（PMI）为 52.5%，比上月回升 1.1 个百分点，为年内新高，高于全国同期 1.5 个百分点。新订单指数为 53.0%，其中，新出口订单指数 53.4%，比上月分别回升 1 和 4.2 个百分点。

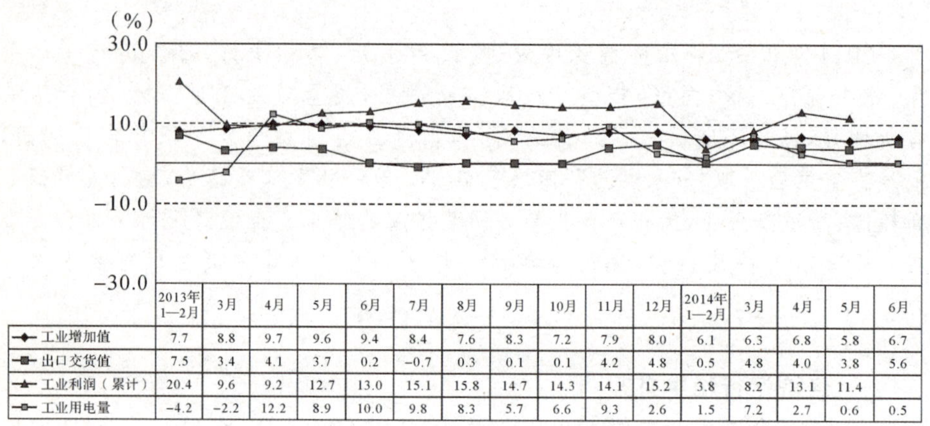

	2013年1—2月	3月	4月	5月	6月	7月	8月	9月	10月	11月	12月	2014年1—2月	3月	4月	5月	6月
工业增加值	7.7	8.8	9.7	9.6	9.4	8.4	7.6	8.3	7.2	7.9	8.0	6.1	6.3	6.8	5.8	6.7
出口交货值	7.5	3.4	4.1	3.7	0.2	−0.7	0.3	0.1	0.1	4.2	4.8	0.5	4.8	4.0	3.8	5.6
工业利润（累计）	20.4	9.6	9.2	12.7	13.0	15.1	15.8	14.7	14.3	14.1	15.2	3.8	8.2	13.1	11.4	
工业用电量	−4.2	−2.2	12.2	8.9	10.0	9.8	8.3	5.7	6.6	9.3	2.6	1.5	7.2	2.7	0.6	0.5

图 1　工业增加值、出口交货值、工业用电量当月增速和工业利润累计增速

2. 服务业增长较快。上半年，第三产业增加值 8308 亿元，比 2013 年同期增长 8.4%，增幅比一季度提高 0.5 个百分点，比同期 GDP 高出 1.2 个百分点，对 GDP 增长贡献率达 52.8%。其中，批发和零售，金融，住宿和餐饮业，交通运输仓储和邮政，其他服务业增加值分别比 2013 年同期增长 9.1%，8.6%，8%，7.9%和 11.7%，房地产业下降 2.8%，降幅比一季度收窄 2.1 个百分点。全社会货物周转量同比增长 4.6%，增幅比一季度提高 3 个百分点；货物运输量增长 5%，比一季度回落 1.4 个百分点；沿海港口货物吞吐量 5.49 亿吨，增长 9.3%。旅游总收入 2764.8 亿元，增长 13.4%；旅行社组织出境游客 90.1 万人次，增长 6.2%。1—5 月，规模以上服务业（不包括批零住餐、银证保和房地产开发）企业营业收入比 2013 年同期增长 11%，比 1—2 月回落 0.5 个百分点。

3. 农业生产基本稳定。上半年，第一产业增加值 755 亿元，比 2013 年同期增长 0.9%。春粮播种面积、单产和总产实现“三增”，预计比上年分别增长 5%，1.3%和 6.4%。早稻播种面积预计增长 1.1%。生态效益农业持续发展。花卉苗木、药材播种面积增长 3.1%，0.9%，蔬菜播种面积基本与 2013 年同期持平。春茶产量减少 3.4%。受各地畜禽禁限养区内关停搬迁和禽流感等影响，上半年，猪、羊、家禽出栏同比分别下降0.4％，1.3％，23.9％，牛出栏增长0.2％；肉类总产量86.7万吨，下降3.6％。渔业生产稳定。水产品产量188.3万吨，增长3.1％。

（二）三大需求增长较快

1.投资增长稳中有升。上半年，固定资产投资10802亿元，比2013年同期增长17％，增幅比一季度提高0.9个百分点。其中，项目投资7525亿元，增长16.1％。非国有投资7419亿元，增长15.2％，其中，民间投资6662亿元，增长15.9％，占投资总额的61.7％，比重同比回落0.5个百分点，民间资本对公共服务领域投资增长较快，投资397亿元，增长26.5％。浙商回归引进项目累计省外到位资金1129亿元，完成年度目标任务的56.4％，同比增长26.3％。从投资领域看，基础设施投资增长22.4％，工业投资增长7.8％。房地产开发投资3276亿元，增长19.1％，其中，增长较快的是土地购置费，增长43.9％，所占比重从2013年同期的30.3％提高到36.6％。房屋施工面积增长12.2％，其中，新开工面积增长6.4％，在新开工面积中，住宅面积下降1.4％，办公楼面积增长44.7％。

2.消费增长回归常态，餐饮住宿有所回暖。随着影响消费的多种因素逐步消化，消费趋于理性和常态。上半年，社会消费品零售总额7938亿元，比2013年同期增长12.1％，扣除价格因素，实际增长10.6％，名义和实际增幅同比分别提高1和0.1个百分点，但比一季度回落1和0.9个百分点。从限额以上企业主要商品零售情况看，汽车销售继续回落，装修材料类增长较快，金银珠宝类下降。随着3月份杭州小客车限牌效应退潮，4—6月，全省汽车类零售额同比分别下降0.5％，5.2％和4.1％，上半年销售1396亿元，增长11％，增幅比一季度回落14.9个百分点，对社会消费品零售总额的增长贡献率从一季度的33.4％回落到16.2％。建筑及装潢材料、五金电料、家具类零售额同比分别增长50.8％，34.3％和32.5％，继续保持快速增长；日用品、中西药品、服装类零售额稳定增长，分别增长16.5％，13.8％，10.3％；家电、通信器材类分别增长3.3％，1.5％；金银珠宝类下降1.5％。餐饮住宿业经营情况有所回暖。上半年，限额以上企业（单位）餐饮业零售额166亿元，同比增长5.9％，增幅比一季度回升2.4个百分点；住宿业零售额70.5亿元，增幅从一季度下降0.4％转为增长2.2％。

3.外贸出口明显回升。随着促进对外贸易稳定增长一系列政策措施落实到位，对外贸易增速有所加快。据海关统计，上半年，进出口总额10356亿元

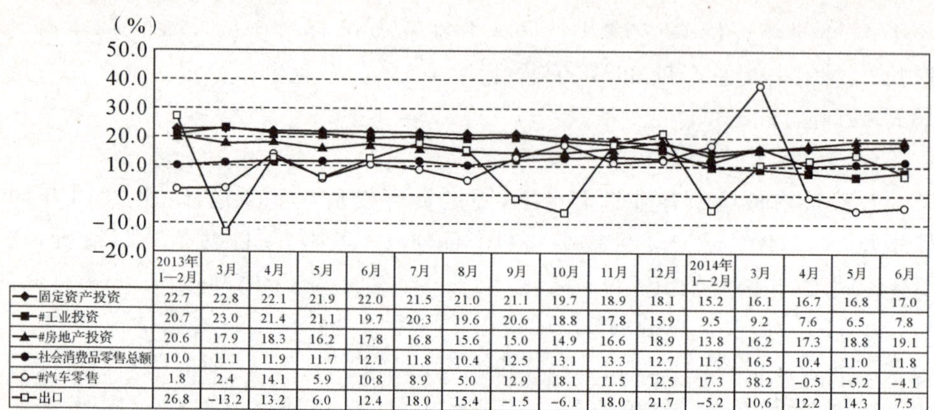

	2013年1—2月	3月	4月	5月	6月	7月	8月	9月	10月	11月	12月	2014年1—2月	3月	4月	5月	6月
固定资产投资	22.7	22.8	22.1	21.9	22.0	21.5	21.0	21.1	19.7	18.9	18.1	15.2	16.1	16.7	16.8	17.0
#工业投资	20.7	23.0	21.4	21.1	19.7	20.3	19.6	20.6	18.8	17.8	15.9	9.5	9.2	7.6	6.5	7.8
#房地产投资	20.6	17.9	18.3	16.2	17.8	16.8	15.6	15.0	14.9	16.6	18.9	13.8	16.2	17.3	18.8	19.1
社会消费品零售总额	10.0	11.1	11.9	11.7	12.1	11.8	10.4	12.5	13.1	13.3	12.7	11.5	16.5	10.4	11.0	11.8
#汽车零售	1.8	2.4	14.1	5.9	10.8	8.9	5.0	12.9	18.1	11.5	12.5	17.3	38.2	−0.5	−5.2	−4.1
出口	26.8	−13.2	13.2	6.0	12.4	18.0	15.4	−1.5	−6.1	18.0	21.7	−5.2	10.6	12.2	14.3	7.5

图 2　固定资产和房地产投资累计增速，社会消费品零售额、汽车零售额和出口当月增速

人民币①，比 2013 年同期增长 3.8%，其中，进口 2591 亿元，下降 2%；出口 7766 亿元，增幅从一季度的下降 0.5%转为增长 5.9%，高于全国(−1.2%)、广东(−14%)、上海(1.5%)、江苏(1.9%)。以美元计价，进出口总额 1689 亿美元，同比增长 6%，出口 1266 亿美元，增长 8.2%，增幅分别比一季度回升 3.1 和 5.9 个百分点；进口 423 亿美元，增长 0.1%。上半年人民币兑美元汇率综合平均升值幅度大约为 2.1%，因此，以人民币计价的外贸增速与以美元计价的外贸增速相差约 2.2 个百分点。

从出口主体看，上半年，民营企业进出口 6550 亿元，增长 8.6%，占全省进出口总值的 63.2%。其中，民营企业出口 5366 亿元，增长 10.5%，占全省出口总值的 69.1%。从主要出口市场看，欧美市场需求好转带动外贸出口增长，对欧盟、美国、东盟出口分别增长 11.1%，6.5%和 8.2%，增幅比一季度回升 9.3，7.5 和 3.8 个百分点，对俄罗斯出口由一季度的下降 5.7%转为增长 1.6%，对日本出口下降 4.1%，降幅比一季度收窄 2.1 个百分点。

4. 实际利用外资增长。上半年，新批外商直接投资企业 715 家，合同外资金额 109.9 亿美元，同比下降 1.5%，实际利用外资 89.9 亿美元，增长 16.7%。全省经审批和核准的境外企业和机构共计 242 家，中方协议投资额 24.4 亿美元，同比下降 24.1%。

(三)财政收支增长平稳，银行存贷款保持增长

1. 财政收入增长平稳，民生支出增长加快。上半年，财政总收入 4209 亿

---

① 经国务院批准，自发布 2014 年海关统计数据起，全面采用以人民币计价的统计数据，以美元计价仅公布总数。

元，同比增长 8.2%，公共财政预算收入 2361 亿元，增长 8.2%，增幅分别比一季度回升 0.1 和 0.6 个百分点。其中，税收收入增长 7.9%，比一季度回落 1.3 个百分点，占公共财政预算收入的 92.6%。增值税、营业税及改征增值税、企业所得税同比分别增长 6.4%，4.5%和 9%，个人所得税增长 10.8%，土地增值税和契税分别增长 15.4%和 12.2%，企业所得税增幅比一季度提高 4.4 个百分点。公共财政预算支出 2252 亿元，同比增长 12.3%，增幅比一季度提高 4.5 个百分点。其中，卫生计生、节能环保、文体传媒、教育、住房保障、社会保障和就业等支出分别增长 31%，18.5%，15.3%，15.3%，13.8%，13.6%，一般公共服务支出下降 0.5%。

2.存款增幅回升，贷款增幅回落。6 月末，金融机构本外币存款余额 79447 亿元，同比增长 9.5%，增幅比一季度回升 2.8 个百分点，新增存款 5714 亿元，同比少增 171 亿元。本外币贷款余额 69016 亿元，同比增长 9.1%，增幅比一季度回落 0.5 个百分点；新增贷款 3461 亿元，同比少增 143 亿元。从境内贷款投向看，短期贷款增长 5.8%，中长期贷款增长 15%，票据融资增长 2.8%。上半年社会融资规模 4789.1 亿元，同比少增 1183.2 亿元。

(四)CPI 温和上涨，PPI 降幅收窄

1.CPI 涨幅略高于全国。上半年，居民消费价格同比上涨 2.6%，涨幅比一季度回落 0.1 个百分点，比全国高 0.3 个百分点，在 31 个省(市、区)中居第 6 位。分类别看，食品，娱乐教育文化用品及服务，居住，医疗保健和个人用品，家庭设备用品及维修服务，衣着类，交通和通信价格分别上涨 3.8%，3.3%，3.0%，1.8%，1.6%，1.6%，0.2%，烟酒类价格下降 0.4%。服务项目价格上涨 3.7%。食品和服务项目价格分别拉动居民消费价格总水平上升 1.2 和 1.1 个百分点。

6 月份，居民消费价格同比上涨 2.4%，涨幅比上月回落 0.3 个百分点；环比下降 0.1%。回落的原因主要是食品尤其是蛋、猪肉、鲜菜的价格回落较快，食品价格同比上涨 2.9%，比上月回落 1.1 个百分点，其中，蛋价格上涨 16.8%，比上月回落 3.2 个百分点；猪肉和鲜菜的价格从上月分别上涨 1.3%和 2.5%转为下降 0.1%和 4.1%。但服务价格涨幅仍高于全国，同比上涨 3.6%，比全国高 1 个百分点，各类价格全面上涨，其中，旅游价格上涨 15%，医疗保健服务价格上涨 5.9%，分别比全国高出 7.2 和 4.9 个百分点；家庭服务及加工维修服务价格上涨 1.5%。居住类中的水、电、燃料价格上涨 2.0%，比全国高 0.8 个百分点。

2.PPI 降幅收窄。上半年，工业生产者出厂价格同比下降 1.1%，购进价格同比下降 1.9%，降幅分别比一季度收窄 0.4 和 0.2 个百分点。6 月份，出

厂价格和购进价格同比分别下降 0.4%和 1.3%，降幅比上月收窄 0.3 和 0.5 个百分点。与上月相比，出厂价格下降 0.04%，购进价格上涨 0.1%。从出厂价格看，同比已连续 30 个月下降，环比仅 5 月份上涨，表明工业品市场需求总体不足，但 4 月份以来同比降幅持续 3 个月收窄，有低位企稳迹象。与全国相比，出厂价格同比降幅小 0.7 个百分点，主要是生产资料价格降幅（－1.4%）比全国（－2.3%）小，而生活资料降幅（－0.3%）仍比全国（－0.1%）大。

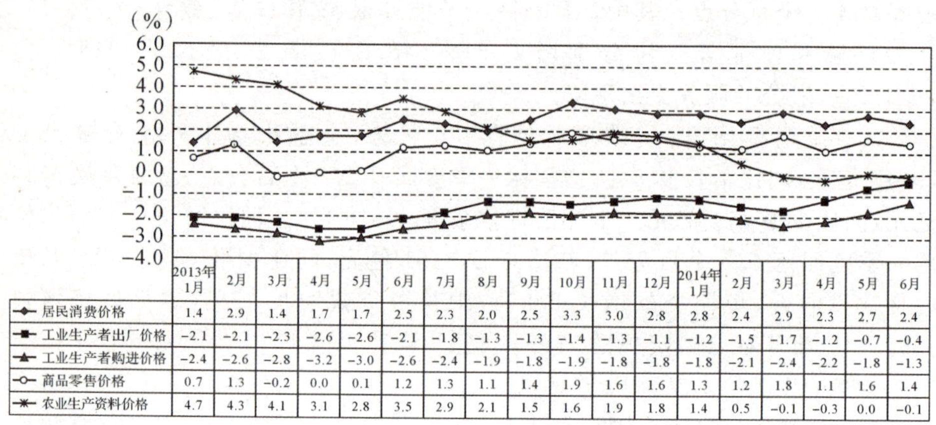

	2013年1月	2月	3月	4月	5月	6月	7月	8月	9月	10月	11月	12月	2014年1月	2月	3月	4月	5月	6月
居民消费价格	1.4	2.9	1.4	1.7	1.7	2.5	2.3	2.0	2.5	3.3	3.0	2.8	2.8	2.4	2.9	2.3	2.7	2.4
工业生产者出厂价格	-2.1	-2.1	-2.3	-2.6	-2.6	-2.1	-1.8	-1.3	-1.3	-1.4	-1.3	-1.1	-1.2	-1.5	-1.7	-1.2	-0.7	-0.4
工业生产者购进价格	-2.4	-2.6	-2.8	-3.2	-3.0	-2.6	-2.4	-1.9	-1.8	-1.9	-1.8	-1.8	-1.8	-2.1	-2.4	-2.2	-1.8	-1.3
商品零售价格	0.7	1.3	-0.2	0.0	0.1	1.2	1.3	1.1	1.4	1.9	1.6	1.6	1.3	1.2	1.8	1.1	1.6	1.4
农业生产资料价格	4.7	4.3	4.1	3.1	2.8	3.5	2.9	2.1	1.5	1.6	1.9	1.8	1.4	0.5	-0.1	-0.3	0.0	-0.1

图 3　各类价格月度涨幅

二、质量效益稳中向好

1. 产业结构调整取得积极进展，落后产能淘汰加快。从工业看，上半年，装备制造、高新技术和战略性新兴产业增加值同比分别增长 9%，8.3%和 7.8%，增幅均高于规模以上工业，分别占规模以上工业的 34.4%，33.7%和 24.1%，比重同比提高 0.8，0.4 和 0.2 个百分点，装备制造业对规模以上工业增长的贡献率为 47.4%。新一代信息技术和物联网产业、生物产业增长较快，增加值同比分别增长 11.8%，13.9%。而八大高耗能行业增加值仅增长 3.4%，增幅低于规模以上工业 3 个百分点，其中，造纸、化学、非金属矿物制品、电力等行业增幅比一季度回落 1 个百分点以上，按可比价计算，高耗能行业增加值占规模以上工业的 35.7%，比重同比下降 1 个百分点。淘汰了一大批造纸、印染、制革、化工、电镀、织造、化纤、铸造、炼钢产能和砖瓦窑等落后产能。从投资看，占工业投资 65.2%的工业技术改造投资增长 11.8%，高于工业投资增幅 4 个百分点；三产投资增长加快，增长 22.5%，其中，项目投资增长 25.7%（扣除房地产）。信息，居民服务，租赁和商务服务，住餐，批零业投资增长较快，分别增长 76.7%，76.5%，36.6%，30.5%，29.7%。从流通业态看，电子商务等新兴流通业态快速发展，实现网络零售 2333 亿元，增长 54%，相当于上半年社会消费品零售总额的 29.4%，比重比全国同期高 21 个百分点。其中，省内居民实现网上消费 1375 亿元，增长 48%。实现网络顺差 955 亿元。从出口商品看，机电产品出口 3189.5 亿元，增长 5.6%，占 41.1%；纺织品、服装、箱包、鞋类、玩具、家具、塑料制品等 7 大类传统劳动密集型产品出口 2962.3 亿元，增长 6.5%，占 38.1%；农产品出口增长 7.7%。

2. 效益效率逐步提升，且好于全国。工业企业利润增幅高于收入增幅，也高于全国。上半年，规模以上工业实现利润 1554.6 亿元，同比增长 12.4%，增幅比一季度提高 4.2 个百分点，高于主营业务收入 7.8 个百分点。在生产增幅比全国低 2.4 个百分点的同时，利润增幅高于全国 1 个百分点，也比上海、山东分别高 1.8，3.9 个百分点，但比江苏、广东分别低 3.9，13.1 个百分点。企业亏损面为 18.2%，比一季度降低 6.7 个百分点，亏损企业亏损额增长 6.5%。主营业务利润率为 5.31%，同比提高 0.37 个百分点；每百元主营业务收入中的成本为 85.5 元，不仅低于 2013 年同期 0.4 元，也低于全国 0.4 元；劳动生产率为 16.8 万元/人（折年率），按可比价计算增长 8.8%；人均创利增长 15%，增幅比一季度提高 4.9 个百分点。1—5 月，规模以下工业企业实现营业利润 179.2 亿元，同比增长 9.6%。

3. 创新驱动作用增强。上半年，地方财政科技支出增长 14.6%，规模以上工业科技活动经费支出增长 8.2%。新产品产值同比增长 20%，比规模以上工业总产值增幅高 14.6 个百分点；新产品产值率为 26.7%，同比提高 3.3 个百分点。高新技术产业开发区和高新园区中的规模以上工业增加值增长 13.4%，对全省规模以上工业的增长贡献率达 30.8%，拉动增长 2 个百分点。其中，战略性新兴产业和高新技术产业增长更快，增加值同比分别增长 15.1%和 14.5%。

4. 节能降耗成效明显。上半年，规模以上工业单位增加值能耗同比下降 9.3%，降幅比 2013 年同期和 2014 年一季度分别扩大 4.9 和 2 个百分点，处于“十一五”以来较好水平。38 个工业大类行业中，32 个行业的单耗同比下降，下降面超过 8 成。八大高耗能行业单耗同比呈现七降一升态势，除黑色金属外，电力、非金属矿物制品、化纤、造纸、纺织、化学原料、石油加工等行业单耗降幅均比一季度有所扩大。

5. 就业形势基本稳定，社会保障持续加强。上半年，城镇新增就业 57.9 万人，同比增长 12.2%，登记失业率为 3.0%。社会保障切实加强。企业养老、基本医疗、失业、工伤、生育保险参保人数分别比 2013 年末新增 77.8 万、42.3 万、23.8 万、15.1 万和 20.7 万人，已分别达到 2350 万、4281 万、1168 万、

1841 万和 1194 万人，城乡居民养老保险参保人数达 1337 万人。据省建设厅资料，全省新开工城镇保障性安居工程 16.88 万套，竣工 8 万套，新开工公共租赁住房 2.45 万套，分别完成年度目标任务的 112.5%，69.6%，116.7%。

6. 农村居民收入增长快于城镇。上半年，全省居民人均可支配收入 17236 元，同比增长 10.0%，扣除价格影响因素，实际增长 7.2%，增幅分别比一季度低 0.3 和 0.2 个百分点，其中，城镇和农村常住居民人均可支配收入分别为 20937 和 10979 元，同比增长 9.4%和 10.9%，扣除价格因素，实际增长 6.7%和 8.0%，农村居民收入增长不仅快于城镇居民，也略快于一季度名义和实际增幅 0.1 和 0.2 个百分点，但城镇居民收入略低于一季度名义和实际增幅 0.4 和 0.2 个百分点。全省居民人均生活消费支出 11245 元，同比增长 11.7%，扣除价格影响因素，实际增长 8.9%。

三、需要高度关注的问题

上半年，GDP、规模以上工业增加值、投资、出口等主要经济指标增幅比一季度明显回升，但工业用电量、货运量、税收收入、社会消费品零售总额、服务业营业收入等增幅比一季度有所回落，经济下行压力和困难在一段时期内持续存在，GDP 增长率等经济指标与全年预期目标有一定差距。

（一）工业生产回升动力不足

1. 工业生产企稳回升基础不稳。虽然规模以上工业增加值增速企稳回升，但规模以下工业增速比一季度回落 0.3 个百分点。规模以上工业增加值，5 月份增幅（5.8%）比 4 月份回落 1 个百分点，回落幅度超出之前预期已企稳回升的判断；6 月虽回升至 6.7%，但回升的持续性有待观察，与全年增长 8%的目标也相差较大。上半年，总量规模居前十的工业行业中，纺织，电力，化学，橡胶和塑料制品，服装业增幅低于规模以上工业平均增幅，仅分别增长 2.5%，0.2%，4.6%，3.9%，4.1%。31 个制造业大类中，食品，酒和饮料茶，文教，非金属矿物制品，机械制造等 17 个行业增加值增速均比一季度有不同程度的回落；二季度，食品，酒和饮料茶，皮革，造纸，石油加工，化学原料，非金属矿物制品，黑色和有色金属，船舶，废弃资源利用等 13 个行业生产能力利用率在 75%以下，部分行业产能过剩，设备利用效率较低。

需求不足仍是影响工业增长的主要因素。本省工业产品出口增长不快。据海关数据，上半年，出口省外货源产品 656.8 亿元，增长 43.8%，拉动出口总额增长 2.7 个百分点，而出口本省货源产品 7108 亿元，增长 3.4%，拉动出口总额增长 3.2 个百分点。规模以上工业出口交货值同比增长 3.7%，低于同期外贸出口增幅 5.9%（以人民币计价）2.2 个百分点，说明国际市场对我省工业企业生产的出口产品制约仍较突出。在31个制造业行业中，有5个行业出口交货值下降，分别为医药，酒和饮料茶，船舶，通信电子，服装。目前有出口实绩的企业家数占规模以上工业的41.2%，总产值占50.6%，出口对工业生产的影响较大。同时，国内需求也呈回落态势。上半年，全国投资、消费和工业增加值增幅分别比2013年同期回落2.8，0.6和0.5个百分点。

2.部分行业和企业盈利能力下降，经营困难。上半年，规模以上工业利润增长主要靠装备制造、电力、建材等行业拉动，大多数行业微利。电气机械(占18.7%)、电力(14.9%)、通信电子(13.2%)、非金属矿物制品(11.5%)、通用设备(10.1%)等五大行业新增利润占到规模以上工业的68.4%，而食品、家具、石油加工、有色金属、仪器仪表等行业利润分别下降20.3%，2.8%，18.2%，8%，0.8%，废弃资源利用和水的生产供应全行业亏损。1—5月，规模以上服务业企业利润总额增长10.9%，增幅比1—2月回落7.9个百分点。人工成本持续上升，部分企业在短期内难以承受和消化。规模以上工业应付职工人均薪酬在2012年增长14.6%和2013年增长12.2%的基础上，2014年上半年又增长12%，年人均薪酬水平已达4.8万元以上，比2009年翻了一番。1—5月，规模以上服务业企业应付职工人均薪酬增长9.8%。

据省统计局近期在全省范围内开展的浙商企业当前生产经营状况专项调查显示，企业融资困难、减税力度不大，希望行政审批改革力度继续加大。企业表示融资"一般"的占65.4%，认为融资"困难"的占20.7%；问及本地税收优惠政策与外省(市)相比情况，认为"本地差很多"或"本地差些"的占27.9%；问及"涉及企业的行政审批改革应在哪些方面进一步着力"时，企业认同率从高到低依次为"缩短审批时间"为68.1%，"减少审批环节"为66.9%，"减少审批事项"为44.7%，"实行网上办理"为42.0%，"减少收费"为24.2%。

3.企业预期谨慎，投资意愿不足。新开工项目不足。6月末，固定资产投资新开工项目13850个，同比仅增长0.6%，计划总投资下降1.5%。制造业投资低速增长且呈持续回落态势。上半年，制造业投资增长5.1%，增幅比一季度回落1.5个百分点，同比大幅回落13.1个百分点，31个制造业中有13个行业投资下降。PMI中的预期指数持续3个月出现回落。6月份，企业生产经营活动预期指数为52.2%，比上月回落3.5个百分点，3月份以来呈逐月回落态势，企业家对未来生产经营预期趋于谨慎。浙商调查也显示，37.2%的企业对当前本行业总体运行状况表示"乐观"，表示"一般"的占49.9%，表示"不乐观"的占12.9%；进一步问及对下半年本行业总体运行状况的看法，认为"乐观"的下降到33.8%，认为"不乐观"的上升到15.9%，预计下半年将减少投资的企业占21.9%。

(二)房地产市场波动,企业资金链、担保链断裂风险和金融风险增大

1.房地产市场销售量价齐跌,对部分行业和企业产生较大影响。上半年,商品房竣工面积同比增长 48.7%,待售面积增长 42.9%,其中住宅竣工和待售面积分别增长 47.7%和 59.9%,而房屋销售面积和销售额分别下降 22.6%和 27.5%。房地产企业资金回笼缓慢,本年实际到位资金下降 5.3%。据浙江调查总队资料,6 月份,11 个设区市城区新建商品住宅网签套数为 1.13 万套,分别比 5 月和 2013 年同期减少 11.3%和 16.6%;库存套数约为 27.46 万套,比 5 月增加 1.8 万套,按 6 月份销售量推算,去现有库存周期约需 24 个月。房价同比、环比均下降。1—6 月,全省新建住宅销售价格同比涨幅分别为 6.6%,5.8%,4.9%,3.4%,1.9%,−0.1%,6 月份转升为降,为 2013 年 4 月份以来首次下降;3—6 月环比分别下降 0.1%,0.4%,0.9%和 1.3%。11 个设区市城区价格七涨四跌,价格上涨的有金华、湖州、丽水、宁波、衢州、绍兴和杭州市,涨幅分别为 2.8%,2.6%,1.7%,1.4%,1.2%,0.9%和 0.7%;价格下降的有温州、台州、舟山和嘉兴,降幅分别为 5.3%,3.9%,3.0%和 0.2%。环比全面下降,降幅较大的有:台州下降 2.7%,杭州下降 1.8%,宁波下降 1.6%。杭州在全国监测的 70 个大中城市中领跌了 3 个月。房地产业产业链比较长,税收占比较大,其回落对过分依赖房地产推动经济发展的倾向起到纠正作用,但短期内对部分工业、服务业相关行业和企业有一定影响,对税收影响较大。上半年,公共财政预算收入中房地产相关税收增长 1.4%,增幅比一季度(9.4%)和 2013 年同期(47.5%)分别回落 8 和 46.1 个百分点,与房地产交易关联度高的房地产营业税下降 10.1%。

2.银行业不良贷款、企业资金链、担保链断裂风险持续积累和显现。银行业不良贷款延续 2013 年的"双升"趋势,2014 年升幅再次扩大。6 月末,银行不良贷款余额 1356.5 亿元,比年初增加 156.7 亿元,不良贷款率 1.96%,比年初上升 0.13 个百分点;关注类贷款余额比年初增加 369.8 亿元。上半年,出险企业 761 家,同比增加 494 家,涉及银行贷款 475.1 亿元,同比增长 1.59 倍。

当前,国内外经济环境依然错综复杂。下半年,要继续坚持突出加快转变经济发展方式主线,守住百姓增收、生态良好、社会平安三条"底线",进一步扩大积极向好的发展态势,着力解决经济运行中出现的困难和问题,努力化解风险,在产业结构优化中推进经济提质增效升级,保持合理的经济增长速度,确保实现全年各项预期目标任务。

综合处　傅吉青　范菁雁

附录

附表1 2014年上半年全国、浙江省及11市主要经济指标增速

单位:%

	GDP	规模以上工业		工业用电量	固定资产投资		社会消费品零售总额	出口(以美元计价)	公共财政预算收入
		工业增加值	出口交货值			#工业投资			
全国	7.4	8.8	5.3	5.0	17.3	14.2	12.1	0.9	11.1
浙江	7.2	6.4	3.7	2.4	17.0	7.8	12.1	8.2	8.2
杭州	7.7	8.8	3.9	2.6	16.4	−6.2	10.0	13.1	8.3
宁波	6.7	5.7	4.5	6.0	16.9	24.1	13.1	7.5	8.7
温州	6.8	5.0	1.8	−0.2	17.6	1.2	12.0	5.8	8.1
嘉兴	7.4	7.5	4.6	4.5	16.1	8.4	12.0	10.8	7.3
湖州	7.7	8.9	9.0	6.3	10.5	−1.8	14.3	7.1	8.1
绍兴	7.0	5.0	−1.6	3.4	15.8	5.3	12.3	10.0	9.5
金华	7.8	6.9	6.4	−6.5	16.5	5.0	13.7	12.1	14.4
衢州	7.3	5.1	19.4	1.6	16.5	4.4	12.7	13.9	11.2
舟山	9.8	12.4	1.0	8.8	22.3	31.2	14.2	−25.4	8.9
台州	7.0	5.2	1.9	2.8	18.1	22.1	12.9	3.9	5.0
丽水	7.1	4.9	6.5	−4.1	17.9	−8.5	13.0	15.0	9.8

附表 2　2013—2014 年浙江省主要经济指标

	2014 年					2013 年				
	上半年		1—5 月	1—4 月	一季度	上半年		同比增长(%)		
	绝对值	增长(%)	增长(%)	增长(%)	增长(%)	绝对值	增速(%)	一季度	前三季度	全年
地区生产总值(GDP)(亿元)	17978.2	7.2			7.0	16953.9	8.3	8.3	8.3	8.2
规模以上工业增加值(亿元)	5793.3	6.4	6.3	6.4	6.2	5474.7	8.9	8.1	8.6	8.5
工业销售产值(亿元)	29690.2	5.1	4.9	5	4.4	28868.5	8.8	8.4	7.5	7.1
＃出口交货值(亿元)	5651.4	3.7	3.1	2.9	2.2	5522	4.1	5.5	2.2	2.2
利润总额(亿元)	1554.6	12.4	11.4	13.1	8.2	1380.2	13	9.6	14.7	15.2
全社会用电量(亿千瓦时)	1628.0	3.6	4.0	4.5	4.6	1571.2	5	0.3	8	7.6
＃工业用电量(亿千瓦时)	1200.6	2.4	2.8	3.5	3.9	1172.6	4.6	−2.2	5.9	5.9
全社会货运量(万吨)	91159	5.0	5.7	7.5	6.4	95286	3.4	3.8	3.3	2.4
固定资产投资(亿元)	10801.8	17.0	16.8	16.7	16.1	9233.8	22	22.8	21.1	18.1
＃房地产投资(亿元)	3276.4	19.1	18.8	17.3	16.2	2751.7	17.8	17.9	15.0	18.9
商品房销售面积(万平方米)	1715.4	−22.6	−26.2	−27.6	−25.6	2216.3	56.2	88.7	31.4	22
社会消费品零售总额(亿元)	7937.6	12.1	12.2	12.5	13.1	7080.9	11.1	10.3	11.3	11.8
进出口总额(亿美元)	1688.8	6	6.1	5.0	2.9	1593.9	6.5	5.8	7.0	7.5
＃出口总额(亿美元)	1266.3	8.2	8.1	5.8	2.3	1171.1	11.0	11.7	10.7	10.8

续 表

	2014年					2013年				
	上半年		1—5月	1—4月	一季度	上半年		同比增长(%)		
	绝对值	增长(%)	增长(%)	增长(%)	增长(%)	绝对值	增速(%)	一季度	前三季度	全年
人民币计价:进出口总额(亿元)	10356	3.8	3.6	2.3	持平					
#出口总额(亿元)	7765.5	5.9	5.6	3.0	−0.5					
财政总收入(亿元)	4208.7	8.2	7.6	7.6	8.1	3889.9	8	6.6	8.6	7.8
#公共财政预算收入(亿元)	2360.6	8.2	7.4	7.3	7.6	2182.5	11.5	10.6	10.6	10.3
居民消费价格(CPI)涨幅(%)		2.6	2.6	2.6	2.7	1.9	1.9	1.9	2.1	2.3
工业生产者出厂价格涨幅(%)		−1.1	−1.3	−1.4	−1.5	−2.3	−2.3	−2.2	−2.0	−1.8
全省居民人均可支配收入(元)	17236	10(7.2)			10.3(7.4)					
#城镇常住居民人均可支配收入(元)	20937	9.4(6.7)			9.8(6.9)	20461	8.8(6.7)	8.4(6.4)	9.1(7)	9.6(7.1)
#农村常住居民人均可支配收入(元)	10979	10.9(8)			10.8(7.8)	10878	9.9(8.0)	9.4(7.5)	10.3(8)	10.7(8.1)

注:城乡居民收入增长数据括号内为扣除价格因素的实际增速。农村居民收入2013年为人均现金(纯)收入。货运量数据2014年统计口径有调整。

稳步回升　持续向好

——2014 年前三季度浙江经济运行情况

2014 年以来，面对错综复杂的国内外形势，浙江省委、省政府坚持以科学发展观为指导，着力稳增长、抓改革、促转型、治环境、惠民生、保稳定，集中精力抓工业、千方百计稳出口、加大力度扩投资、全力以赴防风险，前三季度经济运行稳中有升、转中向好，主要经济指标处于合理区间，结构调整加快推进，质量效益持续向好，预计四季度主要经济指标仍将保持稳中有升，全年经济走势将呈现“平开稳走向好”态势。

一、经济增速稳中有升

前三季度，全省生产总值 27822 亿元，按可比价格计算，比 2013 年同期增长 7.4%，增幅比上半年回升 0.2 个百分点，其中，一产增加值 1153 亿元，增长 1.1%；二产增加值 13850 亿元，增长 6.9%；三产增加值 12819 亿元，增长 8.4%。

（一）从主要经济指标看，与全国三季度增速明显回落的趋势不同，我省增速平稳，稳中有升，波幅较小

GDP 增速从一季度的 7% 回升到上半年的 7.2%，前三季度回升至 7.4%，与全国的差距从一季度的 0.4 个百分点缩小到上半年的 0.2 个百分点，前三季度与全国持平。规模以上工业增加值 9 月份增长 7.4%，为年内新高，累计增速从一季度的 6.2%回升到前三季度的 6.6%，达 9029 亿元，而同期全国及东部省市的增速回落，全国规模以上工业增加值增速从上半年的 8.8%回落到前三季度的 8.5%，我省与全国的差距从上半年的 2.4 个百分点缩小到 1.9 个百分点。规模以上工业出口交货值 9 月份增长 8%，累计增速从一季度的 2.2%回升到前三季度的 5.1%，利润增速从一季度的 8.2%回升到前三季度的 9.8%。工业生产者出厂价格降幅从一季度的 1.5%收窄到前三季度的 1%，比全国小 0.6 个百分点，表明我省工业品市场需求形势略好于全国。固定资产投资增速平稳，一季度增长 16.1%，前三季度增长 16%，达 17139 亿元，增速与江苏、山东持平，与全国的差距从一季度的 1.5 个百分点缩小到前三季度的 0.1 个百分点。房地产投资从一季度的 16.2%回升到前三季

度的 20.9%,全国则从一季度的 16.8%回落到前三季度的 12.5%。商品房销售面积降幅从一季度的 25.6%收窄到前三季度的 12.9%,达 2936 万平方米,而全国降幅从 3.8%扩大到前三季度的 8.6%。8 月份我省全面取消限购政策后销售量明显上升,8—9 月销售 887 万平方米,同比增长 14.1%,月均销量比前 7 个月增长 51.6%。以美元计价的进出口总额增速从一季度的 2.9%回升到前三季度的 6.7%,为 2659 亿美元;出口月度规模屡创新高,前三季度为 2032 亿美元,增速从一季度的 2.3%回升到 10.2%,高于同期全国(5.1%)、广东(—2.5%)、江苏(5.2%)、上海(2.4%)、福建(4.6%)增速。公共财政预算收入增速从一季度的 7.6%回升到前三季度的 8.2%,全国同期从 11.8%回落到 10.1%。全社会铁、公、水路货物周转量增速从一季度的 1.6%上升到前三季度的 6.9%,货运量增长 4.4%;沿海港口货物吞吐量增长 5.9%,其中,外贸货物吞吐量 3.38 亿吨,增长 8.2%,集装箱吞吐量增长 12%。居民消费价格涨幅逐季缩小,从一季度的 2.7%回落到前三季度的 2.4%,其中,9 月份上涨 1.6%,为 2013 年 4 月以来最低。

(二)小微企业较快增长

前三季度,在 3.8 万家规模以上工业企业中,3.3 万家小微企业工业增加值同比增长 8.2%,大型、中型企业分别增长 6%和 4.3%;1—8 月,规模以下工业企业主营业务收入同比增长 8.7%,增速比上半年提高 2 个百分点,出口产品销售收入增长 12.1%。新设企业大幅增加。据省工商局资料,前三季度,新设企业 16.9 万户,同比增长 10.9%;新设个体工商户 38.4 万户。在册企业已达 121.3 万户,同比增长 16.1%。

(三)农业生产稳步增长

前三季度,第一产业增加值增速(1.1%)比上半年回升 0.2 个百分点,其中,农、渔业分别增长 2.8%和 2%,林、牧业分别下降 1.5%和 5.3%。早稻和秋粮播种面积预计分别增长 1.1%和 0.2%。生态效益农业持续发展。蔬菜、花卉、药材播种面积分别增长 1.0%,4.6%和 2.8%。前三季度,肉类总产量 122.3 万吨,下降 5.3%;水产品总产量 289.5 万吨,增长 2.1%。

(四)部分指标增速有所回落,但已呈现企稳回升态势

一是用电量。前三季度,全社会用电量和工业用电分别增长 0.5%和 1.3%,比上半年回落 3.1 和 1.1 个百分点,但工业用电增速比 1—8 月回升 0.9 个百分点。增速总体回落的原因既有 2014 年高温天气比 2013 年同期大幅减少、空调负荷较低的客观因素,也有主动加快节能改造、加大产业结构调整的成效。二是社会消费品零售总额。受 4 月份起杭州对小客车限牌前的汽

车销售井喷影响，社会消费品零售总额增速从一季度的13.1%回落到1—8月的11.8%，9月份回升明显，增长12.1%，前三季度增速回升到11.9%，为12151亿元。汽车零售额增速从25.9%回落到7.5%，对社会消费品零售总额的增长贡献率从33.4%回落到11.4%。三是金融机构贷款余额。金融机构本外币贷款余额增速从一季度的9.6%回落到前三季度的8.6%，新增贷款4427亿元，同比少增386亿元，小微企业融资难与贷款有效需求不足并存。

二、转型升级加快推进

2014年以来，我省全面启动"两美"建设，扎实推进"五水共治""三改一拆""四换三名"及浙商回归等重点工作，加快淘汰落后产能，优化产业布局，积极转变经济发展方式。

（一）创新驱动作用增强

前三季度，地方财政科技支出120.7亿元，同比增长11.3%，规模以上工业科技活动经费支出530.8亿元，增长7.8%。发明专利申请量和授权量分别达到35211和9397件，同比增长18.3%和10.3%，且一半以上是企业发明的。规模以上工业新产品产值13193亿元，同比增长21%，增速比规模以上工业总产值高14.7个百分点；新产品产值率为27.6%，比2013年同期提高3.4个百分点。

（二）结构调整取得新进展

1.从产业结构看，服务业增长较快。前三季度，第三产业增加值增速(8.4%)比同期GDP高出1个百分点，对GDP增长贡献率达51.2%。其中，批发和零售，交通运输仓储和邮政，住宿和餐饮业，金融，其他服务业增加值分别比2013年同期增长9.3%，8%，7.7%，7.1%和11.5%，房地产业增加值下降0.3%。装备制造、高新技术和战略性新兴产业增长较快，比重提高。前三季度，装备制造业、高新技术产业、战略性新兴产业增加值分别增长9.3%，8.7%和8.6%，增速高于规模以上工业，所占比重分别为34.3%，33.8%和24.4%，同比均有所提高。装备制造业对规模以上工业增长贡献率达45.5%。信息经济发展势头较好。前三季度，规模以上工业电子信息制造业增加值增长8.9%；软件和信息服务业营业收入增长17.5%；实现网络零售3796亿元，增长53.9%，相当于社会消费品零售总额的31.2%。高耗能、高污染行业增加值增速回落，比重降低。前三季度，八大高耗能行业增加值同比增长3.4%，增速低于规模以上工业3.2个百分点，按可比价计算，占规模以上工业的35.8%，比重同比下降1.1个百分点。关停部分高耗能、高污染企业，淘汰了一大批造纸、印染、制革、化工、电镀、织造、化纤、铸造、炼钢产能和砖瓦窑等落后产能。

2.从投资结构看，新开工项目转降为升，结构趋优，为投资增长增添了后劲。前三季度，投资新开工项目数达21823个，同比增长6.6%，新开工项目投资增长10.5%。新开工项目投资中，工业投资占55.7%，增长8.9%；基础设施投资占29.7%，增长18.8%；计划总投资1亿—10亿元的项目投资占31.8%，增长10%；10亿元及以上的项目投资占8.6%，增长15.9%；首次有100亿元以上的新项目开工，杭州湾新区的上海大众汽车有限公司宁波分公司扩建项目已开工建设，总投资达190.6亿元。民间投资增长10556亿元，增长17.1%，比重达61.6%。技术改造投资和三产投资增长较快，工业技术改造投资增长14.5%，占工业投资的66.1%；三产投资增长20.6%。工业和制造业投资缓中有升，分别增长8.3%和7.2%，增速比上半年分别提高0.5和2.1个百分点。基础设施投资增长18.7%。浙商回归态势良好。前三季度，浙商回归引进省外到位资金1655亿元，完成年度目标任务的82.8%，同比增长28.5%。

3.从出口结构看，民营企业一枝独秀，前三季度出口1417亿美元，增长15%，占出口总值的69.7%。出口商品结构改善，机电产品出口增长10.4%，高于全省出口增速0.2个百分点，占出口总额的40.8%。出口纺织品、服装、箱包、鞋类、玩具、家具、塑料制品等7大类传统劳动密集型产品增长9.4%，占出口总额的38.8%。欧美市场需求好转带动外贸出口增长，对欧盟、美国、东盟出口分别增长16.2%，11.5%和11.5%，对出口增长的贡献率达63%。

4.节能减排成效明显。2014年单位GDP能耗处于“十一五”以来较好水平。前三季度，规模以上工业单位增加值能耗同比下降8.9%。据省环保厅通报，前三季度，全省11个设区市城市环境空气PM2.5均值为51微克/立方米，比2013年同期下降1.9%。145个跨行政区域河流交接断面中，Ⅰ—Ⅲ类水质断面占64.8%，比2013年上升1.9个百分点；劣Ⅴ类占11.7%，下降6.2个百分点；满足功能要求的断面达标为64.1%，上升1.2个百分点。化学需氧量、二氧化硫、氨氮、氮氧化物等减排指标均达到年度目标的进度要求。

三、质量效益持续向好

(一)财政收支平稳增长

前三季度，公共财政预算收入3301亿元，增长8.2%，税收收入占公共财政预算收入的92.7%。在税收收入中，企业所得税和个人所得税分别增长9.6%和9.9%，增值税、营业税及改征增值税分别增长5.3%，4.6%。公共财政预算支出3418亿元，增长12.1%，住房保障，节能环保，城乡社区，卫生计生，社会保障和就业，教育，文体传媒等支出分别增长 41.4%，27.8%，24.3%，22.8%，13.4%，11.5%，8.8%，一般公共服务支出下降 1.5%。

(二)效益效率稳步提升

工业企业利润增速高于收入增速。前三季度，规模以上工业实现利润 2452 亿元，增长 9.8%，增速高于主营业务收入 5.1 个百分点。主营业务利润率为 5.37%，同比提高 0.25 个百分点；每百元主营业务收入中的成本为 85.5 元，低于 2013 年同期 0.4 元；劳动生产率为 17.3 万元/人，按可比价计算增长 9%(折年率)；人均创利增长 12.3%。规模以上服务业企业实现利润总额增长 10.3%。

(三)就业形势基本稳定，社会保障持续加强

前三季度，城镇新增就业 81.5 万人，同比增长 9.5%，登记失业率为 2.95%，比 2013 年同期下降 0.06 个百分点。社会保障切实加强。基本养老保险参保人数达 3835.8 万人，其中，企业职工参保 2391.8 万人，比 2013 年末新增 119.3 万人；基本医疗保险参保人数为 4418 万人，比 2013 年末新增 71.3 万人。全省新开工城镇保障性安居工程 20.2 万套，竣工 12.2 万套，分别完成年度目标任务的 134.6%，106.1%，新开工公共租赁住房 3.1 万套。

(四)居民收入较快增长，农村快于城镇

前三季度，全省居民人均可支配收入 25156 元，同比增长 9.8%，扣除价格因素，实际增长 7.2%，增速基本与同期 GDP 同步。其中，城镇和农村常住居民人均可支配收入分别为 30864 和 15523 元，增长 9.2%和 10.8%，扣除价格因素，实际增长 6.6%和 8.1%。农村居民收入增长明显快于城镇，城乡居民收入差距进一步缩小。居民消费支出增长较快，全省居民人均 16709 元，同比增长 9.4%，其中，城镇和农村常住居民消费支出分别为 20175 和 10860 元，增长 7.8%和 13.8%。

2014 年浙江经济总体平稳健康、持续回升向好，在三季度全国和东部地区经济出现明显回落的情况下，我省依然保持稳中有升态势，没有出现大的波动，潜在风险可防可控。但受经济增速换挡和结构调整阵痛等“三期叠加”和“三个交汇”影响，经济下行压力依然存在。特别是工业经济回升不快，制造业投资低迷，部分行业和企业经营困难等。工业生产者出厂价格同比已连续 33 个月下降，表明工业品市场有效需求仍显不足。全省上下要按照省委、省政府的工作部署，冲锋冲刺、决战决胜，精准发力、精准服务，在新常态下实现新发展，努力实现全年经济发展预期目标。

四、经济运行中值得关注和研究的情况和问题

受经济增速换挡和结构调整阵痛等“三期叠加”和“三个交汇”影响，GDP等经济指标增长低于预期，特别是工业经济回升不快，部分行业和企业经营困难，实体经济投资意愿不强，潜在金融风险压力依然较大，国际经济复苏缓慢与国内需求不足、房地产市场调整等对经济下行的压力还将持续显现。

1.经济回升低于预期，行业、企业分化突出。从生产增长情况看，前三季度，规模以上工业增加值增速(6.6%)比一季度仅回升0.4个百分点，与全年增长8%左右的指标相比差距仍较大。在31个制造业行业中，医药、汽车、有色金属、废弃资源利用、烟草、通信电子、化纤等行业增长较快，增加值分别增长19.3%,17.3%,14.7%,13.5%,13%,11.2%,10.9%，但也有11个行业增加值增速比上半年有所回落。从利润增长情况看，电气机械(15.7%)、电力(14.3%)、通信电子(14.2%)、非金属矿物制品(10.7%)、通用设备(8.7%)、汽车(7.8%)、化纤(6.9%)七大行业新增利润占到规模以上工业的78.3%，家具、有色金属冶炼行业利润从上半年的下降转为增长，但也有22个行业利润增速比上半年回落，其中，酒和饮料茶，造纸，石油加工，化学纤维，非金属矿物制品，燃气生产供应等行业回落幅度均在10个百分点以上，石油加工、食品业利润分别下降29%,19.6%，铁路船舶，酒和饮料茶行业从上半年的增长转为分别下降3.4%,16.6%，废弃资源利用全行业亏损。一批企业主动通过科技创新、机器换人等成为产业转型升级的引领者，但也有相当数量的企业生产经营困难。前三季度，规模以上工业有6193家企业亏损，亏损面为16.1%，亏损额增长13.7%，亏损企业的应收账款增长22.2%。1—8月，规模以上服务业有5029家企业亏损，亏损面达35.9%。国内外市场需求不足是制约企业发展的主要原因。工业生产者出厂价格同比已连续33个月下降，8月份开始降幅又出现扩大趋势，9月份下降1%，比2014年降幅最小的7月扩大0.7个百分点，表明工业品市场有效需求仍然不足。制造业新订单指数已连续2个月回落，9月份为53.4%，比上月回落0.2个百分点。三季度，规模以上工业平均设备利用率为75.5%，比二季度回落0.7个百分点。工业出口交货值增长不快。前三季度，规模以上工业出口交货值增长5.1%，低于6%的年度目标，也低于同期海关出口增速(8.6%，以人民币计价)。纺织服装，酒和饮料茶，铁路船舶等3个行业出口交货值分别下降0.2%,10.9%和3.4%，纺织业仅增长2.1%。出口订单短期化和订单被转移。据“浙江省外经贸运行调查监测系统”5000多家省级重点联系企业调查，9月份，3个月之内短期订单为主的企业占58.3%，比上月上升1.3个百分点；遭遇客户订单转移的企业面为15.7%；

仅24%的企业对后期出口持乐观态度。用工成本快速上升压缩盈利空间是企业问卷调查中反映的突出问题。规模以上工业应付职工人均薪酬在2012年和2013年分别比上年增长14.6%和12.2%的基础上，2014年前三季度增长14.3%，年人均薪酬水平为4.9万元左右，比2009年翻了一番。1—8月，规模以上服务业企业应付职工人均薪酬增长8.3%。

企业投资意愿不足。由于企业盈利能力下降、市场约束强化、投资项目预期收益不佳、银行融资门槛提高等原因，企业投资信心和投资能力不足。前三季度，在金融机构新增贷款中，投向制造业的42.9亿元，仅占1.1%，同比少增760.7亿元。工业和制造业投资增长8.3%和7.2%，虽比上半年有所回升，但远低于2013年全年15.8%以上的增速，前三季度固定资产投资增速(16%)也低于18%的年度指标。

2.房地产市场调整压力仍然较大。前三季度，房地产业增加值下降0.3%。房地产开发投资5272亿元，增长20.9%，新开工面积增长12.3%，商品房竣工面积增长42.7%，待售面积增长44.1%，而商品房销售面积和销售额分别下降12.9%和19.5%。企业资金回笼缓慢，本年实际到位资金仅增长1.6%，远低于投资增速。据浙江调查总队资料，9月末，11个设区市城区新建商品住宅库存套数约为29.1万套，比6月末增加1.64万套，按前9个月平均成交1.2万套推算，现有库存量可以销售24个月。房价继续下跌。三季度浙江房地产市场迎来了一系列利好政策，自杭州7月29日率先取消部分限购政策以来，浙江8个限购城市(嘉兴、湖州、丽水不限购)纷纷松绑，全面取消限购，市场有所回暖，房地产企业纷纷以价换量，成交量出现回升，但销售价格持续下行，全省新建住宅销售价格同比转升为降，降幅为4.0%，其中，新建商品住宅(不含保障性住房)销售价格同比下降4.2%，7—9月分别下降2.2%，4.2%和5.7%，降幅逐月扩大。新建商品住宅价格环比自3月份以来逐月下跌，9月比上月下降0.9%。调查的11个设区市城区，三季度新建住宅销售价格与2013年同期相比十跌一涨，其中降幅居前的是台州、杭州、舟山和温州，分别下降6.4%，5.5%，5.2%和4.7%；价格上涨的仅丽水市，涨幅为0.5%。在全国监测的70个大中城市中，9月份与2013年同月相比，杭州、温州、金华、宁波新建商品住宅(不含保障性住房)价格分别下降7.9%，5.1%，3.4%，2.8%，降幅居前几位，杭州居首位。与上月环比，杭州、金华、温州、宁波分别下降1.2%，0.7%，0.6%和0.5%。前三季度，公共财政预算收入中房地产相关税收增长0.4%，增速比上半年(1.4%)和2013年同期(37.3%)分别回落1和36.9个百分点，与房地产交易关联度高的房地产营业税下降9.2%。9月底，中国人民银行、中国银监会联合下发了《关于进一步做好住房金融服务工作的通知》，放宽房贷限制，首套房认定“贷清不认房”、利率折扣最低7折等新政执行方案，使近期商品房销售情况有所好转，但就此能否逆转房地产下行趋势还有待观察。

3.潜在金融风险压力依然较大，不良贷款“双升”。9月末银行不良贷款余额1376亿元，比年初增加176亿元；不良贷款率1.97%，比年初上升0.13个百分点；关注类贷款余额比年初增加665.6亿元。前三季度，出险企业1370家，同比增加863家，涉及银行贷款796亿元，同比增长1.86倍。部分区域逃废债现象尚未得到有效遏制。

五、下阶段经济走势预测

前三季度，浙江经济运行总体是健康的、正常的，主要经济指标处于中高速增长区间，在三季度全国和东部地区经济出现明显回落的情况下，浙江经济依然保持稳中有升态势，没有出现大的波动，发展中出现的一些问题和困难也是预料之中、可控之内。预计四季度在主动适应新常态，有效实施精准对策下，浙江经济将继续呈现稳走向好态势。但在世界经济复苏不及预期，外需增长放缓的大环境下，浙江经济下行压力也不小，要全面实现全年经济发展预期目标，仍需付出艰苦努力。

2014年以来，世界经济不均衡的复苏仍在继续，潜在增长率下降，下行风险增加。在先进经济体中，美国和英国增长较好；欧元区增长几乎停滞；日本经济在增长，但过去遗留下来的高额公共债务和处于极低水平的潜在增长率带来严峻的宏观经济和财政挑战。美国经济表现好于预期。美国商务部公布的数据显示，第一季度经济增长疲软，但第二季度开始经济活动回升，经季节调整，GDP环比折年率第二季度强劲增长4.6%，第三季度增长3.5%，增幅高于市场预期的3.0%。因政府开支增加和贸易逆差下降弥补了家庭开支减缓的影响，美国经济取得了2003年上半年以来最强的连续季度增长。美国大型企业联合会发布的数据显示，美国10月份消费者信心指数意外地升至94.5，创2007年10月以来最高水平。欧元区经济不大可能重新陷入经济衰退。欧盟委员会10月30日发布的数据显示，欧元区10月份经济景气指数从9月份的99.9升至100.7，是连续4个月下降后的首次上升，表明即使欧元区第三季度经济可能温和衰退，但企业和消费者对欧元区经济前景变得略微乐观。英国Markit Economics公司10月23日发布的数据显示，欧元区10月份制造业采购经理指数(PMI)初步数据由9月份的50.3小幅升至50.7，好于预期的49.9；服务业PMI初步数据维持于52.4，也好于预期值52.0；综合PMI初步数据由 9 月份的 52.0 升至 52.2，同样好于预期值 51.1。日本在 4 月份提高了消费税后，国内需求下降幅度超预期，家庭开支逐月下降，9 月份消费者信心更是创出 7 个月来最大降幅，日本国内生产总值二季度出现 5 年多来的最严重衰退。高盛预计，截至 2015 年 3 月的本财政年度，日本经济或增长 0.1%，低于该机构此前预测的 0.3%；本季度日本经济按年率计算增长 2.9%，低于此前预测的 3.8%。日本央行 10 月 31 日午间意外宣布扩大宽松货币政策，将宽松规模扩大至每年购买约 80 万亿日元资产，以刺激因 4 月 1 日消费税上调而遭受打击的经济，刺激效应有待观察。新兴市场经济体受金融收紧等影响，潜在增长率下降。特别是俄罗斯不确定的投资前景在乌克兰危机之前就已使经济增长下滑，危机则导致增长前景进一步恶化。国际货币基金组织《世界经济展望》(2014 年 10 月期)已将全年的经济增长率预测下调到 3.3%，比 4 月期的预测低 0.4 个百分点，主要因为上半年世界经济活动弱于预期，下行风险增加。短期风险包括：地缘政治紧张局势可能加剧，近期金融市场风险利差和波动性的缩小趋势可能逆转。中期风险包括：先进经济体可能出现加剧停滞、潜在增长低迷的情况，新兴市场的潜在增长率可能下降。2015 年的全球增长预测下调到 3.8%，比 7 月期预测下调 0.2 个百分点。因此，全球经济前景不乐观，增长弱于预期，国外需求总体难旺。世界贸易组织近日发布的《2014 年世界贸易报告》显示，2014 年全球贸易额增长率预计仅为 3.1%，大大低于前 20 年(1993 年至 2013 年)5.3%的平均增长水平。世贸组织认为，这主要因为 2014 年欧洲经济低迷，对国际贸易和全球经济增长都造成拖累。欧盟贸易额约占全球的三分之一，但其持续的高失业率(8、9 月份失业率均为 10.1%，其中欧元区均为 11.5%)却使进口增长不断减速。2014 年以来，尽管德国贸易有所增长，但欧洲整体进口量仍停滞不前。同时，国际贸易增长尚未从国际金融危机中复苏，也限制了全球资源的最佳配置能力。美国近日退出量化宽松，将导致更多资金回流美国，对于人民币将构成贬值压力，且不可避免地造成中国资产价格下滑、流动性环境紧张等负面影响。这给中国的外贸环境也带来了利弊皆有的影响。一方面，可以舒缓下半年以来加速的人民币升值态势，使得企业的出口优势增加；另一方面，强势美元又可能会造成企业进口原配件成本上涨，从而令企业经营负担增加。

中国经济社会发展基本面长期趋好，但正处在从高速到中高速的增长速度换挡期、结构调整阵痛期、前期刺激政策消化期“三期叠加”的阶段。2014 年国民经济在新常态下运行总体平稳、稳中有进、稳中提质。前三季度，国内生产总值 419908 亿元，按可比价格计算，同比增长 7.4%。分季度看，一季度同比增长 7.4%，二季度增长 7.5%，三季度增长 7.3%。前三季度城镇新增就业超过 1000 万人，提前完成目标任务。物价指数总体比较稳定，前三季度 CPI 同比上涨 2.1%。李克强总理 10 月 21 日表示，总的看，中国前三季度经济运行仍处在合理区间，并出现了一些积极、深刻的趋势性变化。以服务业为主导、新业态加快涌现的结构优化更趋明显。简政放权等改革催生的新发展动力加快成长。就业、节能降耗等指标好于预期。但外部环境仍然复杂多变，影响中国经济发展的下行压力和困难依然不小，改革措施充分见效还需一个过程。强调必须紧紧围绕经济建设这个中心，抓住发展这个第一要务，努力实现科学发展。保持宏观政策的连续性稳定性，坚持区间调控、定向调控、预调微调，突出三大取向，着力以深化改革的办法稳增长、促发展，着力以调整结构的举措补短板、添后劲，着力以改善民生的成效增福祉、加动能，保持经济中高速增长，向中高端水平迈进。

从浙江经济看，省委、省政府深入实施“八八战略”，主动适应经济新常态，通过积极推进“五水共治”“四换三名”“三改一拆”及浙商回归等重点工作，倒逼推动浙江经济加快转型升级，这些“组合拳”已经并将继续产生积极效应。从 2014 年经济走势看，呈现“平开、稳走、向好”的态势，经济增长动力结构正在发生积极变化。另一方面，浙江经济运行中还存在不少问题和矛盾，行业和企业分化明显，生产经营中面临需求疲软、成本上升、要素制约、企业家信心不足等多重困难，长期积累的结构性、素质性矛盾与短期的企业资金链紧张、金融领域潜在风险等问题相互交织，经济平稳增长的基础还不牢固，动力结构转换和浙江优势的培育也需要一定时间。全省上下要按照省委、省政府对四季度经济工作的部署，冲锋冲刺、决战决胜，精准发力、精准服务，在新常态下实现新发展，努力实现全年经济发展预期目标。

综合处　王美福　傅吉青　范菁雁

附录

附表1　全省主要经济指标

	2014年					2013年				
	前三季度		1—8月	上半年	一季度	前三季度		同比增长(%)		
	绝对值	增长(%)	增长(%)	增长(%)	增长(%)	绝对值	增速(%)	一季度	上半年	全年
地区生产总值(GDP)(亿元)	27822.2	7.4		7.2	7	26195	8.3	8.3	8.3	8.2
规模以上工业增加值(亿元)	9028.7	6.6	6.5	6.4	6.2	8454.6	8.6	8.1	8.9	8.5
工业销售产值(亿元)	46380.6	5.7	5.5	5.1	4.4	44659.1	7.5	8.4	8.8	7.1
＃出口交货值(亿元)	8841.9	5.1	4.6	3.7	2.2	8492.7	2.2	5.5	4.1	2.2
利润总额(亿元)	2451.9	9.8	10.6	12.4	8.2	2226.9	14.7	9.6	13	15.2
全社会用电量(亿千瓦时)	2604.6	0.5	0.6	3.6	4.6	2592.6	8.0	0.3	5	7.6
＃工业用电量(亿千瓦时)	1902.4	1.3	0.4	2.4	3.9	1878.4	5.9	−2.2	4.6	5.9
全社会货运量(万吨)	142065	4.4	4.5	5.0	6.4	144849	3.3	3.8	3.4	2.4
固定资产投资(亿元)	17139	16.0	16.4	17.0	16.1	14770.5	21.1	22.8	22	18.1
＃房地产投资(亿元)	5272.4	20.9	20.4	19.1	16.2	4360.9	15.0	17.9	17.8	18.9
商品房销售面积(万平方米)	2936.0	−12.9	−15.9	−22.6	−25.6	3370.6	31.4	88.7	56.2	22
社会消费品零售总额(亿元)	12151	11.9	11.8	12.1	13.1	10863.9	11.3	10.3	11.1	11.8
进出口总额(亿美元)	2659.1	6.7	6.2	6.0	2.9	2492.2	7.0	5.8	6.5	7.5

续 表

	2014年					2013年				
	前三季度		1—8月	上半年	一季度	前三季度		同比增长(%)		
	绝对值	增长(%)	增长(%)	增长(%)	增长(%)	绝对值	增速(%)	一季度	上半年	全年
#出口总额(亿美元)	2032.2	10.2	9.5	8.2	2.3	1844.9	10.7	11.7	11	10.8
人民币计价:进出口总额(亿元)	16330.8	5.2	4.5	3.8	持平					
#出口总额(亿元)	12481.4	8.6	7.8	5.9	−0.5					
财政总收入(亿元)	5911.7	7.6	7.5	8.2	8.1	5491.6	8.6	6.6	8	7.8
#公共财政预算收入(亿元)	3301.1	8.2	8	8.2	7.6	3051.4	10.6	10.6	11.5	10.3
金融机构本外币贷款余额(亿元)	69982.3	8.6	8.6	9.1	9.6	64446.8	10.8	12.4	11.7	9.8
居民消费价格(CPI)涨幅(%)		2.4	2.5	2.6	2.7		2.1	1.9	1.9	2.3
工业生产者出厂价格涨幅(%)		−1.0	−1.0	−1.1	−1.5		−2.0	−2.2	−2.3	−1.8
全省居民人均可支配收入(元)	25156	9.8 (7.2)		10 (7.2)	10.3 (7.4)					
#城镇常住居民人均可支配收入(元)	30864	9.2 (6.6)		9.4 (6.7)	9.8 (6.9)	29108	9.1 (7)	8.4 (6.4)	8.8 (6.7)	9.6 (7.1)
#农村常住居民人均可支配收入(元)	15523	10.8 (8.1)		10.9 (8)	10.8 (7.8)	16122	10.3 (8)	9.4 (7.5)	9.9 (8.0)	10.7 (8.1)

注:GDP、工业增加值、括号内居民收入增速为扣除价格因素的实际增速。农村居民收入2013年为现金(纯)收入。货运量口径有调整。

2014 年浙江经济运行平稳向好

2014 年，面对严峻复杂的外部环境和经济下行压力，全省上下认真贯彻中央和省委、省政府决策部署，突出转型升级主线，着力抓改革、促转型、治环境、惠民生，大力推进“五水共治”“三改一拆”“四换三名”及浙商回归等重点工作，取得积极成效，全年经济运行平稳健康，主要经济指标处于中高速增长合理区间，结构、效益持续向好，市场活力进一步释放，民生不断改善，省人代会确定的全年经济发展主要预期目标基本实现。预期 2015 年浙江经济将在认识新常态、适应新常态、引领新常态下实现平稳发展、创新发展。

一、经济增速稳中有升

2014 年，全省生产总值跃上 4 万亿元台阶，为 40153.5 亿元，按可比价格计算，比上年增长 7.6%，增幅与一季度的 7%、上半年的 7.2%和前三季度的 7.4%相比，呈逐季上行态势，从一季度低于全国的 0.4 个百分点转为全年高于全国 0.2 个百分点。GDP 总量列广东、江苏、山东之后，继续居全国第四位。其中，第一产业增加值 1779.3 亿元，增长 1.4%，比重为 4.4%；第二产业增加值 19152.7 亿元，增长 7.1%，比重为 47.7%；第三产业增加值 19221.5 亿元，增长 8.7%，比重为 47.9%，三产比重首次超过二产。人均 GDP 为 72967 元，比上年增加 4162 元，增长 7.3%，是全国 46652 元的 1.56 倍，位于天津、北京、上海、江苏之后，继续居全国第五位。人均 GDP 按年平均汇率(6.1428)折算，达 11878 美元。从主要经济指标看，与全国和部分东部省市下半年增速明显回落的趋势不同，我省增速平稳，稳中有升，波幅较小。

(一)农业生产稳步增长，粮食生产实现“三增”

2014 年，农、林、牧、渔业增加值 1808.7 亿元，比上年增长 1.5%，其中，农业增加值 1004.7 亿元，增长 3.7%；林业增加值 107.4 亿元，增长 1.8%；牧业增加值 213.1 亿元，下降 8.9%；渔业增加值 454.1 亿元，增长 2.1%，农、林、牧、渔服务业增加值 29.4 亿元，增长 7%。粮食播种面积为 1266.8 千公顷(1900 万亩)，比上年增长 1.0%；单位面积产量 399 公斤/亩，增长 2.1%；总产量为 757.4 万吨(151.5 亿斤)，增长 3.2%，其中，春粮和秋粮分别增长 6.1%和 3.3%，早稻下降 0.3%。生态效益农业持续发展。全年预计，蔬菜、花卉、药材等播种面积增长0.2%,5.1%和3.0%,茶叶产量持平;肉类总产量157.1万吨,下降9.9%,其中,猪肉产量下降8.5%,禽、蛋产量分别下降17%和9.4%;水产品总产量568万吨,增长2.3%,其中,国内海洋捕捞产量增长1.6%,远洋渔业产量增长19.4%。

(二)工业生产增速加快,小微企业较快增长

2014年,规模以上工业增加值12543亿元,比上年增长6.9%,增幅逐季回升,高于一季度的6.2%、上半年的6.4%和前三季度的6.6%。同期全国及东部省市的增速明显回落,全国规模以上工业增加值增速从上半年的8.8%回落到全年的8.3%,我省与全国的差距从2.4个百分点缩小到1.4个百分点。重工业增长快于轻工业,增加值分别增长7.4%和6.1%。在3.85万家规模以上工业企业中,3.33万家小微企业工业增加值增长8.4%,大型、中型企业分别增长6.4%和4.8%。

(三)服务业增长较好,比重明显提高

2014年,第三产业增加值增幅比GDP高出1.1个百分点,对GDP增长贡献率达52.1%。其中,批发和零售,交通运输仓储和邮政,金融,住宿和餐饮业,房地产业,其他服务业增加值分别比上年增长9.3%,8%,8%,7.8%,1.5%和11.2%。1—11月,1.4万家规模以上服务业(不包括批零住餐、银证保和房地产开发)企业营业收入7128.4亿元,比上年同期增长12%。全年快递业务24.6亿件,增长73.1%。

(四)投资增长较快,商品房销售面积降幅收窄

2014年,固定资产投资23555亿元,比上年增长16.6%,增幅高于广东(15.9%)、山东(15.8%)、江苏(15.5%),从一季度比全国低1.5个百分点转为比全国(15.7%)高0.9个百分点。房地产投资从一季度的16.2%回升到全年的16.8%,全国从16.8%回落到10.5%。商品房销售面积降幅从一季度的25.6%收窄到全年的4.3%,而全国降幅从3.8%扩大到7.6%。8月份我省全面取消限购政策后销售量明显上升,8—12月销售2629万平方米,同比增长14.6%,月均销量比前7个月平均增长79.8%。

(五)消费增长平稳,网络零售快速增长

2014年,社会消费品零售总额16905亿元,比上年增长11.7%。全年实现网络零售额5642亿元,比上年增长47.6%,省内居民实现网络消费额3193亿元,增长41.2%。从限额以上企业商品零售额看,汽车零售额为2973.5亿元,增长6.7%,增幅比上年回落4个百分点,受4月份起杭州对小客车限牌前的汽车销售井喷影响,汽车销售对社会消费品零售总额的增长贡献率从一季

度的 33.4%回落到全年的 10.6%;建筑及装潢材料、家具、五金电料类零售额分别增长 58.2%,36.9%和 47.5%;服装、中西药品、文化办公用品、日用品、食品类零售额稳定增长,分别增长 18.9%,16.5%,14.4%,14.1%,13.8%;家用电器类零售额回升,增长 11.2%,增幅比上年回升 5 个百分点。餐饮住宿业零售额增幅转降为升。2014 年,限额以上企业(单位)餐饮业零售额 339 亿元,比上年增长 4.5%,住宿业零售额 147 亿元,增长 3.7%,增幅均从上年的下降(−2.8%和−13.9%)转为增长。

(六)出口增势良好,进口下降

2014 年,全省进出口总值为 3551 亿美元,比上年增长 5.8%,其中,出口 2734 亿美元,增幅从一季度的 2.3%回升到 9.9%,高于全国(6.1%)3.8 个百分点,也高于广东(1.5%)、上海(2.9%)、江苏(4%)、福建(6.6%)、山东(7.9%)。进口 818 亿美元,下降 6%。12 月份,进出口 326 亿美元,同比增长 1.5%,其中,出口 255 亿美元,增长 5.6%;进口 71 亿美元,下降 11.1%。按人民币计价,2014 年,进出口总额 21817 亿元,比上年增长 4.7%,其中,出口 16792 亿元,增长 8.8%,进口 5024 亿元,下降 7%。规模以上工业出口交货值 12085 亿元,增长 5.2%,增幅比一季度回升 3 个百分点。

(七)市场活力进一步释放,新设企业大量增加

积极推进工商注册制度改革,激发市场主体活力。据省工商局资料,2014 年,全省新设企业 23.6 万户,比上年增长 10.3%;新设个体工商户 52.3 万户。至 2014 年末,全省共有各类市场主体 420.7 万户,比上年增长 13%;在册企业 127.1 万户,增长 17.1%,平均每 13.1 人中就有一位老板,平均每 43.3 人中就拥有一家企业。每万人拥有市场主体 765.2 户,拥有企业 231.2 户。

二、质量效益持续改善

(一)财政收支平稳增长,民生投入继续加大

2014 年,财政总收入 7522 亿元,比上年增长 8.9%。公共财政预算收入 4121 亿元,增长 8.5%,其中,税收收入 3853 亿元,增长 8.7%,税收比重为 93.5%,连续 3 个月回升。在税收收入中,企业所得税,增值税,营业税及改征增值税分别增长 12.1%,7.4%和 5.8%。公共财政预算支出 5159 亿元,增长 9.1%,其中,卫生计生,节能环保,住房保障,城乡社区,商业服务业,社会保障和就业,文体传媒,教育等支出分别增长 23.7%,22.9%,22.3%,16.8%,15.8%,9.7%,8.8%,8.5%。

(二)企业效益有所好转,效率稳步提升

工业企业利润增速高于收入增速。2014 年,规模以上工业实现利润 3544

亿元，比上年增长5.1%，增速高于主营业务收入0.8个百分点。在生产增速比全国低1.4个百分点的同时，利润增速高于全国1.8个百分点。2014年总资产贡献率11.6%；主营业务利润率为5.6%；每百元主营业务收入中的成本为85.6元，低于上年0.1元；劳动生产率为18.0万元/人，按可比价计算增长9.4%；人均创利税增长7.7%。1—11月，规模以上服务业（不包括批零住餐、银证保和房地产开发）企业利润总额1211.7亿元，增长14.9%。

（三）居民收入较快增长，农村快于城镇

根据城乡一体化住户调查口径测算，2014年，城镇常住居民人均可支配收入40393元，增长8.9%，农村常住居民可支配收入19373元，增长10.7%，城乡居民收入差距从上年的2.12倍缩小至2.09倍；全省居民人均可支配收入32658元，增长9.7%。低收入农户收入倍增计划顺利推进。根据扶贫统计监测，2014年全省省级扶贫标准低收入农户人均纯收入7251元，比上年增长17.4%，其中，工资性收入和非家庭经营性收入分别增长25.2%和28.7%，但经营纯收入下降3.4%。低收入农户（"低保"除外）家庭人均纯收入超过8000元的户数比重为36.0%，比上年提高20.1个百分点。

三、创新驱动和产业升级加快推进

（一）科技投入不断增加，创新驱动作用增强

2014年，地方财政科技支出208亿元，比上年增长8.4%；规模以上工业科技活动经费支出674.8亿元，增长7.6%。预计全年R&D支出相当于GDP比例约为2.34%。技术市场交易额182.8亿元，增长7.7%；发明专利授权量13372件，增长20%。规模以上工业新产品产值19415亿元，增长21.6%，增幅比规模以上工业产值高15.2个百分点；新产品产值率为29.2%，比上年提高3.6个百分点。

（二）产业升级取得新进展，信息经济长足发展

装备制造业、高新技术产业、战略性新兴产业增加值增长较快，比重提高，2014年，增加值分别为4328，4283和3075亿元，比上年增长8.9%，8.5%和8.6%，增幅高于规模以上工业2，1.6和1.7个百分点，占规模以上工业的比重为34.5%，34.1%和24.5%，分别比上年提高0.5，0.5和0.4个百分点。装备制造业对规模以上工业增长的贡献率为41.4%，拉动规模以上工业增长2.8个百分点。八大高耗能行业比重下降，增加值为4496亿元，增长4.6%，增幅比规模以上工业低2.3个百分点。按可比价计算，占规模以上工业的比重为35.9%，比上年下降0.7个百分点。全省主动淘汰了3000多家企业的落后产能，关停取缔高污染小作坊1.88万家。信息经济发展势头较好。2014

年，规模以上工业电子信息制造业增加值 1133 亿元，增长 8.2%。电子商务交易额突破 2 万亿元，增长 25%。1—11 月，规模以上软件和信息服务业营业收入增长 17.5%，高技术服务业营业收入增长 16%。其中，阿里巴巴旗下的浙江天猫技术有限公司、淘宝（中国）软件有限公司、阿里巴巴（中国）有限公司和支付宝（中国）网络技术有限公司表现依然突出，4 家公司共实现营业收入 645.9 亿元，同比增长 53%，占规模以上高技术服务业的 23.8%。

（三）投资结构有所优化，投资主体多元化

新开工项目转降为升，为投资增长增添了后劲。2014 年，投资新开工项目数达 27675 个，增速从一季度的下降 5.9%转为增长 9.6%；新开工项目投资增速从一季度的 2.2%回升到全年的 16.9%。新开工项目投资中，工业投资占 53.4%，增长 15.6%；基础设施投资占 32%，增长 25.2%；首次有 100 亿元以上的新项目开工，杭州湾新区的上海大众汽车有限公司宁波分公司扩建项目已开工建设，总投资达 190.6 亿元。民间投资增长较快，为 14782 亿元，增长 20.1%，比投资总额增速高 3.5 个百分点，比重达 62.8%。工业和制造业投资缓中有升，技术改造投资、高新技术产业和战略性新兴产业投资增长较快，工业和制造业投资分别增长 12.2%和 11.2%，增速比上半年分别提高 4.4 和 6.1 个百分点，工业技术改造投资 5420 亿元，增长 16.2%，占工业投资的 68.8%。高新技术产业和战略性新兴产业投资分别增长 11.1%和 16.4%。装备制造业投资增长 6.2%。服务业和基础设施投资增长较快，分别增长 18.8%和 21.6%。投资资金以自筹资金为主，投资资金本年来源 25977 亿元，增长 11%，其中，国内贷款占 13.9%，增长 13.3%；自筹资金占 62.5%，增长 18.2%。重点投资增长较快。2014 年，预计省级产业集聚区重点规划区固定资产投资 2900 亿元，比上年增长 31%。“411”重大项目投资 7210 亿元，省重点建设项目投资 3262 亿元，分别完成年度计划的 112.7%和 125.5%，海洋经济项目投资超过 2300 亿元。浙商回归态势良好。据省经合办资料，浙商回归引进项目累计省外到位资金 2236 亿元，比上年增长 27.6%。实际利用外资保持增长。2014 年，新批外商投资企业 1550 家，投资总额 439.8 亿美元，合同外资 244.1 亿美元，实际外资 158.0 亿美元，合同和实际外资分别增长 0.1%和 11.6%。其中，新批投资总额 5000 万美元以上企业 131 家，投资总额 197.5 亿美元，合同外资 85.5 亿美元，分别占总数的 44.9%和 35.0%。全省外商投资企业实际投资（含中方投资）961 亿元人民币。截至 2014 年底，全省累计共批外商投资企业 54127 家，投资总额 4736.1 亿美元，合同外资 2628.4 亿美元，实际外资 1416.9 亿美元。境外投资和国际经济合作增势较好。全省经审批和核准的境外企业和机构共计 577 家，中方投资额 58.2 亿美元(折合 356.7 亿元人民币)，增长 5.4%，实际投资 34.8 亿美元，增长 45.2%。国外经济合作营业额 53.4 亿美元(折合 327.5 亿元人民币)，增长 18.3%。

(四)对外贸易结构继续改善，民营企业一枝独秀

2014 年，民营企业出口 1911 亿美元，增长 14.3%，占出口总额的 69.9%，而外商投资企业和国有企业仅分别增长 0.8%和 1.1%。全省出口机电产品 1125 亿美元，增长 10.8%，高于全省出口增速 0.9 个百分点，占出口总额的 41.2%。出口纺织品、服装、箱包、鞋类、玩具、家具、塑料制品等 7 大类传统劳动密集型产品 1051 亿美元，增长 8.3%，占出口总额的 38.4%。欧美市场需求好转带动外贸出口增长，对欧盟、美国和东盟出口 626.8 亿、461.5 亿和 302.8 亿美元，增长 15.1%，11.5%和 12.8%，三大市场占出口总额的 50.9%。对日本出口 127 亿美元，下降 4.5%。服务贸易实现进出口总额 381 亿美元，比上年增长 17.0%，占全省外贸(货物与服务贸易)总额的 9.7%，比上年提高 0.8 个百分点。

四、要素供给有所改善

(一)存贷款增幅回升，新增贷款实现多增

2014 年末，金融机构本外币存款余额 79242 亿元，比上年末增长 7.5%，增幅比 11 月回升 0.2 个百分点；新增存款 5509 亿元，同比少增 1543 亿元。本外币贷款余额 71361 亿元，增长 9.2%，增幅比 11 月回升 0.2 个百分点；新增贷款 5806 亿元，同比多增 101 亿元，是自 2014 年 4 月以来首次多增。从境内贷款投向看，短期贷款增长 1.5%，中长期贷款增长 19.1%，票据融资增长 76.8%。

(二)用电量企稳回升，发挥了对经济增长的保障作用

2014 年，全社会用电量 3506 亿千瓦时，比上年增长 1.5%，其中，工业用电量 2597 亿千瓦时，增长 2.0%，工业中制造业用电量 2191 亿千瓦时，增长 2.6%。12 月份，全社会用电量 317 亿千瓦时，增长 6.6%，其中，工业用电 246 亿千瓦时，增长 6.3%，增幅分别比上月回升 3.3 和 4.2 个百分点。用电量增幅总体较低的原因既有 2014 年夏天高温天气比上年大幅减少的客观因素，也是主动加快节能改造、加大产业结构调整的成效。

(三)客货运周转量保持增长，港口货物吞吐量稳增

2014 年，全社会铁、公、水路客运周转量为 1076.8 亿人公里，货运周转量为 9548 亿吨公里，分别比上年增长 5.0%和 6.7%，客、货运量分别下降 3.8%和增长 3.7%。全省沿海港口货物吞吐量达 10.8 亿吨，集装箱吞吐量 2136 万

标箱，比上年分别增长 7.5%和 11.8%。其中宁波—舟山港完成货物吞吐量 8.7 亿吨，增长 7.9%，继续保持全球海港首位；集装箱吞吐量达 1945 万标箱，增长 12%。

（四）工业生产者价格继续下降，购进价格降幅大于出厂价格

2014 年，全省工业生产者价格延续上年的下降态势继续下跌。其中，出厂价格同比下降 1.2%，降幅比上年缩小 0.6 个百分点；购进价格同比下降 1.8%，降幅比上年缩小 0.5 个百分点；购进价格降幅大于出厂价格降幅 0.6 个百分点。12 月份，工业生产者出厂价格比上年同期下降 2.1%，降幅比上月扩大 0.4 个百分点，为年内最大降幅；环比价格下降 0.4%，已连续 6 个月下降。

五、资源利用与环境保护取得积极成效

（一）单位 GDP 能耗大幅下降，建设用地利用率提高

2014 年，单位 GDP 能耗下降 6.1%，降幅比上年提高 2.4 个百分点。其中，一季度、上半年和前三季度单位 GDP 能耗同比分别下降 5.7%，6.5%和 6.8%，均为"十一五"以来较好水平。"十二五"前四年，单位 GDP 能耗累计下降率已达 17.8%，2015 年只要下降 0.3%，就能圆满完成"十二五"节能降耗约束性目标。规模以上工业单位增加值能耗下降 6.7%。38 个大类行业中，33 个行业的单耗同比下降，下降面超过 8 成。八大高耗能行业单耗同比下降 4.4%，其中石油加工、非金属矿物制品和化学纤维行业单耗下降较快，分别同比下降 15.6%，8.2%，8.0%。积极推进城镇低效用地再开发，盘活存量建设用地 10.5 万亩。

（二）城乡环境治理进一步加强，环境质量有所改善

2014 年，"五水共治"消灭垃圾河 6496 公里，治理黑臭河 4660 公里，新建污水管网 3130 公里。"三改一拆"改造旧住宅区、旧厂区、城中村 1.84 亿平方米，拆违 1.66 亿平方米。美丽乡村建设深入推进，全面启动并加快推进农村污水治理，开展 6120 个村治理，新增受益农户 150 万户。培育美丽乡村创建先进县 11 个。规模化养猪全面开展污染治理。

据省环保厅通报，2014 年，全省 11 个设区城市环境空气 PM2.5 年均浓度平均为 53 微克/立方米，比上年下降 13%。145 个跨行政区域河流交接断面中，Ⅰ—Ⅲ类水质断面占 67.5%，比上年上升 3.9 个百分点；劣Ⅴ类占 9.7%，下降 5.5 个百分点；满足功能要求的断面（即水质达标率）为 67.5%，上升 4.6 个百分点。化学需氧量、二氧化硫、氨氮和氮氧化物 4 项主要污染物年度减排任务全面完成。

六、民生继续改善

(一)就业形势基本稳定,社会保障切实加强

据省人力社保厅资料,2014 年,城镇新增就业 107.43 万人,比上年增长 2.96%。登记失业率为 2.96%,比上年下降 0.05 个百分点。基本养老保险参保人数达 3890.1 万人,其中,企业职工参保 2442.6 万人,比上年末新增 170 万人;城乡居民社会养老保险参保人数为 1342.1 万人;基本医疗保险参保人数为 4847.2 万人,比上年末新增 119.5 万人,其中,城镇职工参保人数为 1900 万人。据省建设厅资料,2014 年,全省新开工城镇保障性安居工程 20.6 万套,竣工 13.3 万套,分别完成省政府年度目标任务的 137.3%,115.7%,新开工公共租赁住房 3.1 万套。

(二)居民消费价格涨幅逐步回落,月度涨幅创近五年内新低

2014 年,居民消费价格上涨 2.1%。从月度走势看,下半年以来涨幅逐月回落,9 月份起进入涨幅 2%以下区间,11、12 月涨幅处于 1%以下区间,12 月份仅上涨 0.7%,创近 5 年内新低。全年八大类消费价格同比六涨二跌,食品,居住,娱乐教育文化用品及服务,医疗保健和个人用品,衣着类,家庭设备用品及维修服务价格分别上涨 3.1%,2.4%,2.2%,1.9%,1.8%,1.5%,交通和通信,烟酒类价格下降 0.3%,0.4%。

(三)人口低速增长,城镇化率提高

2014 年,全省常住人口为 5508 万人,比上年增加 10 万人,人口出生率为 10.51‰,人口死亡率为 5.51‰,人口自然增长率为 5‰。跨省流动人口净减少 17.5 万人,减少幅度远大于上年的 4.02 万人,外来人口的回流趋势和效应进一步显现。城镇人口比重(即城镇化水平)为 64.87%,比上年提高 0.87 个百分点。

综合分析,2014 年,在省委、省政府主动适应新常态、有效实施精准对策下,浙江经济走势呈现"平开、稳走、向好"态势,主要经济指标处于中高速增长区间,在下半年全国和东部地区经济出现明显回落的情况下,依然保持稳中有升态势,年初省人代会确定的年度经济发展预期目标基本实现。但受经济增速换挡和结构调整阵痛等"三期叠加"和国际经济复苏缓慢与国内需求不足的影响,我省经济运行中仍存在不少矛盾和问题。

一是行业分化明显,部分企业经营困难。从生产增长情况看,2014 年,规模以上工业增加值增速(6.9%)比一季度仅回升 0.7 个百分点,回升幅度不大。在 31 个制造业行业中,烟草、废弃资源利用、医药、汽车、有色金属、化纤、石油加工、家具、通信电子等行业增长较快,增加值分别增长 20.7%,19.7%,

19%，18.5%，12.7%，11.9%，10.3%，9.6%，9.5%，但也有 14 个行业增加值增速比前三季度回落。从利润增长情况看，电气机械（占 23.2%）、汽车（23.2%）、通信电子（15.4%）、医药（12.7%）、化纤（12.6%）、纺织（10.2%）、通用设备（9.5%）七大行业新增利润占到规模以上工业的 93.2%，也有 21 个行业利润增速比前三季度回落，其中，铁路船舶、非金属矿物制品、有色金属等行业回落幅度在 15 个百分点以上。一批企业主动通过科技创新、机器换人等成为产业转型升级的引领者，但也有相当数量的企业生产经营困难，12 月末，规模以上工业有 4926 家企业亏损，亏损面为 12.8%，亏损额增长 18.1%，亏损企业的应收账款增长 12.2%。11 月末，规模以上服务业有 4420 家企业亏损，亏损面达 31.2%。

二是需求和成本双重挤压制约企业发展。国内外市场需求不足是制约企业发展的主要原因。工业生产者出厂价格同比已连续 36 个月下降，8 月份开始降幅又出现扩大趋势，12 月份下降 2.1%，比降幅最小的 7 月扩大 1.8 个百分点，表明工业品市场有效需求仍然不足。四季度，规模以上工业平均产能利用率为 75.0%，比三季度回落 0.5 个百分点。工业出口交货值增长不快。2014 年，规模以上工业出口交货值增长 5.2%，低于 6%的年度目标，也低于同期海关出口增速（8.8%，以人民币计价）。酒和饮料茶，烟草，石油加工，铁路船舶等 4 个行业出口交货值分别下降 12.8%，1.7%，0.6%和 0.3%，纺织、纺织服装、食品制造业仅增长 0.2%，0.6%和 1.8%。出口订单短期化和订单被转移。据省商务厅对重点联系企业调查，12 月份，出口订单景气指数为 99.2，连续两个月低于荣枯分界点，3 个月之内短期订单为主的企业占 58%；遭遇客户订单转移的企业面为 14.8%；出口信心指数为 99.2。用工成本快速上升压缩盈利空间是企业问卷调查中反映的突出问题。规模以上工业应付职工人均薪酬在 2012 年和 2013 年分别比上年增长 14.6%和 12.2%的基础上，2014 年增长 12%，年人均薪酬水平为 5.2 万元左右，比 2009 年翻了一番多。1—11 月，规模以上服务业企业应付职工人均薪酬增长 9.2%。

三是企业投融资意愿总体不足。由于市场约束强化、投资项目预期收益不佳、企业盈利与偿债能力下降、融资门槛提高等原因，企业投融资意愿不足。年末金融机构投向制造业的贷款余额为 20144 亿元，比上年下降 1.7%，全年新增贷款为－348.5 亿元，同比少增 1205.4 亿元。小微企业融资难与贷款有效需求不足并存。工业和制造业投资增长 12.2%和 11.2%，分别低于上年 3.7 和 4.6 个百分点。

同时，房地产市场虽然销售有所好转，但去库存压力也不容忽视。2014

年，商品房销售面积和销售额分别下降4.3％和8.8％，而商品房竣工面积则增长36.2％，待售面积增长46.4％。据浙江调查总队资料，12月末，11个设区市城区新建商品住宅库存套数约为30.4万套，比9月末增加1.29万套，按月平均成交1.5万套推算，现有库存量可以销售20个月。房价下跌。12月份，杭州、宁波、金华、温州新建商品住宅（不含保障性住房）销售价格同比分别下降10.3％，5.6％，4.9％，4.7％，降幅居全国监测的70个大中城市的前列，环比也均呈下降态势。潜在金融风险依然存在。不良贷款"双升"。12月末，银行不良贷款余额1397亿元，比年初增加197.2亿元；不良贷款率1.96％，比年初上升0.12个百分点；关注类贷款余额比年初增加876.7亿元。

展望2015年，国际形势依然纷繁复杂，世界经济复苏疲弱态势难有明显改观。我国经济发展进入新常态，仍然处于增长速度换挡期、结构调整阵痛期、前期刺激政策消化期"三期叠加"阶段。浙江经济正处于转型升级的关键时期，既面临许多有利因素，也存在不少不确定和不利因素，机遇与挑战并存。近年来，省委、省政府以"八八战略"为总纲领，主动适应经济新常态的趋势性变化，通过积极推进"五水共治""四换三名""三改一拆"及浙商回归等重点工作，倒逼推动浙江经济加快转型升级，这些"组合拳"已经并将继续产生积极效应，经济发展方式正在转向质量效率型集约增长转变，经济结构正转向调整存量、做优增量并存的深度调整，经济发展动力正从传统增长点转向新的增长点，预期2015年浙江经济将在认识新常态、适应新常态、引领新常态下实现平稳发展、创新发展，加快向增长速度中高速和质量效益中高端迈进。

综合处　傅吉青　范菁雁

附录

附表1　2013—2014年全省主要经济指标

	2014年					2013年				
	全年		同比增长(%)			全年		同比增长(%)		
	绝对值	增长(%)	前三季度	上半年	一季度	绝对值	增速(%)	前三季度	上半年	一季度
地区生产总值(GDP)(亿元)	40153.5	7.6	7.4	7.2	7	37756.6	8.2	8.3	8.3	8.3
规模以上工业增加值(亿元)	12543.3	6.9	6.6	6.4	6.2	11700.7	8.5	8.6	8.9	8.1
工业销售产值(亿元)	64391.8	5.9	5.7	5.1	4.4	61836.9	7.1	7.5	8.8	8.4
＃出口交货值(亿元)	12084.5	5.2	5.1	3.7	2.2	11599.8	2.2	2.2	4.1	5.5
利润总额(亿元)	3543.7	5.1	9.8	12.4	8.2	3385.9	15.2	14.7	13	9.6
全社会用电量(亿千瓦时)	3506.4	1.5	0.5	3.6	4.6	3453.1	7.6	8	5	0.3
＃工业用电量(亿千瓦时)	2597.3	2.0	1.3	2.4	3.9	2545.4	5.9	5.9	4.6	—2.2
全社会货运量(万吨)	194885	3.7	4.4	5	6.4	195679	2.4	3.3	3.4	3.8
固定资产投资(亿元)	23554.8	16.6	16	17	16.1	20194.1	18.1	21.1	22	22.8
＃房地产投资(亿元)	7262.4	16.8	20.9	19.1	16.2	6216.2	18.9	15	17.8	17.9
商品房销售面积(万平方米)	4676.8	—4.3	—12.9	—22.6	—25.6	4887	22	31.4	56.2	88.7
社会消费品零售总额(亿元)	16905.3	11.7	11.9	12.1	13.1	15138	11.8	11.3	11.1	10.3
进出口总额(亿美元)	3551.5	5.8	6.7	6	2.9	3358.5	7.5	7	6.5	5.8

续 表

	2014年					2013年				
	全年		同比增长(%)			全年		同比增长(%)		
	绝对值	增长(%)	前三季度	上半年	一季度	绝对值	增速(%)	前三季度	上半年	一季度
＃出口总额(亿美元)	2733.5	9.9	10.2	8.2	2.3	2488	10.8	10.7	11	11.7
人民币计价:进出口总额(亿元)	21816.8	4.7	5.2	3.8	持平					
＃出口总额(亿元)	16792.5	8.8	8.6	5.9	−0.5					
财政总收入(亿元)	7521.7	8.9	7.6	8.2	8.1	6908.4	7.8	8.6	8	6.6
＃公共财政预算收入(亿元)	4121.2	8.5	8.2	8.2	7.6	3796.9	10.3	10.6	11.5	10.6
金融机构本外币贷款余额(亿元)	71361	9.2	8.6	9.1	9.6	65338.8	9.8	10.8	11.7	12.4
居民消费价格(CPI)涨幅(%)		2.1	2.4	2.6	2.7		2.3	2.1	1.9	1.9
工业生产者出厂价格涨幅(%)		−1.2	−1	−1.1	−1.5		−1.8	−2	−2.3	−2.2
全省居民人均可支配收入(元)	32658	9.7	9.8	10	10.3	29775				
＃城镇常住居民人均可支配收入(元)	40393	8.9	9.2	9.4	9.8	37080	9.6	9.1	8.8	8.4
＃农村常住居民人均可支配收入(元)	19373	10.7	10.8	10.9	10.8	17494	10.7	10.3	9.9	9.4

注:GDP、工业增加值增速为可比增速。2013年GDP为年度核实数。常住居民人均可支配收入、货运量统计口径有调整。

2014 年浙江居民收支情况分析

2014 年，随着全省经济的平稳健康发展和一系列促进居民增收措施的实施，浙江居民收入继续稳步增长。城乡居民消费能力进一步提升，生活消费支出平稳增长，居民生活质量不断提高。

一、收入增长和构成情况

(一)全体居民人均可支配收入增长 9.7%

2014 年浙江全体居民人均可支配收入 32658 元，同比增长 9.7%，比上年下降 0.3 个百分点；扣除价格影响因素，实际增长 7.4%，比上年下降 0.1 个百分点。

从进度情况来看，增速总体呈高开低走态势，一季度、上半年、前三季度和全年分别增长 10.3%，10.0%，9.8% 和 9.7%，全年分别比一季度、上半年和前三季度回落 0.6，0.3 和 0.1 个百分点(详见图 1)。

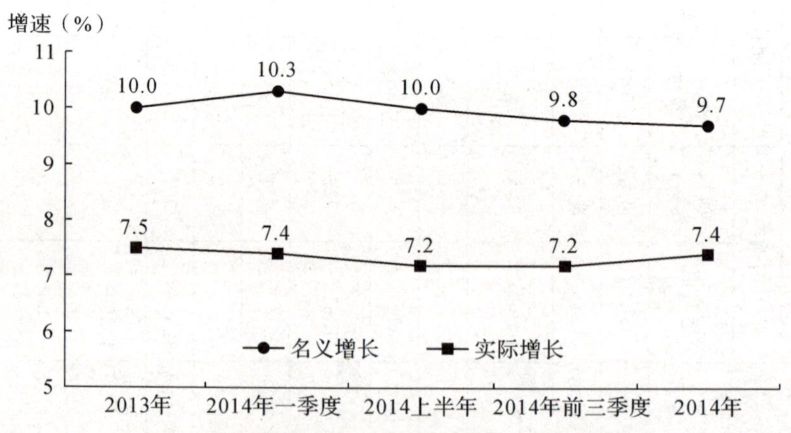

图 1 浙江全体居民人均可支配收入增长情况

从收入来源看，人均工资性收入 19069 元，同比增长 9.4%；人均经营净收入 5959 元，同比增长 6.4%；人均财产净收入 3586 元，同比增长 8.2%；人均转移净收入 4044 元，同比增长 17.7%。

(二)城镇常住居民人均可支配收入增长 8.9%

2014 年浙江城镇常住居民人均可支配收入 40393 元，同比增长 8.9%，比上年下降0.7个百分点；扣除价格影响因素，实际增长6.8%，比上年下降0.3个百分点。

从收入来源看，人均工资性收入23317元，同比增长8.0%；人均经营净收入6379元，同比增长6.4%；人均财产净收入5358元，同比增长6.9%；人均转移净收入5338元，同比增长19.3%。

（三）农村常住居民人均可支配收入增长10.7%

2014年浙江农村常住居民人均可支配收入19373元，同比增长10.7%，与上年持平；扣除价格影响因素，实际增长8.3%，比上年提高0.2个百分点。

从收入来源看，人均工资性收入11773元，同比增长13.0%；人均经营净收入5237元，同比增长6.1%；人均财产净收入543元，同比增长18.7%；人均转移净收入1821元，同比增长8.0%。

表1　浙江居民收入增长情况

		2014年（元）	2013年（元）	名义增长（%）	实际增长（%）
全体居民	人均可支配收入	32658	29775	9.7	7.4
	（一）工资性收入	19069	17426	9.4	
	（二）经营净收入	5959	5600	6.4	
	（三）财产净收入	3586	3315	8.2	
	（四）转移净收入	4044	3434	17.7	
城镇常住居民	人均可支配收入	40393	37080	8.9	6.8
	（一）工资性收入	23317	21596	8.0	
	（二）经营净收入	6379	5996	6.4	
	（三）财产净收入	5358	5014	6.9	
	（四）转移净收入	5338	4474	19.3	
农村常住居民	人均可支配收入	19373	17494	10.7	8.3
	（一）工资性收入	11773	10416	13.0	
	（二）经营净收入	5237	4935	6.1	
	（三）财产净收入	543	457	18.7	
	（四）转移净收入	1821	1686	8.0	

（四）全体居民人均可支配收入中位数比上年增加 3370 元

2014 年浙江全体居民人均可支配收入中位数 28580 元，比上年增加 3370 元，同比增长 13.4%。全体居民人均可支配收入中位数比人均可支配收入低 4078 元，名义增幅高于人均可支配收入 3.7 个百分点。

分城乡看，城镇常住居民人均可支配收入中位数 36404 元，比上年增加 3656 元，同比增长 11.2%，比人均可支配收入低 3989 元，名义增幅高于人均可支配收入 2.3 个百分点；农村常住居民人均可支配收入中位数 18460 元，比上年增加 2582 元，同比增长 16.3%，比人均可支配收入低 913 元，名义增幅高于人均可支配收入 5.6 个百分点。

二、收入增长的原因

2014 年浙江经济运行稳中有升、转中向好，为居民收入的持续增长奠定了基础。浙江一季度、上半年、三季度和全年 GDP 增速分别为 7.0%，7.2%，7.4%和 7.6%，呈现平稳趋快态势。同时一系列促进居民增收措施的实施，进一步推动了居民收入的增长。具体来说主要有以下几方面的因素：

一是工资性收入较快增长。工资性收入占可支配收入近 6 成，对可支配收入增长的贡献率达到 57.0%，拉动可支配收入增长 5.5 个百分点。工资水平继续呈刚性增长态势。2014 年农民打工人数有所增加，农民工工资上涨 10%—15%，水电、泥瓦等技术人员工资收入提高较快。金华、台州、绍兴等地机关事业单位实行车改使相关受益人群补贴增加较快，部分地区年度一次性奖金标准也有所提高。

二是经营净收入继续增长。2014 年居民经营净收入对可支配收入增长的贡献率为 12.4%，拉动可支配收入增长 1.2 个百分点。其中第一产业增长 8.1%，第二产业下降 1.4%，第三产业增长 10.2%。

三是财产净收入稳步增长。2014 年居民财产净收入对可支配收入增长的贡献率达到 9.4%，拉动可支配收入增长 0.9 个百分点。其中出租房屋收入增长 16.1%，利息净收入增长 13.7%。转让承包土地经营权呈现量增价涨态势，租金净收入增长 48.9%。

四是转移净收入增长较快。2014 年居民转移净收入对可支配收入增长的贡献率达到 21.2%，拉动可支配收入增长 2.1 个百分点。2014 年有多项政策措施推动居民养老金、离退休金和抚恤金的增加，如提高企业退休人员基本养老金，提高城乡居民基础养老金标准，提高企业职工和机关事业单位工作人员死亡后遗属生活困难补助标准，调整精减退职人员生活困难补助水平，等。2014 年人均养老金、离退休金增长 19.2%。

三、城乡居民收入差距及内部差距有所缩小

2014年浙江城镇常住居民人均可支配收入和农村常住居民人均可支配收入的比值(即城乡居民收入比)为2.09,比上年的2.12下降了0.03,城乡居民收入差距有所缩小。

从城乡居民内部收入差距来看,将全省居民分为五等分收入组,低收入组人均可支配收入9910元,中等偏下收入组人均可支配收入20330元,中等收入组人均可支配收入28504元,中等偏上收入组人均可支配收入39567元,高收入组人均可支配收入72159元。高收入组与低收入组收入差距倍数由上年7.75倍下降到7.28倍,其中城镇20%最高收入组与20%最低收入组收入差距倍数由上年的5.55倍下降到5.09倍,农村20%最高收入组与20%最低收入组收入差距倍数由上年的6.51倍下降到6.39倍,城乡居民内部的收入差距倍数均有所缩小。

四、生活消费支出平稳增长,消费水平继续居全国第三

据国家统计局浙江调查总队对全省6200户城乡居民家庭开展的一体化住户抽样调查,2014年浙江居民人均生活消费支出22552元,比上年增加1942元,增长9.4%,扣除价格因素影响,实际增长7.1%,名义增幅和实际增幅均比上年有所提高,分别上升0.6和0.7个百分点。分季度来看,名义增幅分别比一季度、上半年低1.3和2.3个百分点,和前三季度持平,实际增幅分别比一季度、上半年低0.7和1.8个百分点,比前三季度高0.3个百分点,总体呈"前快后慢"特征,上半年增幅要快于下半年。

城乡居民生活消费支出增长趋势和全体居民总体一致,均为"高开低走",但实际增幅均比上年有所提升(见图2)。具体来看,城镇常住居民人均生活消费支出27242元,比上年增加1988元,增长7.9%,扣除价格因素影响,实际增长5.8%。名义增幅和上年持平,实际增幅高于上年0.3个百分点。分季度来看,名义增幅分别低于一季度、上半年1和2.7个百分点,高于前三季度0.1个百分点,实际增幅低于一季度、上半年0.2和2.1个百分点,高于前三季度0.5个百分点。农村常住居民人均生活消费支出14498元,比上年增加1695元,增长13.2%,扣除价格因素影响,实际增长10.8%,名义增幅和实际增幅分别比城镇高5.3和5个百分点,比上年高2.8和3个百分点。分季度看,名义增幅分别比一季度、上半年和前三季度低2,1.2和0.6个百分点,实际增幅分别比一季度、上半年和前三季度低1.3,0.6和0.2个百分点,增速逐季回落。

2014年浙江居民人均生活消费支出比全国平均水平的14491元高8061

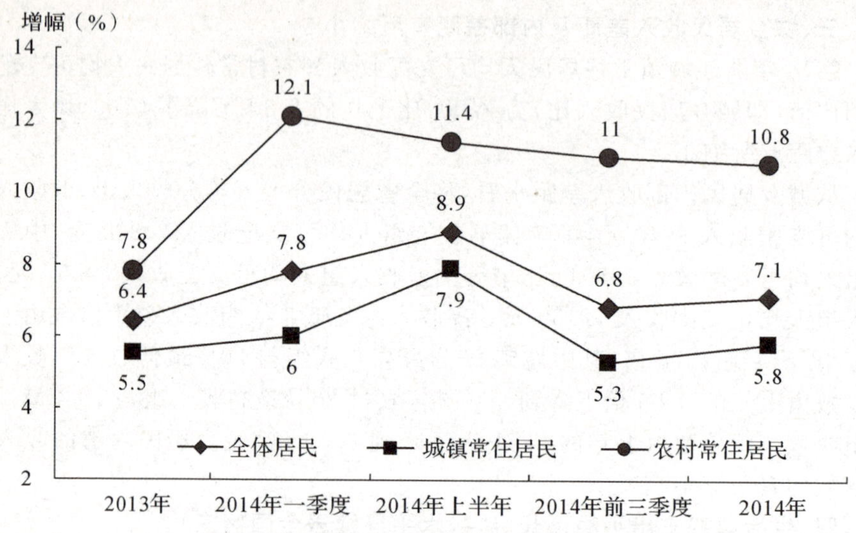

图 2 浙江居民人均生活消费支出实际增幅

元，是全国平均的 1.56 倍，居 31 个省（区、市）第三位，省（区）第一位，增速低于全国平均 0.2 个百分点。分城乡看，2014 年浙江城镇常住居民人均生活消费支出是全国平均的 1.36 倍，增速低于全国平均 0.1 个百分点；农村常住居民人均生活消费支出是全国平均的 1.73 倍，增速高于全国平均 1.2 个百分点，浙江城乡居民消费水平均居 31 个省（区、市）第三位，省（区）第一位。

五、八大类生活消费支出“七升一降”

2014 年浙江居民八大类生活消费支出总体呈“七升一降”态势，交通通信、医疗保健和食品烟酒支出增速名列前三位，其他用品和服务支出呈负增长，食品烟酒、交通通信和居住是拉动全年消费增长的前三位因素。分城乡看，城镇居民八大类生活消费支出“七升一降”，农村居民八大类生活消费支出均有不同程度地增长（见表 2）。

表 2 2014 年浙江居民生活消费支出

浙江省	全体居民		城镇常住居民		农村常住居民	
指标名称	本年（元）	增幅（%）	本年（元）	增幅（%）	本年（元）	增幅（%）
人均生活消费支出	22552	9.4	27242	7.9	14498	13.2
（一）食品烟酒	6569	9.7	7705	8.1	4618	13.3
（二）衣着	1587	5.9	1998	4.5	882	9.4

续 表

浙江省	全体居民		城镇常住居民		农村常住居民	
指标名称	本年(元)	增幅(%)	本年(元)	增幅(%)	本年(元)	增幅(%)
(三)居住	5577	7.2	6902	4.4	3302	16.7
(四)生活用品及服务	1118	6.1	1334	3.5	747	13.5
(五)交通通信	3671	17.4	4494	18.4	2257	12.9
(六)教育文化娱乐	2169	7.4	2643	6.0	1355	11.0
(七)医疗保健	1358	13.4	1527	14.4	1068	10.4
(八)其他用品和服务	503	—3.7	640	—6.8	268	8.7

(一)食品烟酒类平稳增长

2014年全省居民人均食品烟酒支出6569元,同比增长9.7%,拉动消费支出增长2.8个百分点,是消费增长的第一位拉动因素,其中人均饮食服务支出1212元,增长8.1%。分城乡看,城镇常住居民人均食品烟酒支出7705元,同比增长8.1%,高于上年2.1个百分点;农村常住居民人均食品烟酒支出4618元,同比增长13.3%,高于上年7.1个百分点。

(二)交通通信类增速最快

全省居民人均交通通信支出3671元,同比增长17.4%,增速居八大类消费项目之首,拉动消费支出增长2.6个百分点,仅次于食品烟酒成为居民消费增长的第二位拉动因素。其中人均交通支出2792元,增长23.2%,人均通信支出879元,增长2.3%,交通支出是拉动交通通信类快速增长的主要原因。分城乡看,城镇常住居民人均交通通信支出4494元,同比增长18.4%,高于上年7.9个百分点;农村常住居民人均交通通信支出2257元,同比增长12.9%,低于上年13.2个百分点。

(三)医疗保健类增长较快

全省居民人均医疗保健支出1358元,同比增长13.4%,增速仅次于交通通信支出居八大类消费第二位,拉动消费支出增长0.8个百分点。其中人均医疗器具及药品支出505元,增长20.7%;人均医疗服务支出853元,增长9.4%。分城乡看,城镇常住居民人均医疗保健支出1527元,同比增长14.4%,高于上年13.1个百分点;农村常住居民人均医疗保健支出1068元,同比增长10.4%,低于上年16.1个百分点。

(四)衣着,居住,生活用品及服务,教育文化娱乐类增长较缓

全省居民人均衣着支出1587元,同比增长5.9%,拉动消费支出增长0.4

个百分点；人均居住支出 5577 元，同比增长 7.2%，拉动消费支出增长 1.8 个百分点，是消费增长的第三位影响因素；人均生活用品及服务支出 1118 元，同比增长 6.1%，拉动消费支出增长 0.3 个百分点；人均教育文化娱乐支出 2169 元，同比增长 7.4%，拉动消费支出增长 0.7 个百分点。分城乡看，城镇常住居民人均衣着支出 1998 元，同比增长 4.5%，低于上年 1.5 个百分点；人均居住支出 6902 元，同比增长 4.4%，低于上年 24.8 个百分点，下降明显的主要原因是上年增速第一，相关消费大量释放导致 2014 年需求有所降低；人均生活用品及服务支出 1334 元，同比增长 3.5%，低于上年 17.1 个百分点；人均教育文化娱乐支出 2643 元，同比增长 6.0%，高于上年 10.9 个百分点，上年为负增长。农村常住居民人均衣着支出 882 元，同比增长 9.4%，低于上年 3.4 个百分点；人均居住支出 3302 元，同比增长 16.7%，高于上年 17.5 个百分点，上年为负增长；人均生活用品及服务支出 747 元，同比增长 13.5%，高于上年 20 个百分点，上年亦为负增长；人均教育文化娱乐支出 1355 元，同比增长 11.0%，低于上年 5.2 个百分点。

（五）其他用品和服务类呈负增长

全省居民人均其他用品和服务支出 503 元，同比下降 3.7%，影响消费支出下降 0.1 个百分点，是八大类消费支出中唯一同比下降的项目，主要受购买手表黄金、珠宝首饰等其他用品类同比下降 14%的影响。其中城镇常住居民人均其他用品和服务支出 640 元，同比下降 6.8%，低于上年 23.4 个百分点；农村常住居民人均其他用品和服务支出 268 元，同比增长 8.7%，低于上年 26.5 个百分点，上年增速高达 35.2%。

六、“一吃二住三行”，居民生活质量不断提高

（一）吃、住、行是城乡居民三大消费主体

2014 年食品烟酒、居住和交通通信支出占全体居民人均生活消费支出的比重分别为 29.1%，24.7%和 16.3%，以上三类消费占生活消费支出的总比重为 70.1%，分别位列前三，可以称之为“一吃二住三行”。分城乡看，食品烟酒、居住和交通通信支出占城镇常住居民人均生活消费支出的比重分别为 28.3%，25.3%和 16.5% ，占农村常住居民人均生活消费支出的比重分别为 31.9%，22.8%和 15.6%（见图 2），吃、住、行成为 2014 年我省城乡居民的三大消费主体。此外，城镇居民除了食品烟酒占比低于农村居民外，居住和交通通信占比分别高于农村居民 2.5 和 0.9 个百分点，一定程度上反映出城乡居民生活水平差距的存在。

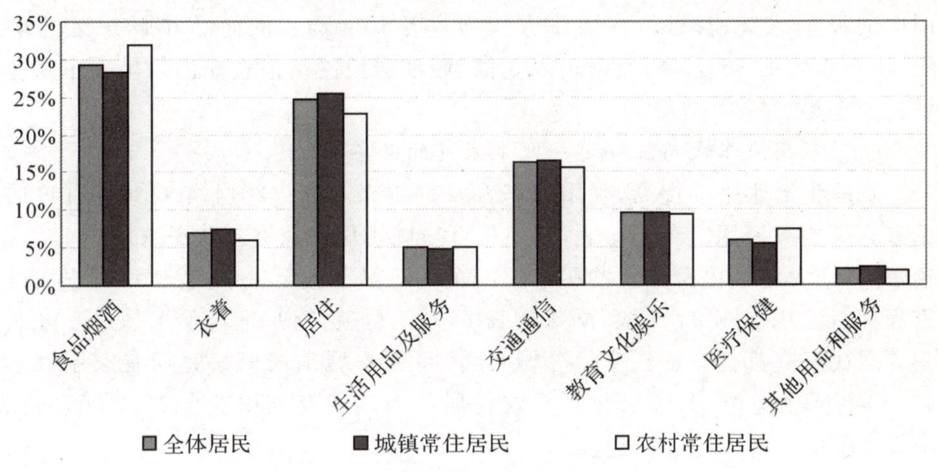

图 3　2014 年浙江居民消费结构对比

(二)教育文化娱乐消费仍颇受重视

2014 年浙江居民人均教育文化娱乐消费支出 2169 元,占生活消费支出的比重为 9.6%,其中城镇常住居民人均教育文化娱乐消费支出 2643 元,农村常住居民人均教育文化娱乐消费支出 1355 元,占各自生活消费支出的比重分别为 9.7%和 9.3%,均为仅次于"吃、住、行"的第四大居民消费项目。可见,除了基本的日常生活开销外,文化娱乐消费也日益被人们提及和重视。

(三)居住条件和品质进一步改善

截至 2014 年末,浙江城镇常住居民家庭人均住房建筑面积为 40.9 平方米,比上年末增加 2.08 平方米,比 2005 年末增加 14.8 平方米;农村常住居民家庭人均住房建筑面积为 61.5 平方米,比上年末增加 0.68 平方米,比 2005 年末增加 6.52 平方米。城乡居民人均居住面积均有所增加,居住空间越加宽敞。此外,居民居住条件也得到进一步改善,城乡饮用经过净化处理自来水、管道供水入户、使用水冲式卫生厕所,以及使用天然气、煤气和液化石油气等的家庭比重均比上年有不同程度的提高。

(四)信息化设备广泛普及,网络消费高速增长

随着信息化的快速发展和居民收入水平的不断提高,智能手机、电脑等网购信息化设备越来越被城乡居民接纳甚至热捧,网络消费发展迅速,并开始成为释放居民消费潜力的一大着力点。2014 年浙江居民人均通过互联网购买的商品和服务支出 259 元,比上年增加 95 元,同比增长 57.9%。分城乡看,城镇常住居民人均通过互联网购买的商品和服务支出 372 元,比上年增加 126 元,

同比增长 51.2%；农村常住居民人均通过互联网购买的商品和服务支出 64 元，比上年增加 36 元，同比增长 1.3 倍，城乡居民网络消费支出均呈现出高速增长的态势。

（五）家用汽车成为三分之一以上家庭的必备品

随着生活水平的提高，家用汽车普及率越来越高。2014 年我省每百户居民家庭新购买家用汽车 2.4 辆，其中每百户城镇居民家庭新购买家用汽车 2.8 辆，每百户农村居民家庭新购买家用汽车 1.7 辆。截至年末，我省每百户居民家庭拥有家用汽车 34.5 辆，同比增长 9.9%，也就是说，平均下来超过三分之一的居民家庭都拥有了汽车。分城乡看，每百户城镇居民家庭拥有家用汽车 43.5 辆，同比增长 11.8%；每百户农村居民家庭拥有家用汽车 19.2 辆，同比增长 1.6%。

（六）城镇居民更热衷团体旅游

2014 年浙江城镇常住居民人均团体旅游支出 660 元，同比增长 15.0%，占文化娱乐服务支出的比重高达 74.7%；农村常住居民人均团体旅游支出 75 元，同比下降 4.4%，占文化娱乐服务支出的比重为 41.4%，低于城镇 33.3 个百分点。城镇居民人均团体旅游支出高于农村 585 元，是农村居民的 8.8 倍，差距明显，且同比增速也快于农村，说明由于收入水平、工作环境和消费习惯等方面的差异，城镇居民比起农村居民更热衷度假旅游这种休闲娱乐方式，而团体旅游具有省时、省力和高效等特征，容易被大部分生活和工作节奏较快的城镇居民所接受，普及度也更高。

（七）农村居民更关注生活起居

居住、生活用品及服务两项消费增长速度位于 2014 年浙江农村居民八大类生活消费前两位，增速分别是 16.7%和 13.5%，而城镇居民生活消费支出增速位于前两位的是交通通信和医疗保健，增速分别是 18.4%和 14.4%。相比城镇居民的以服务性为主的非商品消费快速增长模式，农村居民更关注生活起居等生活保障型消费大类，反映出由于受收入、观念、环境等主客观因素的限制，农村居民的消费习惯和模式相对更为传统和保守。

注：文中数据均为城乡一体化住户调查改革后的新口径数据。

浙江调查总队居民收支调查处　殷柏尧　盛　飞

浙江省 2014 年 CPI 运行情况分析

2014 年浙江省经济平稳运行，物价总水平基本保持稳定，全省居民消费价格总水平上涨 2.1%，涨幅比上年缩小 0.2 个百分点。其中城市上涨 2.0%，农村上涨 2.2%。八大类消费品及服务项目价格呈“六涨二跌”格局，与全国一致。

一、全省 CPI 运行特点

(一)同比涨幅前高后低，环比走势总体平稳

1—12 月份各月 CPI 同比涨幅在 0.7%—2.9%之间波动(见图 1)，涨幅处于合理区间，呈前高后低的运行态势。其中，受翘尾因素影响，上半年各月同比涨幅较高，下半年随着翘尾影响逐渐减弱，同比涨幅也呈逐月回落态势。

1—12 月份各月 CPI 环比走势总体较为平稳。春节因素导致食品、家庭服务、旅游等价格上涨，1、2 月份 CPI 环比涨幅较大；节后各商品及服务价格陆续回落，3、4 月份环比指数也随之回落；5—12 月份环比涨幅在－0.6%—0.4%之间波动，运行较为平稳。

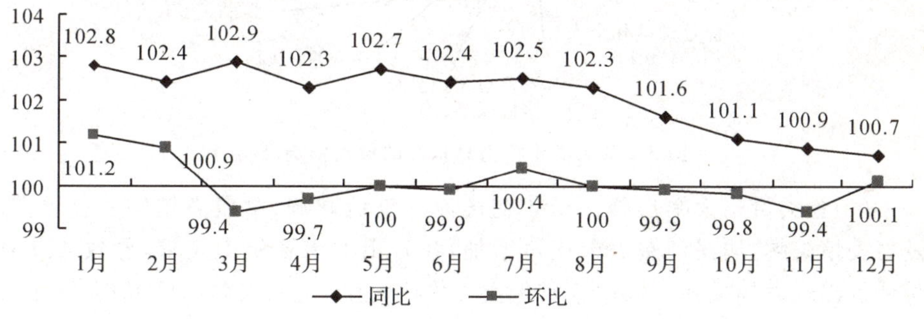

图 1 2014 年 1—12 月全省 CPI 同比和环比走势

(二)八大类价格呈“六涨二跌”格局

按调查类别看，2014 年八大类消费品及服务项目价格呈“六涨二跌”格局(见图 2)，除烟酒类，交通和通信类价格下降以外，其他六大类价格均有所上涨。

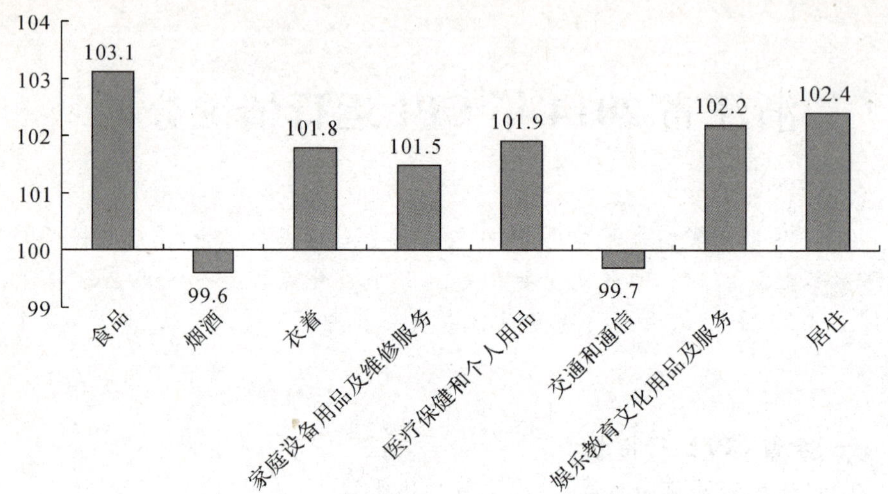

图 2 2014 年全省居民消费价格八大类价格指数

1. 食品类价格上涨是拉动总指数上涨的主因。2014 年食品类价格上涨 3.1%，拉动总指数上涨 1.0 个百分点，是拉动 CPI 上涨的主要原因(见图 3)。

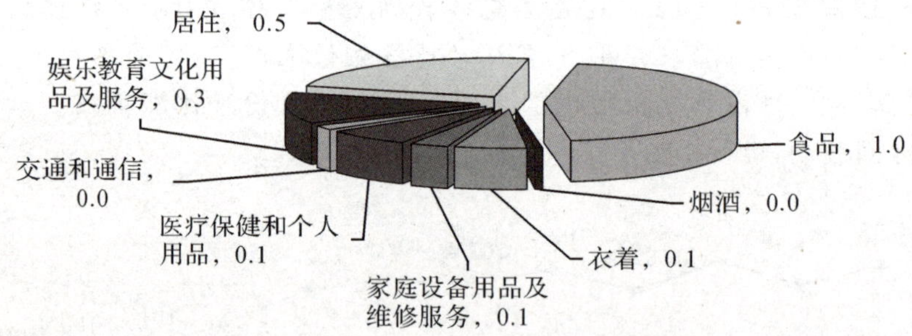

图 3 八大类价格对总指数的拉动影响(%)

(1)蛋类价格大幅反弹。受年初禽流感疫情影响，禽蛋类销售一度停滞。随着疫情缓解，居民消费需求逐步增加，我省蛋类市场供不应求，导致 4、5 月份蛋价出现大幅反弹。其中 5 月份蛋类价格同比上涨 20.0%，涨幅创 34 个月以来新高。受此影响，2014 年我省蛋类价格上涨 12.5%，涨幅比上年扩大 9.7 个百分点。

(2)水产品价格持续上涨。受养殖和捕捞成本上升，以及禽流感导致的居民对水产品的替代性消费增长影响，近年来水产品价格持续上涨。2014 年我省水产品价格上涨 4.6%，涨幅比上年缩小 0.2 个百分点。其中虾蟹类与海水鱼价格涨幅较大，分别上涨 8.2%和 6.2%。

(3)鲜瓜果、液体乳及乳制品价格上涨明显。受部分常见水果主产区气候异常导致产量下降以及翘尾因素的影响,我省前三季度鲜瓜果同比价格居高不下,虽然第四季度涨幅有所回落,但2014年鲜瓜果价格仍上涨17.6%,涨幅比上年扩大12.2个百分点(见图4)。受国内奶源紧缺等因素影响,2014年液体乳及乳制品价格上涨5.7%,涨幅比上年扩大0.2个百分点。

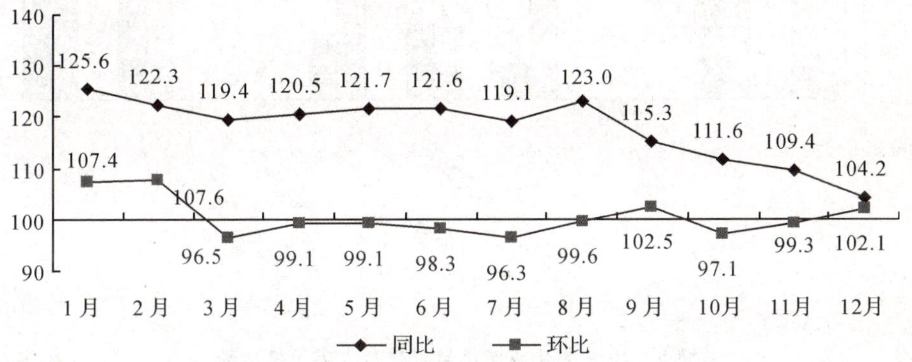

图4　2014年全省鲜瓜果价格同比与环比走势

2.其他七大类价格涨多跌少。除食品类外,其他七大类价格"五涨二跌",其中涨幅居前三的分别是居住类,娱乐教育文化用品及服务类,以及医疗保健和个人用品类。

(1)居住类价格上涨2.4%,拉动CPI总指数上涨0.5个百分点。由于我省城乡租房市场需求旺盛,拉动住房租金价格上涨2.6%。由于部分县(市、区)实行阶梯水价,自来水价格上调,拉动水、电、燃料价格上涨1.2%。

(2)娱乐教育文化用品及服务类价格上涨2.2%,拉动CPI总指数上涨0.3个百分点。其中旅游类价格上涨8.1%,主要原因是受新《旅游法》实施影响,旅游市场进一步规范,尤其是购物点的取消迫使旅行社提价以应对经营成本上升的压力。

(3)医疗保健和个人用品类价格上涨1.9%,拉动CPI总指数上涨0.1个百分点。其中医疗保健服务价格上涨5.8%,主要原因是受浙江市级公立医院综合改革实施推进的影响。

其他大类的涨跌情况分别为:衣着类价格上涨1.8%;家庭设备用品及维修服务类价格上涨1.5%;交通和通信类价格下降0.3%;烟酒类价格下降0.4%。

(三)农村涨幅高于城市

2014年全省城市居民消费价格上涨2.0%,农村上涨2.2%,农村涨幅高于城市0.2个百分点。其中娱乐教育文化用品及服务类和居住类价格高于城市较为明显(见图5)。

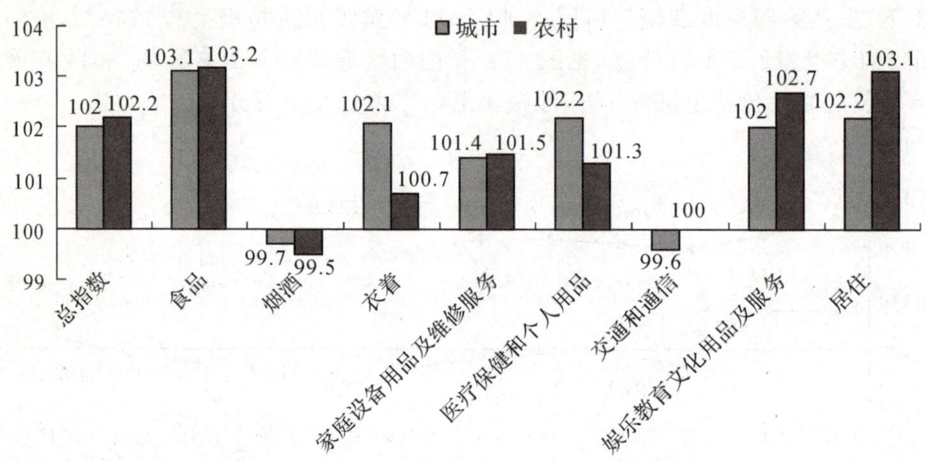

图5　2014年全省城市与农村八大类价格比较

1.农村娱乐教育文化用品及服务类价格高于城市。2014年全省农村娱乐教育文化用品及服务价格上涨2.7%,涨幅高于城市0.7个百分点。随着收入水平逐步提高,农村居民日益增长的文化娱乐消费需求对价格的拉动作用越发显现。其中文化娱乐类价格上涨1.4%,涨幅高于城市1.1个百分点,电影票、景点门票、有线电视和健身活动等文娱项目价格涨幅均高于城市。由于近年来我省农村旅游市场需求旺盛,农村旅游类价格上涨9.0%,涨幅高于城市1.1个百分点。

2.农村居住类价格高于城市。2014年全省农村居住类价格上涨3.1%,涨幅高于城市0.9个百分点。因农村租房市场需求旺盛,2014年农村住房租金价格上涨3.5%,涨幅高于城市1.2个百分点。由于部分县(市、区)实行阶梯水价,自来水价格上调拉动农村水、电、燃料价格上涨3.0%,涨幅高于城市2.4个百分点。

二、我省CPI涨幅略高于全国

2014年全国CPI上涨2.0%,我省涨幅高于全国0.1个百分点,在31个省(市、区)中排第10位(并列),居华东六省一市第4位。

(一)八大类价格涨跌与全国一致

2014年我省八大类消费品和服务项目价格呈“六涨二跌”态势,涨跌情况与全国一致。除食品类,衣着类,交通和通信类以外,其他五大类价格指数略高于全国(见表1)。

表 1　2014 年我省八大类价格指数与全国比较

类别	浙江	全国	差距
总指数	102.1	102.0	0.1
食品	103.1	103.1	0.0
烟酒	99.6	99.4	0.2
衣着	101.8	102.4	−0.6
家庭设备用品及维修服务	101.5	101.2	0.3
医疗保健和个人用品	101.9	101.3	0.6
交通和通信	99.7	99.9	−0.2
娱乐教育文化用品及服务	102.2	101.9	0.3
居住	102.4	102.0	0.4

1. 食品类价格涨幅与全国持平。2014 年，我省食品类价格上涨 3.1%，涨幅与全国持平。其中，蛋、水产品和鲜菜价格涨幅略高于全国，粮食，肉禽及其制品，鲜瓜果价格略低于全国(见表 2)。由于前期受禽流感影响，我省禽、蛋市场供应量在一段时期内有所减少，因此我省蛋类价格涨幅高于全国 2.1 个百分点。由于国家在粮食主产区启动了对主要粮食品种最低收购价托市收购，国有粮食企业收购数量庞大，收储的压力也越来越大。由于目前国内粮食价格高于国外，浙江省作为粮食主销区，进口粮食比重较主产区稍高，市场均价略低于主产区，因此我省粮食价格涨幅低于全国 1.3 个百分点。

表 2　2014 年我省主要食品类别价格指数与全国比较

类别	浙江	全国	差距
食品	103.1	103.1	0.0
粮食	101.8	103.1	−1.3
肉禽及其制品	100.1	100.4	−0.3
蛋	112.5	110.4	2.1
水产品	104.6	104.4	0.2
鲜菜	98.9	98.5	0.4
鲜瓜果	117.6	118.0	−0.4

2. 部分大类价格涨幅高于全国。我省医疗保健和个人用品服务类价格上涨 1.9%，涨幅高于全国 0.6 个百分点，主要原因是受我省实施的医疗改革影响，医疗保健服务类价格涨幅高于全国 4.6 个百分点。我省居住类价格上涨 2.4%，涨幅比全国高 0.4 个百分点，其中受部分县（市、区）实行阶梯水价影响，我省水、电、燃料类价格涨幅高于全国 0.5 个百分点。

（二）我省新涨价因素影响略高于全国

2014 年我省新涨价因素影响为 1.23 个百分点，高于全国 0.17 个百分点，其中 1—9 月份我省新涨价因素影响高于全国，10—12 月份明显回落并低于全国。

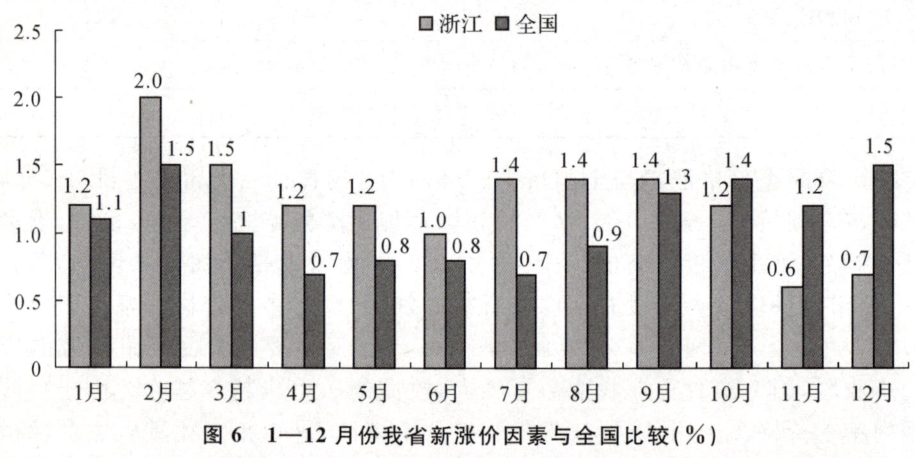

图 6　1—12 月份我省新涨价因素与全国比较（%）

1. 节日效应拉动食品与服务价格涨幅较大。由于浙江市场化程度较高，春节期间供求关系变化对当月的食品与服务类价格上涨拉动影响较大，加上春节期间大量浙商和外出人员回乡探亲，各类食品和服务消费需求增加，使得近年来我省春节所在的月份食品和服务类价格涨幅均高于全国。2014 年 1—2 月份我省食品类价格累计上涨 3.7%，涨幅高于全国 0.5 个百分点，其中蛋、水产品、鲜菜和鲜瓜果涨幅均高于全国；衣着加工服务费价格累计上涨 6.3%，涨幅高于全国 1.2 个百分点；家庭服务与加工维修服务价格累计上涨 10.6%，涨幅高于全国 2.8 个百分点。因此，2014 年我省食品与服务类价格新涨价因素有了较高的平台。

2. 用工成本上升和政策性调价因素推动服务项目价格上涨。我省是劳务用工大省，近年来以提高最低工资标准等方式，健全了社会劳动报酬增长机制并推动产业结构转型升级，用工成本高于全国，体现劳动力价值的服务项目价格涨幅高于全国。加上春节期间外来务工人员回乡，使浙江劳动服务市场劳动力供不应求，进一步推高了用工量大的服务项目价格。2014 年我省服务类价格涨幅高于全国 0.5 个百分点（见表 3）。

表 3 2014 年我省服务价格指数与全国比较

类别	浙江	全国	差距
服务	103.0	102.5	0.5
衣着加工服务费	106.1	105.2	0.9
家庭服务及加工维修服务	109.1	107.3	1.8
医疗保健服务	105.8	101.2	4.6
通信服务	100.0	99.9	0.1
教育服务	101.7	102.5	−0.8
旅游	108.1	105.0	3.1

自 2011 年底起，浙江先后启动实施了以药品零差价为核心的县级和部分市级公立医院综合改革，2014 年 1 月份起继续推进公立医院改革，多数市级公立医院在降低药品价格的同时，提高了体现医生劳动价值的挂号费、诊疗费、手术费等项目的收费标准，因此我省医疗保健服务价格涨幅比全国高 4.6 个百分点。

三、2015 年全省 CPI 走势预期

当前我国正处于经济增长速度换挡和产业结构调整阵痛期，2014 年 GDP 增长 7.4%，为 24 年以来最低。随着经济增速下行压力的增大，2013 年 9 月份以来我省 CPI 已重回"1 时代"，GDP 总量增幅放缓对物价的紧缩作用明显增强并将居于主导地位。综合来看，影响 2015 年价格走势的因素错综复杂，在总体涨幅收窄的背景下，也存在一定的增长点。

（一）平抑价格上涨的因素

1. 输入性通胀压力较小。2014 年全国工业生产者出厂价格和购进价格同比分别下降 1.9%和 2.2%，PPI 已连续 34 个月同比下降，创历史最长下降纪录。在国内，工业领域产能过剩、供大于求的局面仍然存在；在国际上，石油、铁矿石等价格大幅下跌，国际大宗商品价格总体仍处筑底阶段，反弹趋势尚未确立，输入性通胀压力较小。

结合翘尾因素看，2014 年我省翘尾影响为 0.82 个百分点，呈明显前高后低的运行态势，随着 PPI 持续走低，我省下半年翘尾影响迅速减弱（见图 7）。

而 PPI 跌幅扩大将对 2015 年 CPI 翘尾继续产生影响。据初步测算，预计 2015 年我省翘尾影响为－0.5 个百分点左右，将对 CPI 形成向下的拉动。

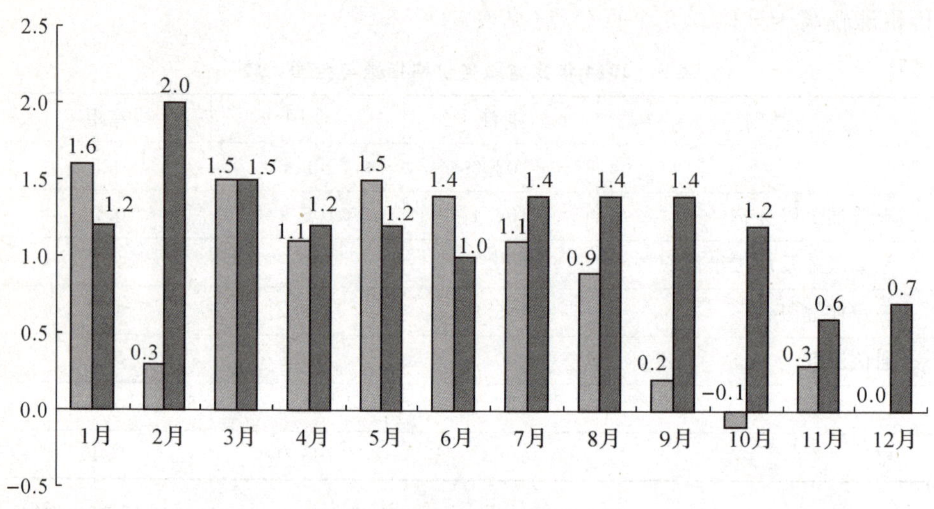

图 7　2014 年各月翘尾和新涨价因素对我省 CPI 的影响(%)

2. 粮食价格涨幅收窄、油脂价格回落。2014 年我国粮食供给形势较好，国内农产品供求总体稳定，粮食等主要农产品丰收并保持了必要的储备。从价格指数看，2014 年我省粮食类价格上涨 1.8%，涨幅较上年回落 1.0 个百分点；全国粮食类价格上涨 3.1%，涨幅较上年回落 1.5 个百分点，粮食价格涨幅收窄。从绝对价格看，2014 年国内外粮食价差进一步扩大，国内粮食价格高于国际。2014 年国内小麦、玉米和大米批发价均高于配额内的进口完税价，且价差较 2013 年有所扩大，2015 年国内粮价上涨空间被进一步压缩。受美洲大豆丰产预期增强，以及国内榨油企业原料库存积压影响，2014 年全省油脂类价格同比连续 12 个月负增长，全年累计下降 7.1%。粮食价格涨幅收窄、油脂价格回落有利于食品市场价格的稳定。

（二）推动价格上涨的因素

1. 劳动工资成本上升压力长期存在。劳动力成本上升是拉动居民消费价格上涨的长期存在因素，从 2012 年 9 月份起，我省服务项目价格涨幅均高于同期居民消费价格涨幅，对价格总水平的拉动持续增强。“十二五”期间，我省建立最低工资标准与人均地区生产总值联动增长机制，最低工资标准稳步增长。同时，外来务工人员生存成本较高，劳动力供求偏紧，导致劳动密集型的服务项目价格出现较快上涨。以家政服务价格为例,杭州较为正规的三替家政公司,其住家保姆平均月薪在 4000 元左右,较上年同期至少上涨 600—700 元。家政钟点工服务普遍在 30—35 元/小时,较上年同期上涨 10%左右。

2.实行总体稳健、松紧适度的货币政策。2014 年央行实行总体稳健、定向宽松的货币政策,还通过“定向降准”等多种货币政策工具,将更多的信贷资源配置到“三农”、小微企业等重点领域和薄弱环节,支持实体经济发展。但定向宽松的货币政策并不足以缓解经济下行的压力,央行于 11 月 21 日宣布全面降息,虽然央行表示此次利率调整属于中性操作,但市场仍解读为货币政策将转向宽松。中央经济工作会议提出,2015 年将延续稳健的货币政策,同时指出货币政策要更加注重松紧适度。中国人民银行货币政策司司长张晓慧 2015 年 1 月在其《新常态下的货币政策》一文中也表示,当前我国经济发展进入新常态,必须处理好经济结构调整和宏观总量政策之间的关系。在经济结构调整过程中,货币政策总体应保持审慎和稳健,重点就是为结构调整和转型升级创造中性适度的货币金融环境。

3.政策性调价拉动部分项目价格上涨。一是受浙江市级公立医院综合改革实施推进的影响,医药价格呈现“药价降、收费涨”的格局。2014 年我省西药价格下降 4.6%的同时,医疗保健服务价格上涨 5.8%,2015 年我省医疗保健服务价格会受市级公立医院综合改革的影响而继续上涨。二是水、天然气等资源性产品价格改革将陆续推进,其价格上涨将在一定程度上推动居民消费价格总水平上涨。三是随着放松首套房认定、鼓励银行降低按揭利率、发行住房抵押贷款支持证券(MBS),以及放开开发商融资渠道等一系列政策的出台,将一定程度上提振房地产市场信心,受此影响,私房房租价格将有可能上涨。

4.猪肉价格回升概率大。从同比指数看,由于市场供应充足、需求减弱,2014 年我省猪肉价格继续处于低位运行态势。从环比指数看,随着中央冻猪肉收储工作的启动,以及我省“三改一拆”和“五水共治”工作的推进,投放市场的供应量有一定减少,猪肉市场供求关系有所好转,猪肉价格环比出现止跌企稳的迹象(见图 8)。

一方面,由于我省生猪存栏量下降,一定程度缓解了猪肉市场供大于求的现状。另一方面,刚性上涨的养殖成本与猪肉低迷售价之间的矛盾凸显,将是 2015 年猪肉价格回升的一大内生因素。从猪肉价格波动规律看,在生猪价格不断下滑,猪肉市场价格变化却不大的情况下,市场就会呈现“越杀越跌,越跌

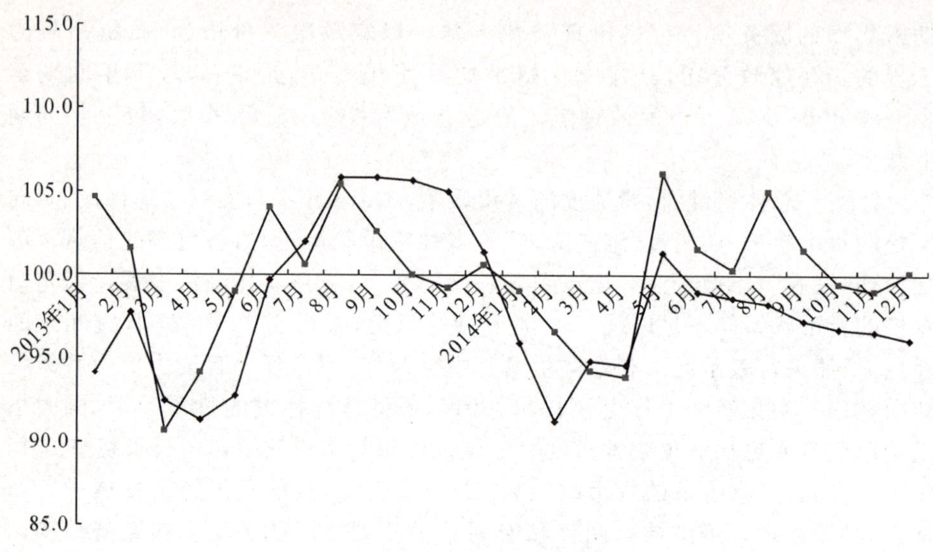

图 8　2013—2014 年我省猪肉价格同比和环比走势

越杀”的局面，养猪户大量抛售屠宰生猪最终将影响市场供求，导致肉价回升，也符合猪肉价格周期性波动的规律。

综合以上因素，在没有突发性新涨价因素影响的前提下，预计 2015 年我省 CPI 将保持温和上涨态势，总体涨幅不会高于 2014 年。

浙江调查总队消费价格处　周一乐

2014 年浙江省工业生产者价格运行情况分析

受国内经济增速放缓，国际大宗商品价格持续走低等因素影响，2014 年浙江工业生产者价格延续上年的下降态势。全年浙江工业生产者出厂价格比上年下降 1.2%，工业生产者购进价格比上年下降 1.8%。

一、2014 年浙江工业生产者价格运行的特点

(一)工业生产者出厂价格和购进价格持续低位运行，且呈现“低进高出”的运行态势

1. 工业生产者出厂价格和购进价格持续低位运行，全年皆呈“S”形走势（见图 1）。1—3 月份降幅逐月扩大，4—7 月份降幅逐月收窄，8—12 月份降幅再次呈逐月扩大态势。其中，12 月份工业生产者出厂价格和购进价格同比分别下降 2.1%和 3.2%，为全年最大，与降幅最小的 7 月份相比，扩大 1.8 和 2.4 个百分点。

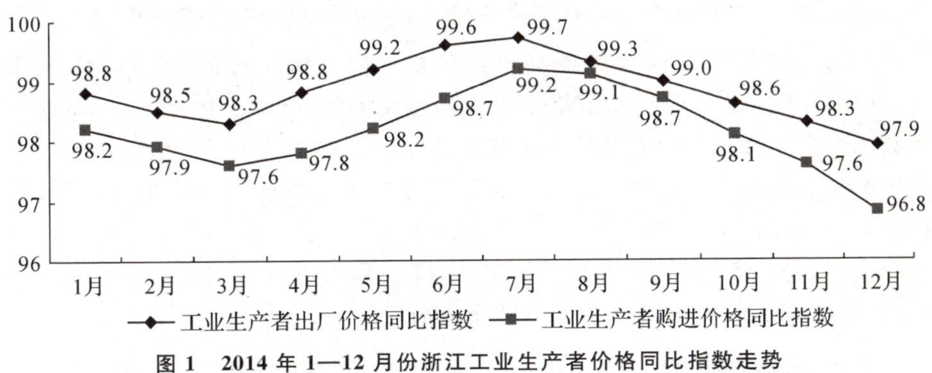

图 1　2014 年 1—12 月份浙江工业生产者价格同比指数走势

2. 工业生产者购进价格降幅持续大于出厂价格。延续上年“低进高出”的价格运行态势，2014 年工业生产者购进价格降幅大于出厂价格 0.6 个百分点，各月降幅差距呈现“扩大—缩小—再扩大”的运行态势（见图 1），其中 12 月份差距最大，为 1.1 个百分点，8 月份差距最小，为 0.2 个百分点。

(二)工业生产者出厂价格普遍下降

1.生产资料类产品出厂价格降幅大于生活资料。全省生产资料类价格同比下降 1.5%,降幅大于生活资料类降幅 1.3 个百分点,拉动工业生产者出厂价格总水平下降约 1.1 个百分点,各月降幅均大于生活资料类价格降幅(见图 2)。在构成生产资料的三个分类中,采掘类价格上涨 2.8%,原料类价格下降 2.5%,加工类价格下降 1.2%。在构成生活资料的四个分类中,食品类价格上涨 0.3%,衣着类价格下降 0.2%,一般日用品类价格下降 0.5%,耐用消费品类价格下降 0.2%。

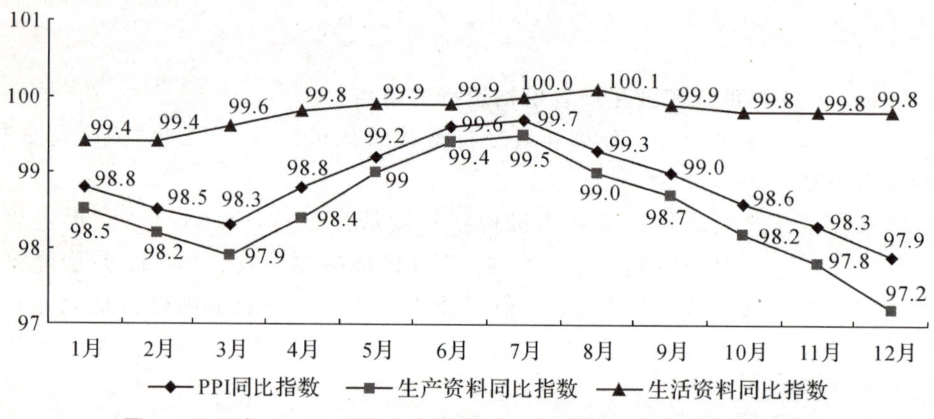

图 2　2014 年 1—12 月份生产资料、生活资料及 PPI 同比指数走势

2.逾七成工业行业大类产品出厂价格下降。所调查的 38 个大类行业(新)中,28 个工业行业产品价格呈现不同程度下降,下降面达 73.7%,比上年扩大 5.3 个百分点。PPI 权重占比排名前十的大类行业产品价格除电力、热力生产和供应业产品价格上涨 0.6%外,其余 9 个大类行业产品价格呈现不同程度下降,拉动 PPI 下降约 0.9 个百分点(见表 1),其中降幅较大的有化学纤维制造业,黑色金属冶炼和压延加工业,橡胶和塑料制品业,分别为 5.2%,4.2%和 1.7%,拉动 PPI 下降约 0.5 个百分点。

表 1　2014 年浙江 PPI 权重占比前十行业产品出厂价格涨跌幅度及对 PPI 影响

工业行业分类	涨跌幅度(%)	对 PPI 影响(百分点)
纺织业	－0.2	0
电气机械和器材制造业	－1.4	－0.1
电力、热力生产和供应业	0.6	0

续　表

工业行业分类	涨跌幅度（%）	对PPI影响（百分点）
通用设备制造业	－1.1	－0.1
化学原料和化学制品制造业	－1.1	－0.1
橡胶和塑料制品业	－1.7	－0.1
金属制品业	－1.6	－0.1
汽车制造业	－0.8	0
黑色金属冶炼和压延加工业	－4.2	－0.2
化学纤维制造业	－5.2	－0.2

（三）工业生产者购进价格"二升七降"

全省工业生产者购进价格比上年下降1.8%，在所调查的9个大类中，7个大类产品购进价格呈不同程度下降，其中降幅较大的有：黑色金属材料类价格下降4.7%，有色金属材料电线类价格下降3.6%，化工原料类价格下降2.3%，燃料动力类，其他工业原材料及半成品类，木材及纸浆类，纺织原料类价格降幅介于－0.1%到－2.0%之间。在价格上涨的类别中，农副产品类价格上涨1.1%，建筑材料及非金属矿类价格上涨0.9%。

二、浙江PPI明显高于全国

2014年浙江PPI为98.8，较98.1的全国平均水平高0.7个百分点，位居全国31个省（区、市）的第六位，各月指数均高于全国（见图3）。在华东六省一市中，浙江PPI低于上海0.1个百分点，高于安徽、江西、江苏、山东、福建1.4，1.0，0.5，0.4和0.2个百分点。

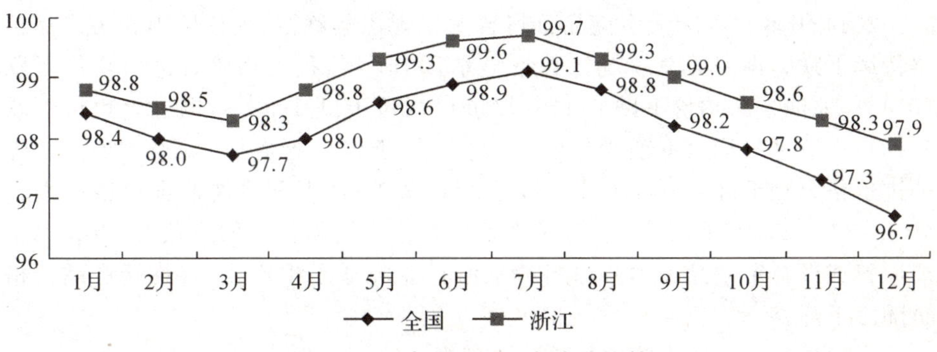

图3　2014年浙江PPI与全国比较

（一）从价格指数构成看，负翘尾影响和新降价因素普遍小于全国

受上年价格走势影响，2014 年浙江 PPI 中的负翘尾因素为－0.3 个百分点，小于全国 0.2 个百分点。同时，浙江 2014 年新降价因素为－0.9 个百分点，小于全国 0.5 个百分点。

（二）从行业（新）分类看，浙江产品价格下降面广，但对 PPI 的下拉作用小于全国

2014 年，在全国所调查的 41 个行业（新）中，产品价格下降的行业有 25 个，占全部行业的 61%。在浙江省调查的 38 个行业中，产品价格下降的行业有 28 个，占全部行业的 73.7%，价格下降面大于全国 12.7 个百分点。从价格指数看，在对应的 38 个行业中，浙江有 26 个行业产品价格指数低于全国，其中黑色金属矿采选业，煤炭开采和洗选业，其他制造业，废弃资源综合利用业，医药制造业价格降幅分别大于（或涨幅小于）全国 3.7，3.5，2.5，2.4，1.6 个百分点。受产业结构差异而形成的行业权重占比不同影响，我省价格下降的大类行业对 PPI 的下拉作用小于全国，从而导致我省 PPI 高于全国。

三、工业生产者价格变动的主要因素及原因分析

（一）内需不足，部分行业产能过剩

社会生产投资的回落，对工业品市场的需求产生冲击。如与房地产市场相关度较高的家具家电、建材、化工行业产品的需求减弱。部分行业如钢材、水泥、玻璃等产能过剩问题仍比较严重。供大于求的市场环境决定了在要素成本推动的压力下，部分企业特别是产能过剩和产品附加值低的资金密集型、劳动密集型制造业企业为了缓解库存压力，保护市场上原有的份额，市场竞争更加激励，企业间竞相降价影响工业生产者出厂价格走低。

（二）国际大宗商品价格输入性传导影响

2014 年多数国际大宗商品价格普遍出现深幅跌落，促使国内相关产品价格持续下跌。据海关总署统计数据显示，2014 年，我国铁矿石进口均价下跌 23.4%，原油进口均价下跌 6.1%，煤进口均价下跌 15.2%，铜进口均价下跌 6.1%，大豆进口均价下跌 6.8%。受此影响，浙江工业企业无烟煤、烟煤、洗煤购进价格分别下降 8.0%，6.1%和 4.9%，铁矿石、铜和原油购进价格分别下降 12.8%，12.2%和 2.7%。工业企业主要生产资料价格的下跌，使以其为主要原料或以其衍生品为主要原料的下游行业降低了生产成本，终端产品价格也随之下降。

（三）国际市场需求疲软拉动价格下行

世界经济复苏不均衡，我国外贸进出口呈现继续低速增长，2014 年除美国

经济复苏势头略好外，其他主要发达经济体、新兴经济体增速都在逐渐下降，世界经济复苏缓慢而脆弱。同时，受主要发达经济体再工业化、贸易保护主义、国内劳动力和土地资源要素成本上升等诸多不利因素影响，传统劳动密集型产品出口也在面临低劳动力成本国家的冲击。2014 年浙江进出口总额 3551.5 亿元，增长 5.8%，增速比上年回落 1.7 个百分点，其中出口总额 2733.5 亿元，增长 9.9%，增速比上年回落 0.9 个百分点。浙江作为出口大省，外贸企业小而散，外部需求的疲软，使得传统劳动密集型企业和资本密集型企业产品出口竞争优势弱化，企业产品销售难度明显增大，企业寄希望于以压低价格来赢得市场竞争的主动权，导致产品出厂价格进一步走低。

四、2015 年上半年浙江 PPI 走势预测

预计 2015 年上半年浙江 PPI 仍将继续呈负增长的运行态势，抑制和拉动 PPI 上涨的因素同时存在。

（一）抑制 PPI 上涨的因素

1. 国内外经济下行压力仍然较大。世界银行和 IMF 都调低了对中国经济和全球经济增长的预期值。国际市场需求短期难以提振，国内资源和劳动力等要素成本上升导致中国产品的价格竞争力有所下降，加之人民币汇率剧烈震荡，出口导向型企业产品价格上升空间很小。国内传统行业产能过剩问题仍比较突出，钢铁、水泥、平板玻璃、船舶制造等行业产能过剩问题在短时间内难以化解，供大于求的矛盾仍将持续打压产品价格的上涨。

2. 国际大宗商品价格走势低迷。受世界经济复苏不及预期及区域局势动荡等不稳定因素影响，国际大宗商品价格走势仍将处于低位运行的态势。铁矿石、原油、煤、有色金属等原材料价格将继续震荡走低，原材料价格走低从生产成本上抑制出厂价格走高。

（二）拉动 PPI 上涨的因素

1. 政策措施继续发挥作用。2014 年下半年国家出台的一系列稳增长、促改革、调结构、惠民生的政策措施将继续发挥作用，激励企业科技创新，利用科技创新带动制造业转型升级，资本成本上升有利于产品价格的回升。2015 年工信部将出台传统产业优化升级的政策措施，对传统行业结构做出进一步调整，在新常态下，城乡和区域发展空间广阔，随着新城镇化建设的深入，国内需求潜力巨大，有利于钢材、水泥、建材等传统行业产品价格的理性回归。

2. 内外需求稳定有利于企业生产经营。2015 年美国经济恢复是一个亮点，欧洲经济尽管困难有所加大，但仍然会保持增长；新兴经济体正进行结构调整，增长水平降低但增长的稳定性提高，世界经济总体呈继续恢复态势，从

而有望支撑出口企业的外需。据阿里巴巴公布数据显示:双"十一"全球网购狂欢交易额达到 571 亿元人民币,刷新了全球网上零售纪录,市场新生增长动力不断增强,企业生产经营状况的好转,将一定程度上推动工业企业产品价格的上升。

浙江调查总队生产投资价格处　李　莉

2014年浙江低收入农户收支特征分析

低收入农户是农村居民增收的短板，为促进低收入农户快速增收，省委、省政府出台了《低收入农户收入倍增计划（2013—2017年）》。《倍增计划》实施两年来，经过各方努力，扶贫工作已取得初步成效，低收入农户收入快速增长，有三分之一的低收入农户人均纯收入超过8000元，率先摆脱贫困。但同时也有近百万农村低收入居民仍然生活在省定低收入农户标准线（2012年5500元）以下。现根据全省扶贫统计监测数据，就低收入农户收支状况做简要分析。

一、收支特点和原因

据扶贫统计监测，2014年全省低收入农户人均纯收入7251元，比上年增长17.4％，增幅比上年回落0.7个百分点。其中，29个重点扶持县（市、区）人均纯收入7150元，增长17.6％，增幅回落1.5个百分点。“低保”户除外，全省低收入农户家庭人均纯收入超过8000元的户数比重为36.0％，其中，29个重点扶持县（市、区）为35.2％。低收入农户收支主要有以下特点：

（一）收入结构发生明显变化

按工资性收入、家庭经营纯收入和非家庭经营纯收入（包括转移性收入和财产性收入）三个大类划分，三大类收入呈“两增一减”格局，即工资性收入和非家庭经营纯收入较快增长，而家庭经营纯收入则出现下降，人均纯收入结构由2013年的39.6∶30.9∶29.5演变为2014年的42.2∶25.4∶32.4。工资性收入和非家庭经营纯收入成为低收入农户增收双引擎。

（二）工资性收入快速增长

2014年，低收入农户工资性收入人均3062元，增长25.2％，增幅高于低收入农户人均纯收入7.8个百分点，占人均纯收入的42.2％，占比比上年提高2.6个百分点。低收入农户的工资性收入主要以本乡镇地域内为主，人均为2054元，增幅达到58.3％，占工资性收入的67.1％，占比比上年提高14.1个百分点。工资性收入快速增长主要有三方面原因：一是自主创业资金缺乏，大多选择外出打工。低收入农户由于家庭资金少，自主创业、从事家庭经营等相对较为困难，劳动力大多选择外出打工，工资性收入仍是其最主要的收入来源。监测数据显示，2014 年我省低收入农户二、三产业就业人数增加，从事第二产业的人员占 15.9%，从事第三产业的人员占 33.7%，两项占比合计比上年提高 3.9 个百分点。二是工资标准提高。从 2014 年 8 月 1 日起，我省调整了最低工资标准，与以往最低工资标准相比，平均增长幅度达到 12.5%，非全日制工作的最低小时工资标准也调整为 13.5 元。三是精准扶贫，使低收入农户就业机会增加，即使就近打零工，日报酬大多也有提高，从原先的 120(或 150)元提高到 150(或 200)元，促进低收入农户工资性收入增长。

(三)第一产业经营收入大幅下降

应环境整治、生态建设要求，各地纷纷出台牲畜、家禽限养政策，受其影响，家庭畜禽养殖收益下降，导致占家庭经营收入比重较大的第一产业家庭经营收入(66.0%)出现大幅下降，尽管家庭经营第二、三产业纯收入大幅增长，但因其占比较小，仍使家庭经营纯收入出现小幅下滑。2014 年，低收入农户家庭经营纯收入人均 1842 元，下降 3.4%，占人均纯收入的比重为 25.4%，比上年下降 5.5 个百分点。来自家庭经营第一产业纯收入，人均 1217 元，下降 16.0%，其中，畜禽养殖收入下降 49.4%；家庭经营第二、三产业纯收入，人均分别为 262 元和 363 元，比上年分别增长 25.8%和 44.9%。

(四)非家庭经营纯收入成为低收入农户增收的强引擎

2014 年，低收入农户非家庭经营性收入人均 2347 元，增长 28.7%，占纯收入的 32.4%，已经成为拉动低收入农户增收的强引擎。构成非家庭经营收入的转移性收入和财产性收入均呈现大幅增长。其中，占非家庭经营收入 96.4%的转移性收入，人均达到 2261 元，增长 28.6%，占低收入农户人均纯收入的 31.2%；财产性收入人均为 85 元，增长 29.6%。

转移性收入主要来自两大方面。一方面是政府保障补助。随着城镇化水平的提高，失土农民增加，农村低收入户失土养老金收入提高较快。2014 年，低收入农户离退休金、养老金和新型农村养老保险人均收入 802 元，比上年增长 36.9%；领取最低生活保障费收入，人均 271 元，增长 4.3%；来自政府的其他补贴(主要包括退税收入、无偿扶贫或扶持款收入、得到赔款、种养殖业各项补贴等)，人均 161 元，增长 103.5%。以上各项保障性收入合计达 1234 元，增长 33.4%。另一方面是亲友赠送、赡养费收入，以及家庭成员寄、带回收入增长快。2014 年，亲友赠送和赡养费收入，人均 535 元，比上年增长 32.2%；家庭住户成员寄、带回收入，人均 425 元，增长 21.4%。

财产性收入增长的动力主要在于农村新政的实施。十八届三中全会《决定》提出，要保障农户宅基地用益物权，改革完善农村宅基地制度，选择若干试点，慎重稳妥推进农民住房财产权抵押、担保、转让，探索农民增加财产性收入渠道。我省围绕"三权到人(户)、权跟人(户)走"改革目标，积极实践，善于创新，有序推进，不断深化农村确权、赋权改革，初步体现增收效果。2014 年，低收入农户人均财产性纯收入 85 元，占纯收入 1.2%，比上年提高 0.1 个百分点，占比偏低，但增长较快，比上年增长 29.6%，其中租金(包括农业机械)人均收入 29 元，增长 49.9%。

表 1　浙江低收入农户人均纯收入增幅和结构变化

指标	2014 年(元)	2013 年(元)	增幅(%)	2014 年结构(%)	2013 年结构(%)
全年纯收入	7251	6178	17.4	100.0	100.0
一、工资性收入	3062	2447	25.2	42.2	39.6
二、家庭经营纯收入	1842	1908	−3.4	25.4	30.9
1.第一产业纯收入	1217	1449	−16.0	16.8	23.4
2.非农产业纯收入	625	459	36.2	8.6	7.4
A.第二产业纯收入	262	208	25.8	3.6	3.4
B.第三产业纯收入	363	251	44.9	5.0	4.1
三、非家庭经营纯收入	2347	1824	28.7	32.4	29.5
(一)财产性纯收入	85	66	29.6	1.2	1.1
(二)转移性纯收入	2261	1758	28.6	31.2	28.5
1.家庭住户成员寄回和带回收入	425	350	21.4	5.9	5.7
2.城市亲友赠送、赡养收入	115	113	1.1	1.6	1.8
3.农村亲友赠送、赡养收入	420	291	44.3	5.8	4.7
4.离退休金、养老金、养老保险收入	802	586	36.9	11.1	9.5
5.领取最低生活保障费	271	260	4.3	3.7	4.2
6.来自政府的其他补贴	161	79	103.5	2.2	1.3

(五)生活有所改善，但压力依然较大

2014 年，低收入农户生活消费支出 5826 元，比上年增长 6.6%。其中，食品消费支出 2490 元，增长 3.7%，居住消费支出(人均 760 元)、其他商品和服务消费(人均 112 元)支出，分别增长 29.1%和 51.9%。恩格尔系数(食品消费占生活消费的比重)为 42.7%,比上年(43.9%)下降 1.2 个百分点,生活有所改善。但低收入农户生活消费支出仍主要用于食品、居住、医疗(共占生活消费支出的 74.8%)等刚性消费,生活仍处于较低水平。特别是低收入农户医疗负担重,生活压力仍较大。2014 年,低收入农户用于医疗消费支出人均为 1110 元,增长 8.1%,占生活消费支出的 19.0%,占比比上年提高 0.2 个百分点。从调查样本看,有 13.2%的家庭医疗费用支出在 5000 元以上,比上年(12.3%)提高 0.9 个百分点,其中,有 5.5%的家庭医疗费用支出在 1 万元以上,这部分家庭的生活极端贫困,特别需要政府和社会各界的援助和关爱。

二、需要关注的问题

近年来,通过加大低收入农户扶贫开发力度,低收入农户收入得到普遍、快速增长,我省扶贫开发工作取得明显成效。2015 年是《低收入农户收入倍增计划(2013—2017 年)》实施的关键之年,为持续、有效促进低收入农户收入增长,需要重点关注以下问题:

(一)加大农业生产经营的扶持和投入,尽可能消除长远利民政策对增收的短期负效应

为了全面深化改革、倒逼转型升级、保障改善民生、实现可持续发展,省委、省政府做出了“五水共治”“三改一拆”“两美浙江”建设的战略部署,各地纷纷出台牲畜、家禽限养等一系列政策措施,深入开展旧住宅区、旧厂区、城中村改造和拆除违法建筑行动,这些政策举措利于当代、功在千秋,但短期会对家庭畜禽养殖、租赁等家庭经营收益有一定冲击。对此,各地应在实施环境整治和生态建设的同时,把握好农业产业经营转型升级机遇,加大扶持和投入,引导抱团经营、专业合作社等的经营模式,通过发展特色种植养殖业、引进来料加工业、开发旅游农家乐,以及适当补贴等方式,促进农村居民增收,从而提高低收入农户收入,以消除一些措施的短期负效应。

(二)增加财产性收入仍应成为扶贫开发的重要工作内容

2014 年,低收入农户人均财产性纯收入增长虽然较快(29.6%),但绝对量很小(85 元)、占比很低(1.2%),对增收贡献率仅 1.8%。因此,增加低收入农户财产性收入有较大的潜力,应成为扶贫开发的重要工作内容。一方面要以土地改革促生财,完善土地流转,提高征用土地标准,赋予市场主体地位,增加基于土地的财产性收入。另一方面要深化农村确权赋权改革,完善相关法律法规,慎重稳妥推进农民住房财产权抵押、担保和转让,扶持发展房东经济。

(三)要提高扶贫工作的精准性

“精准扶贫”就是要区别不同的扶贫对象,有针对性地实施分类帮扶。一

是要区别有劳动能力和技能低收入农户与缺乏劳动能力者，采取不同的帮扶措施。从调查样本看，2014 年低收入农户从业人员人数占低收入总人口的 49.0%，比上年(21.2%)提高 27.8 个百分点，工资性收入对人均纯收入增长的贡献率达 57.4%，对于这部分有工作能力的低收入农户要采取思想上扶志、技能上扶高、资金上扶持等针对性措施，以增强其“造血”功能。而对于缺乏劳动能力的低收入农户则应以“输血”为主，加大救济力度。二是区别特别贫困农户与较贫困农户，分析原因的基础上实施分类扶贫。扶贫统计监测数据显示，全省仍有近百万人口(占低收入农户 31.3%，人口 99.5 万人)的人均纯收入在 5500 元以下，其中超过半数(55.6 万人)的低收入农户人均纯收入在 4600 元以下，生活相当困难。对家庭人均纯收入 5500 元以上的低收入农户，应当增强其“造血”功能，重在治贫根。对于家庭人均纯收入 5500 元以下的低收入农户，则要治根与治标相结合，短期内重在治标，加大救济和保障力度，重点解决生活问题。

省地方统计调查局二产处　夏　菁

2014年浙江高新技术产业发展良好

2014年，全省上下深入实施“八八战略”和“创业富民、创新强省”总战略，加快创新型省份和科技强省建设，统筹推进“五水共治”“四换三名”“三改一拆”等重大举措，打好转型升级“组合拳”，高新技术产业发展情况良好，在经济发展新常态下充分发挥了科技对工业发展的支撑引领作用。

一、产销活跃，规模不断壮大

从生产情况来看，2014年，全省高新技术产业增加值4283亿元，比上年增长8.5%，增速比规模以上工业平均水平高1.6个百分点，拉动规模以上工业增长3.3个百分点，拉动作用明显。从运行情况来看，除12月外，各月增加值增速均高于规模以上工业平均水平。高新技术产业增加值占规模以上工业比重为34.1%，高于一季度的33.1%、上半年的33.7%和前三季度的33.8%，呈逐季提高的趋势，规模逐步扩大。高新技术产业总产值23099亿元，比上年增长8.0%，比规模以上工业平均增速高1.6个百分点。

从销售情况来看，2014年，全省高新技术产业销售产值22160亿元，比上年增长7.5%。其中，内销产值和出口交货值分别为17046亿和5114亿元，分别增长7.3%和7.8%，分别比规模以上工业平均增速高1.2和2.6个百分点。从季度数据来看，高新技术产业销售产值增速从一季度的5.6%，提高到上半年的6.0%和前三季度的7.0%，全年提高到7.5%，呈现出逐季加速的趋势。

二、提质增效，效益稳步增长

2014年，全省高新技术产业共有企业8882家，占规模以上工业企业数的23%。高新技术产业主营业务收入和利润总额分别为21154亿和1603亿元，比上年分别增长6.3%和7.6%，分别比规模以上工业平均增速高2.0和2.5个百分点；占规模以上工业企业比重分别为33.5%和45.2%，均远高于企业数所占比重。从运行情况来看，2014年，规模以上工业和高新技术产业的利润总额增速均经历了先升后降的变动趋势，但是高新技术产业利润总额增速波动幅度明显小于规上工业平均水平，更加稳定。

总资产贡献率、资本保值增值率、资产负债率、成本费用利润率、主营业务

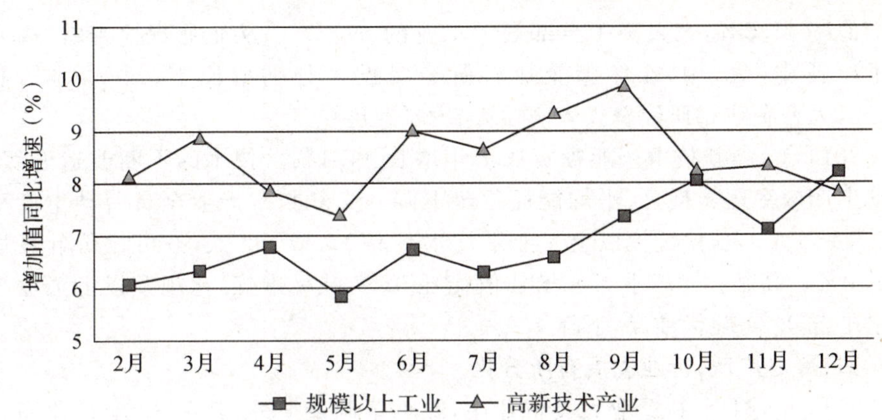

图 1　2014 年高新技术产业和规模以上工业各月增加值同比增速

利润率、亏损率、全员劳动生产率分别从不同角度反映了工业经济效益的不同侧面。2014 年，高新技术产业除总资产贡献率与规上工业平均水平基本持平外，其他指标均明显优于规上工业平均水平。

表 1　2014 年高新技术产业和规模以上工业经济效益情况

指标	高新技术产业	规模以上工业
总资产贡献率(%)	11.42	11.62
资本保值增值率(%)	111.70	109.35
资产负债率(%)	53.88	58.84
成本费用利润率(%)	8.11	5.95
主营业务利润率(%)	7.58	5.60
亏损率(%)	6.39	7.98
全员劳动生产率(万元/人)	19.07	18.03

三、加大投入，技术优势有所显现

2014 年，高新技术产业科技活动经费支出比上年增长 8.4%，比规模以上工业平均增速高 0.8 个百分点，占全部规模以上工业企业研发经费支出的 69.2%，是规上工业科研投入的主要力量。高新技术产业科研经费投入强度(科技活动经费支出总额与增加值的比值)为 13.6%，比规上工业平均水平高 6.9 个百分点。科研经费的大力投入，带来高新技术企业新产品增加、水平提升。2014 年，高新技术产业新产品产值 10892 亿元，比上年增长 15.8%；新产品产值率 47.2%，大大高于全部规上工业的 29.2%。从企业规模来看，高新技术企业中，大、中、小微型企业科研经费投入分别增长 15.3%，3.3%和 6.1%，大型企业科研经费投入规模大、增长速度快。

2014 年，高新技术产业投资比上年增长 11.1%。技术的不断改造升级，带动生产效率逐步提升、平均能耗逐步下降。高新技术产业全员劳动生产率达 19.1 万元/人，比规模以上工业平均水平高 1.1 万元/人，按可比价计算增长 9.0%。高新技术产业万元增加值能耗 0.57 吨标准煤，比规模以上工业平均水平低 0.24 吨标准煤，下降 4.9%。

四、覆盖广泛，行业发展有所分化

2014 年，31 个制造业大类行业中，除烟草制造业外，其余 30 个行业高新技术产业均有覆盖。[①] 高新技术产业目录所列十大行业中，“十中占九”，仅核燃料加工业未涉及。所涉及的九大行业中，设备、化学、计算机、电气机械、医药制造等五个行业总产值占高新技术产业总产值比重超 50%，行业集聚比较明显。医药、交通设备、非金属、电气等 4 个行业总产值、主营业务收入、利润总额的增速均高于高新技术产业平均水平，是高新技术产业的增长点和盈利点。而化学、设备和仪器仪表制造业则相对增长较慢。

表 2　2014 年高新技术产业分行业生产效益指标情况

行　业	工业总产值		主营业务收入		利润总额	
	绝对额（亿元）	增速（%）	绝对额（亿元）	增速（%）	绝对额（亿元）	增速（%）
高新技术产业	23099	8.0	21154	6.3	1603	7.6
食品制造业	124	−9.5	160	−3.5	24	23.6
化学原料及化学制品制造业	2922	6.6	2889	2.3	114	−19.2
医药制造业	1195	16.6	1095	9.5	130	20.2
非金属矿物制品业	405	12.9	380	9.7	30	23.0
设备制造业	3170	5.4	3018	4.1	243	5.1

① 根据省统计局、省科技厅联合发布的《关于印发〈浙江省高新技术产业统计分类目录〉的通知》规定，高新技术产业产值按修订目录的行业法加未纳入统计目录的规模以上工业高新技术企业产值进行统计。故而，高新技术产业除涉及目录规定的十大行业外，还包括其他高新技术企业所在的行业。

续 表

行 业	工业总产值		主营业务收入		利润总额	
	绝对额（亿元）	增速（%）	绝对额（亿元）	增速（%）	绝对额（亿元）	增速（%）
交通运输设备制造业	551	15.6	466	9.4	25	16.9
电气机械和器材制造业	1965	12.3	1876	10.9	102	19.0
计算机、通信设备制造业	2719	7.3	2692	10.1	255	11.5
仪器仪表制造业	666	6.0	619	4.4	62	4.9
其他行业	9382	7.5	7960	6.1	618	8.4

五、地区协调，各有特色共同发展

2014 年，全省 11 个地市中，高新技术产业均发展较快。湖州、嘉兴、绍兴和杭州等四个地区高新技术产业增加值增长速度均超 10%。除宁波和舟山外，其余九市高新技术产业增长均快于其规上工业平均水平，成为拉动各地经济增长的重要动力之一。从高新技术产业增加值占全部规上工业增加值比重来看，仅丽水和绍兴占比低于 30%，其余各市占比均在 30%—40%之间，地区发展较为均衡。

表 3 2014 年各市高新技术产业增加值及占比情况

地区	高新技术产业增加值		规模以上工业增加值		高新技术产业增加值占规模以上工业比重（%）
	绝对额（亿元）	增速（%）	绝对额（亿元）	增速（%）	
浙江省	4283	8.5	12543	6.9	34.1
杭州市	1097	10.5	2805	8.9	39.1
宁波市	881	6.9	2540	7.4	34.7
温州市	332	8.2	977	6.2	34.0
嘉兴市	508	11.7	1328	7.7	38.2
湖州市	243	12.4	701	9.2	34.7
绍兴市	407	10.9	1518	6.4	26.8
金华市	286	8.1	945	7.4	30.3
衢州市	126	7.6	363	6.5	34.6

续　表

地区	高新技术产业增加值		规模以上工业增加值		高新技术产业增加值占规模以上工业比重(%)
	绝对额(亿元)	增速(%)	绝对额(亿元)	增速(%)	
舟山市	124	7.9	317	12.3	39.1
台州市	316	9.1	831	6.3	38.0
丽水市	77	7.8	358	5.3	21.5

从各地区的行业发展情况来看，各市高新技术产业有其发展特色。2014年，高新技术产业中，杭州市医药制造业总产值占全省比重为27.4%，比上年增长34.7%，规模和增速居各市之首；宁波市设备制造业总产值占全省比重为20.5%，增长8.0%，比全省平均水平高2.6个百分点；电气机械制造业是温州市高新技术产业的主要支柱之一；嘉兴市食品、化学原料、非金属、设备、电气制造等行业均发展较好；湖州市非金属制品业规模大、增长快；绍兴市电气制造业总产值增速为全省最快；金华市交通运输设备制造业对全省交通运输制造业增长的贡献率达74.7%；衢州市和舟山市的化学原料制造业总产值均占其高新技术产业总产值的比重超一半，是其高新技术产业的支柱行业；台州市医药制造业和铁路船舶等交通设备制造业总产值分别居全省第二位和第一位；丽水市医药和电气机械制造业拉动其高新技术产业增长5.8个百分点，是其高新技术产业的核心增长点。

工业转型升级是大势所趋，创新驱动是新常态下经济发展的根本出路。扎实推进创新引领转型，大力推动我省高新技术产业发展，必须继续深入贯彻落实高新技术产业政策，加大和优化高新技术产业的研发和投资，为高新技术产业发展创造良好的政策环境和经济条件。这样才能走好科技创新的升级之路，为我省工业经济的增长提供更加充沛的动力，达到“稳增长”和“调结构”的新平衡。

工业处　郭慧敏

2014年浙江节能降耗成效明显

2014年，我省围绕“四换三名”工程，大力调整优化产业结构，加强企业技术改造，主动淘汰落后产能，严格限制高耗能、高污染行业发展，节能降耗成效明显。全年单位GDP能耗预计下降6%左右，超额完成年度节能目标，“十二五”前四年单位GDP能耗预计下降17.6%，为顺利完成“十二五”节能目标奠定坚实基础。

一、全社会节能成效明显

2014年，全社会能耗低速增长，能源利用效率明显提高，超额完成年度节能目标。

（一）全社会能耗低速增长，能源利用效率明显提高

初步测算，2014年全社会能耗保持低速、平稳增长态势，一季度、上半年、1—3季度和全年能耗同比分别增长0.8%，0.2%，0.1%和1.1%；能源利用效率明显提高，一季度、上半年、1—3季度和全年单位GDP能耗同比分别下降5.7%，6.5%，6.8%和6%左右，均为“十一五”以来较好水平。

（二）全社会用电低速增长，生活用电下降

得益于我省有力的节能降耗措施，全社会用电低速增长，一季度、上半年、1—3季度和全年全社会用电同比分别增长4.6%，3.6%，0.5%和1.5%。随着居民节电意识的提高，同时受较为凉爽的夏季天气影响，生活用电增速明显趋缓，从一季度和上半年的同比增长4.0%和5.7%转为1—3季度的同比下降6.5%，全年生活用电保持下降态势，下降4.3%。

二、工业节能态势良好

2014年，工业仍为我省节能主战场，能耗总量下降态势明显，单位增加值能耗降幅较大，节能成效显著。

（一）能耗总量下降

由于部分高耗能项目停产、检修，主要高耗能行业受市场需求及政策因素影响增长趋缓，工业用能得到有效控制，虽然四季度受上年能耗基数“前高后低”及部分地区新上高耗能项目投产等因素影响，能耗有所回升，但全年规模以上工业能耗总量仍呈下降态势，比上年下降0.2%，其中一季度、上半年和

1—3 季度规模以上工业能耗同比分别下降 1.6%,3.5%和 2.9%。八大高耗能行业中,石油加工业受镇海炼化部分乙烯生产线停产检修影响能耗下降 6.9%,电力、纺织和非金属矿物制品业受市场需求影响生产增长较为缓慢,能耗同比下降 2.4%,1.7%和 0.7%;化学原料、黑色金属冶炼、化学纤维和造纸业能耗也呈缓慢增长态势,分别增长 3.4%,3.1%,3.0%和 0.2%。

(二)能源利用效率显著提高

全年规模以上工业单位增加值能耗同比下降 6.7%,其中一季度、上半年和 1—3 季度单耗降幅分别为 7.3%,9.3%和 8.9%,均为“十二五”以来较好水平。38 个大类行业中,单耗降幅在 10%以上的有 6 个行业,5%—10%之间的有 27 个行业,仅 5 个行业单耗不降反升。

(三)高耗能行业节能成效明显

八大高耗能行业单位增加值能耗均有所下降,石油加工、非金属矿物制品和化学纤维单耗分别下降 15.6%,8.2%和 8.0%,降幅虽比 1—3 季度有所回落,但均超过工业平均水平,对工业节能贡献较为明显;纺织、造纸、化学原料、黑色金属冶炼和电力单耗分别下降 5.0%,3.4%,2.7%,1.7%和 1.4%。

(四)部分地区节能形势仍较严峻

大部分地区节能形势较好,丽水、金华、宁波、杭州和温州单位工业增加值能耗比上年分别下降 9.7%,9.5%,8.1%,7.9%和 7.3%,降幅高于全省平均水平。但个别地区节能形势仍较严峻,衢州、嘉兴和舟山单位工业增加值能耗分别仅下降 4.3%,3.5%和 0.3%,其中衢州和嘉兴“十二五”后两年单位 GDP 能耗需年均下降 4.3%和 3.8%才能完成目标,压力仍然较大。

三、节能成效明显的主要原因

2014 年,我省取得明显节能成效,主要得益于省委、省政府的一系列节能降耗举措,全省通过大力推进结构节能、积极实施技术节能、全面推进重点领域节能,以及加快推进高耗能项目“控新汰劣”工作等措施,合理控制全社会能耗总量,有效提升全社会能源利用效率。

(一)大力推进结构节能

近年来,我省着力实施产业结构优化升级战略,大力发展第三产业及制造业中的高新技术和装备制造等绿色产业,严格控制“两高”行业发展,成效明显。2014 年,三次产业中,单耗较低的第三产业增加值比上年增长 8.7%,比 GDP 增速高 1.1 个百分点,单耗较高的第二产业增加值增长 7.1%,比 GDP 增速低 0.5 个百分点。工业内部,能源利用效率较高的高新技术产业、装备制造业和战略性新兴产业增加值分别增长 8.5%,8.9%和 8.6%,增幅比规上工业平均水平分别高 1.6,2.0 和 1.7 个百分点;相反,能源利用效率相对较低的八大高耗能行业增加值增长 4.6%,比规模以上工业平均增速低 2.3 个百分点,八大高耗能行业增加值占比为 35.9%(可比价),比上年下降 0.7 个百分点,行业结构变化拉动规模以上工业单位增加值能耗下降约 0.4 个百分点。

(二)积极实施技术节能

技术节能是工业节能的主要推动力。2014 年,我省加快落实重点节能技术改造项目,积极推广应用余热余压利用、能量系统优化、富氧燃烧、变频等节能技术,效果明显,火力发电、水泥生产和造纸等主要高耗能产品单耗均有明显下降,八大高耗能行业单位增加值能耗呈普遍下降态势。

(三)加快推进高耗能项目"控新汰劣"工作

我省通过"源头控制"和"末端治理",一方面严控新上高耗能项目,另一方面通过检修、改造、搬迁或停产等方式加快落后产能的淘汰或升级。"源头控制"方面,进一步加强固定资产投资项目的节能评估与用能审查力度。2014 年前 9 个月,省级层面就完成项目用能评审 63 个,项目用能总量约 162 万吨标准煤。"末端治理"方面,通过企业整体关停、整体搬迁和部分淘汰等方式,全年共腾出用能约 187 万吨标准煤,特别是镇海炼化部分乙烯生产线的检修与华东铝业原铝生产线的关停,导致两企业能耗减少约 86 万吨标准煤,拉动全省规模以上工业能耗下降 0.8 个百分点。

(四)全面推进重点领域节能

除工业领域外,我省在建筑、交通、公共机构等领域全面推进节能降耗工作。一是积极推进既有建筑节能改造,全省累计实施既有公共建筑节能改造 106 项,建筑面积达 153 万平方米,完成既有居住建筑节能改造面积达 1197 万平方米。二是积极开展"车、船、路、港"千家企业低碳专项行动,继续开展绿色低碳循环交通示范项目创建活动。三是持续推进全省公共机构绿色照明、绿色数据中心、燃气灶具改造、零待机能耗节能改造。通过实施重点领域节能工程,交通、建筑与居民生活等领域均取得较为明显的节能成效。

(五)夏季相对凉爽天气有利于节能

夏季电力消费中,制冷用电约占全社会用电负荷的 25%左右,2014 年夏季天气比上年凉爽,7、8 两月月平均气温分别为 28.2 和 26.8 度,比上年同期偏低 2.1 和 3.1 度。生活用电受天气影响最为明显,全年生活用电同比下降 4.3%,其中 7、8 两月生活用电同比分别下降 13.8%和 18.4%。

四、2015 年节能形势判断

"十二五"前四年我省单位 GDP 能耗累计下降 17.6%,2015 年只要下降

0.4%就能完成“十二五”节能目标,压力相对较小,但仍存在一些不利因素。

一是能耗基数相对较低。2014 年,受市场需求和政策因素影响,主要高耗能行业生产趋缓,部分高耗能企业因生产线检修能耗有所下降,同时又受较为凉爽的夏季天气影响,制冷用能大幅削减。2014 年全社会能耗总量仅增长 1.1%,其中,规模以上工业用能不增反降,下降 0.2%,为 2005 年以来少有的情况,全社会用电仅增长 1.5%,增速为 2005 年以来最低。因此,2015 年所对应的上年能耗基数相对较低,一旦主要高耗能行业产能有所扩张或遭遇夏季高温天气,必然拉动能耗、电耗较快增长,给节能工作带来较大压力。

二是主要高耗能项目投产或扩产影响较大。宁波和嘉兴等地的石化产业近年来增长较快,给当地节能工作带来较大压力。2015 年,宁波的海越新材料、中金石化和万华化学等一批石化项目将投产或扩产,预计新增能耗 150 万吨左右,加大节能工作难度。

三是地区节能进展不平衡。“十二五”前四年,大部分地区节能形势较好,预计杭州、温州、湖州、绍兴、金华、舟山、台州和丽水单位 GDP 能耗累计降幅接近“十二五”节能目标值,这些地区节能压力相对较小,节能降耗工作的积极性和主动性难免有所下降,考虑到“十三五”的能耗基数问题,也会尽可能避免超额完成“十二五”节能目标。与之相反,宁波、嘉兴和衢州 2015 年节能压力仍相对较大,在节能形势较好的地区未超额完成目标的情况下,如果这些地区无法顺利完成“十二五”节能目标,势必影响全省总目标的完成。

所以,在“十二五”前四年较好的节能成绩面前,我们仍应进一步提高认识,扎实推进落实各项节能降耗政策措施,严控高耗能行业发展,确保“十二五”节能目标的顺利完成。

能源处　池　照

浙江消费者信心指数继续上扬
消费意愿变化值得关注

2014 年四季度，浙江消费者信心指数继续上扬，居民就业和收入信心攀升，消费意愿渐入“乐观”区间。

一、消费者信心指数继续上扬

四季度，全省消费者信心指数（CCI）为 112.93，比三季度上升 2.79 点，继续运行于“乐观”区间。其中，反映消费者对当前经济生活评价的消费者满意指数为 110.07，比三季度上升 3.65 点；反映消费者对未来经济生活预期的消费者预期指数为 114.83，比三季度上升 2.21 点。从近两年消费者信心指数走势来看（见图 1），四季度信心指数达到自 2013 年以来的最高点，总体保持稳中有升的运行态势。

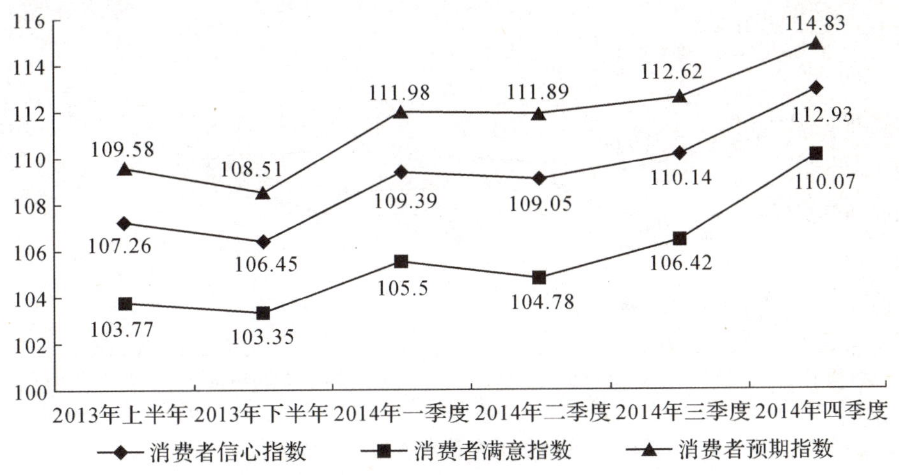

图 1 近两年全省消费者信心指数走势

11 个市的消费者信心指数全部运行于“乐观”区间。其中，台州、嘉兴、湖州、衢州和杭州市消费者信心指数相对较高，分别为 119.89，119.60，118.67，115.53 和 115.05，均高于 115 点位；舟山、温州、绍兴和金华市消费者信心指数相对较低，分别为 103.25，106.38，107.65 和 110.85，低于全省平均指数 112.93（详见图 2）。

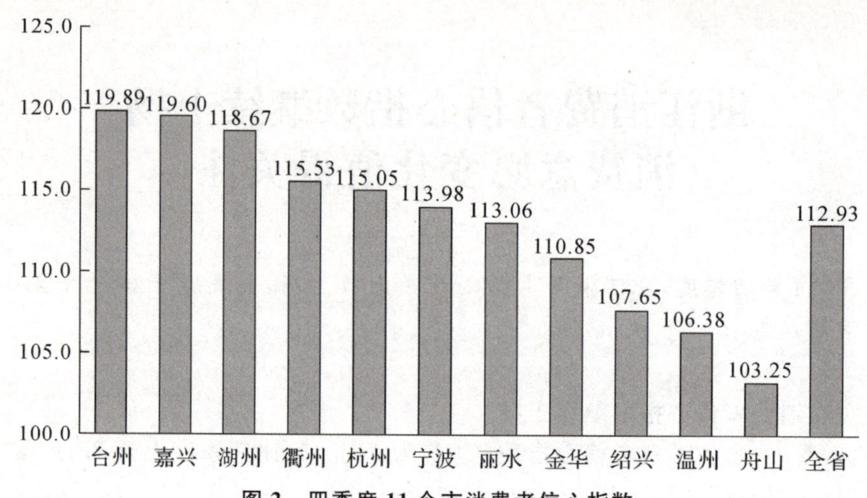

图 2　四季度 11 个市消费者信心指数

城乡消费者信心同步增长，农村消费者四季度信心指数为 113.63，比三季度上升 2.91 点；城市消费者四季度信心指数为 112.45，比三季度上升 2.71 点。从近两年城乡消费者信心指数走势来看，城市消费者信心指数波动对全省消费者信心指数的运行影响更大，2014 年三季度开始，城乡消费者信心总体趋同增长(见图 3)。

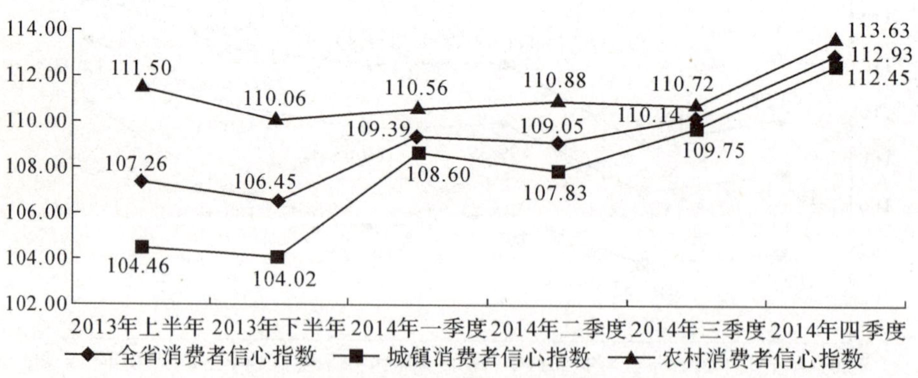

图 3　近两年城乡消费者信心指数走势

从各年龄段人群的消费者信心指数分布来看，主力消费年龄人群对经济环境的信心继续提升。其中，41—50 岁人群本季度消费者信心指数为 107.72，较上季度上升 5.60 点，回升最明显。此外，18—20 岁，21—30 岁和 51—60 岁人群的消费者信心指数分别为 125.81，111.69 和 114.91，比三季度分别上升 4.74，2.31 和 4.41 点，连续三个季度保持上升趋势。受到就业和收入双重压力影响，31—40 岁人群的消费者信心指数最低，为 105.96，比三季度小幅回落 0.13 点。61 岁以上人群的消费者信心指数最高，为 128.07，比三季度小幅回落 0.12 点(见图 4)。

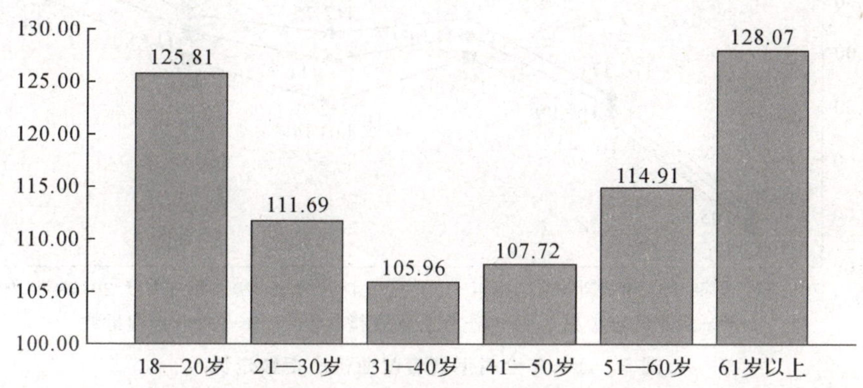

图 4 四季度各年龄段人群消费者信心指数

二、消费者信心指数上扬的动力因素

(一)就业形势总体乐观

四季度，消费者对就业形势的判断总体较为乐观，就业信心指数为 115.23，比三季度上升 2.43 点，运行于“乐观”区间。其中，就业满意指数为 114.01，比三季度上升 2.24 点；就业预期指数为 116.05，比三季度上升 2.56 点。

城镇消费者和全职人群的就业信心提升较快。城镇消费者就业信心指数为 114.51，比三季度提升 2.61 点；全职人群的就业信心指数为 114.09，比三季度提升 3.33 点。随着年关的到来，受访者对于年后就业预期普遍较为乐观，城镇地区和全职人群的就业压力相对减轻，总体就业形势继续保持平稳上扬态势。

(二)收入信心继续向好

2014 年，浙江城镇常住居民人均可支配收入 40393 元，比上年增长 8.9%，农村常住居民人均可支配收入 19373 元，增长 10.7%，消费者收入信心继续向好。四季度，消费者收入信心指数为 112.55，比三季度上升 2.16 点，继续延续上升态势，运行于“乐观”区间。其中，收入满意指数为 110.97，比三季度上升 2.60 点，收入预期指数为 113.61，比三季度上升 1.86 点。

农村消费者收入信心指数略高于城镇消费者。其中，农村消费者收入信心指数为 112.82，比三季度微幅上升 2.55 点；城镇消费者收入信心指数为 112.38，比三季度上升 1.90 点。

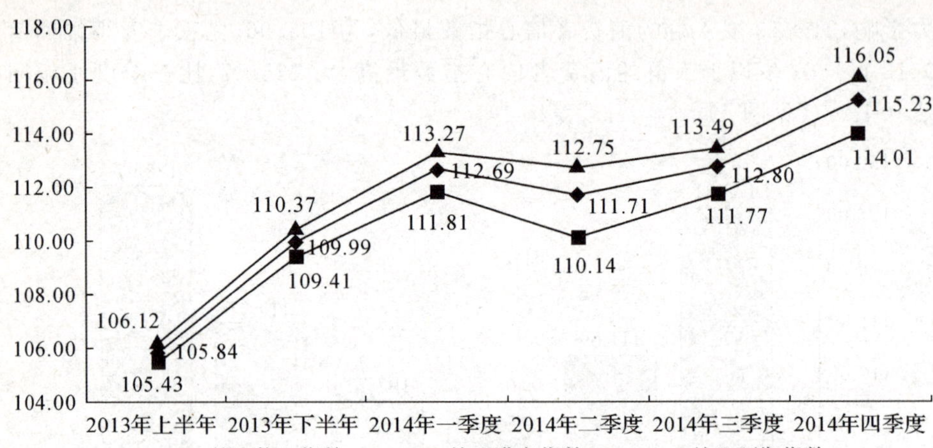

图 5　近一年全省消费者就业信心指数走势

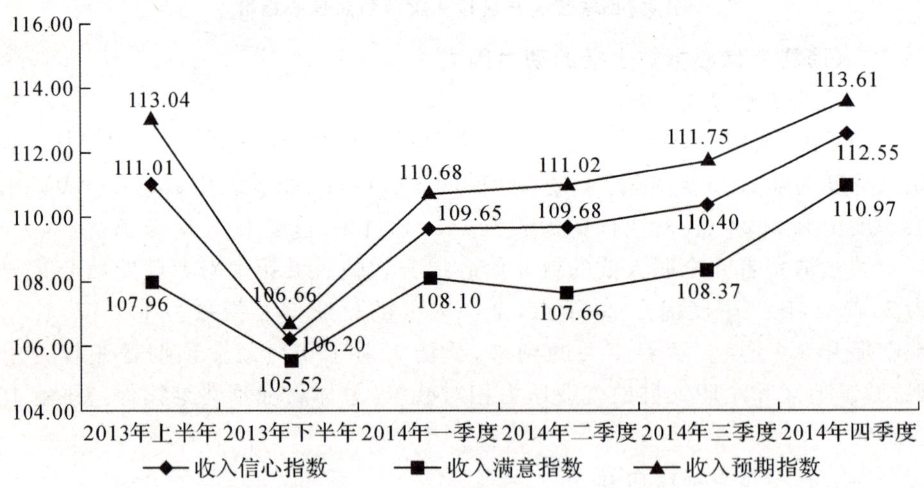

图 6　近一年全省消费者收入信心指数走势

（三）消费意愿明显回升

四季度，随着年末消费热潮的到来，全省消费意愿指数明显回升，达到 105.24，比三季度上升 6.13 点，自 2013 年来首次步入“乐观”区间。其中，认为当前购买所需物品的时机“非常好”和“比较好”的消费者占 49.30%，近半数的消费者表示“愿意消费”。

各年龄段人群的消费意愿均有不同程度的提升，其中，41—50 岁和 51—60 岁人群的消费意愿提升最大，比三季度分别提升 10.63 和 9.43 点。

农村消费者消费意愿略高于城镇消费者。其中，农村消费者四季度消费意愿指数为 105.80，比三季度上升 6.21 点，城镇消费者四季度消费意愿指数为 104.86，比三季度上升 6.06 点。

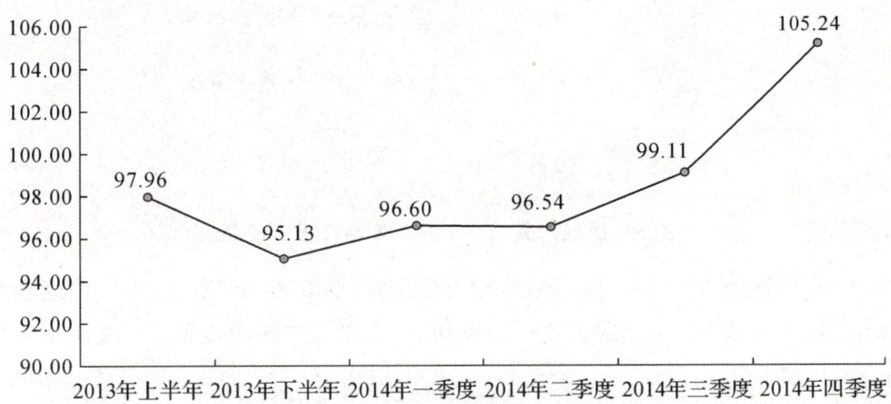

图 7 近一年全省消费者消费意愿指数走势

三、消费意愿变化值得关注

(一)通胀预期有所下降

四季度，对未来 6 个月总体物价水平持“上升”预期的消费者比例为 40.80%，持“基本不变”预期的比例为 44.84%，持“下降”预期的比例为 11.72%，另有 2.64%的消费者表示“不清楚”。其中，看涨未来 6 个月总体物价水平的消费者比例比三季度收窄 3.84 个百分点，通胀预期保持低位运行。

农村消费者对未来 6 个月总体物价水平持“上涨”预期的比例低于城市 3.83 个百分点，持“下降”预期的比例高于城市 1.80 个百分点，农村消费者的通胀预期低于城市消费者。

从各年龄段分析，18—20 岁、21—30 岁和 61 岁及以上的青年和老年群体持“上涨”预期的比例较高，分别为 45.4%，47.5%，43.6%，这也反映出不同群体对物价上涨的承受能力是不同的，收入增长跟不上物价上涨的青年和老年人对物价更敏感，通胀预期更强。

(二)消费日趋多元，投资意愿增强

浙江消费者的日常消费日趋多元，“物质与精神”消费齐头并进。调查显示，当满足了基本的生活开销后，消费者把剩余的钱花在“购买各类生活用品(如衣物、化妆品等)”上的比例最高，占到 58.14%，其次是“旅游度假”，占 37.88%，花在“外出就餐”“休闲娱乐(电影、游戏、书刊)”和“培训教育”上的消

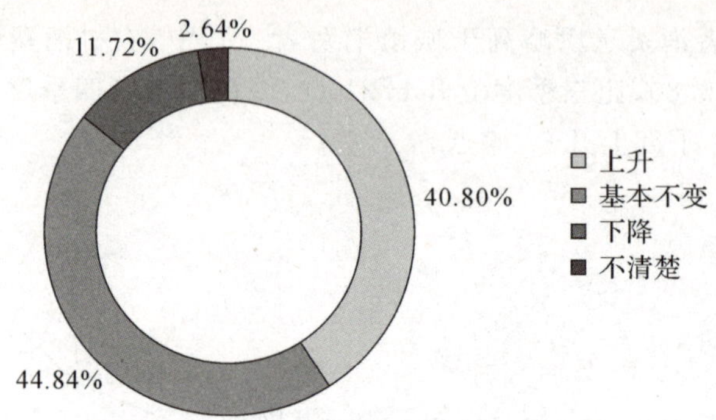

图 8　居民对未来 6 个月总体物价水平预期

费者比例分别为 37.20%,36.80%和 32.86%,而花在“投资理财”和“偿还贷款/信用卡/借款”上的分别占 39.10%和 27.78%。“旅游度假”已成消费者的第二大日常开销。

家庭储蓄意愿有所下降,但仍保持较高比例,投资意愿明显增强。四季度,消费者选择“储蓄/存款”为主的家庭投资理财渠道的比例为 53.06%,比三季度下降 4.32 点。选择“保险”“股票/基金/理财产品”和“房产”的比例分别为 31.64%,26.12%和 16.86%,较三季度分别上升 3.20,7.02,1.14 个百分点,这也反映出,随着金融投资市场的回暖,居民投资意愿较为强劲,居民理财观念开始增强。

在未来 6 个月的家庭储蓄方面,表示“持平”的消费者比例为 50.04%,表示“大幅增加”和“小幅增加”的比例为 2.48%和 25.20%,表示“小幅减少”和“大幅减少”的比例为 12.28%和 5.66%。总体上看,尽管四季度消费者信心指数向好,但城乡居民仍热衷于储蓄等收益较为稳定的投资组合。

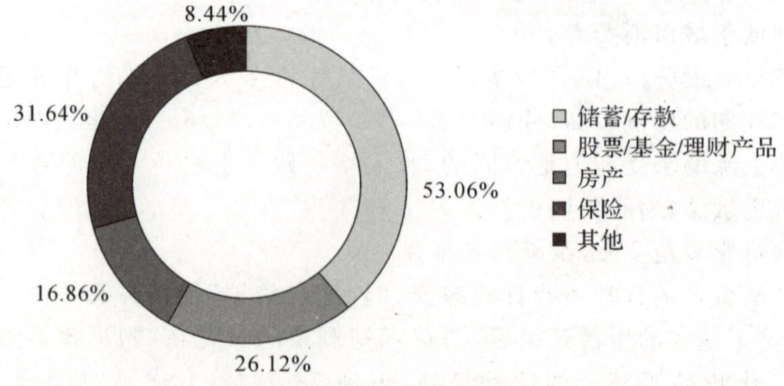

图 9　四季度消费者投资结构比例

（三）房地产市场消费将进入“慢车道”

一方面，当前以及未来房地产的政策空间已经比较有限，更进一步的信贷支持难度较大；另一方面，随着各项支持首次购房和改善性购房政策的落地，市场观望情况将减少，房地产销售规模有望平稳增长，但销量回升并不等同于价格回升，全省主要城市房价仍处于“下行通道”。

消费者对房地产市场的观望情绪浓厚。认为取消限购后，购买房产时机“非常好”或者“比较好”的消费者仅占38.58％，其中，选择时机“非常好”的消费者占3.90％，选择时机“比较好”的消费者占34.68％；认为购买房产时机“不太好”或者“很不好”的消费者比例高达50.66％，其中，选择时机“不太好”的消费者占42.50％，选择时机“很不好”的消费者占8.16％；另有10.76％的消费者表示“不清楚”。

未来6个月，在消费者购买房产或购车计划方面，10.70％的消费者表示“打算购买房产”，14.18％的消费者表示“打算购买汽车”，还有79.52％的消费者无“购房购车”的计划。对未来购房时机的判断源于对政策效果的期待和楼市走向的不确定性，由于现阶段房价没有出现明显松动，调控没有达到大多数消费者的预期目标，降低了消费者的购买愿望和购买预期。同时消费者也认识到，调控效果的显现是一个长期过程，以上诸多因素促使消费者还是不看好当前购买房产的时机，房地产市场进入“慢车道”或将成常态。

民调中心　周　敏

专题研究

浙江省经济转型升级主要指标分析

改革开放以来至国际金融危机爆发前，除个别年份外，浙江经济均持续保持2位数的绝对高速增长。2009—2013年年均增速下降至9.2%，低于1979—2013年12.6%的年均增速，也低于新世纪以来11.5%的平均增速。2010年后，经济增速进一步趋缓，2011—2013年年均增速为8.4%，2014年前三季度经济增速仅为7.4%。而前期经济快速发展中的各种矛盾长期积累后逐步呈现出来，如发展不平衡、不协调，要素利用效率低下，过度依赖外部需求，产业结构层次不高，空间布局不够合理等。

当前，浙江经济发展正处于向速度中高速和质量中高端迈进阶段。省委省政府充分尊重经济发展规律，客观看待经济增长速度的回落，顺应经济发展的外部环境与内部条件的趋势性变化，积极采取措施稳增长的同时继续加快经济发展方式转变的步伐。实施“四大国家战略举措”，开展“五水共治”“三改一拆”“四换三名”“四边三化”和“双清”行动，扩大有效投资，引导浙商回归，积极推进“个转企、小上规、规改股、股上市”工作，全方位形成倒逼机制，腾笼换鸟、优化资源配置，针对薄弱环节精准发力，促使经济发展稳步进入新的运行常态，逐步打造浙江经济升级版。

一、转型升级的主要内涵及转型升级指标的确定

所谓经济转型升级主要指经济体制转型和经济结构转型，转变和转型的方向是要实现一个优于当前经济发展状态的新的经济运行常态。经济体制的转型指标难以设计也无法取数，但可以在经济结构转型升级的成效中体现。而经济结构的转型升级需要通过经济增长方式的转变来实现，即由主要依靠投资、出口拉动向依靠消费、投资、出口协调拉动转变；由主要依靠第二产业带动向依靠第一、第二、第三产业协同带动转变；由主要依靠增加物质资源消耗向主要依靠科技进步、劳动者素质提高、管理创新转变。

我们紧紧围绕经济增长方式的三个转变带来的需求结构、产业结构、要素投入结构的转型，在国家统计局《反映经济转型升级综合统计制度》13个核心指标的基础上，增加了资源集约利用率和环境质量指数两个核心指标，分别为服务业增加值占GDP比重、居民消费率、城镇化质量系数、高新技术制造业增

加值占规上工业增加值比重、文化及相关产业增加值占 GDP 比重、税收占 GDP 比重、GDP 与固定资产投资之比、全社会劳动生产率、规模以上工业企业总资产贡献率、R&D(研究与试验发展)经费与 GDP 之比、每万名就业人员 R&D 人员全时当量、资源集约利用率、主要污染物排放总量降低率、环境质量指数、居民人均可支配收入与人均 GDP 之比,共 15 项。通过 15 项指标的逐项分析简单勾勒出浙江经济转型升级的"形"。同时,转型升级是一项长期工程,受政策调整或其他因素影响,年度间的指标波动都是正常的,我们通过相对较长一段时间的数据比较来反映浙江经济转型升级的"势",分析经济转型升级成效及存在的问题。

二、三大结构转型升级主要指标分析

按照指标性质和主要含义,把 15 个核心指标,简单地归纳为需求结构转型升级、产业结构转型升级、要素结构转型升级,具体分析如下。

(一)需求结构转型升级

1. 消费、投资需求结构。随着扩大内需的政策不断出台和实施,最终消费特别是居民消费对经济的拉动作用在加大,浙江最终消费率及居民消费率在全国的相对位次逐年前移。2012 年,浙江最终消费率为 47.6%(2013 年经济普查原因,无法计算居民消费率),居全国第 17 位,其中,居民消费率为 36.0%,居全国第 10 位,比 2005 年提高 1.4 个百分点。投资率整体有所下降。2013 年为 44.6%,比 2005 年低 3.5 个百分点,这是消费、投资结构调整的积极变化。与发达国家 80%以上的消费率相比,浙江"低消费、高储蓄"的特征还是相对明显。由于地级市没有支出法核算的 GDP 构成数据,我们用住户调查得到的城乡居民人均收入与常住人口数据估算来大致了解各市居民消费率的相对水平。2013 年,居民消费率最高的是温州(48.2%),最低的是宁波(23.0%),两者相差 1 倍多。

2. 收入分配结构。税收是地方财政收入的主要来源,是政府创造需求的重要资金支撑。2013 年,浙江一般公共预算收入为 3797 亿元,2006—2013 年年均增长 17.2%,高于经济增长速度。税收收入(包括上缴国家部分,不含海关代征税)为 6657 亿元,相当于 GDP 的 17.7%,比 2005 年提高 2.6 个百分点,但比上年略有下降,低于全国的 19.4%。若含海关代征税,2013 年浙江税收占 GDP 比重为 21.5%,比 2005 年提高 3.2 个百分点。从各市情况看,税收占 GDP 比重(包括上缴国家部分,不含海关代征税)最高的是宁波市(22.3%),最低的是衢州市(10.6%),两者相差 1 倍多。

居民收入的提高是扩大需求、影响消费结构转型升级的关键因素。浙江省“十二五”规划要求城镇居民人均可支配收入、农村居民人均纯收入实际增速高于GDP增长速度。2013年，浙江城镇居民人均可支配收入37851元，农村居民人均纯收入16106元，实际分别增长7.1%和8.1%，均低于GDP8.2%的增速。按城市化率折算，居民人均可支配收入相当于人均GDP的43.9%，居全国第10位。虽然自2010年以来，居民收入的含金量有所提高，但仍略低于2005年44.6%的水平。政府、企业、居民三者之间不均衡的利益分配格局短时间内没有真正转变，城乡居民差距进一步缩小难度较大，扩大内需的源头动力仍显不足。从各市情况看，居民人均可支配收入与人均GDP之比最高的是温州市(70.4%)，最低的是杭州市(36.2%)，两者相差近1倍。

3.城镇化进程。户籍制度的存在形成了我国城乡二元发展的格局，加快推进城乡统筹发展，促进农村向城市的集聚，是扩大内需的主要推动力。2013年，浙江居住在城镇的常住居民占全部常住人口的比重已达64%，居全国第7位，省区第4位，比2005年提高7.98个百分点。城镇化规模持续扩大的同时，城镇化的质量即人的真正城镇化推进较为缓慢。2013年，浙江城镇化质量系数为50.0%，仅比2005年提高0.9个百分点，且2010年后基本保持在50%左右。从各市情况看，位于浙东北的杭嘉湖平原地区整体城镇化质量较高，而地貌结构以山区为主的温州、台州、丽水等市城镇化质量偏低。11个市中有6个市高于全省平均水平，最高的是嘉兴市(80.6%)，最低的是温州市(31.4%)，两者相差1.6倍。

(二)产业结构转型升级

1.三次产业结构。浙江服务业发展较为迅速，服务业在国民经济发展中的比重逐年提高。2013年，服务业增加值为17337亿元，占GDP的46.1%，居全国第8位，比2005年提高6.2个百分点。服务业增加值比重与工业增加值比重差距逐年缩小，国民经济结构正向“三、二、一”格局转变。但与发达国家80%左右的平均三产比重水平相比，服务业发展还有很大提升空间。从各市情况看，服务业增加值比重高于全省平均水平的有杭州、温州和金华市，其余8个市均低于全省平均水平，服务业增加值比重最高的是杭州市(52.9%)，最低的是衢州市(39.5%)，两者相差13.4个百分点。

2.重点产业结构调整。在“创新强省”战略指导下，特别是“八倍增，两提高”专项计划实施以来，浙江高新技术产业制造业有了较快发展。按照浙江省最新的高新技术行业分类办法统计，2013年，高新技术产业制造业增加值占规模以上工业的比重为34.4%(新口径数据，与往年不可比)。2012年，全省高新技术产业制造业增加值比重为24.4%，比2005年提高4.1个百分点。从各市情况看，比重高于全省平均水平的有 7 个市，最高的是杭州市(40.3%)，最低的是丽水市(22.4%)，两者相差 17.9 个百分点。与全国水平及沿海发达地区相比，浙江高新技术产业制造业增加值占国民经济的比重还是相对较低，高新技术产业基地对区域经济的支撑性作用仍然不足，对周边传统产业的辐射效应也明显不够，尚未形成整体共赢的产业循环链。

文化产业作为国民经济的新增长点，在促进文化市场发展、增强经济软实力，以及促进结构调整、转变经济发展方式中发挥着越来越大的作用。2012 年，浙江文化及相关产业实现增加值 1582 亿元，占 GDP 的 4.56%，居全国第 7 位，2013 年增加值比重初步估计为 5.0%。一般来说，文化产业要成为国民经济的支柱产业，其比重至少需达到 5%以上。因此，文化产业还需要进一步努力做大做强。从各市情况看，文化及相关产业发展地区差距明显，产业集中度较高，杭州市文化及相关产业实现增加值达 484 亿元，占全省总量的 30%以上，杭州、宁波和金华 3 市增加值合计占全省近 60%。因此，从各市比重上看，高于全省平均水平的仅有杭州、金华 2 个市，最高的是杭州市(6.20%)，最低的是丽水市(3.57%)，两者相差 2.63 个百分点。

(三)要素结构转型升级

1.科技研发投入力度。创新是经济结构调整优化的决定性因素，在经济转型升级中发挥着重要的支撑和引领作用，科技创新有利于推动产业结构优化升级，改造提升传统产业，加强能源资源节约利用，提高可持续发展能力。浙江在科技研发方面投入了大量的资金和人力资源，科技创新能力有较大提升。2013 年，全社会 R&D 经费投入 817 亿元，居全国第 5 位，相当于 GDP 的 2.18%，居全国第 6 位，比 2005 年提高 0.96 个百分点。投入到 R&D 研究中的人力资源数成倍增长，2013 年全省每万就业人员 R&D 人员折合全时当量为 83.87 人年，是 2005 年的 3.2 倍。全省的科研投入主要集中在杭州和宁波两市，两市合计 R&D 经费投入占全省的 49.7%，合计 R&D 人员折合全时当量占全省的 48.9%。从各市情况看，R&D 经费占 GDP 比重超过全省平均水平的有 4 个市，最高的是杭州市(2.98%)，最低的是丽水市(1.13%)，两者相差 1.85 个百分点。每万就业人员 R&D 人员折合全时当量超过全省平均水平的只有杭州和宁波两市，最高的宁波市(139.9 人年)与最低的丽水市(28.55 人年)相差 3.9 倍。

2.劳动力、资本要素产出效率。近几年，劳动力、资本要素产出效率有所提高。2013 年，全省劳动生产率为 10.2 万元/人，高于全国 7.4 万元/人的平均水平，比 2005 年提高 1.4 倍。规模以上工业企业总资产贡献率为 11.45%，比 2005 年提高 0.53 个百分点。从各市情况看，全社会劳动生产率高于全省水平的有 4 个市，最高的是宁波市(14.2 万元/人)，最低的是温州市(7.0 万元/人)，两者相差 1 倍多。规模以上工业企业总资产贡献率各市差距更为明显，高于全省平均水平的有 5 个市，最高的是丽水市(18.04%)，最低的是舟山市(3.2%)，两者相差 4.6 倍。从固定资产投入与国民经济产出的关系看，产出效益呈现出下降趋势，形势并不乐观。2013 年，全省每百元固定资产投资产出的 GDP 为 186 元，居全国第 4 位，比 2005 年下降 33 元。从各市情况看，GDP 与固定资产投资之比最高的是金华市(217 元)，最低的是舟山市(124 元)，两者相差 0.75 倍。对于经济规模总量较小的地区而言，该指标的波动性则愈加明显。

3.资源要素利用水平。浙江资源集约利用水平逐步提高，处于全国先进行列。2013 年，万元 GDP 能耗为 0.53 吨标准煤，居全国第 3 位，比上年下降 3.7%。“十二五”万元 GDP 能耗累计下降约为 12.35%，完成“十二五”目标的 66.43%。万元 GDP 用水量为 63.7 立方米，仅是全国平均用水量的一半左右，比 2010 年下降 19.8%。2012 年数据显示，浙江万元 GDP 用水量居全国第 4 位。2013 年，单位建设用地 GDP 为 19.0 万元/亩(2010 价计算)，比上年提高 5.6%。从各市的情况看，万元 GDP 能耗最低的是台州市(0.41 吨标准煤)，万元 GDP 用水量最少的是舟山市(17.3 立方米)，单位建设用地 GDP 最高的是宁波市(24.2 万元/亩)。衢州市整体资源集约综合利用水平相对较低，万元 GDP 能耗、万元 GDP 用水量均为全省最高，分别是全省平均水平的 2.3 和 2.2 倍，而单位建设用地产出的生产总值仅为全省水平的一半。

主要污染物排放削减工作较好完成年度进度要求。废水中，化学需氧量(COD)排放量 75.51 万吨，比上年下降 3.95%；氨氮排放量 10.75 万吨，比上年下降 4.26%。废气中，二氧化硫排放量为 59.34 万吨，比上年下降 5.18%；氮氧化物排放量 75.30 万吨，比上年下降 6.90%。污染物排放削减下降速度均超过全国水平(2.9%，3.1%，3.5%和 4.7%)，三年累计削减分别完成“十二五”目标的 84.5%，67.6%，99.2%和 65.1%。各市均完成年度确定的减排目标，个别地市部分指标已经提前超额完成“十二五”任务。

整体生态环境质量稳定，且处于全国先进行列。2013 年，全省环境质量指数为 79.7 分。全省设区市城市空气质量达标天数平均比例(AQI 指数≤100)为 68.4%，其中，舟山市各项污染物年均浓度达到国家最新标准，是全国三个达标城市之一。区域水环境水质达标率为 63.8%，交接断面水质达标率为 63.6%，饮用水源地水质达标率 63.1%，区域环境噪声 55.7 分贝。从各市情况看，整体环境质量最好的是丽水市(99.5分)，相对较差的是受水环境质量影响较大的嘉兴市(44.7分)。嘉兴市水环境质量相当严峻，其中区域水环境、交接断面水质、饮用水源地水质达标率分别仅为0%、10.7%和1.4%。

三、值得关注的问题

需求结构、产业结构、要素结构调整三者并不简单孤立，而是相互影响、相互作用，共同推进经济转型升级。消费需求规模的扩大和消费产品的升级会影响相关消费产品和服务行业的生产和供给，从而影响产业结构的变化；产业结构的优化升级、行业整体效益的提高，会直接或间接增加居民收入，反过来又会影响消费和投资的比例关系。要素投入结构的转变，特别是科技创新将发挥催化剂的作用，在转型升级的各个环节发挥作用，加快升级速度。综合以上各项数据分析，我们认为在当前转型升级过程中以下几个方面需要更多关注：

(一)投资的有效性问题

浙江努力转变投资结构，将投资引导到具有更高效益、更大潜能的行业或产业中，但投资效果目前还未显现。

首先是投资投向结构的有效性。虽然第三产业投资比重在提升，二、三产业投资结构在优化，但是三产投资主要集中于房地产业，2013年房地产投资占第三产业投资的48.1%。工业投资增速基本低于房地产业，工业投资占投资总额的比重在继续下降，从2010年的40.6%下降至2013年的34.8%，而房地产投资比重从2010年的26.4%上升至2013年的30.5%。2010年房地产投资增速(34.4%)甚至达到了工业投资(9.3%)的3.7倍。工业投资既可以增加当期相关产品需求，又可以提升远期产品供给能力。而房地产投资对经济的拉动主要体现在对当期需求的影响上，且这些需求拉动的未必都是本地经济的发展。因此，保持工业领域新增投资一定速度的增长是保持工业经济发展后劲的重要动力，对于促进工业平稳健康发展甚至拉动长期经济的发展是十分必要的。

其次是投资产出的有效性。每百元固定资产投资产出的GDP虽然在全国排位靠前，但已表现出下降的趋势。规模以上工业企业总资产贡献率则长期低于全国平均水平，在全国排位一直靠后，2013年居全国第25位，与浙江经济大省地位极不相符。分行业看，2013年总资产贡献率超过行业平均水平(11.45%)的15个行业，其资产总和仅占全省的23.0%。也就是说规模以上工业企业所有存量资本中只有不到1/4的资金是高效率的投资。从企业类型看，总资产贡献率水平较高的国有企业资产总额比重偏小，仅占全省规模以上工业企业资产总额的15.0%，而总资产贡献率偏低的数量众多的私营企业资产总额占37.0%。

(二)研发投入转化为产出效益的问题

浙江研发投入强度与要素投入产出效益匹配性较差，研发成果的转化和应用能力相对较弱。虽然从相对位次上看，浙江R&D经费投入强度与经济水平基本匹配，但与先进省市的绝对差距较大。2013年，浙江R&D经费投入强度分别低于北京、上海、天津3.9,1.42和0.8个百分点。研发的成果没有很好转化为经济发展效益。劳动投入产出效益和资本投入产出效益指标从全国横向比较来看均不高。民营企业是浙江R&D经费投入的重要对象。这些企业虽然有投入创新的愿望和动机，但是研发的能力相对较弱，抵御风险能力较差，研发的质量和成功率不高。因而，已有研发成果的转化和规模化应用需加快实现。针对创新研发和成果应用中的薄弱环节精准施策，推进技术市场的良性发展，更好地将理论研究与实践应用相衔接，减少企业研发成本和研发周期，加快产业化市场环境建设，使科技创新真正发挥引领作用。

(三)城镇化规模与城镇化质量不匹配

浙江城镇化率已达到较高水平，但城镇化质量系数却较低，城镇化规模与城镇化质量不匹配。国际经验表明，当一个地区人口城市化水平达到70%左右时，城市化进程将进入相对稳定阶段，甚至可能出现逆城市化的发展特征，浙江基本接近于这个阶段。因而，城镇化发展质量更应引起我们的关注。第六次人口普查资料显示，浙江是仅次于广东的全国第二个外来人口超千万人的省份。外来人口并不简单均衡分布，为了增加工作机会，外来常住人口基本常居住于大城市、城区或中心镇，这在无形中提高了这些地区的城镇化率水平。从11个市的城镇化质量系数也可以发现，平原地区外来人口分布相对更均衡，城镇化质量系数较高，而山区外来人口更容易集中于城市和城镇，城镇化质量系数相对较低。省内农民向城镇集中转移的过程则比外省流入人口更加容易。实现人的城镇化，即进城的外来人口(包括省内农村转移人口)真正落地，推动农民工市民化，增加收入，解决教育、医疗、养老等一系列保障问题，享受本地市民同等的公共服务，才能使城镇化释放出巨大的消费需求，成为内需增长的强劲动力。

附录

附表1 浙江省反映经济转型升级核心指标数据

	指标名称		2005年	2010年	2011年	2012年	2013年
1	服务业增加值占GDP比重(%)		39.9	43.5	43.9	45.2	46.1
2	居民消费率(%)		34.6	35.3	36.0	36.0	—
3	城镇化质量系数(%)		49.1	50.1	50.4	50.2	50.0
4	高新技术制造业增加值占规上工业增加值比重(%)		20.3	22.6	23.5	24.4	34.4
5	文化及相关产业增加值占GDP比重(%)		3.30	3.80	3.99	4.56	—
6	税收占GDP比重(%)		18.3	20.3	21.2	22.1	21.5
7	GDP与固定资产投资之比(%)		219	242	230	203	186
8	全社会劳动生产率(元/人)		42778	75846	87759	93912	101536
9	规模以上工业企业总资产贡献率(%)		10.92	12.21	12.44	11.32	11.45
10	R&D(研究与试验发展)经费与GDP之比(%)		1.22	1.78	1.90	2.08	2.18
11	每万名就业人员R&D人员全时当量(人年/万人)		26.29	61.84	71.93	75.52	84.05
12	资源集约利用率(2010价计算)	万元GDP能耗(吨标准煤)	—	0.61	0.59	0.55	0.53
		万元GDP用水量(立方米)	—	79.4	73.5	68.1	63.7
		单位建设用地GDP(万元/亩)	—	—	—	17.7	19.0

续 表

	指标名称		2005 年	2010 年	2011 年	2012 年	2013 年
13	主要污染物排放总量降低率	化学需氧量(%)	—	—	2.81	3.92	3.95
		二氧化硫(%)	—	—	3.15	5.48	5.18
		氮氧化物(%)	—	—	—	5.86	6.90
		氨氮(%)	—	—	2.55	2.73	4.26
14	环境质量指数(分)		—	82.4	88.0	85.8	79.7
15	居民人均可支配收入与人均 GDP 之比(%)		44.6	41.0	40.9	42.9	43.9

注:1. 2013 年高新技术制造业增加值占规上工业增加值比重数据口径有调整,与往年不可比。2005—2012 年为年底快报数。

2. 2012 年、2013 年环境质量指数测算中具体监测项目均有调整,与往年不可比。

3. 居民人均可支配收入采用城镇居民人均可支配收入与农村人均纯收入按照城市化率加权计算。

附表 2　2013 年全省及各市反映经济转型升级核心指标数据

	1. 服务业增加值占 GDP 比重(%)		2. 居民消费率(%)		3. 城镇化质量系数(%)		4. 高新技术制造业增加值占规上工业增加值比重(%)		5. 文化及相关产业增加值占 GDP 比重(%)(2012 年)		6. 税收占 GDP 比重(%)		7. GDP 与固定资产投资之比(%)		8. 全社会劳动生产率(元/人)		9. 规模以上工业企业总资产贡献率(%)		10. R&D(研究与试验发展)经费与 GDP 之比(%)	
	绝对值	位次	绝对值	位次	绝对值	位次	绝对值	位次	绝对值	位次	绝对值	位次	绝对值	位次	绝对值	位次	绝对值	位次	绝对值	位次
全省	46.1		27.9		50.0		34.43		4.56		17.7		186		101536		11.45		2.18	
杭州市	52.9	1	23.5	10	74.4	2	40.29	1	6.20	1	20.4	2	196	5	128863	2	12.69	4	2.98	1
宁波市	43.6	6	23.0	11	52.9	6	36.07	5	4.16	3	22.3	1	208	3	141877	1	12.72	3	2.21	4
温州市	46.8	2	48.2	1	31.4	11	34.58	7	3.75	7	13.4	7	153	10	69521	11	10.59	7	1.45	8
嘉兴市	40.2	9	29.2	5	80.6	1	33.57	8	4.11	4	16.0	3	165	8	96135	6	9.94	10	2.49	2
湖州市	40.2	9	28.7	6	63.2	3	35.58	6	3.60	10	14.5	4	168	7	99837	5	13.56	2	2.42	3
绍兴市	42.1	7	24.6	8	59.5	4	26.85	10	3.68	8	12.2	9	198	4	115280	4	11.09	6	2.09	5
金华市	46.4	3	33.7	2	37.0	8	31.34	9	6.01	2	13.4	7	217	1	85918	7	10.58	8	1.71	6
衢州市	39.5	11	24.5	9	45.1	7	36.32	4	3.62	9	10.6	11	158	9	79159	9	11.96	5	1.19	10
舟山市	45.5	4	25.1	7	58.6	5	37.86	3	3.80	6	13.6	6	124	11	127908	3	3.2	11	1.42	9
台州市	45.2	5	33.7	2	31.5	10	39.57	2	3.98	5	13.7	5	209	2	80196	8	10.18	9	1.63	7
丽水市	40.8	8	30.2	4	31.8	9	22.42	11	3.57	11	11.8	10	172	6	70404	10	18.04	1	1.13	11

续 表

	11. 每万名就业人员 R&D 人员折合全时当量（人年）		12. 资源集约利用率						13. 主要污染物排放总量降低率								14. 环境质量指数（分）		15. 居民人均可支配收入与人均 GDP 之比（%）	
			万元 GDP 能耗（吨标准煤）		万元 GDP 用水量（立方米）		单位建设用地 GDP（万元/亩）		COD 排放削减率（%）		SO_2 排放削减率（%）		氮氧化物排放削减率（%）		氨氮排放削减率（%）					
	绝对值	位次	绝对值	位次	绝对值	位次	绝对值	位次	绝对值	位次	绝对值	位次	绝对值	位次	绝对值	位次	绝对值	位次	绝对值	位次
全省	83.87		0.53		63.7		19.0		3.95		5.18		6.90		4.26		79.7		43.9	
杭州市	125.47	2	0.52	3	75.0	8	22.2	3	3.52	5	4.80	5	6.58	6	3.83	4	80.1	7	36.2	11
宁波市	139.90	1	0.56	5	33.7	2	24.2	1	4.03	2	6.87	1	8.40	3	3.54	6	66.7	10	37.9	10
温州市	54.64	8	0.47	2	62.0	4	22.9	2	3.01	10	5.75	3	9.08	1	4.89	1	83.3	5	70.4	1
嘉兴市	80.88	4	0.62	8	67.0	7	18.1	5	3.54	4	4.69	6	8.47	2	3.59	5	44.7	11	45	5
湖州市	71.54	5	0.70	10	104.7	10	12.6	9	3.26	7	4.11	8	5.54	7	2.85	8	83.8	4	46.3	4
绍兴市	81.40	3	0.63	9	57.4	3	21.4	4	3.69	3	5.79	2	7.40	4	4.47	2	77.7	8	40.3	7
金华市	54.69	7	0.57	6	66.9	6	14.6	8	3.13	8	5.30	4	6.98	5	2.80	10	74.7	9	51.7	3
衢州市	33.83	10	1.22	11	141.4	11	9.5	11	3.41	6	4.00	10	4.00	8	2.85	8	97.0	2	40.2	8
舟山市	48.41	9	0.60	7	17.3	1	17.4	7	2.01	11	0.61	11	1.29	10	2.15	11	92.5	3	39	9
台州市	61.66	6	0.41	1	63.6	5	17.6	6	3.09	9	4.09	9	3.25	9	2.92	7	80.5	6	54	2
丽水市	28.55	11	0.52	3	98.7	9	10.3	10	4.53	1	4.16	7	1.02	11	3.93	3	99.5	1	43.7	6

注：各市税收数据口径为税收收入加上划中央四税。

浙江省 R&D 投入现状分析

随着省委十三届三次全会做出的《全面实施创新驱动发展战略加快建设创新型省份的决定》的推进实施和全省经济的稳定发展，全社会 R&D(研究与实验发展)经费投入力度不断加大，R&D 经费投入强度(R&D 经费与地区生产总值之比)逐年提升，R&D 人员稳步增长，已开始进入全面实施创新驱动发展战略的新阶段。

一、R&D 投入现状

(一)R&D 经费投入情况

2013 年，浙江共投入 R&D 经费 817.3 亿元，比 2012 年增加 94.7 亿元，增幅为 13.1%，高于 GDP 现价增速 4.7 个百分点。2009 年以来，五年间 R&D 经费年均增长 18.8%，高于同期 GDP 现价增速 6.9 个百分点；R&D 经费投入强度为 2.18%，比 2012 年的 2.08%提升 0.1 个百分点。

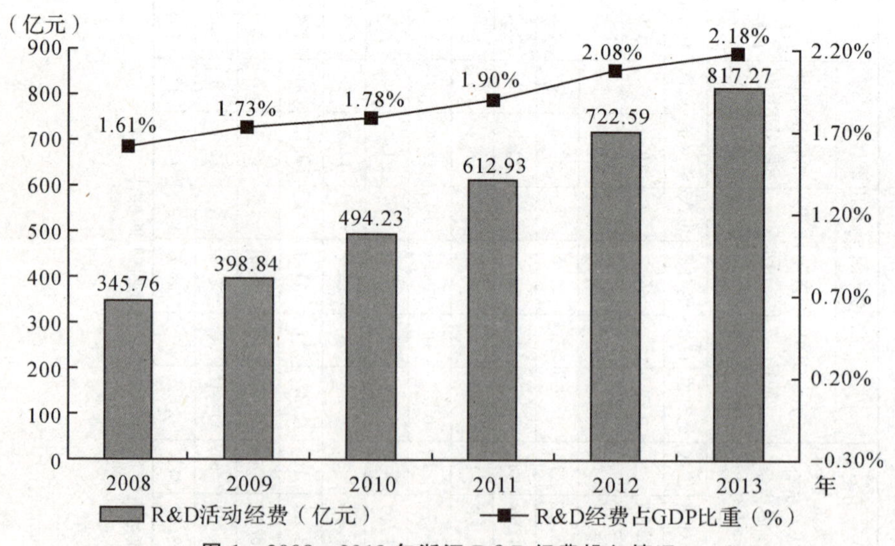

图 1　2008—2013 年浙江 R&D 经费投入情况

1. R&D 经费投入居全国第五位，R&D 经费投入强度排名全国第六。在全国 31 个省(市)中，2013 年 R&D 经费超过 500 亿元的有江苏、广东、北京、山东、浙江和上海等 6 个省(市),浙江 R&D 经费占全国 R&D 经费总额的 6.9%,排名全国第五,位次与 2012 年持平。R&D 经费投入强度超过全国平均水平的有北京、上海、天津、江苏、广东、浙江、山东和陕西等 8 个省(市),浙江 R&D 经费投入强度比全国平均水平高 0.1 个百分点,排名全国第六,位次与 2012 年保持一致。

表 1　2013 年部分省(市)R&D 经费投入情况

R&D 经费投入强度超过全国平均水平的地区			R&D 经费超过 500 亿元的地区		
地　区	R&D 经费投入强度(%)	排　名	地　区	R&D 经费(亿元)	排　名
北　京	6.08	1	江　苏	1487.4	1
上　海	3.60	2	广　东	1443.5	2
天　津	2.98	3	北　京	1185.1	3
江　苏	2.51	4	山　东	1175.8	4
广　东	2.32	5	浙　江	817.3	5
浙　江	2.18	6	上　海	776.8	6
山　东	2.15	7			
陕　西	2.14	8			

2. 科技研究经费支出所占比重有所降低,实验与发展仍是 R&D 活动经费的主要投入方向。2013 年,浙江用于基础研究经费支出 18.9 亿元,应用研究经费支出 39.8 亿元,试验与发展经费支出 758.5 亿元,分别比上年增长 8.4%,2.3%和 13.9%。自 2011 年开始,代表科学研究的基础研究和应用研究经费支出虽然保持增长,但增速连续三年低于全社会的 R&D 经费支出增长速度,研究经费支出占全社会 R&D 经费的比重呈下降趋势,占比由 2011 年的 8.4%下降到 2013 年的 7.2%,研究与实验发展经费支出则由 91.6%上升到 92.8%。

3. 企业是推动 R&D 经费增长的最主要力量,企业的研发主体地位进一步增强。2013 年,浙江各类企业 R&D 经费支出 741.0 亿元,比上年增长 13.7%,比全社会 R&D 经费支出的增速提高 0.6 个百分点,其中,规模以上工业企业 R&D 经费支出 684.4 亿元,增长 16.3%,首次纳入科技调查的重点服务业企业 R&D 经费支出 37.0 亿元,排在北京、广东和上海之后,居全国第四位;政府部门所属研究机构 R&D 经费支出 24.2 亿元,增长 10.7%;高等院校 R&D 经费支出 47.3 亿元,增长 5.7%;事业单位 R&D 经费支出 4.8 亿元,增长 8.8%。企业、政府部门所属研究机构、高等院校和事业单位的 R&D 经费支出所占的比重分别为 90.6%,3.0%,5.8%和 0.6%,对 R&D 经费增长的贡献率分别是 94.4%,2.5%,2.7%和 0.4%。

表 2　2012—2013 年按执行部门分组的 R&D 经费对比

按部门分组	R&D 经费(亿元)		增　速(%)
	2012 年	2013 年	
总计	722.6	817.3	13.1
科研机构	21.8	24.2	10.7
高等院校	44.7	47.3	5.7
企业	651.6	741.0	13.7
＃规上工业企业	588.6	684.4	16.3
＃重点服务业企业		37.0	首次调查
事业单位	4.4	4.8	8.8

4. 企业资金是研发活动的主要来源,企业经费所占比重进一步扩大。2013 年,在 R&D 经费支出中,来自企业的资金 733.6 亿元,比上年增长 13.9%,超过全社会 R&D 经费支出增速 0.8 个百分点,企业资金所占比重由 2012 年的 89.2%提升至 89.8%,上升 0.6 个百分点;来自政府的资金为 66.2 亿元,增长 9.5%,所占比重由 2012 年的 8.4%下降到 2013 年的 8.1%;来自境外的资金 2.4 亿元,减少 24.0%;其他资金 15.1 亿元,增长 3%。企业资金、政府资金对 R&D 经费增长的贡献率分别是 94.3%和 6.1%。

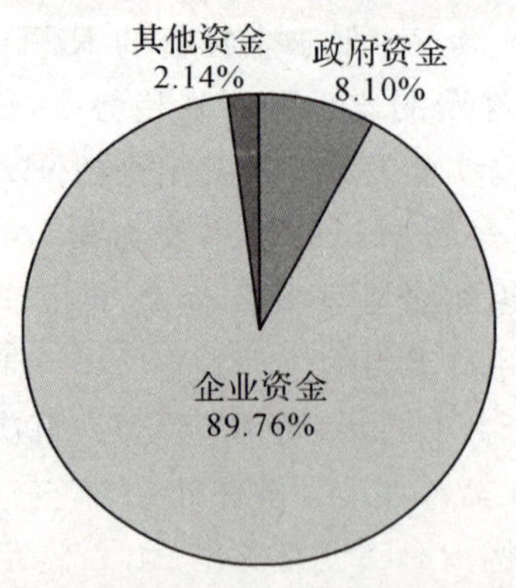

图 2　R&D 经费来源情况占比图

5. 各设区市的研发投入不断增大，R&D 经费投入强度稳步提升。2013 年，R&D 经费投入超过 50 亿元的有杭州、宁波、绍兴、嘉兴、温州、台州和金华等 7 个市，比 2012 年增加 3 个市；R&D 经费投入强度超过全省平均水平的是杭州、嘉兴、湖州、宁波等 4 个市，比 2012 年增加 1 个市。

表 3 2013 年浙江 11 个设区市 R&D 经费投入情况

地 区	R&D 经费（亿元）	R&D 经费投入强度（%）
杭 州	248.7	2.98
宁 波	157.3	2.21
温 州	58.0	1.45
嘉 兴	78.5	2.49
湖 州	43.6	2.42
绍 兴	82.8	2.09
金 华	50.6	1.71
衢 州	12.6	1.19
舟 山	13.2	1.42
台 州	51.3	1.63
丽 水	11.1	1.13

（二）R&D 人员投入情况

2013 年，浙江共有 R&D 人员（R&D 人员折合全时当量）31.1 万人年，比 2012 年增加 3.3 万人年，增长 11.8%，高于全国平均增速（8.8%）3 个百分点，但略低于 R&D 经费的增幅；每万人拥有 R&D 人员 56.7 人年，增加 5.8 人年；R&D 人员人均 R&D 经费为 26.3 万元，增加 0.3 万元。2009 年以来，五年间 R&D 人员年均增速 14.2%，比 R&D 经费投入的年均增幅低 4.6 个百分点；R&D 人员人均 R&D 经费增加 4.7 万元。

1. R&D 人员投入居全国第三位。2013 年，全国 R&D 人员超过 15 万人年的有广东、江苏、浙江、山东、北京、上海、河南等 7 个省（市），浙江 R&D 人员占全国 R&D 人员总数的 8.8%，排名全国第三。

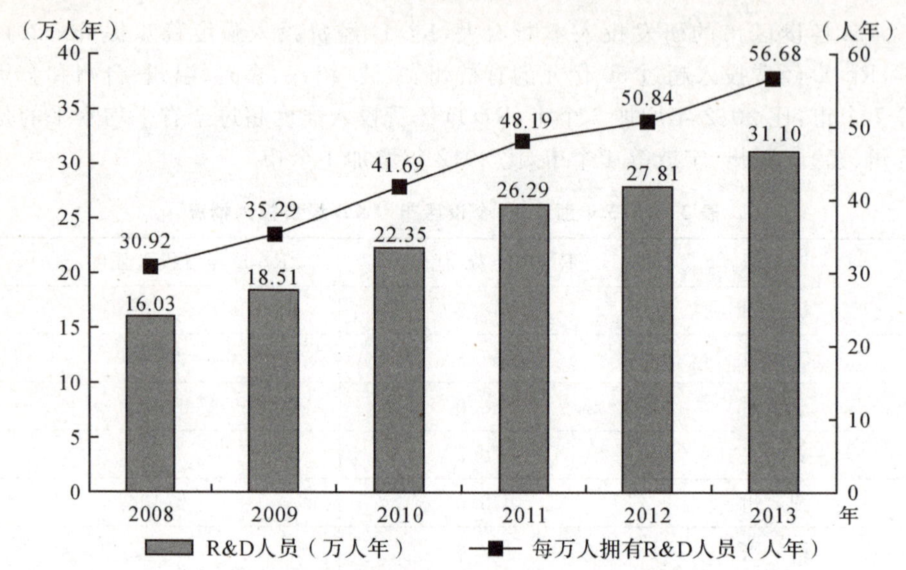

图 3　2008—2013 年浙江 R&D 人员投入情况

表 4　2013 年全国部分省市 R&D 人员投入情况

地　区	R&D 人员(万人年)	位次
广东	50.2	1
江苏	46.6	2
浙江	31.1	3
山东	27.9	4
北京	24.2	5
上海	16.6	6
河南	15.3	7

2.实验与发展人员增速较快。2013 年，浙江全社会拥有基础研究人员 0.7 万人年，比 2012 年增长 10.9%，略低于全部 R&D 人员增速 0.9 个百分点；应用研究人员 1.2 万人年，增长 0.3%，增速较低；实验发展人员 29.2 万人年，增长 12.4%，高出 R&D 人员增速 0.6 个百分点。基础研究人员所占比重基本保持不变，为 2.3%；应用研究人员所占比重由 2012 年的 4.3%，下降到 2013 年的 3.8%；实验与发展人员则由 93.4%上升到 93.9%，上升 0.5 个百分点。

3.企业R&D人员是研发队伍的主体力量。2013年,浙江共有各类企业R&D人员28.7万人年,比2012年增长12.7%,比全部R&D人员增速高0.9个百分点,占比由2012年的91.6%上升到2013年的92.4%,其中,工业企业R&D人员26.4万人年,增长15.3%;政府部门属科研机构R&D人员0.5万人年,与2012年基本持平,占比1.6%;高等院校R&D人员1.4万人年,增长6%,占比4.6%;事业单位R&D人员0.4万人年,比2012年略有下降,占比1.4%。企业R&D人员对全社会R&D人员增速的贡献率达到98.8%。

表5 2012—2013年按执行部门分组的R&D人员对比

按部门分组	R&D人员(万人年)		增速(%)
	2012年	2013年	
总计	27.8	31.1	11.8
科研机构	0.5	0.5	基本持平
高等院校	1.3	1.4	6.0
企业	25.5	28.7	12.7
#工业企业	22.9	26.4	15.3
#重点服务业企业		1.6	首次调查
事业单位	0.5	0.4	-2.1

4.各设区市R&D人员投入力度不断加大。2013年,R&D人员超过3万人年的有杭州、宁波、温州等3个市,比2012年增加1个市;每万人拥有R&D人员超过全省平均水平的是杭州、宁波、嘉兴、绍兴等4个市,同比增加两个市。

表6 2013年浙江11个设区市R&D人员投入情况

地　区	R&D人员(万人年)	每万人拥有R&D人员(人年)
杭　州	8.2	92.5
宁　波	7.0	92.0
温　州	3.1	34.2
嘉　兴	2.7	58.2
湖　州	1.3	44.5
绍　兴	2.8	56.7

续　表

地　区	R&D人员(万人年)	每万人拥有R&D人员(人年)
金　华	1.9	34.9
衢　州	0.5	21.3
舟　山	0.4	30.8
台　州	2.5	40.7
丽　水	0.4	18.9

二、存在的主要问题

几年来,通过大力推进科技进步与创新,浙江自主创新能力、科技综合实力和竞争力迈上新台阶,为经济社会平稳有序发展和产业结构转型升级发挥了重要支撑作用。但与现代化建设需求相比,与加快建设创新型省份的要求相比仍有一些差距。

(一)科技创新投入仍不足,R&D经费投入强度有待进一步提升

自2000年以来,浙江R&D经费投入总量和投入强度一直呈上升态势,在全国的位次也有了大幅度的提高,但总体来看,仍然偏低。2013年,浙江R&D经费投入增速低于全国平均水平(15%)1.9个百分点;R&D经费投入强度仅比全国平均水平高出0.1个百分点,与北京(6.08%)、上海(3.6%)、天津(2.98%)、江苏(2.51%)、广东(2.32%)等省市相比存在较大差距。也明显低于发达国家和新兴工业化国家。如,2011年美国R&D经费投入强度为2.77%、日本3.39%、法国2.25%、德国2.88%、韩国4.03%。

(二)R&D投入主要集中在企业,其他创新主体活跃度有待进一步加强

从数据上看,各类企业的研发投入要高于其他部门。2013年,规模以上工业企业R&D经费增速达到16.3%,高于全社会R&D经费13.1%的增速,规模以上工业企业R&D经费支出占比达83.7%,超过全国平均水平7.1个百分点。而政府部门所属研究机构、高等院校R&D经费支出增速均小于全社会R&D经费增速,所占比重进一步缩小至3.0%和5.8%,与全国平均水平(15.0%和7.2%)相差12.0和1.4个百分点。规模以上工业企业投入经费较高,一方面说明浙江推动企业科技创新的政策措施取得明显激励效果,市场配置创新资源的作用发挥较好,企业有了创新投入的动力。但另一方面也说明开展科学研究(基础研究、应用研究)较多的研究机构和高等院校方面的科研投入较少,原始创新能力有待加强。

(三)R&D 投入结构不合理，政府资金投入强度有待进一步提高

近年来，来自政府的资金投入由 2008 年的 37.1 亿元增加到 2013 年 66.2 亿元，五年时间增长 78.4%，但政府资金的年均增长速度(12.3%)低于全社会 R&D 经费年均增速(18.8%)6.5 个百分点，也低于各类企业 R&D 经费年均增速(19.9%)7.6 个百分点。政府资金在全社会 R&D 经费中所占比重也由 2008 年的 10.7% 下降到 2013 年的 8.1%，呈下降态势，比全国平均水平(21.1%)低 13 个百分点。而与美国 33.4%(2011 年)、英国 32.2%(2011 年)、法国 37%(2010 年)、德国 30.3%(2010 年)、韩国 25%(2011 年)等相比差距更为明显。

三、对策建议

(一)以目标任务为牵引，加大 R&D 投入力度，推动各创新主体协调发展

按照省委十三届三次全会提出的“八倍增，两提高”发展目标要求，必须进一步加大 R&D 资金、人员的投入力度。加快区域创新体系建设步伐，营造良好的创新发展环境，完善科技创新服务体系，充分挖掘创新载体的创新潜能，推动各创新主体协调发展。坚持市场导向原则，注重大城市辐射、大产业引领、大平台集聚、大企业带动、大项目支撑效应，积极推进不同区域、不同行业的企业、高校和科研院所紧密联合、深度合作，鼓励有条件的企业与科研院所和高校联合建立技术中心和中试基地，鼓励有需要的企业委托科研院所和高等院校进行关键技术的研究和合作，提升区域科技综合实力。

(二)以创新型省份建设为抓手，优化研发结构，提升原始创新能力

把提高自主创新能力作为加快建设创新型省份和提高浙江综合实力的关键因素，紧紧抓住原始创新这个自主创新的基础，把握好科学研究(包括基础研究和应用研究)这个原始创新的源泉。不仅要大幅增加 R&D 经费投入，而且要优化 R&D 经费投入结构，提升基础研究和应用研究在 R&D 经费中的比重。进一步引导科研院所和高等院校大规模开展专项研发工作，跟踪研究国内外前沿科技，力争实现重大领域技术突破，形成核心竞争力，提升浙江科学技术的原始创新能力和可持续发展能力，缩小与世界先进水平和兄弟省市的差距。

(三)以人才建设为根本，大力培养创新人才和创新团队，持续提升创新综合能力

大力实施人才强省战略，充分发挥创新人才集聚的体制机制优势，营造培育人才的良好环境和社会氛围，打造高端人才密集区、创新创业人才首选区。着力引进和使用海内外高层次创新领军人才、拔尖人才和创新型紧缺型人才，

充分调动创新人才的积极性和创造性。大力培育具有创新能力和创新激情的大学生科技创新人才和创新团队，鼓励青年科技人才积极投身科技成果转化。实施企业家技术创新战略能力提升计划，培养一大批善于技术创新的科技性企业家和一大批具有企业家经营头脑的科学家。

（四）以研发活动为基础，提高政府资金资助比重，鼓励支持企业真正成为技术创新主体

由于研发活动受技术、市场、制度环境等方面的制约，具有相当的不确定性，创新主体往往面临相当大的风险，对于企业，特别是风险承受能力弱、资金有限的企业而言更是一大障碍。再加上在市场竞争机制下，研发活动具有的外部性、公共性特点，使得进行研发的企业不能完全占有其研发活动的收益，已成为制约企业开展科研活动的另一大障碍。而政府资金参与研发活动将帮助企业缓解这种担忧，同时政府资金的杠杆作用和放大作用将引导社会资金投入，提升研发活动成功率。因此，浙江应进一步加大政府对企业自主创新活动和创新基础设施建设的经费支持力度，鼓励和引导企业设立的研究机构参与国家和地方重大科技项目与产业技术项目的研究开发活动，进一步提升政府资金在R&D经费中所占比重，不断巩固以企业为主体的技术创新体系。

社科处　毕　宁

浙江高技术产业竞争力研究

本文利用近4年来我省高技术产业的统计数据，对全省高技术产业的产业规模、经济效益、创新研究等方面的发展现状进行分析，并通过区位熵、产业扩张弹性、行业集中度、信息熵分别对浙江高技术产业的专业化程度、产业发展趋势、产业集中水平、产业发展均衡性进行了分析和测算。结果表明我省高技术产业在保持良好发展的同时，还存在R&D投入强度偏低、自主创新能力薄弱、产业层次偏低、与发达省份差距明显等若干问题，笔者就此提出了相关对策建议。

高技术产业作为国民经济的战略性先导产业，是区域竞争的制高点，是经济发展的牵引器，是衡量一个区域核心竞争力与发展潜力的决定性因素，也是经济增长的重要推动力。当前，国际国内经济环境发生深刻变化，技术创新方兴未艾，资源环境要素制约加剧，经济转型升级不断加快，新的产业孕育启动，这些都对高技术产业的发展提出了更为迫切的现实要求。浙江省正处于转型升级的攻坚阶段，对于高技术产业的发展现状及竞争力状况的剖析，有利于提出相应的建议，采取相应的对策，进一步推动相关产业的健康持续发展。

一、浙江高技术产业发展现状

根据国家统计局《第三次全国经济普查统计分类标准和目录2013》，本文的高技术产业(制造业)是指国民经济行业中R&D投入强度相对较高的制造业，包括：医药制造，航空、航天器及设备制造，电子及通信设备制造，计算机及办公设备制造，医疗仪器设备及仪器仪表制造，信息化学品制造等6大类。鉴于数据的取得，本文主要研究医药制造，航空、航天器及设备制造，电子及通信设备制造，计算机及办公设备制造，医疗仪器设备及仪器仪表制造5大类。①

(一)高技术产业保持较快增长

一是产业规模不断扩大，2013年末全省共有高技术企业2391家，与2012年比较，增长11.6%；从业人员平均数67万人，增长5.4%；工业总产值4496

① 本文数据来源为历年《浙江科技统计年鉴》和《中国高技术产业统计年鉴》。

亿元，增长 7.9%。二是经济效益较快增长，产品销售势头良好，利润总额增长较快。2013 年高技术企业主营业务收入 4360 亿元，比 2012 年增长 9.6%；利润总额 419.18 亿元，增长 13%。三是研发创新能力稳步提升，研发投入较快增长，产出水平稳步提升。2013 年，全省高技术产业中有 1329 家企业开展了 R&D 活动，比 2012 年增长 14.8%；高技术产业 R&D 人员投入强度和经费投入强度分别为 10%和 3.2%，远高于国家平均水平。四是创新政策落实效果明显，税收减免力度加大，2013 年我省高技术产业享受研究开发费用加计扣除减免税和高技术企业减免税分别为 8.5 亿元和 21.7 亿元，分别比 2012 年增长 2.7%和 1%。（见表 1）

（二）高技术产业主要集中在电子及通信设备制造业、医疗仪器设备及仪器仪表制造业、医药制造业

从高技术产业企业数量行业分布看，电子及通信设备制造业有企业 1231 家，占全省高技术产业企业数量的 51.5%；医疗仪器设备及仪器仪表制造业 619 家，占全省高技术产业企业数量的 25.9%；医药制造业 443 家，占全省高技术产业企业数量的 18.5%；计算机及办公设备制造业 91 家，占全省高技术产业企业数量的 3.8%；航空、航天器及设备制造业企业 7 家，占全省高技术产业企业数量的 0.3%。

从高技术产业主营业务收入行业分布看，电子及通信设备制造业主营业务收入为 2478.5 亿元，占全省高技术产业主营业务收入的 56.8%；医药制造业主营业务收入近千亿元，占全省高技术产业主营业务收入的 22.9%；医疗仪器设备及仪器仪表制造业主营业务收入 683.2 亿元，占全省高技术产业主营业务收入的 15.7%。

（三）高技术产业主要集中在杭州、宁波等经济发达地区

从高技术产业企业数量地区分布看，全省 2391 家高技术产业企业中，宁波 587 家，杭州 568 家，温州 270 家，分别占全省高技术产业企业的 24.6%，23.8%，11.3%。其他市的高技术产业企业数量占比均少于 10%。

从高技术产业主营业务收入地区分布看，全省高技术产业共实现主营业务收入 4360 亿元，其中，杭州、宁波主营业务收入均在千亿元以上，分别为 1476 亿元，1043 亿元，占全省高技术产业主营业务收入的 33.9%，23.9%。

（四）全省高技术产业发展位于全国前列

从高技术产业企业数量看，全省高技术产业企业数量位于广东、江苏之后，居全国第三位。从高技术产业主营业务收入看，全省高技术产业主营业务收入总量位于广东、江苏、山东、上海、四川之后，居全国第六位。

表 1 浙江省高技术产业发展状况

	产业规模			经济效益		研发创新					创新政策落实	
	企业数（个）	从业人员平均数（万人）	工业总产值（亿元）	主营业务收入（亿元）	利润总额（亿元）	有 R&D 活动的企业数（个）	R&D 人员（万人）	R&D 经费（亿元）	新产品销售收入（亿元）	专利申请数（件）	研究开发费用加计扣除减免税（亿元）	高技术企业减免税（亿元）
2013 年	2391	67.03	4495.52	4360.32	419.18	1329	6.69	138.47	1818.77	12586	8.45	21.65
2012 年	2143	63.60	4164.99	3976.89	370.85	1158	6.06	122.64	1357.47	10237	8.23	21.42
2011 年	1923	57.74	3722.46	3607.32	350.25	994	4.85	92.56	1140.93	7243	6.30	15.99
2010 年	3339	64.63	3413.29	3323.68	296.34	1206	4.42	79.30	888.47	6969	6.27	10.96

二、浙江高技术产业竞争力分析

衡量产业竞争力的指标内容很多，考虑到现有资料的局限，这里主要从专业化程度、产业发展趋势、行业集中度、发展均衡有序程度四个方面进行分析。

(一)专业化程度分析

产业经济学研究中，常用区位熵 LQ[①] 来测定各行业在某地区的专业化程度，从而找出该区域在全国具有一定地位的优势行业。LQ 越大，专业化水平越高，越具有比较优势。LQ 大于 1，表明在全国具比较优势。将浙江省高技术产业 2010—2013 年数据进行固定资产投资额区位熵计算，可发现：在高技术产业的 5 个行业大类中，有 3 个行业的区位熵大于 1，在全国具有比较优势。其中医药制造业最高，为 1.07；其次是医疗仪器设备及仪器仪表制造业，为 1.05；电子及通信设备制造业为 1.01。因而这 3 个行业在全国具有比较优势，处于领先地位。计算机及办公设备制造业为 0.98，专业化程度低于全国平均水平，LQ 值有所下滑。航空、航天器及设备制造业 LQ 平均值为 0.14，处于比较劣势地位，整体行业无法与其他省市同行业竞争。

表 2　浙江高技术产业在全国的区位熵

	医药制造业	航空、航天器及设备制造业	电子及通信设备制造业	计算机及办公设备制造业	医疗仪器设备及仪器仪表制造业
2010 年	1.15	0.09	0.97	1.17	0.94
2011 年	1.07	0.09	1.02	0.92	1.02
2012 年	1.04	0.22	1.01	0.94	1.10
2013 年	1.01	0.15	1.04	0.91	1.14
平均值	1.07	0.14	1.01	0.98	1.05

(二)产业发展趋势分析

分析行业发展趋势的手段之一是分析行业的扩张弹性[②]，由扩张弹性的分析可说明该行业是处于扩张趋势还是萎缩趋势。在此采用扩张弹性分析法分

---

① $LQ_{ij}=(L_{ij}/\sum_i)/(\sum_i/\sum_i\sum_j L_{ij})$。$L_{ij}$表示 i 地区 j 行业的区位熵。$LQ_{ij}$大于 1，表明某产业在该区的专业化程度超过全国平均水平；LQ_{ij}等于 1，表明该地区某产业专业化水平与全国平均水平相当；LQ_{ij}小于 1，不具有比较优势。

② 某行业的扩张弹性＝(某行业本期指标值/该行业基期指标值)/(所有行业本期指标值/所有行业基期指标值)。

析浙江高技术产业的发展趋势。如果扩张弹性大于1,说明该行业呈现扩张趋势;扩张弹性等于1,说明没有变化;扩张弹性小于1,说明该行业呈现萎缩趋势。我们选取2010年为基期,2013年为本期,选择各行业的固定资产投资额为指标值进行比对分析。通过扩张弹性分析,可以看出航空、航天器及设备制造业,电子及通信设备制造业,医疗仪器设备及仪器仪表制造业扩张弹性均大于1,因而呈现扩张趋势。医药制造业、计算机及办公设备制造业的扩张弹性小于1,呈现萎缩趋势。

表3 浙江高技术产业扩张弹性

		医药制造业	航空、航天器及设备制造业	电子及通信设备制造业	计算机及办公设备制造业	医疗仪器设备及仪器仪表制造业
固定资产投资额(亿元)	2013年	162.29	3.20	277.85	27.03	80.76
	2010年	48.86	0.53	71.01	15.11	17.12
扩张弹性		0.92	1.68	1.08	0.50	1.31

(三)行业集中度分析

行业集中度①是指某一产业规模最大的n个企业的有关数值(如生产额、销售额、职工人数、资产总额等)占整个市场或行业的份额。行业集中度能够形象地反映产业市场集中水平。选择2010—2013年各市分行业的高技术产业工业总产值计算行业集中度(见表4),可以看出,浙江省高技术产业的区域分布具有典型的区域集中特征。五大行业的CR4值均在0.7以上,产业集中度较高。从行业看,医药制造业主要集中在台州、杭州、绍兴、金华;航空、航天器及设备制造业全部集中在宁波、台州、金华、杭州;电子及通信设备制造业主要集中在杭州、宁波、嘉兴、金华;计算机及办公设备制造业主要集中在杭州、宁波、嘉兴、温州;医疗仪器设备及仪器仪表制造业主要集中在杭州、宁波、温州、台州。五大行业的总体集中度较为稳定,基本保持不变。

① 行业集中度计算公式为:$CRn=\sum_{i=1}^{n}X_i/\sum_{i=1}^{N}Xi$。CRn代表X产业中规模最大的前n位企业的市场集中度,X_i代表X产业中第i位企业的生产额或销售额、职工人数等,N代表X产业的全部企业数。

表4　浙江高技术产业行业集中度CR4

	医药制造业	航空、航天器及设备制造业	电子及通信设备制造业	计算机及办公设备制造业	医疗仪器设备及仪器仪表制造业
2013年	台州市　0.26	宁波市　0.36	杭州市　0.34	杭州市　0.60	杭州市　0.31
	杭州市　0.24	金华市　0.27	宁波市　0.32	宁波市　0.19	宁波市　0.26
	绍兴市　0.22	台州市　0.21	嘉兴市　0.10	嘉兴市　0.12	温州市　0.15
	金华市　0.11	杭州市　0.16	金华市　0.07	温州市　0.06	台州市　0.12
	0.83	1.00	0.83	0.97	0.84
2012年	杭州市　0.28	宁波市　0.31	宁波市　0.41	杭州市　0.78	杭州市　0.37
	台州市　0.25	台州市　0.26	杭州市　0.27	宁波市　0.11	宁波市　0.25
	绍兴市　0.21	金华市　0.25	嘉兴市　0.09	嘉兴市　0.07	温州市　0.14
	金华市　0.11	杭州市　0.17	金华市　0.07	温州市　0.03	台州市　0.11
	0.85	1.00	0.84	0.98	0.87
2011年	台州市　0.27	金华市　0.41	宁波市　0.40	杭州市　0.77	杭州市　0.38
	杭州市　0.25	宁波市　0.34	杭州市　0.25	宁波市　0.15	宁波市　0.26
	绍兴市　0.23	台州市　0.24	嘉兴市　0.10	嘉兴市　0.05	温州市　0.14
	金华市　0.10		金华市　0.08	温州市　0.02	台州市　0.10
	0.85	1.00	0.83	0.99	0.87
2010年	台州市　0.27	金华市　0.64	杭州市　0.31	宁波市　0.57	杭州市　0.39
	杭州市　0.23	宁波市　0.22	宁波市　0.25	杭州市　0.37	宁波市　0.22
	绍兴市　0.22	台州市　0.12	嘉兴市　0.11	嘉兴市　0.03	温州市　0.14
	金华市　0.12	温州市　0.02	金华市　0.10	温州市　0.01	台州市　0.11
	0.84	1.00	0.78	0.99	0.86

（四）发展均衡有序程度分析

高技术产业演化的信息熵值可以用来反映高技术产业演化的均衡有序程度。一般来说，高技术产业信息熵值愈大，说明高技术产业系统内产业部门越多，各产业部门所占百分比相差越小，区域产业结构向多样性和均衡方向发展；反之，各高技术产业部门产值相差越大，说明区域产业结构趋向于专业化生产。高技术产业演化的信息熵可综合反映一定时段内各种高技术产业部门的动态变化及其转换程度，对于高技术产业结构调整具有重要的指导意义。从计算结果看(见图 1)，浙江省高技术产业 2010—2013 年的信息熵趋于收敛下降趋势，因为各高技术产业部门在主导模式确立以后，开始将追求高经济效益作为发展目标，选择自己具有比较优势的高技术行业大力发展，生产专业化程度增强，产业结构趋向于均衡有序发展。

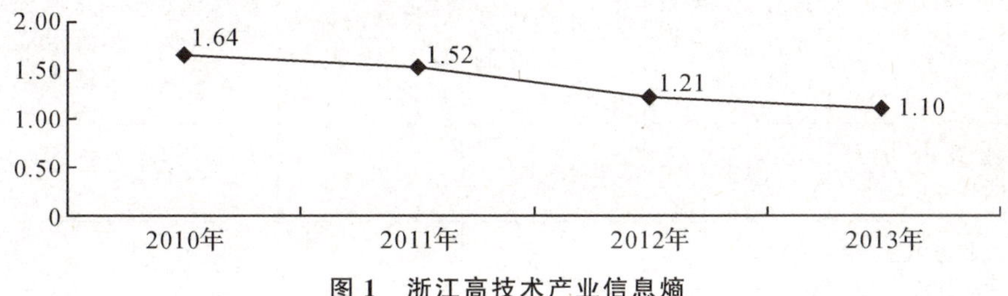

图 1　浙江高技术产业信息熵

三、浙江高技术产业存在的问题

(一)与其他高技术产业发达省份进行比较，差距明显

上海、江苏、山东、广东和浙江同处于东部沿海地区，经济发展水平较高，且均是高技术产业发达地区，通过对这五省(市)的高技术产业五大行业的固定资产投资额区位熵比较，可进一步认识浙江高技术产业的薄弱环节所在。五省(市)具有专业化程度的行业各有特色和优势。从企业数和从业人员看，浙江高技术产业占全国的比重均低于广东和江苏。从主营业务收入看，低于广东、江苏和上海；从利润总额、出口交货值、R&D 人员平均 R&D 内部经费支出看，均低于上述其他四省(市)。表明浙江高技术产业的盈利能力、产品附加值、资产利用效益、技术研发投入、自主创新能力与其他四省(市)相比，还存在一定差距。

表 5　全国部分高技术产业发达地区竞争力比较

	浙　江	上　海	江　苏	山　东	广　东
LQ>1 的行业	医药制造业、电子及通信设备制造业、医疗仪器设备及仪器仪表制造业	航空、航天器及设备制造业，电子及通信设备制造业，计算机及办公设备制造业	电子及通信设备制造业、计算机及办公设备制造业、医疗仪器设备及仪器仪表制造业	医药制造业、医疗仪器设备及仪器仪表制造业	电子及通信设备制造业、计算机及办公设备制造业
企业数占全国的比重(%)	8.89	3.81	18.09	7.49	21.57

续 表

	浙　江	上　海	江　苏	山　东	广　东
LQ>1 的行业	医药制造业、电子及通信设备制造业、医疗仪器设备及仪器仪表制造业	航空、航天器及设备制造业,电子及通信设备制造业,计算机及办公设备制造业	电子及通信设备制造业、计算机及办公设备制造业、医疗仪器设备及仪器仪表制造业	医药制造业、医疗仪器设备及仪器仪表制造业	电子及通信设备制造业、计算机及办公设备制造业
从业人员占全国的比重(%)	5.18	4.71	19.03	5.34	29.40
主营业务收入占全国的比重(%)	5.80	5.96	17.44	5.79	23.53
利润总额占全国的比重(%)	3.76	5.88	21.42	7.71	24.02
出口交货值占全国的比重(%)	2.89	9.14	24.84	3.38	32.38
R&D 人员平均 R&D 内部经费支出(万元)	19.51	32.44	21.86	25.99	27.12

(二)高技术产业缺乏高技术

在对高技术产业界定中,普遍认为高技术产业主要是专业技术人员的比例高,销售收入中用于 R&D 的投资比例高,研究开发经费占产品销售额的比例超过 7.1%,高科技人员超过其职工总数 10% 以上。浙江的高技术产业 R&D 经费投入强度(即 R&D 经费支出与主营业务收入之比)从 2010—2013 年逐步上升,至 2013 年达到 3.18%;R&D 人员投入强度(即高科技人员占其职工总数的比例)从 2010—2013 年逐步上升,至 2013 年达到 9.97%,接近国际标准。可见,相对于国际标准,浙江的高技术产业研发投入与国际标准还有差距,研发投入明显不足,高技术产业技术含量不够高。

(三)自主创新能力薄弱

高技术产业的高投入、高风险、高附加值、高收益和高竞争性特征决定了它发展的核心就是创新。浙江的技术发展模式尚处在设备引进和技术模仿阶段,R&D 投入尚未成为技术资源的主要来源,因而 R&D 投入强度偏低,自主创新能力薄弱。

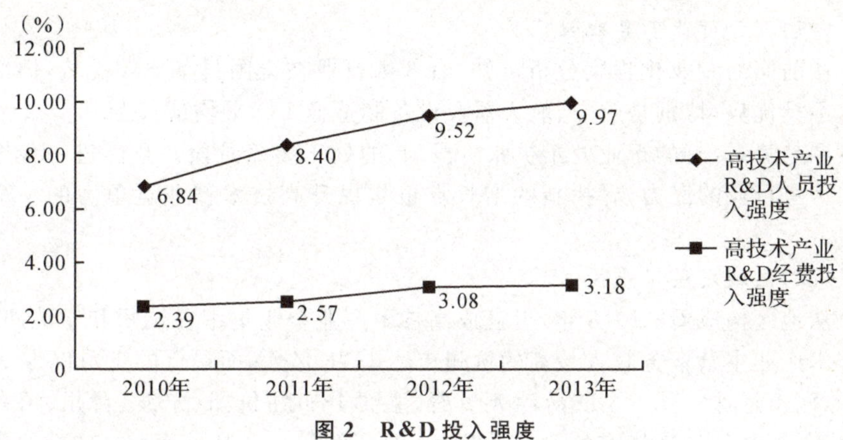

图 2 R&D 投入强度

引进外商投资企业是发展高技术产业的重要途径，从近几年的 R&D 经费投入强度看（见图 3），外商投资企业始终处于落后位置，虽然逐年上升，2013 年达到 2.15%，但远远低于国内企业水平。外商投资企业对国外技术依赖程度高，仅仅是从国外引进技术，难以获取领先的核心技术，高附加值部分由国外总部获得。引进消化吸收再创新是提高企业自主创新能力的重要途径，通过引进技术可培育和形成自主创新能力，浙江省消化吸收经费支出与技术引进经费支出之比在全国排名第 20 位，与经济总量的名列前茅不匹配。

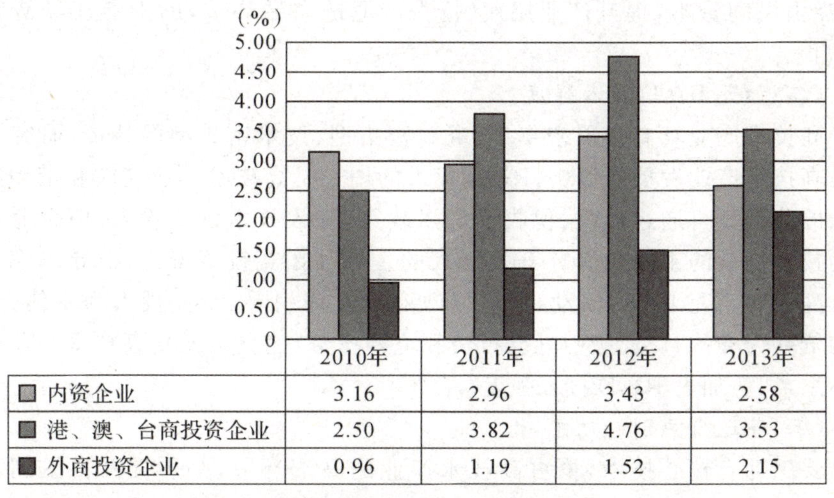

	2010年	2011年	2012年	2013年
内资企业	3.16	2.96	3.43	2.58
港、澳、台商投资企业	2.50	3.82	4.76	3.53
外商投资企业	0.96	1.19	1.52	2.15

图 3 R&D 经费投入强度

（四）部分行业不具比较优势

从前面的专业化程度分析可知，有 3 大行业在全国具备比较优势，但部分行业不具优势，特别是航空、航天器及设备制造业 LQ 平均值仅为 0.14。从产业发展趋势看，有的行业处于扩张阶段，有的处于萎缩阶段。显然进一步挖掘这些劣势行业的潜力，寻找新的增长点也是提升高技术产业竞争力的一个突破点。

（五）区域发展不平衡

从地区构成看，2013 年，近五成高技术产业企业集中在杭州和宁波两市。高技术产业主营业务收入最高的杭州市达 1476 亿元，而最低的舟山仅为 28.5 亿元，两市悬殊。从 R&D 活动人员看，主要分布在杭州、宁波、台州、绍兴和嘉兴等，而其他地区拥有的 R&D 活动人员资源较少。从前面表 4 的行业集中度也可以看出这种区域分布的不平衡特征。

四、对策建议

（一）充分利用浙江优势实现高技术产业转型升级

虽然处于高端产业，但多从事加工组装，增加值率、产出效益表现不佳，生产的中间成本高，不掌握高附加值、高回报环节，产业质量不高，处于产业链的低端环节，与国际标准或先进水平比较仍有较大差距。浙江高技术产业应充分利用典型的市场导向、良好的区位条件、雄厚的民间资本等得天独厚的优势，借着浙江调整产业结构，实现转型升级的强势东风，提高生产效能，吸引民间资本，提升产业层次，抢占产业链高端环节，助推浙江经济新一轮增长。

（二）加大 R&D 投入强度

高技术产业具有知识密集型、资本密集型、技术密集型的特征，研究与开发是高技术产业发展的源头，R&D 投入的增长是高技术产业突破和带动经济增长的关键。可通过财政、税收等优惠政策，加大技术创新投入，使企业真正成为技术创新的主体和研究开发投入的主体。拓宽投资渠道，引导风险资金进入高技术企业 R&D 活动，形成以政府投入为引导、企业投入为主体、金融机构贷款为支撑，广泛吸引社会投资和境外投资，建立多元化高技术产业投融资体系，切实加大 R&D 投入强度。

（三）营造自主创新生态

要想拥有核心技术，抢占高技术产业的高端环节，必须提高自主创新能力。目前高技术产业中很多企业的自主创新意识还很薄弱，自主研发创新主动性不高，增强整个产业的自主创新意识至关重要。着力通过改善产业环境、政策环境、教育环境、文化与社会环境，打造自主创新生态系统，形成强大的自主创新基因，凝聚有效的创新资源，激发企业的创新活力。

（四）培育高技术产业化优势骨干企业

具有较强资本集聚能力、跨国经营能力，以及拥有自主核心知识产权、知名品牌的优势骨干企业，可以在自主创新和高技术产业发展中发挥引领和辐射作用。在加快对这类企业的培育的同时，加强招商引资力度，吸引世界500强高技术跨国企业和国内央企向我省转移产业链，依托创业园区等平台孵化培育高技术中小企业。积极申报、对接国家高技术产业化、技术进步与产业升级专项，完善省级配套政策，促进高技术企业成长壮大。

课题负责人 姚剑平
课题组成员 黄洪琳 何春燕
执　　笔 何春燕

参考文献：

[1] 浙江省发改委. 浙江省高技术产业发展“十二五”规划.

[2] 黄洪琳. 浙江省制造业竞争力的行业优势、区域差异及影响因素[G]//国务院第二次全国经济普查领导小组办公室. 第二次全国经济普查优势论文汇编. 北京：中国统计出版社，2011.

[3] 傅允生. 浙江产业转型升级约束条件与发展趋势[J]. 浙江学刊，2010(5).

[4] 李永周，马军伟. 高技术产业风险投资的制度创新[J]. 中国科技论坛，2005(2).

浅析三大需求与 GDP 增长的关系

GDP 核算有三种方法，即生产法、收入法和支出法。生产法和收入法是从生产的角度来核算 GDP 的一种方法，它可以按产业部门进行分类，若要分析三次产业对经济的影响，就可以利用生产法和收入法的数据。支出法是从最终使用的角度来核算 GDP 的一种方法，若要分析三大需求对经济的影响，就可以利用支出法的数据来分析。但在平常的分析中，人们常常会拿社会消费品零售总额、固定资产投资完成额和外贸出口额的增长速度来代替三大需求，并分析 GDP 的增长速度。社会消费品零售总额、固定资产投资完成额和外贸出口额与支出法 GDP 核算中的三大需求有相关关系，但也有较大的区别。若简单地用这三大需求来分析经济增长，将会产生误差。

一、支出法 GDP 核算中三大需求的含义

支出法 GDP 是从生产活动成果最终使用的角度计算 GDP 的一种方法。最终使用包括最终消费、资本形成总额、货物和服务净出口。用公式表示：

支出法 GDP＝最终消费＋资本形成总额＋货物和服务净出口＝(居民消费＋政府消费)＋(固定资本形成总额＋存货增加)＋(出口－进口)

最终消费包括居民消费和政府消费。居民消费支出是指常住居民在一定时期内对货物和服务的全部最终消费支出；政府消费支出指政府部门为全社会提供公共服务的消费支出和免费或以较低价格向居民住户提供的货物和服务的净支出。

资本形成总额包括固定资本形成总额和存货增加。固定资本形成总额是指常住单位在一定时期内获得的固定资产减处置的固定资产的价值总额，且其使用年限在一年以上，不包括自然资产。固定资本形成总额可以分为有形固定资本形成总额和无形固定资本形成总额。存货指常住单位购进和拨入的原材料、燃料和储备物资，以及常住单位生产的产成品、在制品和半成品等存货。存货增加等于核算期内存货实物量变动的市场价值，即期末存货价值减期初存货价值的差额，扣除当期由于价格变动而产生的持有收益或损失。

支出法 GDP 中的货物和服务净出口，指货物和服务出口减货物和服务进口的差额。出口包括常住单位向非常住单位出售或无偿转让的各种货物和服

务的价值，进口包括常住单位从非常住单位购买或无偿得到的各种货物和服务的价值。地区核算中的货物和服务净出口，除包括本地区对国外贸易和非贸易往来的净出口额外，还包括国内地区间货物和服务流出流入的净流出额。

支出法从国民经济整体的角度，反映核算期内一个国家或地区最终需求的总量规模、结构状况和增长速度，其中最终消费和资本形成总额反映了国内或地区内的消费需求和投资需求，货物和服务净出口反映国外或地区外对我国或对本地区货物和服务的需求。因此，支出法 GDP 是分析研究国民经济发展中三大需求增长的重要指标，也是制定国家或地区宏观经济政策的科学依据。

尽管 GDP 有三种核算方法，但对地区 GDP 来说，由于使用核算的局限性，一般以生产核算为准，即地区 GDP 是建立在生产法和收入法基础上的核算，支出法核算中的货物和服务净出口经常作为生产核算基础上的平衡项。

二、平常分析中三大需求与 GDP 核算中三大需求的联系与区别

对一个地区来说，要搜集支出法 GDP 核算中的三大需求资料是有难度的。因此，人们经常拿社会消费品零售总额代替最终消费，用固定资产投资完成额代替资本形成总额，用外贸出口额代替货物和服务净出口，并作为“三驾马车”或“三大需求”来分析 GDP 的增长速度。但这样的分析经常会得出很难解释的结论，主要原因如下：

(一)社会消费品零售总额与最终消费的联系与区别

社会消费品零售总额是指企业(单位、个体户)通过交易直接售给个人、社会集团非生产、非经营用的实物商品金额，以及提供餐饮服务所取得的收入金额。个人包括城乡居民和入境人员，社会集团包括机关、社会团体、部队、学校、企事业单位、居委会或村委会等。从这一指标解释中可以看出，社会消费品零售总额包括了最终消费中的大部分货物消费，但二者之间还是有较大的区别：

1. 最终消费包括服务消费，社会消费品零售总额不包括相应的服务价值。

2. 最终消费包括我国临时离境人员和我国驻外使领馆人员在国外购买的消费品，社会消费品零售总额不包括这部分消费品。对地区来说，最终消费包括本地区常住人口在地区外购买的消费品，社会消费品零售总额则不包括这部分消费品。

3. 最终消费包括政府单位提供的公共服务的全部价值，即不仅包括政府单位在从事公共服务活动时所购买的货物(固定资产除外)价值，而且包括政府单位从事上述活动时所购买的服务、支付的劳动报酬和固定资产的虚拟折旧价值等，社会消费品零售总额则只包括其中的货物价值。

4. 社会消费品零售总额包括售给临时来华的外国人、华侨、台湾同胞和外国驻外使领馆人员的消费品，最终消费不包括这些消费品，在支出法 GDP 核算中，它们包括在货物和服务的出口中。对地区来说，社会消费品零售总额除了售给上述人员的消费品外，还包括销售给地区外人员临时来本地区的消费品，地区 GDP 核算中的最终消费则不包括。

5. 社会消费品零售总额包括售给居民的建造房屋用的建筑材料，在 GDP 核算中，这类建筑材料属于建筑活动的中间消耗，不属于最终消费。

6. 社会消费品零售总额包括对企业、企业化管理的事业单位等非政府单位的商品零售额，最终消费中不包括这部分商品的价值。

7. 社会消费品零售总额包括售给政府单位的小轿车、面包车、工具车、卡车等交通工具和电信设备、电影器材等机器设备，在 GDP 核算中，这些交通工具和机器设备的购买属于固定资本形成，不属于最终消费。

（二）固定资产投资完成额与资本形成总额的联系和区别

固定资产投资额是以货币形式表现的在一定时期内建造和购置固定资产的工作量以及与此有关的费用的总称。固定资产投资完成额是指从本年 1 月 1 日起至报告期末止累计完成的投资。按投资完成额的构成分，可以分为：建筑工程、安装工程、设备工器具购置和其他费用。它是支出法 GDP 核算中固定资本形成总额的重要内容。但它与资本形成总额还是有较大的区别：

1. 资本形成总额包括了固定资本形成总额和存货增加，而固定资产投资完成额是不含存货增加的。

2. 固定资产投资完成额包括土地购置费、旧设备购置费、旧建筑物购置费，固定资本形成总额不包括这些内容。

3. 目前的固定资产投资完成额是指 500 万元以上的投资项目，不包括城镇和农村非农户 500 万元以下项目的固定资产投资和农户的固定资产投资，固定资本形成总额包括这部分投资。

4. 固定资产投资完成额不包括矿藏勘探、计算机软件等无形生产资产方面的支出，固定资本形成总额包括这方面的支出。

5. 固定资产投资完成额不包括房地产开发商的房屋销售收入和房屋建造投资成本之间的差额。固定资本形成总额从最终用户的角度来计算，房地产销售增值部分要计入固定资本形成总额中。

（三）外贸出口额与货物和服务净出口的区别

外贸出口额是指以货币表示的一定时期内一国或一地区向国外出口的商

品的总金额。它是支出法GDP核算中货物和服务净出口的重要指标，但二者之间的区别也很大：

1.支出法GDP核算中的出口拉动是指货物和服务的净出口，即出口减进口的差额。通过净出口值的计算，可以反映对外贸易对GDP的贡献，体现净出口值变化对国民经济发展速度和增长速度的影响。而外贸出口额仅指出口额。

2.海关统计的外贸出口额一般只包括货物出口额；货物和服务净出口既包括货物贸易差额，也包括服务贸易差额。

3.海关统计的货物进口是按到岸价格计算的，货物和服务净出口中的货物进口是按离岸价格计算的。货物到岸价格和离岸价格之间存在运输费用和保险费用等方面的差别。

4.对一个地区来说，支出法GDP核算中货物和服务净出口除了包括本地区对国外贸易和非贸易往来的净出口额外，还包括国内地区间货物和服务流出流入的净流出额。

三、如何分析三大需求对GDP的拉动作用

在某些季度或某些年份，有时会出现社会消费品零售总额、固定资产投资完成额和外贸出口额的增长速度均高于GDP的增长速度，有人就会提出质疑，是否GDP被低估了呢？从前面的分析中可以看出，社会消费品零售总额、固定资产投资完成额和外贸出口额作为三大需求对经济的拉动与支出法GDP核算中三大需求对经济的拉动还是有较大的区别的。因此，在分析社会消费品零售总额、固定资产投资完成额和外贸出口额作为三大需求对经济的拉动时还需考虑以下几点：

（一）要考虑价格因素

我们对外公布的GDP增长速度都是按可比价格计算的，所以，当分析三大需求对GDP的拉动作用时也要扣除价格因素，即按可比价格计算。

（二）在分析消费需求对经济的拉动时，仅考虑社会消费品零售总额一个指标是不够的

因为，随着人们生活水平的提高，服务消费所占比重越来越高。比如，经大致测算，2012年的浙江城镇居民消费支出中，服务消费支出所占比重已接近44%。若仅用社会消费品零售总额的数据来替代，就会带来较大的误差，因此，在分析消费需求对经济的拉动时，除了考虑社会消费品零售总额的增长速度外，还应考虑城镇居民和农村居民的人均消费支出以及政府的一般公共服务支出等数据。

（三）在分析投资需求对经济的拉动时，仅考虑固定资产投资完成额的数据也是不够的

从前面的分析中也可以看出，固定资产投资完成额与资本形成总额之间还是有较大的区别的，分析时需注意，一是分析投资需求拉动时，还要考虑存货增加的数据。因为资本形成总额包括了固定资本形成总额和存货增加两部分。当经济不景气时，企业往往是去库存化比较明显，这样就会导致存货增加增长速度较慢，甚至出现存货减少。这时尽管固定资产投资完成额增长速度较快，但由于存货增加增长较慢，甚至负增长，就会拉低整个资本形成总额的速度，即投资需求的速度。二是分析投资需求拉动时，要剔除土地购置费，旧设备、旧建筑物购置费等因素。其实，这几年的固定资产投资完成额中，土地购置费所占比重一直在上升，在分析投资需求拉动时，应剔除这部分内容。三是在分析投资需求拉动时，要考虑矿藏勘探、计算机软件等无形生产资产方面的支出以及房地产销售增值等因素。

（四）在分析出口需求对经济的拉动时，更要注意外贸出口额与货物和服务净出口之间的区别

第一，出口需求对经济的拉动是指出口减进口的净出口额的拉动，而不仅仅是出口额的拉动。比如 2014 年一季度，海关统计的全省货物外贸出口增长 2.3%，而出口减进口的货物净出口额增长 0.9%，二者还是有较大的区别的。第二，出口需求的拉动不仅仅是指货物的净出口，还包括服务的净出口。其实，从这几年的外贸发展情况来看，我省乃至全国，货物的进出口基本是顺差的，但服务的进出口基本是逆差的。比如，这几年我们的研究生、本科生乃至中学生去国外留学大幅增长，去国外留学意味着我们购买国外的教育服务，这是属于进口。因此，我们在分析货物的净出口的同时，更要分析服务的净出口。第三，在分析地区的出口需求拉动时，还应考虑国内地区间货物和服务流出流入的净流出额。

总之，社会消费品零售总额、固定资产投资完成额、外贸出口额可以作为分析三大需求对经济拉动的重要参考指标，但不能等同。若一定要分析三大需求对经济的拉动作用，最好使用支出法 GDP 核算中的三大需求。

研发中心　朱飞飞

2014年浙江省装备制造业发展状况分析

装备制造业作为制造业的核心组成部分，它的技术水平直接或间接影响其他产业的竞争力，是其他产业健康发展的基础。大力发展装备制造业，在加快浙江工业化进程，推进工业转型升级方面具有重要意义。

一、装备制造业运行的基本情况

2014年，全省装备制造业有规模以上工业企业(以下简称规上工业)15177家；从业人员平均人数293万人；资产总计达23476亿元，同比增长7.3%，占全省规上工业资产总计的比重为37.1%；工业总产值达22251亿元，增长8.3%；工业增加值4328亿元，增长8.9%；主营业务收入21421亿元，增长7.1%。主要经济指标增长速度均高于规上工业平均水平，对全省工业经济发展起到了一定的推动作用。

(一)生产总体平稳有序，对规上工业的拉动作用明显

2014年，全省装备制造业运行总体平稳。从月度生产情况看，除12月以外，装备制造业增加值增速超过全省规上工业平均增速，多数月份增加值增速保持在8%至10%的区间内，高于规上工业平均水平1到3个百分点。从季度情况看，一季度、上半年和前三季度装备制造业对规上工业增加值增长的拉动均保持在3个百分点，全年的拉动为2.8个百分点，为规上工业经济的平稳运行做出了一定贡献。(见图1)

(二)产业效益总体较好，盈利能力高于平均水平

2014年，全省装备制造业企业利润总额1333亿元，同比增长9.7%，增幅高于规上平均水平4.6个百分点。其中，汽车制造业、电气机械和通信利润增长较快，分别为25.1%，14.7%，11.5%。主营业务利润率为6.4%，同比提高0.18个百分点；每百元主营业务收入中的成本83.5元，比上年低0.14元；劳动生产率达14.8万元/人，按可比价计算增长9.9%。

(三)内外销增长较快，对规上工业销售产值增长有较大贡献

在复杂的国内外经济环境下，全省装备制造业积极拓展营销渠道，不断开拓国际和国内市场。2014年，装备制造业销售产值21449亿元，同比增长8.1%，增幅比规上平均水平高2.2个百分点。出口交货值5760亿元，增长

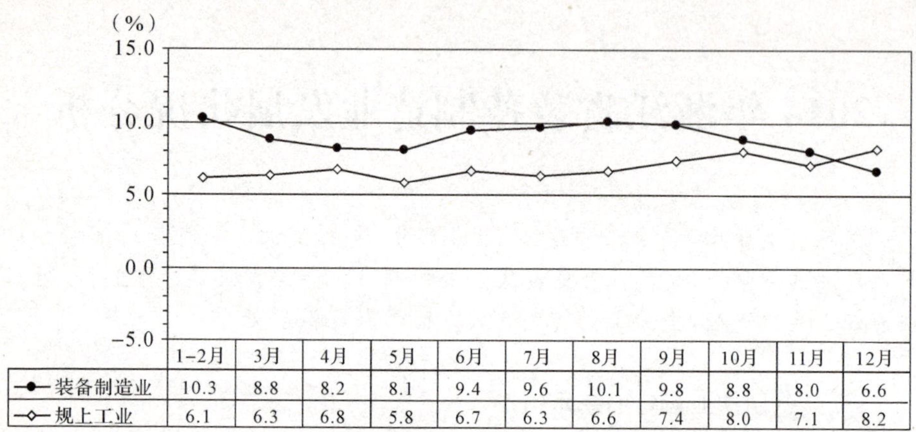

图 1　2014 年浙江省装备制造业和规上工业当月增加值速度

5.7%,对规上出口交货值增长的贡献率达 52.0%。内销产值 15689 亿元,增长 9.1%,对规上内销产值增长的贡献率达 43.4%。

二、装备制造业发展的主要特点

(一)区域发展有差异,个别地区规模优势比较明显

杭甬地区是全省装备制造业企业最为集中、规模最大的地区。杭州、宁波两市的装备制造业企业数分别为 2245 家和 3857 家,两市合计占全省装备制造业企业数的 40.2%,两地增加值合计占全省装备制造业增加值的 45.7%。销售产值、利润、出口等主要经济指标总量均大幅领先于其他地区,同时相应指标增长速度也属于中上水平,规模优势比较明显。其他地区总量规模较小,发展情况各异。嘉兴、湖州分别是中等规模和小规模地区中较快发展的代表;台州、衢州分别是中等规模和小规模地区中发展相对较慢的。(见表 1)

表 1　2014 年浙江省分地区装备制造业主要数据

地区	企业单位数(个)	工业增加值		工业销售产值		利润总额		出口交货值	
		总量(亿元)	同比增长(%)	总量(亿元)	同比增长(%)	总量(亿元)	同比增长(%)	总量(亿元)	同比增长(%)
浙江省	15177	4328	8.9	21449	8.1	1333	9.7	5760	5.7
杭州市	2245	921	9.3	4248	7.4	379	11.9	882	6.9
宁波市	3857	1055	11.1	5164	10.3	306	10.9	1886	4.7
温州市	1993	416	8.0	1858	6.3	122	14.8	311	9.9

续 表

地区	企业单位数（个）	工业增加值		工业销售产值		利润总额		出口交货值	
		总量（亿元）	同比增长（%）	总量（亿元）	同比增长（%）	总量（亿元）	同比增长（%）	总量（亿元）	同比增长（%）
嘉兴市	1169	322	15.7	1570	10.6	95	29.6	501	12.0
湖州市	609	178	12.4	1107	9.2	61	15.3	112	13.3
绍兴市	1106	426	9.5	2243	8.7	151	17.2	349	4.1
金华市	1329	352	8.2	1665	7.4	85	2.6	559	4.4
衢州市	299	90	4.9	362	−1.0	23	−22.9	40	7.3
舟山市	152	213	10.5	846	12.6	−12	−1714.5	426	3.8
台州市	1911	372	7.1	1811	5.1	78	5.7	602	3.1
丽水市	507	113	8.6	577	2	45	−13.8	93	0.5

（二）行业整体发展比较平均，汽车制造业一枝独秀

从全省装备制造业各个行业看，多数行业工业增加值、工业销售产值、利润总额、出口交货值等主要经济指标增长处于4%至10%之间，增长总体平稳，发展比较平均。其中，汽车制造业发展比较迅速，工业增加值、工业销售产值、利润总额和出口交货值同比分别增长18.5%，23.1%，25.1%和14.6%，增幅明显快于其他装备制造业行业相应指标。汽车制造业的快速增长是带动全省装备制造业发展的主要动力，其对装备制造业主要经济指标的贡献率在25%左右。（见表2）

表2　2014年浙江省装备制造业分行业主要数据

行　业	工业增加值		工业销售产值		利润总额		出口交货值	
	总量（亿元）	同比增长（%）	总量（亿元）	同比增长（%）	总量（亿元）	同比增长（%）	总量（亿元）	同比增长（%）
金属制品业	466	6.8	2400	6.4	111	−1.1	683	8.7
通用设备制造业	927	6.6	4299	5.4	285	6.0	981	5.4
专用设备制造业	350	8.1	1582	5.6	111	5.7	347	6.9
汽车制造业	536	18.5	2756	23.1	190	25.1	434	14.6
船舶制造业	272	8.9	1296	9.7	4	−72.3	581	−0.3

续　表

行　业	工业增加值		工业销售产值		利润总额		出口交货值	
	总量(亿元)	同比增长(%)	总量(亿元)	同比增长(%)	总量(亿元)	同比增长(%)	总量(亿元)	同比增长(%)
电气机械和器材制造业	1003	7.9	5729	5.6	310	14.7	1441	4.0
计算机、通信和其他电子设备制造业	561	9.5	2635	7.6	255	11.5	1097	5.4
仪器仪表制造业	178	6.5	683	5.4	65	6.2	168	7.4
金属制品、机械和设备修理业	35	14.6	68	15.8	1	60.0	29	28.7

（三）主要产品产量大幅增长，在全国比重有所提升

从相关产品看，全省装备制造业企业生产的产品种类比较齐全，几乎涵盖装备制造业所有行业。其主要产品产量也出现较大幅度增长。其中，程控交换机、交流电动机、集成电路和电子计算机整机产量占全国产量的比重分别为5.7%，18.7%，5.9%和0.5%，分别比2013年提高1.8，1.2，0.1和0.1个百分点。（见表3）

表3　2014年浙江装备制造业主要产品产量情况

产品名称	产　量	比上年增长(%)
数控机床(万台)	5.1	10.5
交流电动机(万千瓦)	5622.9	10.7
程控交换机(万线)	179.4	19.5
集成电路(亿块)	60.9	11.4
电子计算机整机(万台)	202.0	20.2

三、装备制造业发展中值得注意的情况

虽然全省装备制造业在2014年的发展总体平稳，其对全省工业企稳回升也起到重要作用，但在运行过程中也出现一些值得关注的情况。

（一）下半年走势与规上工业有较大差异，增长势头有所回落

2014年，装备制造业月度增加值增速呈现出上半年有波动，下半年有回落的走势，与规上工业企稳回升的态势有较大差异。特别是8月以后，规上工业增加值增速呈现缓中有升的态势，而装备制造业增加值增速则出现逐月回落

的情况。装备制造业对规上工业的贡献率也呈现出逐季回落的走势，一季度、上半年、前三季度和全年分别为48.8%，47.4%，45.5%和41.4%。12月与8月相比，仅仪器仪表、通用设备和船舶制造增加值增速略有提高，其他行业均出现较大幅度回落，通信行业增加值回落9.7个百分点，幅度最大。

（二）“两项资金”增长快速，产销衔接水平有待提高

全省装备制造业“两项资金”占用额为5954亿元，同比增长8.7%，占企业流动资产的40.3%，高于规上工业平均水平4.5个百分点。其中，应收账款4708亿元，产成品存货1245亿元，分别增长8.2%和10.7%，增幅分别比规上工业平均水平高0.4和2.0个百分点。产成品库存的较快增长是装备制造业产销率出现回落的主要原因，全年装备制造业产销率为96.4%，比2013年同期低0.2个百分点，比规上工业平均水平低0.4个百分点。

（三）行业间投资差距大，整体投资力度有待加强

全省装备制造业企业投资3190亿元，同比增长6.2%，增幅低于全省工业投资平均水平6.0个百分点。占全省工业投资总量40.5%的装备制造业投资仅拉动全省工业投资增长2.6个百分点。其中，仪器仪表和汽车制造业分别投资82亿元和591亿元，分别增长31.3%和20.3%，高于全省工业投资平均水平19.1和8.1个百分点，其他行业均低于平均水平。通信和船舶制造业投资出现下降，分别为－4.4%和－2.7%。

2015年，浙江装备制造业要进一步发挥在工业发展中的核心作用，充分利用省政府加快发展高端装备制造业的有利契机，增加科技投入，努力提高自主创新能力；加快产业、产品结构调整，大力发展高端装备产品、高端装备工程；加快推进改革，优化资源配置，为促进全省工业提质增效、实现平稳发展、创新发展做出新的贡献。

工业处　张　鹏

浙江工业结构优化升级的方向和路径研究

改革开放以来，浙江经济牢牢抓住先发优势，加快工业化进程，实现了从资源小省到经济大省的转变。与此同时，不断调整行业结构，进入新世纪以来，浙江工业经济增长结构总体上呈现从“重快轻慢”的格局，到工业结构变动呈现高加工化趋势，再到高新技术和战略性新兴产业步入发展快车道的演变。但也存在工业结构优化升级进展相对缓慢，产业中低端化地位未发生根本改变，高新技术和战略性新兴产业又陷入“高端产业价值链低端化”陷阱，工业结构调整较慢还导致工业增长的质量和效益较差等问题。本文从经济效率、创新效率和环境效率三个重要维度重新审视工业发展的行业结构，通过研究各维度上的优势产业、均势产业和劣势产业，再综合得到不同行业类型发展的着力点，以此提出浙江工业结构优化升级的方向和路径选择。

加快转变经济发展方式，推进经济转型升级是“十二五”时期浙江经济发展的主线。如何认识产业结构优化升级的紧迫性，如何把握结构优化升级的基本方向，是十分重要的议题。工业是实体经济的主体，也是转变经济发展方式、调整优化产业结构的主战场。本文以工业结构为主要研究对象，回顾了浙江工业结构的演变历程及主要特点，深入研究了浙江工业结构调整过程中存在的问题，应用指数模型定量分析了浙江工业行业的环境友好度和创新能力，进一步应用DEA模型定量分析了经济效率下工业行业的产业有效性，根据上述三个角度的分析综合表明各工业行业发展的优劣势，为浙江工业结构优化升级的方向和路径选择提供了科学依据。

一、浙江工业结构的演变过程、调整特点及问题

(一)浙江工业结构的演变过程

改革开放以来，浙江工业经济出现了高增长行业推动工业经济增长的周期变化特征，形成了结构优化变动推动工业经济增长的格局。伴随着工业经济快速增长，浙江工业结构也发生了深刻变化。从纵向看，浙江工业结构变动大致经历了三大阶段：第一阶段是20世纪70年代末期到90年代初期，这一阶段以纺织业为代表的轻工业获得了快速发展，凭借“轻、小、集、加”的优势，形成以市场为导向的加工型产业结构；第二阶段是20世纪90年代初期到21

世纪初期，这是浙江轻重工业均衡化调整时期，工业结构逐步从以轻工业为主，转向轻重工业并举的局面；第三阶段是21世纪初期至今，为全面推进工业结构优化升级阶段，工业增长明显转向以重工业为主导的格局，高新技术产业、装备制造业和战略性新兴产业快速发展，使产业结构呈现资本和技术密集化特征。在资源环境集约和大力倡导自主创新的新背景下，浙江工业结构已进入战略性调整时期。

（二）浙江工业结构调整的主要特点

1. 工业经济增长总体上呈现"重快轻慢"的格局。新世纪以来，除2004，2005，2012年出现过轻重工业增速倒挂的情况，浙江工业经济增长总体上呈现"重快轻慢"的格局。2001—2013年，浙江规模以上工业企业轻、重工业增加值年均分别增长13.4%和15.3%，重工业增长速度快于轻工业1.9个百分点。轻重工业比例由2000年的50.9∶49.1调整为2013年的43.0∶57.0，重工业比重提高近8个百分点。

表1　浙江轻重工业增加值比重表

单位：%

指　标	2000年	2001年	2004年	2007年	2010年	2013年
轻工业	50.9	54.0	47.3	45.2	42.7	43.0
重工业	49.1	46.0	52.7	54.8	57.3	57.0

2. 工业结构变动呈现高加工化趋势。资本和技术密集型行业逐渐取代传统的劳动密集型行业成为主导产业。据对浙江规模以上工业各行业增加值的考察，2006—2013年期间，增加值占规模以上工业比重上升幅度前三位的行业分别为：化学原料（上升1.4个百分点，下同）、交通运输设备制造业（1.3）和石油（1.0），都是资本技术密集型产业。而纺织业（下降2.4个百分点，下同）、橡胶塑料（0.9）、皮革（0.8）等劳动密集型行业增加值比重有所下降。如果从20世纪90年代初以来看，浙江工业结构的高加工化趋势会更明显，产业重心明显由纺织、服装、皮革、塑料和日用轻工等逐步向电气、电子、通信、医药等行业倾斜。

3. 高新技术和战略性新兴产业步入发展快车道。进入新世纪之后，受国家政策引导和鼓励，浙江企业积极参与到高新技术产业和战略性新兴产业的布局中来，基本形成以通信设备制造、医疗仪器设备制造、医药制造和仪器仪表制造等为主体的高新技术产业体系格局，和以节能环保、生物产业和新材料产业为主的战略性新兴产业体系格局，并且得到快速发展。2007—2013年，浙江高新技术产业增加值年均增长 12.6%，增幅快于规模以上工业 1.7 个百分点。2012—2013 年，战略性新兴产业增加值年均增长 8.7%，增幅快于规模以上工业 0.9 个百分点。

(三)浙江工业结构调整过程中存在的问题

1. 新世纪以来工业结构优化升级进展相对缓慢。2000 年，浙江规模以上工业增加值前 6 位的行业依次是纺织、电力、电气机械、通用设备、服装和化学原料，6 个行业增加值合计占规模以上工业的 47.1%。到了 2012 年，规模以上工业增加值前 6 位的行业依次是纺织、电气机械、电力、通用设备、化学原料和服装，仅仅是次序和 2000 年发生了变化，且这 6 个行业增加值合计占规模以上工业的比重为 46.9%，只略有下降。对比临近的江苏省，浙江工业结构变动可以说非常之慢。江苏十几年来工业结构变化较大，计算机通信设备一跃成为其最大行业，纺织业比重大幅下降近 7 个百分点，从第一大行业掉至第六大行业。

表 2　浙江和江苏工业结构变动对照表

单位：%

浙江				江苏			
2000 年		2012 年		2000 年		2012 年	
行业	比重	行业	比重	行业	比重	行业	比重
纺织	11.3	纺织	9.3	纺织	11.8	通信设备	13.5
电力	9.6	电气机械	8.9	化学原料	10.0	化学原料	11.0
电气机械	8.1	电力	8.8	通信设备	9.1	电气机械	10.6
通用设备	6.4	通用设备	7.7	电气机械	6.8	黑色金属冶炼	7.9
服装	6.0	化学原料	7.0	通用设备	6.6	通用设备	5.5
化学原料	5.7	服装	5.3	交通运输	4.9	纺织	5.0
六大行业合计	47.1	六大行业合计	46.9	六大行业合计	49.2	六大行业合计	53.4

注：浙江前六大行业以增加值排序，江苏因不能提供增加值数据，以总产值排序。

2. 产业中低端化地位未发生根本改变。浙江产业结构调整升级进展缓慢，使得浙江多数制造业企业仍处于全球价值链分工体系的末端，产业层次低、产品档次低、市场定位低、技术含量低、附加价值低、管理水平低。2000 年，纺织业是浙江工业第一大行业，增加值占规模以上工业的比重为 11.3%；到 2012 年，纺织业仍然是浙江工业第一大行业，增加值占比仅下降了 2 个百分点。浙江工业结构层次低也可以从外来人口的数量和素质上窥见一斑。2010年,浙江外来常住人口比2000年增加813.5万人,比外来人口第一大省广东省同期外来人口增加数还多出170.2万人,新增外来人口数居全国第一;外来人口人均受教育年限仅为8.59年,比全国省际流动人口平均受教育年限低1.02年,居全国倒数第二。较低素质的工业劳动力,必然导致较低的劳动生产率,必然阻碍工业结构的整体提升。

3.高新技术和战略性新兴产业又陷入“高端产业价值链低端化”陷阱。尽管浙江高新技术产业和战略性新兴产业发展迅猛,是工业经济增长的重要支柱,但仍沿袭了利用劳动力等成本要素的比较优势参与国际分工的老路,主要还是参与在加工制造等生产环节,关键核心技术多数受制于发达国家,实际上就是处于高端产业价值链的底端。以光伏产业为例,技术创新主要集中在光伏组件加工制造方面,而没有掌握包括光伏组件的制造设备、高纯硅提纯技术和新型光伏材料研究等核心技术,这就是为什么浙江光伏行业短暂辉煌之后陷入困境的重要原因。我们认为“高端产业低端化”是当前浙江工业结构优化升级中存在的最主要问题之一,不仅会使依靠技术进步和新兴产业实现转型的目标存在落空危险,而且也将使利用新技术革命改造传统产业的经济升级出现“为他人作嫁衣”的局面。

4.工业结构调整较慢导致工业增长的质量和效益较差。2000—2004年,浙江工业延续20世纪以来快速增长的势头,工业增长速度居各省市区前列;但是2004年后结构调整较慢导致的影响逐步显现,工业增长速度开始在各省市区靠后,且增长的质量和效益不佳。2007年,浙江规模以上工业增加值率和劳动生产率均为全国倒数第一。和江苏相比,浙江工业的质量和效益明显偏差。2012年,浙江规模以上工业增加值率为18.55%,明显低于江苏的22.15%;劳动生产率为15.1万元/人·年,明显低于江苏的24.4万元/人·年;主营业务收入利润率5.4%,明显低于江苏的6.1%。从分行业主营业务收入利润率看,34个制造业和供应业中,浙江只有6个行业的主营业务收入利润率高于江苏。其中,浙江服装、纺织和皮革等传统行业主营业务收入利润率分别低于江苏1.0,0.8和0.4个百分点。

二、工业结构优化升级的研究思路

工业结构优化升级涉及理念转变、模式转型和路径创新,是一个战略性、全局性、系统性的变革过程。目前,浙江工业结构调整进入关键时刻,面临新的内外环境和任务,针对浙江工业结构调整的特点及存在的问题,工业结构优化升级也应具有新的内涵,要从一个新的视角研究这一问题。基于科学发展的理念，我们从经济效率、创新效率和环境效率三个重要维度重新审视工业发展的行业结构，通过研究各维度上的优势产业、均势产业和劣势产业，再综合得到不同行业类型发展的着力点，以此提出浙江工业结构优化升级的方向和路径选择。具体研究思路如下：

（一）建立经济效率下工业行业相对有效性 DEA 模型

从生产要素消耗带来的经济产出角度区分工业的优势、均势和劣势产业（见图 1）。以资产总计、从业人员年平均人数、主营业务成本和能源消耗总量作为投入指标，将工业总产值、工业利税总额作为产出指标，利用 DEA 模型得出各行业的经济有效性。

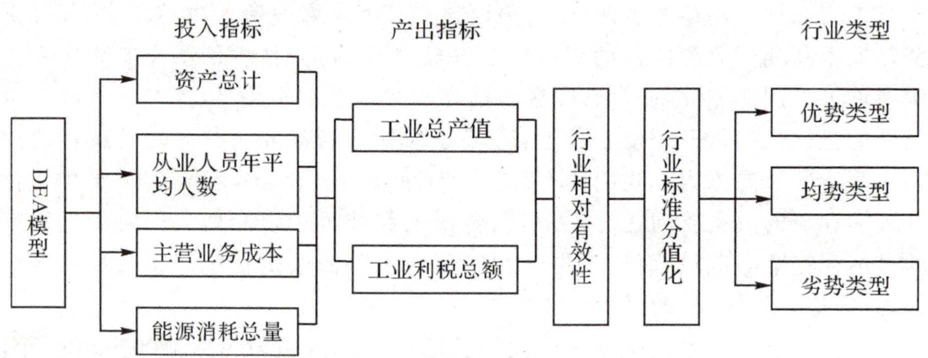

图 1　经济效率下行业相对有效性及行业类型划分

（二）建立环境效率下工业行业的环境友好度模型

从环境效率角度区分工业的优势、均势和劣势产业（见图 2）。以万元产值能耗量、万元产值 SO_2 排放量、万元产值 COD 排放量分别测算能源友好度、大气友好度和水环境友好度等指标，通过层次分析法 APH 确定各个指标的权重，构建环境友好度综合指数模型。

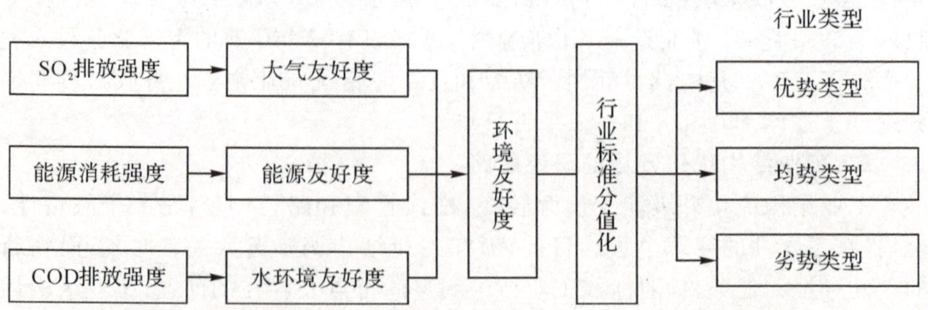

图 2　环境效率下行业环境友好度评价指标体系及行业类型划分

（三）建立创新效率下工业行业的创新能力评价模型

从创新效率角度区分工业的优势、均势和劣势产业（见图 3）。以科技经费内部支出/主营业务收入作为科技投入、新产品产值率作为科技产出、专利申请数/企业数量作为知识产权测算等指标，通过层次分析法 APH 确定各个指标的权重，构建创新能力综合指数模型。

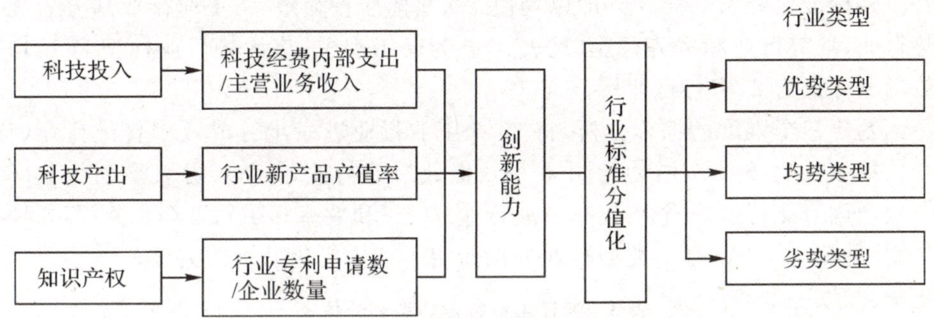

图 3 创新效率下创新能力评价指标体系及行业类型划分

（四）综合分类评价

基于上述三个维度的行业类型划分，归类出几大类行业类型。只有将工业行业的经济效率、环境效率和创新效率进行有效组合，才能合理制定出符合科学发展理念的工业结构优化升级的方向，才能在此基础上有针对性地提出工业结构优化升级的途径。

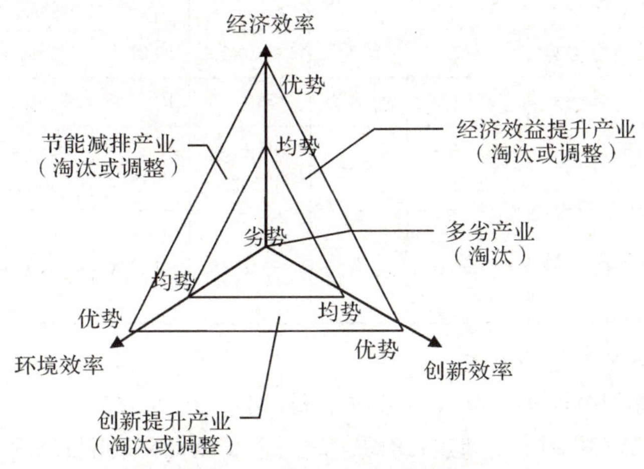

图 4 行业类型组合立体图

三、浙江工业结构优化升级的方向

(一)行业类型划分标准

基于上述研究思路,我们运用 2012 年规模以上工业企业的行业统计资料,分别进行了经济效率、环境效率和创新效率评价,再将三大维度的效率评价结果都转化为标准化分值,按照标准化分值≥69.15,30.85≤标准化分值<69.15,标准化分值<30.85(即以均值±0.5 标准差为限)将工业行业划分为优势行业、均势行业和劣势行业(见表 3)。为便于观看,将优势行业标记为 1,均势行业标记为 2,劣势行业标记为 3。

基于三个维度的综合分析,将 38 个工业行业进一步分成效率普优行业(1 个)、提效行业(6 个)、增创行业(3 个)、提效节能行业(2 个)、提效增创行业(6 个)、增创节能行业(4 个)、效率一般行业(6 个)和效率多劣行业(10 个)等 8 种类型(见表 3),并就每一类型行业分别指明了结构优化升级的突破口。

表 3　浙江工业行业类型划分依据

行业类型	经济效率		环境效率		创新效率		具体条件
	有效性	标准值	友好度	标准值	创新度	标准值	
效率普优行业	优势	≥69.15	优势	≥69.15	优势	≥69.15	都优势
提效行业	均劣势	<69.15	优势	≥69.15	优势	≥69.15	两项优势
增创行业	优势	≥69.15	优势	≥69.15	均劣势	<69.15	两项优势
提效节能行业	均劣势	<69.15	均劣势	<69.15	优势	≥69.15	一项优势
提效增创行业	均劣势	<69.15	优势	≥69.15	均劣势	<69.15	一项优势
增创节能行业	优势	≥69.15	均劣势	<69.15	均劣势	<69.15	一项优势
效率一般行业	均势	30.85—69.15	均势	30.85—69.15	均势	30.85—69.15	都均势
效率多劣行业	均劣势	<69.15	均劣势	<69.15	均劣势	<69.15	均劣势并至少一项劣势

(二)行业类型划分结果

1. 单维度划分结果。从经济效率来看,烟草、皮革、石油、燃气和食品制造等 8 个行业经济效率比较理想;纺织、服装、金属制品、通用设备和专用设备等 22 个行业经济效率一般;而印刷、非金属矿物、水生产供应等 8 个行业经济效率不理想。

从环境效率来看，烟草、皮革、文体教育、家具、电气机械、通信设备等17个行业属于清洁型或者轻污染行业；食品、医药、橡胶塑料和金属制品等15个行业属于中度污染行业；而纺织、造纸、石油、非金属矿物、黑色金属和电力生产供应等6个行业属于重度污染行业。统计分析，重污染行业万元产值能源消耗量、万元产值COD排放量和万元产值SO_2排放量是其他行业均值的3.5，4.4和10.3倍。

从创新效率来看，烟草、通用设备、汽车制造、通信设备和医药等9个行业自主创新能力强；服装、纺织、食品、饮料和化学纤维等19个行业自主创新能力一般；石油、燃气、电力和水生产供应等10个行业自主创新能力弱。可以发现，除了采选业和修理业外，自主创新能力弱的行业都是垄断行业。

表4　浙江工业的优势行业、均势行业和劣势行业名单及行业类型划分

行业类型	行　业	经济效率	环境效率	创新效率
效率普优行业	烟草制品业	1	1	1
提效行业	电气机械和器材制造业	2	1	1
	计算机、通信和其他电子设备制造业	2	1	1
	汽车制造业	2	1	1
	通用设备制造业	2	1	1
	仪器仪表制造业	2	1	1
	专用设备制造业	2	1	1
增创行业	皮革、毛皮、羽毛及其制品和制鞋业	1	1	2
	废弃资源综合利用业	1	1	3
	燃气生产和供应业	1	1	3
提效节能行业	化学原料和化学制品制造业	2	2	1
	医药制造业	2	2	1
提效增创行业	纺织服装、服饰业	2	1	2
	家具制造业	2	1	2
	文教、工美、体育和娱乐用品制造业	2	1	2
	铁路、船舶、航空航天和其他运输设备制造业	3	1	2
	印刷和记录媒介复制业	3	1	2
	煤炭开采和洗选业	3	1	3

续　表

行业类型	行　业	经济效率	环境效率	创新效率
增创节能行业	木材加工和木、竹、藤、棕、草制品业	1	2	2
	农副食品加工业	1	2	2
	有色金属冶炼和压延加工业	1	2	2
	石油加工、炼焦和核燃料加工业	1	3	3
效率一般行业	化学纤维制造业	2	2	2
	金属制品业	2	2	2
	酒、饮料和精制茶制造业	2	2	2
	其他制造业	2	2	2
	食品制造业	2	2	2
	橡胶和塑料制品业	2	2	2
效率多劣行业	非金属矿采选业	2	2	3
	有色金属矿采选业	2	2	3
	纺织业	2	3	2
	黑色金属冶炼和压延加工业	2	3	2
	电力、热力的生产和供应业	2	3	3
	黑色金属矿采选业	3	2	3
	金属制品、机械和设备修理业	3	2	3
	水的生产和供应业	3	2	3
	非金属矿物制品业	3	3	2
	造纸和纸制品业	3	3	2

2.综合划分结果。

(1)效率普优行业。这类行业经济效益好，环境污染少，创新能力强。烟草是唯一一个效率普优行业。

(2)提效行业。这类行业环境污染少，创新能力强，但经济效益一般。电气机械、通信设备、汽车制造等 6 个行业为提效行业。这 6 个行业都属于装备制造业。浙江装备制造业增加值总量不算小，2013 年占规模以上工业的比重为33.8%，但是浙江的装备制造业以加工组装为重心，高端装备制造业比重偏低。2013年，浙江高端装备制造业增加值仅占全部装备制造业的6.6%，且增长速度(8.8%)慢于全部装备制造业(9.4%)。而高端装备制造业经济效益明显要好，主营业务收入利润率7.2%，高于全部装备制造业1个百分点。因此，提效行业调整的方向重点在于巩固发展、优化提升，进而提高经济效益。

(3)增创行业。这类行业经济效率好，环境污染少，但创新能力一般或很差。皮革、燃气生产供应和废弃资源利用等3个行业为增创行业。皮革行业中，浙江除奥康等少数企业外，大部分皮革制鞋企业规模不大，科研投入少，产品还处于贴牌加工阶段，采用的仍是订单加工模式，企业赚取的仍是少量加工费。因此，增创行业调整的重点无疑在于加强自主创新能力，要在产品的创新、工艺的创新，以及营销管理的创新上下大力气。

(4)提效节能行业。这类行业创新能力强，但经济效益一般，属于中度污染行业。化学原料和医药2个行业为提效节能行业。浙江化学原料和医药行业研发力度大，行业规模相对较大，涌现了龙盛集团、浙江传化、新和成、华东医药、康恩贝集团等一批龙头企业。提效节能行业调整的重点在于以大企业为龙头，加强资源的有效整合或重组，提升行业投入产出效率，合理控制能源消耗和污染物排放。

(5)提效增创行业。这类行业环境污染少，但从经济效率和创新效率看属于均势行业或劣势行业。服装、家具、文教和印刷等6个行业为提效增创行业。这些行业多是浙江传统轻工产业，产品档次低，企业规模不大，出口依存度高，但同时也吸纳了大量劳动力。提效增创行业发展的当务之急是激发这些中小企业的活力，激励企业通过技术革新和核心设备更新，提升产品附加值，提高劳动生产率，创出品牌，开拓和扩展市场占有，并通过完善出口信用保险降低企业贸易风险。

(6)增创节能行业。这类行业经济效益好，但创新能力不强，资源环境利用率相对较差。木材、食品、石油和有色金属压延等4个行业为增创节能行业。这类行业的调整要以节能、降耗、减排为目标，通过创新，形成新产品开发的创新体系和技术创新的平台。特别是石油行业，不仅市场份额大、产业链长，而且直接关系着下游建材、汽车、加工制造多个产业链的发展，所以要以科技炼化、绿色炼化、和谐炼化为方向，推行清洁生产。

(7)效率一般行业。这类行业无论从经济效率角度，还是从环境效率和创新效率角度，都属于均势行业。化学纤维、金属制品、饮料、食品和塑料等6个行业为效率一般行业。每个维度都为均势，说明该行业在任何一方面都没有竞争优势，必须进行全方位的提升改造。因此，这类行业的调整重点在于既要着力提升产品的质量水平，降低成本，提高附加值，降低消耗，减少污染，又要挖掘行业发展的新增长点。

(8)效率多劣行业。这类行业在经济效率、环境效率和创新效率上都属于均势或劣势行业，并且至少在一个评价维度上属于劣势行业。纺织、黑色金属压延、非金属矿物制造、造纸、电力生产供应和水生产供应等 10 个行业属于效率多劣行业。这类行业在整个工业行业中占比较大，它们的发展直接制约着浙江工业结构优化升级的高度。这类行业今后要边调整边淘汰，一方面加强技术改造、促进产品升级换代、加强资源综合利用，另一方面分阶段、多方式地淘汰落后产能，对低端落后块状行业进行专项整治，坚决关停一批安全隐患突出、环境污染严重、经济效益差的低小散型企业。

四、浙江工业结构优化升级的路径

(一)以提高重视作为工业结构优化升级的着力点

当前，浙江正处于高速增长转入中高速增长的转换时期，工业结构的调整已经进入集约型战略调整的重要关口。一方面，要充分认识到工业结构的调整是所有行业的全面提升，而不是某个行业的优化。尽管高新技术产业和战略性新兴产业成为发展的主流，但这并不意味着要摒弃传统产业。现代产业与传统产业没有截然分界，传统产业通过改造提升可以达到现代产业水平，而发展现代产业可反促传统产业转型升级、提高盈利效率。另一方面，要充分认识到浙江工业结构优化升级的紧迫性。尽管从经济效率、环境效率和科技效率三方面，浙江工业行业发展各有所长，但是如果和发达国家、发展领先的省份相比，差距还是较大的。因此，在朝夕必争的国际大竞争背景下，浙江工业结构调整必须与时间赛跑，只有不断优化传统产业，加快新兴产业发展，不断提升产业竞争力，才能推动浙江产业向更高的产业分工地位攀升，才能实现浙江经济的凤凰涅槃。

(二)以科技创新作为工业结构优化升级的突破口

通过对浙江工业行业类型的划分可知，除了效率普优行业，其他行业至少有一个维度不属于优势行业。我们对其他 7 类行业分别进行分析并指出了行业优化调整的方向，这是从经济效率、环境效率和科技效率三个维度进行比较所得出的调整侧重点，但实际上对于任何行业而言，科技创新始终是降低资源消耗、提高经济效益的最重要源泉。浙江工业普遍存在科技创新能力不足的问题。2012 年，浙江 R&D 经费投入不足江苏的六成；浙江规模以上工业科技活动人员中具有高中级职称人员仅占 19.0%，比 2007 年还低 6.3 个百分点。

浙江的高新园区数量少、体量小，经济带动力不强，明显不如江苏。这正好解释了为什么近几年浙江工业经济发展动力和效益不如江苏。因此，必须将提高创新能力作为推进浙江产业结构调整的中心环节，采取自主创新、集成创新、引进消化吸收再创新等多种创新形式，全面推进新产品、新装备、新服务的开发，深化技术创新综合试点，逐步实现由简单生产和贴牌生产为主转向自主创新、自有品牌为主，重新确立浙江工业发展的新优势。

（三）以有力措施作为工业结构优化升级的推进器

针对浙江工业结构调整存在的问题及各类行业调整的方向，建议采取以下措施，一是关注调整和淘汰的重点行业和重点企业或项目，积极发挥示范作用，由点到面，实现分阶段重点推进。全面清理钢铁、水泥、电解铝、平板玻璃、船舶等行业的违规建设项目，积极探索建立"减量换置"过剩产能化解机制。二是完善调整和淘汰标准体系，实现由标准淘汰向市场淘汰、被动淘汰向主动淘汰的转变。从技术、工艺、装备、产品、环保、能耗、土地利用效率、城市规划和建设等综合要素出发，建立和完善浙江行业准入标准和劣势企业调整和淘汰标准，将标准控制作为指导工业行业发展的常态措施。三是推广普及清洁生产，促进循环型工业发展。做好印染、造纸、化工、电镀、涉汞等重污染行业的整治提升，严格环境执法监管。继续实施"能源双控"，抓好重点领域节能，推动节能技改和节能新技术推广应用。四是深化产业集群示范区建设，提高各类产业集群区（开发区、园区）的产业集聚度。要明确产业准入门槛和招商目标定位，避免集群区之间招商陷入雷同，真正实现错位发展、特色发展。

工业处　徐　璐

浙江工资水平与沿海省份的比较研究

平均工资是城乡居民收入最重要的组成部分，也是居民生活的基本来源和保障，更是经济增长质量的真实体现。本课题通过浙江与北京、上海、江苏、山东、广东等6个省份工资水平的比较分析，试图厘清浙江工资水平的变化趋势，以及劳动报酬变化与经济增长之间的关系，研究探索保持浙江城乡居民收入水平持续增长的动因。

一、工资水平的现状与变化趋势

(一)2000 年以来浙江工资水平总体处于较高水平，但至 2012 年，平均工资绝对量向下移位[①]，增长速度趋缓

从绝对量看，2000 年浙江在岗职工平均工资 13076 元，高于全国平均水平 9371 元的 40%，位于上海(18531 元)、北京(16350 元)、广东(13823 元)之后，分别比江苏、山东高出 2777 元和 4304 元，幅度达 27%和 49%。而至 2012 年，浙江在岗职工平均工资为 50197 元，仅高于全国平均水平 46769 元的 7%，列北京(84742 元)、上海(78673 元)、江苏(50639 元)、广东(50278 元)之后，位次后移，比江苏低 442 元，从 2000 年的高 27%到 2012 年的低 0.9%。与山东比，从 2000 年的高 49%下降到高 20%。与"标兵"北京、上海的距离加大，而与"追兵"山东的差距却在缩小。从发展态势看，浙江、江苏、广东的工资水平呈现出你追我赶的局面。浙江从 2001 年工资水平超过广东以来，优势一直保持十年，直到 2012 年被广东反超。而江苏则从 2011 年起赶上并超过浙江，发展势头强劲(见表 1)。

表 1　2000—2012 年全国及 6 省市在岗职工平均工资

单位：元/人

	全国合计	北京市	上海市	江苏省	浙江省	山东省	广东省
2000 年	9371	16350	18531	10299	13076	8772	13823
2001 年	10870	19155	21781	11842	16385	10008	15682

① 本文所述的位次及变化仅指选择比较的 6 省市之间的序列。

续 表

	全国合计	北京市	上海市	江苏省	浙江省	山东省	广东省
2002 年	12422	21852	23959	13509	18785	11374	17814
2003 年	14040	25312	27304	15712	21367	12567	19986
2004 年	16024	29674	30085	18202	23506	14332	22116
2005 年	18364	34191	34345	20957	25896	16614	23959
2006 年	21001	40117	41188	23782	27820	19228	26186
2007 年	24932	46507	49310	27374	31086	22844	29443
2008 年	29229	56328	56565	31667	34146	26404	33110
2009 年	32736	58140	63549	35890	37395	29688	36355
2010 年	37147	65683	71874	40505	41505	33729	40358
2011 年	41799	75482	75591	45487	45162	37618	45060
2012 年	46769	84742	78673	50639	50197	41904	50278

从增长速度看，浙江在岗职工平均工资 2001 年到 2012 年平均增长 11.9%，低于全国 14.3%的增长速度 2.4 个百分点，位于北京(14.7%)、江苏(14.2%)、山东(13.9%)、上海(12.8%)之后，仅高于广东 0.5 个百分点。

表 2　2000—2012 年全国及 6 省市在岗职工平均工资增长速度

	全国合计	北京市	上海市	江苏省	浙江省	山东省	广东省
2000 年	—	—	—	—	—	—	—
2001 年	16.0%	17.2%	17.5%	15.0%	25.3%	14.1%	13.4%
2002 年	14.3%	14.1%	10.0%	14.1%	14.6%	13.6%	13.6%
2003 年	13.0%	15.8%	14.0%	16.3%	13.7%	10.5%	12.2%
2004 年	14.1%	17.2%	10.2%	15.8%	10.0%	14.0%	10.7%
2005 年	14.6%	15.2%	14.2%	15.1%	10.2%	15.9%	8.3%
2006 年	14.4%	17.3%	19.9%	13.5%	7.4%	15.7%	9.3%
2007 年	18.7%	15.9%	19.7%	15.1%	11.7%	18.8%	12.4%
2008 年	17.2%	21.1%	14.7%	15.7%	9.8%	15.6%	12.5%
2009 年	12.0%	3.2%	12.3%	13.3%	9.5%	12.4%	9.8%

续 表

	全国合计	北京市	上海市	江苏省	浙江省	山东省	广东省
2010 年	13.5%	13.0%	13.1%	12.9%	11.0%	13.6%	11.0%
2011 年	12.5%	14.9%	5.2%	12.3%	8.8%	11.5%	11.7%
2012 年	11.9%	12.3%	4.1%	11.3%	11.1%	11.4%	11.6%
01—12 年	14.3%	14.7%	12.8%	14.2%	11.9%	13.9%	11.4%
10—12 年	12.6%	13.4%	7.4%	12.2%	10.3%	12.2%	11.4%

从近三年看，情况大致相当，2010—2012 年浙江平均工资增速仅为 10.3%，低于全国平均水平 2.3 个百分点，也低于北京、江苏、山东、广东增长速度，增速明显趋缓(见表 2)。

(二)2000 年以来，浙江建筑业职工平均工资总体水平呈下降态势

如表 3 所示，2000 年，浙江建筑业职工平均工资 12090 元，虽然低于同期平均工资 13076 元的水平，但与全国和沿海省份相比，仍处于较高水平。比全国高 38%。分别比江苏、广东、山东高出 26%，4.3%和 60%。与上海相差 35%，略低于北京(12899 元)。而到 2012 年，浙江建筑业平均工资为 36901 元，不仅被江苏超过，位次后移，而且总体水平与山东、广东和全国平均水平相当。尤其值得注意的是，2011 年浙江建筑业平均工资仅为 31590 元，比全国平均水平 32103 元低 513 元。从 2000 年的高 38%，到 2011 年的基本持平，优势已然不再。

表 3　2000—2012 年全国及 6 省市建筑业在岗职工平均工资(元/人)及平均增速

	全国合计	北京市	上海市	江苏省	浙江省	山东省	广东省
2000 年	8735	12899	16441	9582	12090	7530	11590
2001 年	9484	13840	19244	10381	13150	8351	12207
2002 年	10279	14455	21820	11289	14478	9545	13306
2003 年	11478	16730	24591	13167	15982	10028	14608
2004 年	12770	20606	29211	14697	16915	11751	15639
2005 年	14338	23300	35034	16118	18837	13069	17375
2006 年	16406	27830	43314	18563	20714	15643	19462
2007 年	18758	34015	52698	20698	23135	18388	20906

续 表

	全国合计	北京市	上海市	江苏省	浙江省	山东省	广东省
2008 年	21527	39320	61739	23578	25252	20753	22925
2009 年	24625	42723	69131	27363	27220	23405	25843
2010 年	28127	47292	75983	30515	29074	25909	29233
2011 年	32103	52455	59603	33549	31590	31101	32872
2012 年	36483	61579	51894	37619	36901	33667	36540
01—12 年	12.7%	13.9%	10.1%	12.1%	9.7%	13.3%	10.0%
10—12 年	14.0%	13.0%	−0.1%	11.2%	10.7%	12.9%	12.2%

从发展速度看，2001—2012 年浙江建筑业平均工资平均增速 9.7%，比全国低 3 个百分点，为本文比较的 6 省份最后一位，分别比北京、山东、江苏、上海、广东低 4.2，3.6，2.4，0.4 和 0.3 个百分点。从近三年增长情况来看，除上海负增长外，浙江仍低于全国和其他省份。

（三）浙江制造业职工平均工资总体水平在各行业中处于谷底，与全国及沿海省份相比，也居中下水平

2000 年，浙江制造业职工平均工资为 10767 元，低于同期浙江平均工资（13076 元）21%，也低于同期建筑业职工平均工资（12090 元）12%。横向看，低于最高的上海（17185 元）60%，只比全国平均水平高出 23%。低于上海、北京、广东，略高于江苏，居第四位。然而到 2012 年，情况发生了巨大的变化，浙江制造业职工平均工资只有 40464 元，仅仅高于山东，低于全国平均水平（41650 元）1186 元。与上海的差幅仍达 60%，被江苏超越。

表 4　2000—2012 年全国及 6 省市制造业在岗职工平均工资（元/人）及平均增速

	全国合计	北京市	上海市	江苏省	浙江省	山东省	广东省
2000 年	8750	14423	17185	9182	10767	7101	12519
2001 年	9774	16571	20406	10125	12060	7881	13512
2002 年	11001	17645	22083	11520	13298	8763	14701
2003 年	12496	20059	25477	13512	14267	10000	15763
2004 年	14033	22338	27456	15146	14722	11376	17007
2005 年	15757	24958	29835	16937	16446	13019	18019

续 表

	全国合计	北京市	上海市	江苏省	浙江省	山东省	广东省
2006 年	17966	29121	35453	19117	18218	15381	19785
2007 年	20884	33380	39483	21895	20677	18203	22003
2008 年	24192	38136	43678	25187	23629	21114	24751
2009 年	26599	40642	48207	27372	25287	23712	26991
2010 年	30700	47175	53348	31728	29515	27756	30796
2011 年	36665	56742	61491	37720	35363	32069	35772
2012 年	41650	64235	65032	42641	40464	36833	41712
01—12 年	13.9%	13.3%	11.7%	13.7%	11.7%	14.7%	10.5%
10—12 年	16.1%	16.5%	10.5%	15.9%	17.0%	15.8%	15.6%

从平均增速看，2001—2012 年浙江制造业平均工资平均增长 11.7%，低于全国 13.9%的增速，位于山东(14.7%)、江苏(13.7%)、北京(13.3%)之后，和上海持平，居第四。可喜的是近三年来浙江的制造业平均工资增速提升速度加快，2010—2012 年平均增速达到 17%，居 6 省份之首，高出同期全国平均水平 0.9 个百分点(见表 4)。

对 2012 年浙江制造业进一步分析可知浙江制造业平均工资特点(见表 5)，一是制造业中，除烟草制品业和石油加工、炼焦和核燃料加工业平均工资特别高外，其他行业的平均工资分布均比较均衡，分布区间在 60000—30000 元。但行业极差较大，烟草制品业和石油加工、炼焦和核燃料加工业的平均工资分别为 168719 元和 149371 元，分别是制造业平均工资的 4.17 和 3.69 倍，是平均工资最低的皮革、毛皮、羽毛及其制品和制鞋业(30098 元)的 5.6 和 5 倍。二是制造业行业平均工资 40460 元，总体水平较低，低于同期建筑业及绝大多数服务业行业的平均工资。制造业 31 个行业中有 14 个行业的平均工资低于制造业平均工资水平。三是烟草制品业和石油加工、炼焦和核燃料加工业这两个行业同时也是人均总产值、人均利税最高的行业，但却是从业人员最少的行业，分别只有 0.36 万和 0.99 万人。说明制造业中高收入行业的人群不多。四是除烟草和石化行业外，制造业中平均工资最高的 5 个行业依次为医药制造业(59588 元)，化学原料和化学制品制造业(57460 元)，酒、饮料和精制茶制造业(53937 元)，金属制品、机械和设备修理业(49932 元)和汽车制造业(46520 元)；人均利税最高的 5 个行业依次为化学原料和化学制品制造业

(16.52 万元),酒、饮料和精制茶制造业(15.91 万元),医药制造业(13.12 万元),有色金属冶炼和压延加工业(11.68 万元),食品制造业(10.01 万元);人均总产值最高的 5 个行业依次为有色金属冶炼和压延加工业(243.32 万元)、化学纤维制造业(207.02 万元)、化学原料和化学制品制造业(202.90 万元)、废弃资源综合利用业(176.99 万元)、黑色金属冶炼和压延加工业(168.20 万元)。在制造业中从业人员最多的 5 个行业依次为纺织业(79.81 万人),电气机械和器材制造业(78.33 万人),纺织服装、服饰业(62.81 万人),通用设备制造业(60.82 万人),皮革、毛皮、羽毛及其制品和制鞋业(42.65 万人)。资料表明,平均工资高的行业,人均利税也高。就业人口最多的则是传统、低端加工业。

表 5 2012 年浙江省制造业各行业在岗职工平均工资与人均总产值、人均利税比较

	平均工资(元/人)	人均总产值(万元/人)	人均利税(万元/人)	年平均人数(万人)
制造业	40460	77.48	6.85	704.85
农副食品加工业	35965	106.64	5.52	8.89
食品制造业	43838	70.52	10.01	7.24
酒、饮料和精制茶制造业	53937	96.19	15.91	5.14
烟草制品业	168719	991.05	843.42	0.36
纺织业	35715	67.87	4.94	79.81
纺织服装、服饰业	35811	34.87	3.20	62.81
皮革、毛皮、羽毛及其制品和制鞋业	30098	33.60	2.86	42.65
木材加工和木、竹、藤、棕、草制品业	31136	70.32	6.06	6.24
家具制造业	35138	39.99	3.18	16.33
造纸和纸制品业	37533	81.51	6.13	14.37
印刷和记录媒介复制业	37892	53.85	5.26	5.82
文教、工美、体育和娱乐用品制造业	33836	49.63	3.84	19.72
石油加工、炼焦和核燃料加工业	149371	1674.19	259.00	0.99
化学原料和化学制品制造业	57460	202.90	16.52	24.35
医药制造业	59588	79.57	13.12	12.54
化学纤维制造业	44713	207.02	9.93	12.31

续 表

	平均工资（元/人）	人均总产值（万元/人）	人均利税（万元/人）	年平均人数（万人）
橡胶和塑料制品业	38522	74.60	5.98	34.65
非金属矿物制品业	41971	84.86	8.80	19.92
黑色金属冶炼和压延加工业	44778	168.20	6.90	14.69
有色金属冶炼和压延加工业	41569	243.32	11.68	8.83
金属制品业	36099	61.90	4.79	37.85
通用设备制造业	42814	62.77	6.27	60.82
专用设备制造业	43004	62.01	6.37	22.53
汽车制造业	46520	88.16	7.63	32.88
铁路、船舶、航空航天和其他运输设备制造业	42330	88.27	2.99	13.86
电气机械和器材制造业	40049	67.58	5.31	78.33
计算机、通信和其他电子设备制造业	45506	62.77	6.93	36.05
仪器仪表制造业	45325	52.77	6.47	13.36
其他制造业	35567	43.35	3.22	7.34
废弃资源综合利用业	36368	176.99	7.05	1.93
金属制品、机械和设备修理业	49932	30.70	1.54	2.26

（四）总体而言，服务业在岗职工平均工资在各行业中处于较高水平

为了便于分析，把服务业各业分成五个层次，即平均工资最高的金融业和信息传输、计算机服务和软件业；次高的卫生、社会保障和社会福利业，公共管理和社会组织，教育业，科学研究、技术服务和地质勘查业，文化、体育和娱乐业；中等的交通运输、仓储和邮政业，房地产业，批发和零售业；较低的水利、环境和公共设施管理业，租赁和商务服务业，居民服务和其他服务业；最低的住宿和餐饮业。需要说明的是，2000 年以来服务业的行业划分有所变动，为了统计口径一致，本文选取了 2003 年至 2011 年服务业数据进行比较分析，通过对 2000 年、2001 年、2002 年和 2012 年数据审核，变化趋势与 2003—2011 年基本一致。

1. 金融业和信息传输、计算机服务和软件业。金融行业职工平均工资一

直处于较高水平，特别是2008年以后，金融业工资水平超过信息传输、计算机服务和软件业，跃居服务业各行业之首。2011年，金融业在岗职工平均工资全国平均水平为81109元，沿海省份依次为北京172621元、上海170086元、浙江112458元、广东97916元、江苏86520元、山东61416元。浙江名列第三（见表6）。从平均增长速度看，2003年至2011年，平均增速全国为17.4%，从高到低依次为上海18.9%、江苏17.3%、浙江17.2%、山东15.1%、广东14.4%、北京13.7%。北京由于基数较高，所以尽管平均增长速度没有其他沿海省份高，但绝对量2011年名列第一。总体而言，金融业是服务业中平均工资增速增长最快的行业。

表6 2003—2011年全国及6省市金融业在岗职工平均工资（元/人）及平均增速（%）

	全国合计	北京市	上海市	江苏省	浙江省	山东省	广东省
2003年	22457	61713	42544	24173	31578	19924	33426
2004年	26982	80785	46269	29256	41996	23222	38317
2005年	32228	92764	54390	35363	50972	28213	44171
2006年	39280	113092	69043	43495	59910	33304	55508
2007年	49435	129982	98810	52758	74725	42366	70228
2008年	61841	178322	125737	64113	92509	49166	84399
2009年	70265	180816	144419	74741	102433	60157	91652
2010年	80772	200349	165442	86044	115512	67492	96974
2011年	81109	172621	170086	86520	112458	61416	97916
平均增速	17.4	13.7	18.9	17.3	17.2	15.1	14.4

信息传输、计算机服务和软件业是服务业中知识最密集的新兴行业，工资水平一直处于较高水平。2003年至2007年基本都居服务业各业之首。2011年总体水平仍位于金融业之后，高居第二。从省际比较看，从高到低依次为上海120196元、北京116755元、浙江83493元、江苏72919元、广东72847元、山东52186元，全国水平为70918元。除山东外，其余沿海省份均高于全国平均水平。2003年至2011年平均增长速度全国为10.4%，沿海省份依次为江苏10.6%、北京10.4%、山东9.8%、上海8.4%、浙江8.3%、广东6.8%。增速普遍不高（见表7）。浙江平均工资的排名是绝对量第三、平均增速第五。

表 7　2003—2011 年全国及 6 省市信息传输、计算机服务和软件业在岗职工平均工资(元/人)及平均增速(%)

	全国合计	北京市	上海市	江苏省	浙江省	山东省	广东省
2003 年	32244	53010	62821	32533	44263	24660	42966
2004 年	34988	57412	58874	36754	47690	29349	45624
2005 年	40558	71544	69572	41445	54870	34609	48972
2006 年	44763	81851	83525	44202	57027	36522	53121
2007 年	49225	77262	88449	49828	64818	40502	58666
2008 年	56642	94362	95821	50071	70982	39400	61719
2009 年	59919	98016	105413	56842	78660	45584	62264
2010 年	66598	103898	118833	66544	84146	51649	69297
2011 年	70918	116755	120196	72919	83493	52186	72847
平均增速	10.4	10.4	8.4	10.6	8.3	9.8	6.8

2. 卫生、社会保障和社会福利业，公共管理和社会组织，教育业，科学研究、技术服务和地质勘查业，文化、体育和娱乐业。这 5 个行业就业人员的主体应该是机关事业单位。与沿海省份比较，2011 年，浙江卫生、社会保障和社会福利业平均工资 70101 元，高出全国平均水平 52%，位于上海(92619 元)、北京(82308 元)之后，居第三位。比江苏、广东、山东分别高出 32%，22%和 63%。2003 年至 2011 年平均增长速度全国为 13.9%，沿海省份依次为上海 15.9%、山东 14%、江苏 13.9%、北京 11.6%、浙江 11.5%、广东 10.9%。浙江平均增长速度较低(见表 8)。

表 8　2003—2011 年全国及 6 省市卫生、社会保障和社会福利业在岗职工平均工资(元/人)及平均增速(%)

	全国合计	北京市	上海市	江苏省	浙江省	山东省	广东省
2003 年	16352	34173	28531	18729	29366	15106	25157
2004 年	18617	39678	31219	21884	35360	17043	28248
2005 年	21048	42925	35511	24884	39757	20608	30689
2006 年	23898	48167	45267	29394	42016	22950	33319
2007 年	28258	54524	56005	33614	47186	26632	37914

续 表

	全国合计	北京市	上海市	江苏省	浙江省	山东省	广东省
2008 年	32714	62479	67617	38505	51938	31073	42635
2009 年	36380	65667	73544	42847	57861	34656	47012
2010 年	41132	72652	81238	48061	64564	39021	52704
2011 年	46206	82308	92619	53117	70101	43101	57684
平均增速	13.9	11.6	15.9	13.9	11.5	14	10.9

教育业，地质勘查业，文化、体育和娱乐业的情况大致与卫生、社会保障和社会福利业相当。2011 年浙江平均工资水平公共管理和社会组织为 69421 元，高出全国平均水平 65%，居上海之后，排名第二；教育业为 66361 元，高出全国平均水平 54%，居上海、北京之后，排名第三；文化、体育和娱乐业为 61695 元，高出全国平均水平 29%，居北京、上海之后，排名第三(见表 9,10,11)。

表 9　2003—2011 年全国及 6 省市公共管理和社会组织在岗职工平均工资(元/人)及平均增速(%)

	全国合计	北京市	上海市	江苏省	浙江省	山东省	广东省
2003 年	15533	30279	30748	21498	29785	13723	25642
2004 年	17609	38038	33420	25400	36543	15418	29220
2005 年	20505	47277	36765	31328	44413	19347	33027
2006 年	22883	48714	43118	35469	46770	21584	35142
2007 年	28171	56212	50782	40401	53163	26006	40034
2008 年	32955	61888	62171	49565	57346	30020	44879
2009 年	36268	57859	69425	56685	61906	33088	50270
2010 年	39329	60303	76974	61267	67291	36267	53864
2011 年	42062	66038	89882	64229	69421	39284	57500
平均增速	13.30%	10.2	14.3	14.7	11.2	14.1	10.6

表 10　2003—2011 年全国及 6 省市教育业在岗职工平均工资(元/人)及平均增速(%)

	全国合计	北京市	上海市	江苏省	浙江省	山东省	广东省
2003 年	14399	28565	26601	16549	25677	13342	20449

续　表

	全国合计	北京市	上海市	江苏省	浙江省	山东省	广东省
2004年	16277	32625	29111	18850	31835	15201	22660
2005年	18470	36447	32489	21807	36644	18549	24571
2006年	21134	42565	40263	25647	39224	21877	26706
2007年	26162	48551	49201	30836	45251	27422	31708
2008年	30185	55200	59876	35696	50090	31293	34628
2009年	35042	58009	66960	42856	60698	34729	38607
2010年	39624	68543	76099	50377	66152	38991	43266
2011年	43194	74161	82315	54499	66361	41988	48342
平均增速	14.7	12.7	15.2	16.1	12.6	15.4	11.4

表11　2003—2011年全国及6省市文化、体育和娱乐业在岗职工平均工资(元/人)及平均增速(%)

	全国合计	北京市	上海市	江苏省	浙江省	山东省	广东省
2003年	17268	35006	32090	19550	27060	16325	25901
2004年	20730	45130	35287	23348	33878	18227	30105
2005年	22885	43617	40574	28137	37564	21906	32926
2006年	26126	49506	46718	32572	42108	25100	35846
2007年	30662	60167	54868	37677	46918	30860	38446
2008年	34494	68061	57756	41837	51605	36365	41374
2009年	38319	71034	64715	46943	54959	38399	44724
2010年	42245	79718	72469	50552	60798	41420	48768
2011年	47878	92617	81409	52576	61695	43492	53259
平均增速	13.6	12.9	12.3	13.2	10.9	13	9.4

需要引起注意的是,浙江的科学研究、技术服务和地质勘查业平均工资水平与全国和沿海省份相比,处于较低水平。2011年,浙江该行业平均工资为64799元,仅比全国平均水平的64252元高出547元,与上海、北京、广东、江苏的差距分别为55508元、32859元、13944元和6183元,仅比山东高出12281元。与前几位的差距较大。从2003至2011年的平均增长速度看,浙江为

10.8%，低于全国平均水平4.5个百分点，分别比上海、山东、江苏、北京和广东低7.7，4.1，3.9，2.9和0.7个百分点，居6省份之尾(见表12)。

表12 2003—2011年全国及6省市科学研究、技术服务和地质勘查业在岗职工平均工资(元/人)及平均增速(%)

	全国合计	北京市	上海市	江苏省	浙江省	山东省	广东省
2003年	20636	34898	30928	23744	28627	17264	32963
2004年	23593	41255	36232	28124	33258	19724	37952
2005年	27434	45661	43200	32640	37031	23235	40625
2006年	31909	54231	48234	37155	40894	26986	46587
2007年	38879	66942	62951	43156	45914	32175	52446
2008年	46003	76123	76948	50103	52261	37252	57863
2009年	50866	81358	77173	55151	56145	41471	61887
2010年	57316	92098	84527	62123	59341	46371	69482
2011年	64252	97658	120307	70982	64799	52518	78743
平均增速	15.3	13.7	18.5	14.7	10.8	14.9	11.5

3.交通运输、仓储和邮政业，房地产业，批发和零售业。这3个行业都是服务业中的传统行业，也是就业人口较为集中的行业。交通运输、仓储和邮政业与房地产业的平均工资是省际差距最小的行业。浙江在这两个行业的工资水平与全省城乡居民收入在全国的水平相当。数据显示，2011年浙江交通运输、仓储和邮政业平均工资为54242元，高于全国平均水平(47078元)，位于上海(65455元)、北京(59540元)、广东(54890元)之后，居第四位，高于山东(46016元)和江苏(44266元)。但差距不大，浙江与最高的上海只差17%，比最低的江苏多了23%。2003至2011年的平均增长速度也与全国14.5%的增速差距不大，沿海省份依次为北京14.6%、山东14%、江苏12.7%、上海12.3%、广东9.8%(见表13)。

表13 2003—2011年全国及6省市交通运输、仓储和邮政业在岗职工平均工资(元/人)及平均增速(%)

	全国合计	北京市	上海市	江苏省	浙江省	山东省	广东省
2003年	15973	19977	25903	17031	22718	16124	25936

续 表

	全国合计	北京市	上海市	江苏省	浙江省	山东省	广东省
2004 年	18381	24628	29398	19781	26191	18777	29258
2005 年	21352	27655	34354	22280	29218	21488	32589
2006 年	24623	34054	39539	25351	32352	25124	34995
2007 年	28434	38949	48800	28659	36943	28526	38030
2008 年	32796	46043	53061	31178	40991	31798	43097
2009 年	36224	46109	56955	35242	44661	35314	46232
2010 年	41536	51443	67827	39846	50084	40174	50213
2011 年	47078	59540	65455	44266	54242	46016	54890
平均增速	14.5	14.6	12.3	12.7	11.5	14	9.8

房地产业 2011 年浙江平均工资为 48153 元，高于全国 42837 元，其他省份排序为上海 62340 元、北京 57579 元、江苏 48591 元、广东 45109 元、山东 32966 元，浙江居第四位。2003 年至 2011 年平均增长速度普遍较低，全国为 12.1%，省份排序依次为江苏 14.1%、山东 11%、北京 10.4%、浙江 9.9%、广东 9.2%、上海 8.4%(见表 14)。

表 14　2003—2011 年全国及 6 省市房地产业在岗职工平均工资(元/人)及平均增速(%)

	全国合计	北京市	上海市	江苏省	浙江省	山东省	广东省
2003 年	17182	26064	32802	16897	22692	14269	22312
2004 年	18712	27675	33570	19033	24985	15818	23977
2005 年	20581	29811	42309	24664	29200	16214	25113
2006 年	22578	32275	48420	28444	30069	19241	26286
2007 年	26425	37821	50303	31405	33591	22215	28805
2008 年	30327	43230	57015	35480	38444	24558	32357
2009 年	32591	44344	57052	38876	40986	27260	34335
2010 年	36392	50670	61788	44558	43443	30053	37828
2011 年	42837	57579	62340	48591	48153	32966	45109
平均增速	12.1	10.4	8.4	14.1	9.9	11	9.2

浙江在批发和零售业的平均工资从 2003 年起一直位于上海、北京市之后，稳居第三。2011 年，浙江该行业平均工资为 45488 元，高于全国 40654 元的平均水平，低于上海的 82882 元和北京的 70711 元，高于广东的 44000 元、江苏的 37256 元和山东的 28807 元。省际差距较大，最高的上海和最低的山东，极差达 54075 元，山东的平均工资只相当于上海的 35%。从增长速度看，2003 年至 2011 年浙江平均增速 10.6%，排名最后，比全国低 7.2 个百分点，分别比山东、上海、江苏、北京、广东低 6.8，5.5，5.3，4.4 和 1 个百分点（表 15）。

表 15 2003—2011 年全国及 6 省市批发和零售业在岗职工平均工资（元/人）及平均增速（%）

	全国合计	北京市	上海市	江苏省	浙江省	山东省	广东省
2003 年	10939	23088	25038	11452	20288	8006	18296
2004 年	12923	27264	28288	14027	22968	9051	21279
2005 年	15241	32109	32385	16557	26150	11768	23954
2006 年	17736	36870	37483	19462	27531	13665	26339
2007 年	20888	44573	47943	22274	30265	15931	27653
2008 年	25538	54508	57426	25966	34163	18486	31659
2009 年	29031	55076	60260	29621	36544	21553	33959
2010 年	33520	61680	68573	32073	40854	24177	37776
2011 年	40654	70711	82882	37256	45488	28807	44000
年均增速	17.8	15	16.1	15.9	10.6	17.4	11.6

4. 水利、环境和公共设施管理业，租赁和商务服务业，居民服务和其他服务业。数据显示，2011 年浙江这 3 个行业的平均工资分别为 36731 元、39205 元和 39230 元，均低于同期浙江在岗职工平均工资 45162 元的水平，是平均工资较低的行业。从横向比较，2011 年水利、环境和公共设施管理业平均工资全国为 28868 元，从高到低依次为上海 48431 元、北京 47630 元、浙江 36731 元、江苏 35896 元、广东 35804 元、山东 28827 元，2003 至 2011 年平均增长速度全国为 11.5%，6 省市依次为山东 11.9%、江苏 11.6%、广东 10.4%、北京 9.9%、上海和浙江 8.7%。浙江绝对量居第三，平均增速最慢。

2011 年租赁和商务服务业平均工资全国为 46976 元，6 省市从高到低依次为北京 83007 元、上海 76802 元、广东 47537 元、浙江 39205 元、山东 35000

元、江苏 33643 元，2003 至 2011 年平均增长速度全国为 14%，6 省市依次为上海 16.3%、北京 15.8%、山东 13.4%、广东 10.6%、江苏 9.8%、浙江 8.7%。浙江绝对量低于全国平均水平，位居第四，平均增速最慢。

2011 年居民服务和其他服务业平均工资全国为 33169 元，6 省市从高到低依次为山东 45264 元、上海 43413 元、江苏 41160 元、浙江 39230 元、北京 34498 元、广东 33954 元。2003 至 2011 年平均增长速度全国为 12.5%，6 省市依次为山东 18.5%、江苏 11.9%、上海 11.2%、浙江 9.3%、北京 8.9%、广东 8.4%。浙江绝对量和平均增速均居第四（表 16，17，18）。

表 16　2003—2011 年全国及 6 省市水利、环境和公共设施管理业在岗职工平均工资（元/人）及平均增速（%）

	全国合计	北京市	上海市	江苏省	浙江省	山东省	广东省
2003 年	12095	22357	24850	14964	18908	11685	16257
2004 年	13336	25609	27720	16933	21657	12827	17850
2005 年	14753	26575	31124	18956	24368	15214	19296
2006 年	16140	29795	35547	20947	26005	15967	20367
2007 年	19064	33070	41253	24661	28526	19261	23466
2008 年	22182	38325	47021	28503	30675	22438	26290
2009 年	24551	38237	49251	30571	32552	24070	28861
2010 年	27229	42328	54451	33414	34683	26888	31806
2011 年	28868	47630	48431	35896	36731	28827	35804
平均增速	11.5	9.9	8.7	11.6	8.7	11.9	10.4

表 17　2003—2011 年全国及 6 省市租赁和商务服务业在岗职工平均工资（元/人）及平均增速（%）

	全国合计	北京市	上海市	江苏省	浙江省	山东省	广东省
2003 年	16501	25742	22990	15931	20137	12805	21306
2004 年	18131	26438	26215	17101	21403	13164	24644
2005 年	20992	31699	30589	19320	22939	15425	24463
2006 年	23648	37638	37198	22288	23538	17184	26209
2007 年	26965	41712	46134	24584	27733	20040	29467

续 表

	全国合计	北京市	上海市	江苏省	浙江省	山东省	广东省
2008 年	31735	53968	48803	26299	29297	24362	33791
2009 年	34318	52697	57585	28330	30479	26611	37637
2010 年	38502	60327	64956	30646	33283	29576	40669
2011 年	46976	83007	76802	33643	39205	35000	47537
平均增速	14	15.8	16.3	9.8	8.7	13.4	10.6

表 18　2003—2011 年全国及 6 省市居民服务和其他服务业在岗职工平均工资(元/人)及平均增速(%)

	全国合计	北京市	上海市	江苏省	浙江省	山东省	广东省
2003 年	12900	17433	18542	16735	19269	11633	17832
2004 年	14152	16735	19947	18866	22074	13238	19665
2005 年	16642	18159	20338	22411	23834	24511	19755
2006 年	18935	19792	23503	23323	24707	25167	22454
2007 年	21550	23735	27898	27400	31749	27371	23957
2008 年	23801	24756	18759	30300	31991	31878	26684
2009 年	25704	25198	32618	34642	31253	29987	27207
2010 年	28665	27806	37597	35448	35723	32517	30008
2011 年	33169	34498	43413	41160	39230	45264	33954
平均增速	12.5	8.9	11.2	11.9	9.3	18.5	8.4

5.住宿和餐饮业。与全国及沿海省份一样,住宿和餐饮业平均工资总体水平最低。2011 年,浙江该行业平均工资为 29056 元,相当于同期全省平均工资 45162 元的 64%、建筑业平均工资 31590 元的 92%、制造业平均工资 35363 元的 82%,也低于 2011 年制造业中平均工资最低的行业,相当于废弃资源和废旧材料回收加工业 31508 元的 92%。横向对比,2011 年浙江住宿和餐饮业平均工资高于全国 27486 元的平均水平,位于上海(38462 元)、北京(37830 元)之后,居第三。其他沿海省份排序为广东 28376 元、江苏 27236 元、山东 25926 元。2003—2011 年平均增速全国为 12%,沿海省份从高到低依次为山东 13.8%、江苏和北京 10.9%、浙江 10%、广东 8.5%、上海 7.8%(见表 19)。

表 19　2003—2011 年全国及 6 省市住宿和餐饮业在岗职工平均工资(元/人)及平均增速(%)

	全国合计	北京市	上海市	江苏省	浙江省	山东省	广东省
2003 年	11083	16530	21168	11869	13516	9249	14778
2004 年	12535	17965	24411	13595	14788	10898	16265
2005 年	13857	19926	26939	15181	15973	12023	17423
2006 年	15206	22206	30198	16984	17292	13835	18560
2007 年	17041	25331	34304	18784	19912	15155	19199
2008 年	19481	28813	37084	21310	22052	17781	20795
2009 年	21193	29211	38040	22583	23418	19750	22352
2010 年	23812	32813	41986	25196	25565	21847	24654
2011 年	27486	37830	38462	27236	29056	25926	28376
平均增速	12	10.9	7.8	10.9	10	13.8	8.5

综上分析,得出如下结论:

——浙江工资水平与全国沿海省份比较,在 2000 年还处于较高水平,优势明显;但到 2012 年,特别是 2010 年以来,增长速度趋缓,总体位次下移。最需要引起重视的是在江苏、浙江、广东三省的角力中,江苏脱颖而出,取代了浙江的位次。

——工资水平的省际及与全国平均水平相比,总体差距在缩小。但浙江制造业职工平均工资与全国及沿海省份相比,下行速度较快,绝对量明显偏低。也就是说,浙江制造业职工平均工资增长缓慢,拖累了浙江整体平均工资水平的提高。

——行业之间工资水平差距较大,特别是制造业和服务业各行业之间差距较大。以浙江为例,2012 年烟草制品业和石油加工、炼焦和核燃料加工业的平均工资分别为 168719 元和 149371 元,分别是制造业中平均工资最低的皮革、毛皮、羽毛及其制品和制鞋业(30098 元)的 5.6 和 5 倍;2011 年住宿餐饮业平均工资为 29056 元,而同期金融业平均工资则为 112458 元,相差 3.87 倍。从大行业来观测,工资水平从高到低依次为服务业、建筑业、制造业,全国及沿海省份大致如此。

二、浙江工资水平增长缓慢的原因分析

城乡居民收入包括工资性收入、经营性收入、财产性收入和转移性收入。

从浙江情况看,2012 年城乡居民人均总收入中工资性收入分别占 58.9%和 52.8%,而在岗职工平均工资则是工资性收入最具体、最基本的表现。工资水平增长缓慢,势必影响城乡居民收入的增长。2001—2007 年,浙江城乡居民人均收入实际平均增长速度分别为 10.8%和 7.8%,高于同期全国平均水平 0.7 和 1.6 个百分点;而 2008—2012 年,浙江城乡居民人均收入平均增长速度分别为 7.7%和 8.5%,低于同期全国平均水平 1.1 和 1.4 个百分点。城乡居民收入的走势与工资水平的增长趋势高度一致。

(一)经济发展趋缓对工资水平的影响

2001—2007 年,浙江 GDP 平均增速为 13.4%,高于全国同期平均增速 2.6 个百分点;而 2008—2012 年平均增速为 9.6%,高于全国同期平均增速 0.3 个百分点;2012 年增速为 8.0%,高于全国同期增速 0.2 个百分点。增长速度呈下行态势,且与全国平均增速差距缩小。与江苏、广东比,2008—2012 年浙江的 GDP 平均增速分别慢了 2.2 和 0.5 个百分点。因此,浙江经济增速明显趋缓是影响工资水平增长最重要的因素。

(二)产业低端化的后延性影响

浙江经济的一个重要特点是小微企业众多,民营经济发达,但"低、小、散、加"特征明显,经过 30 多年的发展,产品升级缓慢,技术进步不快。2008 年之后,受国际金融危机冲击、要素成本上升、融资难、融资成本高等各种因素的影响,浙江小微企业发展步履艰难,相当一部分小微企业生产经营相当困难。而众多的小微企业则与工资水平共生共荣,其经营好坏,直接影响职工平均工资的增长。

(三)劳动者报酬在初次分配中的比重偏低

劳动者报酬占比是考察资源配置特征、生产技术条件、经济结构、经济政策和经济制度的一个综合视角。从收入法核算的数据来观察,浙江劳动者报酬占 GDP 的比重一直比较稳定,2008—2012 年,占比在 39%—42%之间。与上海、江苏、广东比较,2008—2012 年劳动者报酬占 GDP 比重平均值为:浙江 40.5%、上海 39.7%、江苏 41%、广东 45.5%。值得注意的是,浙江工业的劳动者报酬占比较低。"十一五"期间,浙江规模以上工业劳动者报酬占工业增加值比重为 29.1%,劳动者报酬年均增长 17.4%,分别低于全省工业增加值和利润总额年均增速 1.5 和 5.5 个百分点。劳动者报酬在工业增加值所占比重总体呈下降趋势,从 2000 年的 33.6%下降到 2006 年的 28.5%和 2010 年的 28.0%,10 年降低 5.6 个百分点。

(四)人口集聚过快

据第六次人口普查资料,2010年末浙江省外流入的常住人口1182.4万人,占全部常住人口的21.7%;2001—2010年省外流入常住人口增加了813.5万人。而外来人口中,初中及以下文化程度的人口比重为85.6%。大量省外低端劳动力的过快流入,造成了浙江"双低"现象,即低劳动生产率和更低的劳动报酬。2010年,浙江规模以上工业企业全员劳动生产率仅为13.81万元/人,只相当于全国平均水平的73.3%。而2011年,浙江规模以上工业企业人均劳动报酬相当于全国平均水平的90.3%。

(五)庞大的制造业就业人口拉低了浙江在岗职工平均工资

与全国沿海省份比较,浙江制造业就业人口比重特别高。据第六次人口普查资料,2010年制造业就业人口比重浙江为43.83%,大大高于全国16.85%的平均水平,而同期北京、上海、江苏、山东、广东的占比分别为15.61%,35.41%,34.05%,16.24%和39.28%。与此同时,浙江制造业以传统的一般加工制造业为主,纺织化纤、服装鞋帽、轻工食品就业人口占制造业人口的比重达到41.18%,高出全国平均水平6.27个百分点,比江苏、山东、广东分别高出6.02,5.05,8.85个百分点。而与此形成反差的则是浙江高技术产业和装备制造业比重较低,2010年浙江高技术产业总产值只有广东的1/6、江苏的1/5和山东的2/3。反映到就业人口比重上,高技术产业中的两大行业医药制造业和通信设备、计算机及其他电子设备制造业就业人口比重,浙江仅为3.33%,比全国平均水平低5.28个百分点,比广东、江苏分别低12.61,7.57个百分点。装备制造业就业人口比重,浙江仅为35.44%,比广东、江苏分别低6.55和5.92个百分点。

三、相应的对策建议

就浙江而言,要提高工资水平,保持城乡居民收入持续增长,最关键的是要保持浙江经济持续健康适度发展,用好、用活、用足富民惠民政策。提出如下对策建议:

(一)加快经济发展方式转变,实施创新驱动发展,确保为工资水平的提高奠定基础

保民生的基础是促发展,促发展的前提是稳增长,稳增长的关键是加快经济转型升级,加快经济发展方式的转变。大力推进"腾笼换鸟",提高产业层次和经济增长质量。要在转型升级中提高高端产业比重,从而把产业结构调整与就业结构、职业结构、人口结构调整有机结合起来。具体地,一是要发展服务业,特别是大力发展技术密集型、知识密集型的现代服务业,发展为第一、第

二产业提高效率、降低成本提供产前、产中、产后服务的生产性服务业，发展为提高居民生活质量、生活便利和综合素质提供服务的生活性服务业，同时要压缩那些附加值低、资源消耗高、工资水平低的低端服务业。二是要积极培育战略性新兴产业，大力发展高新技术产业，积极发展技术含量和附加值高、资源消耗低、环境污染少的装备制造业。三是要促进传统产业升级。要通过市场创新、组织创新、技术创新、品牌创新和建立供应链及分销网络，转向产业链的较高层次，着力提升产品质量，降低消耗，减少污染，降低成本，提高附加值。

（二）大力推进“机器换人”，促进浙江劳动就业结构转型升级，加快实现减人增效、减人增资

“机器换人”，减人增效，既是大力发展现代工业和先进制造业，解决浙江企业普遍存在的制造模式落后问题，提高企业生产效率和竞争力的迫切需要，也是抑制外来人口过快增长的重要途径。为加快“机器换人”步伐，一是要加大推进力度。各级政府和有关部门应制定“机器换人”行动计划和相关工作方案，选择人均产出小、技改潜力大、外来民工多的劳动密集型产业和企业作为重点先行试点，予以推广。同时要按照单位土地、能耗、排放、劳力的产出进行排序，并结合治伪、治劣、治污、整治不安全生产的执法来推进“机器换人”。二是要加大政策支持力度。各级政府可考虑采取财政贴息等办法，金融机构可考虑为“机器换人”企业提供优惠贷款和良好服务，支持企业加快技术改造，更新机器设备，努力实现减员增效、减能增效、减耗增效、减排增效和提高优质产品率、提高全员劳动生产率等“四减两提高”目标。三是要通过“机器换人”加快推进产业转型升级。要鼓励企业通过低端换高端、机械换数码、单台换成套、人工换智能这“四换工程”，把那些人工的、半机械化的、不是自动化的设备进行彻底更换，推进智能化、自动化、集成化、生态化的机器改造，用新的机器设备、制造工艺、制造模式取代传统的制造模式，实现传统制造模式向智能制造模式的根本转变。

（三）建立工资收入正常增长机制，提高财政支持居民增收的力度

从宏观上看，现阶段浙江居民收入增速低于GDP和财政收入的状况并没有发生根本转变。2008—2012年GDP年均增长9.6%，地方财政收入年均增长15.9%，而城乡居民收入只分别名义增长10.9%和12.0%，实际增长7.7%和8.5%。在GDP增速趋缓的背景下，努力提高居民收入在国民收入分配中的比重，对加快居民收入增长显得尤为重要。因此，在发展经济增大“蛋糕”的基础上，兼顾公平与效率，提高初次分配中不同产业劳动报酬水平，实现劳动者报酬与经济协调增长。同时，要建立正常的工资增长机制，建立与企业

经济效益、劳动生产率以及价格水平相协调的工资增长新原则，确保劳动报酬占初次分配中的比重逐年适度提高。进一步优化公共财政支出结构，提高财政支持居民增收力度。

（四）要消除垄断促进竞争，缩小行业间工资水平的差距

要加快经济体制改革，完善市场机制，加强对垄断行业收入分配的调节和监督，使得生产要素（包括资本、劳动力等）可以自由平等地在各部门和各行业间流动，获取相同或相近的报酬率，从而缩小行业间、企业间的劳动者收入差距，缩小初次分配差距。一是消除行政性垄断的体制基础。进一步推进政企、政事、企事分开。全面推进政务公开，强化对政务活动的监督，切断某些行业和企业与政府部门事实上存在的特殊内在联系。二是规范市场准入条件，强化竞争机制，构建垄断行业有效竞争格局，除涉及国家安全、自然资源、少数公共产品和公共服务提供的领域外，目前处于垄断状态的其他行业与部门都应通过改革实现公平竞争的市场准入。三是推进垄断企业改革。推进股权多元化，逐步引入非国有股东，完善企业的法人治理结构。大力促进垄断企业建立内部分配约束机制和外部调控机制。对自然垄断行业的工资总额和工资水平，由政府有关部门统一核定，实行分级分类管理，加强对企业财务和收入分配的审计及监督检查。

综合处　张荣飞

浙江人口发展进入新常态的思考

近日，国务院正式印发《关于进一步推进户籍制度改革的意见》，这是一项牵一发动全身的基础性改革，对于消除城乡二元结构、加速新型城镇化进程、推进社会公平，均有重大意义。浙江作为流动人口大省，庞大的农民工群体在经济发展过程中发挥了十分重要的作用。当前，随着经济形势和人口结构的发展，浙江人口发展进入新常态，劳动力市场供求关系出现了新变化。而要适应这个新常态、新变化，既要通过加快推进户籍制度改革延长“人口红利”，更要通过深化教育提升劳动力素质，创造人力资本“第二次人口红利”，推动技术创新步伐，不断推进浙江经济转型升级。

一、浙江人口发展的新常态

（一）省外流入人口从大量流入逐步转向回流趋势

20 世纪 90 年代以来，在邓小平同志南方谈话和党的“十四大”精神鼓舞下，浙江率先进行市场取向改革，抓住改革机遇，赢得了发展先机，以个体私营企业为代表的民营经济迅猛发展，吸引了大量的省外劳动力到浙江就业。省外流入人口呈现跨越式增长趋势，从 1990 年的 7.8 万人快速增加到 2000 年的 368.9 万人，2010 年又进一步达到 1182.4 万人，占全部常住人口的 21.7%，即每 5 个常住人口中就有超过 1 人来自省外。但 2008 年金融危机以来，受国内外经济形势变化影响，浙江经济增幅明显回落。近年来，更是受增长速度换挡期、结构调整阵痛期和前期政策消化期“三期叠加”的综合影响，浙江经济增速回落，部分企业用工明显减少，尤其是以外来人口为主的普通低技能岗位减少更为突出，与此同时，随着中西部经济的迅速发展，以及浙江等东部地区企业的大量迁移，外来务工人员在自己家乡的打工机会越来越多，工资水平也稳步增长，再加上照顾留在家乡的亲人的需要，许多外来人员回流原籍打工或创业，使得浙江的省外流入人口呈现总量逐步减少的趋势。2010 年至 2013 年，全省常住人口年均增长 0.3%，大大低于 2000 年至 2010 年 1.5%的增长速度，人口增长进入平稳发展阶段。

(二)迁移模式从单人流动逐步转向举家迁移,并且已婚人群呈现居住长期化趋势

近年来,以随迁家属、学习培训或投亲靠友的目的来浙江的省外流入人口占总流入人口比例逐步增大,2013 年占 14.4%,比 2010 年提高 1.5 个百分点。随迁家属中少年儿童人口也在逐步增加。据教育部门统计[①],2013 年浙江省义务教育阶段在校生中,随迁子女为 139.8 万人,比上年增长 6.9%。其中,在小学就读的有 111.9 万人,在初中就读的有 27.9 万人,分别比上年增长 5.7%和 13.3%。随迁子女占全省义务教育阶段在校生的比重超过 1/4,达到 28.1%,其中,小学阶段的占比更是接近 1/3(32.0%),初中阶段为 18.8%,并且随迁子女占比近年来基本以每年 1 个百分点以上的幅度在提高。流入人口逐步从原来一人独自流动的模式,转变为家庭化的迁移模式。

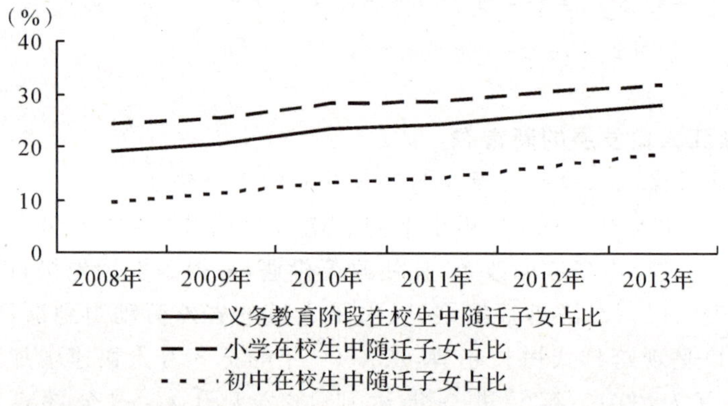

图 1　全省义务教育阶段在校生中随迁子女占比变化趋势

同时,从省外流入人口的居住时间来看,虽然受经济形势变化的影响,全部外来人口中居住不到一年(甚至不满半年)的人群在增加,但是从已婚的外来人口群体来看,则呈现出明显的居住长期化趋势,2013 年居住三年及以上的比重达到 39.6%,比上年提高 2.1 个百分点。

(三)劳动年龄人口从不断增长逐步转向单边下降态势

2010 年,全省 15—64 岁劳动年龄人口为 4215.6 万人,比 2000 年增长 23.3%,占总人口的比重从 2000 年的 73.1%上升为 77.5%。但随着新中国成立后两次"婴儿潮"出生的人口逐渐步入老年,以及受计生政策延续和外来人口回流等影响,每年新进入劳动年龄人口的规模逐年下降并稳定在较低水

① 数据来源:历年浙江教育事业发展统计公报,浙江省教育厅网站。

平，而退出劳动年龄人口的人数不断增加，我省的劳动年龄人口比重和总量均已经出现拐点，从不断上升转为逐步下降的趋势。从2011年起，全省15—64岁人口比重逐年下降，2011年、2012年、2013年分别比上年下降0.2，0.3和0.5个百分点。同时，省外流入人口回流导致的全省常住人口增幅趋缓，也使得15—64岁劳动年龄人口数量在2011年达到峰值，为4221.3万人，2012年、2013年分别减少4.7万、9.8万人。从历次人口普查数据来看，这是自1964年第二次人口普查以来，15—64岁的劳动年龄人口比重首次出现下降，这对于依靠大量外来劳动力"支撑"着的相对年轻的浙江人口来说，是非常值得关注的人口结构的重大转折。根据第六次人口普查数据基础上的预测显示，未来30年全省15—64岁劳动年龄人口比重将以年均0.6个百分点的速度快速下降，预计至2040年下降到60%左右，回到新中国成立初期的水平。

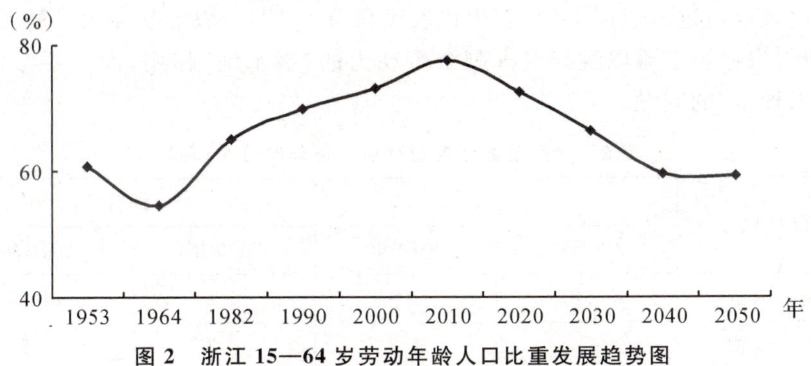

图2　浙江15—64岁劳动年龄人口比重发展趋势图

（四）农村剩余劳动力"蓄水池"从"满溢"逐步转为"缺水"

在城乡二元经济发展过程中，农村劳动力的剩余为工业化提供了大量的、廉价的劳动力，农村和农业被称为城镇化、工业化发展所需劳动力的源源不断的"蓄水池"。但是，由于农村年轻劳动力持续多年大规模向城市迁移，人口老龄化的城乡倒置明显，"蓄水池"的作用将难以继续发挥。2010年，全省乡村65岁及以上老年人口比重达到13.0%，分别比镇和城市高5.2和6.4个百分点。乡村不仅老龄化的程度最高，而且老龄化速度最快，城乡老龄化差距逐步拉大。与2000年相比，全省乡村65岁及以上老年人口比重提高2.4个百分点，而镇仅提高0.6个百分点，城市更是由于年轻外来人口的流入不升反降0.6个百分点。从全国范围来看，也是农村老龄化程度和速度均快于城镇的趋势。

表1　全国及浙江分城乡65岁及以上老年人口比例(%)

区域	全国		浙江	
	2000年	2010年	2000年	2010年
乡村	7.5	10.1	10.6	13.0
镇	6.0	8.0	7.2	7.8
城市	6.7	7.7	7.2	6.6

从农业从业人员的年龄结构来看，2010年40岁及以上人口占全国农业从业人员的61.1%，比2000年提高16.1个百分点，而新生代农民(30岁以下人口)还不到两成(19.5%)。从浙江省来看，农业劳动力的年龄老化现象更为严重。2010年，浙江省40岁及以上农业从业人员比重高达83.3%，50岁及以上人口比重也接近六成(58%)，新生代农民只有5.1%。农业从业人员的严重老化，使得农业不但难以继续发挥剩余劳动力的“蓄水池”作用，而且要考虑“明天谁来种粮”的问题。

表2　全国及浙江农业从业人员年龄分布(%)

年龄段	全国		浙江	
	2000年	2010年	2000年	2010年
16—19岁	5.8	3.0	2.1	0.5
20—24岁	8.6	8.7	4.2	1.8
25—29岁	12.4	7.8	7.5	2.8
30—34岁	15.2	8.0	11.6	4.2
35—39岁	13.1	11.3	12.7	7.3
40—44岁	10.0	14.0	12.6	11.6
45—49岁	11.6	12.6	14.9	13.7
50—54岁	8.5	10.0	12.1	14.6
55—59岁	5.9	11.1	7.5	17.3
60—64岁	4.3	7.0	6.5	12.8
65岁及以上	4.7	6.4	8.3	13.3

(五)老年人口从家庭养老逐步转向社会养老

当前，传统的家庭养老服务模式仍然是城乡老年人口的主要养老方式，家庭不但可以为老年人养老提供经济支持，而且更能满足老年人伦理情感需求。2010 年，我省老年人口的生活来源，分别有 42.3%和 26.9%为主要依靠家庭其他成员供养和依靠自己劳动收入生活，两项合计达到近 7 成。但是，随着老年人口高龄化、失能化、空巢化、无偶化，以及家庭规模小型化趋势的发展，弱化了家庭养老的功能。在全省人口总体趋向老化的同时，老年人口的内部结构也不断老化，高龄老人日益增加。2010 年，全省 80 岁及以上高龄老人达到 107.3 万人，比 2000 年增长 81.1%；高龄化系数(高龄老人占全部 65 岁及以上老年人口的比重)为 21.1%，高于全国平均水平 3.5 个百分点，与 2000 年相比，提高 6.7 个百分点，而前一个 10 年(1990 年至 2000 年)仅提高 0.5 个百分点，高龄老人增速明显加快。随着老年人口年龄的增长，患病率、伤残率逐步上升，高龄老人的健康水平和自理能力逐步下降。先进的医疗技术与完善的公共卫生事业可以延长人们的寿命，但也不可避免地带来一个矛盾的结果，即低健康水平的高龄老人大幅增多。全省高龄老人中，身体不健康的占 30.1%，尤其是“生活不能自理”的占到 8.1%，他们的吃饭、穿衣、走动等日常生活起居都需他人的帮助。伴随着人口老龄化，浙江“空巢老人”户(即家中只有老人或只剩下老人和未成年小孩的家庭户)和无配偶老人均处于较高水平，“空巢老人”户占有 65 岁及以上老人家庭户的 45.4%，比全国平均水平高 11.8 个百分点，仅次于山东，位居各省(区、市)第 2 位；无偶老人比重达到 35.6%。与此同时，全省家庭户规模不断缩小，2010 年家庭户均人口为 2.6 人，比 2000 年减少 0.4 人，比全国平均水平低 0.5 人。一人户、二人户和三人户已经成为我省家庭户的主体，占全部家庭的近 8 成，其中，一人户、二人户分别比 2000 年提高 6.8 和 8.9 个百分点。家庭规模的小型化、核心化，使过去一般多对夫妇供养一对或两对老人变成现在一对夫妇供养两对甚至两对以上老人，无论财力上还是精力上，都让传统的家庭养老模式难以为继。而高龄老人尤其是失能、空巢、无偶老人的迅速增加，必将对社会养老提出更多、更高的要求。

二、人口发展新常态对劳动力供求的影响

(一)普通劳动力的总量矛盾持续显现

随着外来劳动力的逐步回流，以及劳动年龄人口的下降和农村剩余劳动力的减少，人口结构发生历史性、趋势性的变化，劳动力供应开始从近乎无限供给逐步向短缺转变。然而，从劳动力需求来看，随着产业结构优化升级，对普通劳动力的需求面临新的压力。

一是服务业尤其是居民服务业、批发和零售业、住宿和餐饮业等生活性服务业的劳动力需求不断增加。2013 年，全省居民服务业、批发零售业为

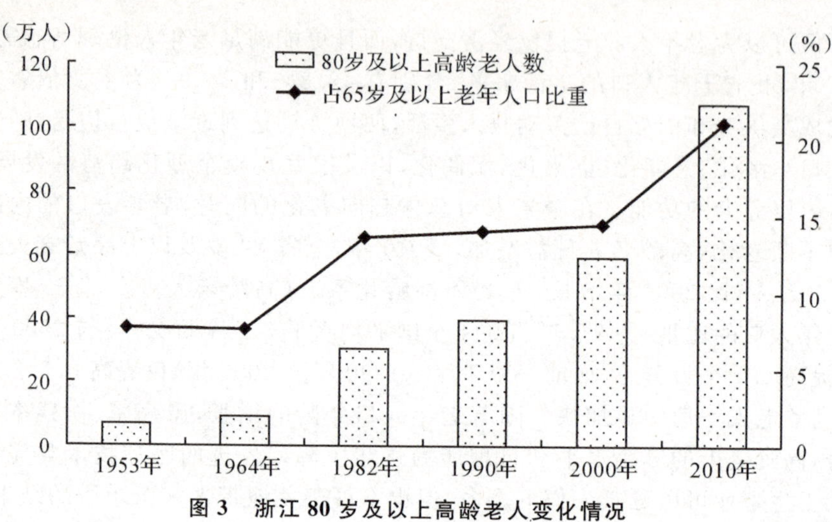

图 3　浙江 80 岁及以上高龄老人变化情况

120.4 万和 487.0 万人，分别比 2010 年增长 3.5％和 8.9％。对于养老服务、社区服务等生活服务行业来说，先进的设备网络只能提供辅助作用，而对劳动力的需求是刚性的，并将随着生活水平提高、产业结构升级不断增加。

二是制造业对普通劳动力的需求仍然较大。随着我省加快调整工业产业结构，积极淘汰落后产能，大力推进“机器换人”等政策，劳动生产率稳步提高，企业用工逐步减少，尤其是对低技能的普通劳动力需求逐步降低。但是，浙江是个制造业大省，工业经济转型升级需要一个稳步推进的过程，企业用工也是逐步下降的过程。2013 年，第二产业从业人员为 1853.4 万人，占 50.0％，第二产业仍是就业的主渠道。据省人力社保厅数据显示，2013 年全省人力资源市场中制造业占全部用人需求的一半以上，达到 51.5％，比上年提高 1.4 个百分点；从用人单位对求职者文化程度要求来看，无要求或初中及以下的占 52.2％，与上年基本持平，制造业普工“招工难”现象将继续存在。

三是第二产业、第三产业的部分行业已经对农业转移人口形成依赖性需求。2010 年，采矿业、制造业、建筑业、住宿餐饮业、居民服务业中，农业转移人口的比重超过或接近 8 成，分别达到 84.3％，87.6％，88.0％，79.8％，82.1％。其中，制造业中的纺织服装业、皮革毛羽制品业、木材加工业、家具制造业、文教体育用品制造业、橡胶制品业、废弃资源回收加工业、工艺品及其他制造业等 8 大行业，农业转移劳动力的使用更是超过了 90％，这些行业基本上是传统的一般加工制造业。农业转移人口已成为浙江经济建设中一支不可缺少的主力军。

（二）技能人才的总量和结构性矛盾并存

2012年，全省技能人才为800.3万人，比2008年增加259.1万人，增长47.9%，其中，高技能人才占技能人才比重为17.4%，比2008年提高1.0个百分点。但是，随着我省经济结构调整和产业转型升级加快，企业对技能人才的需求增加，技能人才供求缺口有进一步扩大的趋势。2013年，全省人力资源市场对各类技能人才的月均需求和供给为24.3万人和13.6万人，分别比上年增长2.3%和1.5%，需求增幅比供给高0.8个百分点，月均技能人才缺口达10.7万人，比上年扩大3.4%。

技能人才资源的短缺不仅体现在总量上，行业、职业等结构性矛盾更为明显。与北京、上海、江苏、山东和广东等沿海发达省市相比，浙江大专及以上人口主要聚集在教育、卫生、金融、公共管理等行业，而农业、制造业、生活型服务业的比重偏低。不论是以技术密集型为主的先进制造业，还是以劳动密集型为主的传统制造业，浙江大专及以上就业人口比重都低于全国平均水平，并且均位于6省市的末位。其中，先进制造业中，大专及以上人口比重为9.8%，比全国平均水平低6.8个百分点，不到北京的1/4，上海的略1/3强，仅相当于江苏的6成水平；传统制造业中，大专及以上人口比重为4.3%，比全国平均水平低2.4个百分点，分别比北京、上海、江苏、山东和广东低13.5，9.8，1.9，3.6和0.5个百分点。生活性服务业的大专及以上人口比重为9.6%，比全国平均水平低0.7个百分点，分别比北京、上海、山东和广东低12.9，9.7，1.1和0.2个百分点。农业从业人员中的大专及以上人口比重仅为0.5%，比全国平均水平低0.1个百分点，而随着农业现代化建设的推进，对新型农业人才的需求将会日渐旺盛。同样的，从职业分布来看，也存在着类似的结构性矛盾。大专及以上人口主要集中在专业技术人员、办事人员两个职业，而单位负责人、商业服务人员、生产操作人员中，大专及以上人口占比均居6省市的最末位。

（三）高校专业设置与人才需求存在结构性偏差

当前，高校普遍存在着农林牧渔类、加工制造类专业学生占比过低，信息技术类与财经商贸类学生占比过高的情况。2012年，全省高职院校农林牧渔类对应专业设点数占2.7%，加工制造类对应专业设点数占25.2%，信息技术类与财经商贸类对应专业设点数占72.1%。这与浙江当前的产业结构存在较大的偏离。新增专业与产业转型升级也存在错位，高校之间专业设置重复率高，各市高校的专业设置也存在通用化的现象，与地方特色主导产业的匹配度不够高。

三、政策建议

随着浙江人口发展进入新常态，人口年龄结构带来的“人口红利”正在逐渐消失。推进浙江经济转型升级，从人口的角度来看，除了要通过实施户籍制度改革延缓“人口红利”消失的速度，以及引进领军人才以外，更重要的是通过深化教育，加强职业技能培训，从人力资本方面创造经济增长新源泉的“第二次人口红利”。

（一）坚持普惠教育，以教育优势来创造“第二次人口红利”

廉价劳动力时代结束，也意味着技工时代的开始。但在劳动力短缺的经济转型过程中，低技能劳动者就业机会很多，适合大学生就业的岗位却不足，容易产生教育激励不足的问题，导致新的“读书无用论”。因此，要更加注重教育公平普惠性，政府发挥更为积极的作用，对包括外来随迁子女在内的学生就读中等职业学校实施免学费政策，并逐渐将义务教育延伸到学前和高中阶段，鼓励更多年轻人接受更长时间的教育。

（二）整合部门资源，提升农民工技能培训绩效

加强在职人员尤其是农民工的职业技能培训，既是应对经济转型升级对现代农业、先进制造业、现代服务业等人才资源的客观需求，也是避免未来农民工群体结构性失业危机，实现向上流动“中国梦”的必然举措。目前，国家已经启动实施“农民工职业技能提升计划”，每年对新转移劳动力和在岗农民工进行技能培训。培训项目由人力社保、农业、科技、扶贫等部门分别实施，包括“春潮行动”“阳光工程”“星火计划”“雨露计划”等。建议加强农民工培训的统筹规划，以需求为导向，以政府购买服务的形式，委托职业学校等专业培训机构开展技能培训，切实提高农民工技能培训的效率，并惠及更多的农民工群体。

（三）提高产教融合度，加快构建以就业为导向的现代职业教育体系

要紧密结合浙江经济和产业发展实际，促进产教深度融合，鼓励社会力量办学，加快发展现代职业教育。各产业集聚区、开发区都应有与其主导优势产业对应的、主办的或密切合作的职业院校，按照人才资源先行的理念，开设一批当地经济和产业发展，特别是地方特色产业、战略性新兴产业发展所需专业，开办相关技能培训班，提高职业教育与地方经济产业发展的耦合度，提升企业自主创新能力。

（四）提高校企合作紧密度，加快建立校企联合培养人才机制

建立校企互动的职业教育办学机制，进一步加强企业“订单人才”的培养

模式。校企合作应该是多方面、多层次的，不但要加强学生实习、实训等方面的合作，还要赋予学校更大的办学自主权，提高行业企业在专业设置、课程开发和教学改革等方面的参与权和话语权，更要鼓励专业教师到企业挂职锻炼，提高专业课师资队伍建设，加快构建密切的校企联合培养人才机制。

人口就业处　章剑卫

劳动年龄人口负增长下的变化与挑战

浙江从 20 世纪 70 年代开始生育率逐渐走低，然而长期的低生育率水平必然影响劳动力市场，使得劳动年龄人口供应趋于下降，同时还加速了劳动年龄人口的老化，影响劳动力供给的结构。2011 年劳动年龄人口数量达到峰值，为 4169.4 万人，随后不论是劳动年龄人口总量还是比重均开始下降，劳动力无限供给的时代结束。根据第六次人口普查数据基础上的预测显示，未来 30 年全省 16—64 岁劳动年龄人口比重将以年均 0.6 个百分点的速度快速下降，预计至 2040 年下降到 60%左右，回到新中国成立初期的水平。在劳动力资源下降的重大转折时期，分析研究劳动力市场的内在结构和变化，为经济的可持续发展寻找新的源点，具有十分重要的现实意义。

一、劳动年龄人口总量的变化

浙江作为劳动力资源较为丰富的省份，自进入老龄化社会以来，已然走过十几年的历程。20 世纪 70 年代末实行的计划生育基本国策，在一定程度上加速了人口老龄化，从而对劳动力市场中的劳动力供给产生了巨大的影响。

2000 年至 2010 年，随着我省经济的快速发展，吸引了大量的外来务工人员。省外流入人口数量大，年龄结构相对较年轻，使得 10 年中 16—64 岁劳动年龄人口[①]从 3300.3 万人增至 4155.5 万人，增幅达 25.9%，明显快于全部常住人口 16.4%的增幅，进而推动劳动年龄人口比重在人口老龄化的背景下，仍能够持续提高，达到 76.3%，比 2000 年上升近 6 个百分点。

随着新中国成立后两次“婴儿潮”出生的人口逐渐步入老年以及外来人口回流等影响，近几年 16—64 岁劳动年龄人口增长速度明显递减，劳动年龄人口总量和比重均在 2011 年达到顶峰：2011 年，全省 16—64 岁劳动年龄人口为 4169.4 万人，占总人口的比重为 76.3%；2012 年开始减少，幅度不大，比 2011 年减少 1.7 万人，占比下降 0.2 个百分点；但 2013 年一下就比上年减少 6.9

① 在劳动力调查中，16 岁及以上的人口都被视作调查对象，但实际上老龄人口由于劳动能力下降，实际的劳动供给水平有限。因此，本文将 16 至 64 岁的人口定义为劳动年龄人口。

万人,占比又下降0.4个百分点,且还在继续下降。也就是说,浙江的劳动力市场发生了"符号"的变化,即过去劳动年龄人口是正增长,从2012年开始,就是负增长,绝对数在减少。

表1 2000—2013年部分年份常住人口数、劳动年龄人口数及占比

年份	常住人口(万人)	16—64岁年龄段人口(万人)	劳动年龄人口占比(%)
2000年	4679.9	3300.3	70.5
2010年	5446.5	4155.5	76.3
2011年	5463.0	4169.4	76.3
2012年	5477.0	4167.7	76.1
2013年	5498.0	4160.8	75.7

从历次人口普查数据来看,这是自1964年第二次人口普查以来,16—64岁的劳动年龄人口比重首次出现下降,每年新进入劳动年龄人口的规模逐年下降,而退出劳动年龄人口的人数不断增加。这对于依靠大量外来劳动力"支撑"的浙江人口来说,是非常值得关注的人口结构的重大转折。根据第六次人口普查数据基础上的预测显示,未来30年全省16—64岁劳动年龄人口比重将以年均0.6个百分点的速度快速下降,预计至2040年下降到60%左右,回到新中国成立初期的水平。

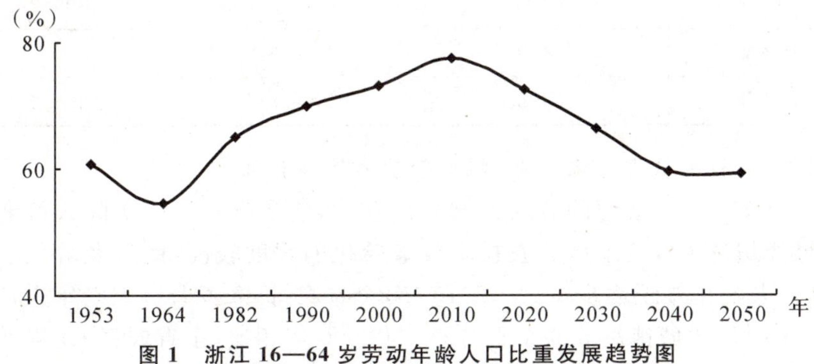

图1 浙江16—64岁劳动年龄人口比重发展趋势图

二、劳动年龄人口结构的变化

我省劳动力供给总量已出现拐点是不争的事实,在劳动力供给缓慢下降的同时,其内部年龄结构、城乡流动以及劳动者素质等方面也逐渐发生微妙的变化,对整个社会的就业形势和经济的持续发展产生长远而深刻的影响。

(一)青壮年劳动力数量攀至顶峰,年轻劳动力出现下降趋势

进入2010年以来,我省人口老龄化进程明显加快。2013年,全省65岁及以上老年人口比2010年第六次人口普查时多了55.4万人,占比上升0.92个百分点。人口老龄化不仅意味着老年人口的比重和规模不断增大,同时也意味着劳动年龄人口中高年龄组劳动力人口比重和规模的不断上升。从表2来看,2013年51—64岁高年龄组劳动力人口达933.2万人,比2010年人口普查时多了67.2万人;而16—24岁年轻劳动力出现较大幅度下降,为658.8万人,比2010年减少135.3万人;25—50岁青壮年劳动力人口在2013年达到高点,为2568.8万人。随着劳动年龄人口内部年轻组和老年组出现此消彼长的现象,可以预见25—50岁劳动年龄人口也将呈现出下降的趋势。该年龄组别的劳动力人口不仅体力和精力都比较充沛,同时也具有一定的知识储备,属于就业市场的中坚力量。若25—50岁劳动年龄人口持续减少,必将对劳动力供给产生巨大影响。

表2　2000—2013年部分年份分年龄段人口数

单位:万人

年份	16—24岁	25—50岁	51—64岁
2000年	648.9	2121.6	529.8
2010年	794.1	2495.4	866.0
2011年	761.0	2518.2	890.2
2012年	704.9	2568.8	894.0
2013年	658.8	2568.8	933.2

(二)农村劳动力老化严重,剩余劳动力转移有限

经过多年来大规模的劳动力城乡流动,当前我省农村的实际人口老龄化水平已经超过了城镇地区。农村不仅老龄化的程度较高,而且老龄化速度较快,城乡老龄化差距逐步拉大。2010年,全省农村65岁及以上老年人口比重达到13.0%,比城镇高5.9个百分点;与2000年相比,全省农村65岁及以上老年人口比重提高2.4个百分点,而城镇65岁及以上人口比重基本与2000年持平。

对比我省第五次和第六次人口普查分城乡的人口金字塔图,可以看到2010年城镇人口年龄结构虽然比2000年有所上移,但仍处于典型的“中间大、两头小”橄榄状,中青年人较多,老年人和少儿较少,当前劳动力供给充足,人

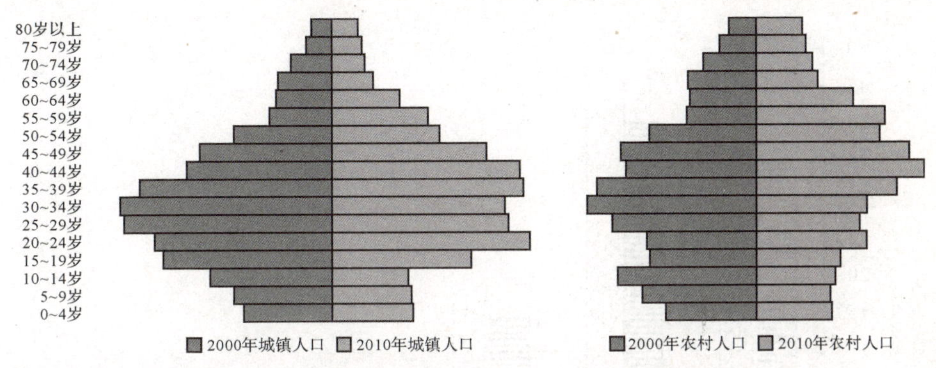

图 2 2000 年、2010 年分城乡人口金字塔图

口的社会负担相对较轻;反观 2010 年农村人口金字塔,底部收缩,上部变宽,中位年龄快速上移,40 岁以上农村人口占全部农村人口的比重超过一半,老年人口比重的升高及育龄人群比重的降低,将导致未来人口再生产趋势呈负增长,劳动后备力量持续减少。

在城乡二元经济发展过程中,农村劳动力的剩余为工业化提供了大量的、低廉的劳动力,农村和农业一直被称为城镇化、工业化发展所需劳动力的源源不断的“蓄水池”,但随着人口老龄化的城乡倒置明显,“蓄水池”的作用将难以继续发挥。从第六次人口普查数据来看,在农村 16—64 岁劳动年龄人口中,40 岁以上劳动年龄人口约为 841.3 万人,占一半还多,这些人由于意愿和受教育程度等原因,很难在城市中找到匹配的工作;16—40 岁农村劳动年龄人口有 663.4 万人,并出现逐年下降的趋势。按照目前的农业发展水平,每年仍需要 500 万左右的农业劳动力,无论从目前还是从未来城镇化发展趋势看,农村尚未转移并能够转移出去的剩余劳动力都是非常有限的。

(三)劳动者受教育程度大幅提高,但与京沪差距拉大

影响劳动者质量的重要因素之一就是其受教育水平。一般来说,劳动者质量与受教育程度呈正相关,受教育程度越高,劳动者的质量越高,反之,则越低。通过 2000 年及 2010 年两次人口普查数据来看,16—64 岁劳动年龄人口受教育程度有了大幅提高,尤其是受过高等教育的人口(即大专及以上人口,下同)从 2000 年的 142 万人增加到 2010 年的 495 万人,占全部劳动年龄人口比重从 2000 年的 4.3%一跃为 2010 年 11.9%。

与其他 5 个沿海经济发达省市(北京、上海、江苏、山东和广东)相比,浙江省劳动年龄段高学历人口数量仅略高于上海,但占劳动年龄人口的比重已超越广东和山东,位居 6 省市中的第 4 位,进入全国中等偏上水平。

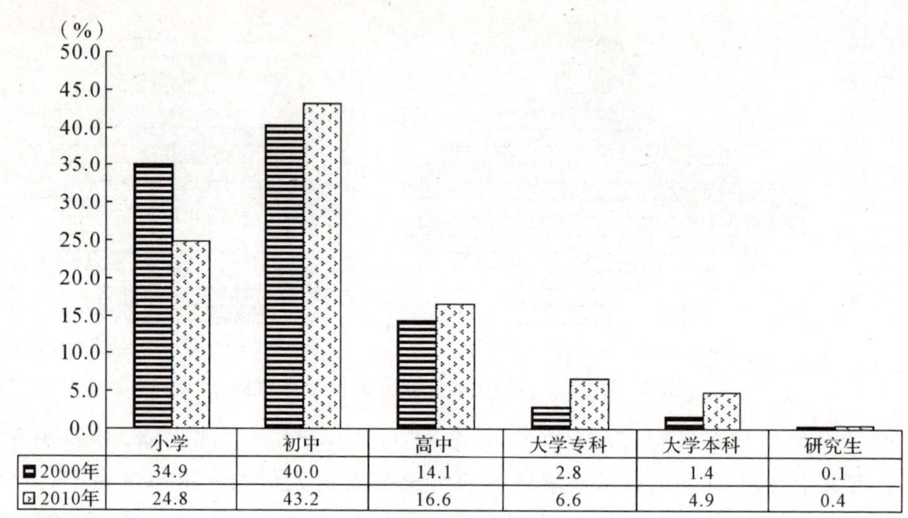

图 3　2000 年、2010 年分教育程度劳动年龄人口占全部劳动年龄人口比重

虽然新世纪以来浙江劳动力素质有了大幅提高，但与北京、上海这两个高学历人口集聚的直辖市相比，劳动年龄段的高学历人口占比差距仍不断拉大，分别从 2000 年的相差 16.4，9.3 个百分点，扩大到 2010 年相差 24.4，13.6 个百分点。这主要是浙江的外来劳动力人口文化素质较低造成的。2010 年，浙江外来人口 1182.4 万人，占全部常住人口的 21.7%。其中，大专及以上人口比重仅为 4.0%，只相当于全国平均水平的三分之一，位居 6 省市的最后一位，也是 31 个省区市的最末位。

表 3　2010 年全国及部分省市劳动年龄段高学历人口比较

	劳动年龄人口(万人)	高学历人口(万人)	占劳动年龄人口比重(%)
全国	97453.6	11442.1	11.7
北京	1610.1	585.1	36.3
上海	1858.3	473.4	25.5
江苏	5896.9	820.3	13.9
山东	7031.4	812.4	11.6
广东	7795.6	867.3	11.1
浙江	4155.5	495.0	11.9

三、应对劳动年龄人口负增长的建议

改革开放30多年来，我省经济高速增长，几乎每一个增长源泉都和充足的劳动力供给有关系，比如人力资本的贡献、低廉的劳动力成本，以及劳动力从低生产率部门到高生产率部门的重新配置等等。2011年劳动力市场发生的转折，对经济增长的可持续性必然产生巨大的影响。如何在劳动力不再无限供给、人力成本持续上涨的环境下，找到新的竞争力源泉，本文有以下几点建议：

(一)加快生育政策改革，提升高等教育与产业结构的匹配度

由于年轻劳动力受教育年限较长，整体素质较高，在产业转型升级过程中扮演关键性角色。然而在今后的较长一段时间内，我省都将面临年轻劳动力快速下降和紧缺的现象，年轻劳动力的大幅减少或将成为未来产业转型升级的制约性因素。从这个意义上说，目前生育政策逐步放开正当其时，随着“单独二胎”生育政策的执行，可以在一定程度上弥补年轻劳动力供给的快速下降。政府应不断加快生育政策改革步伐，采取措施降低育儿成本，提高民众生育意愿。

同时，劳动力市场的结构性就业矛盾依然突出，大学生“毕业即失业”现象相对普遍，高校的人才培养机制大多以教育为导向，造成专业设置与产业结构存在较大的背离；毕业生重理论，轻实践，岗位操作技能薄弱，与企业人才需求存在结构性偏差。未来的高等教育发展方向应顺应经济发展的需要，加强产业结构转型升级对高校毕业生需求的前瞻性研究，合理确定研究型教育与应用教育的发展规模，实现年轻高素质劳动力和产业结构的协调发展。

(二)提高农业产业化水平，开辟农村中老年劳动力的城镇化路径

农村老龄化快于城镇老龄化，除了会导致农村可转移劳动力的枯竭，一定程度上也会阻碍城镇化的进程和步伐。政府应着力推进农业科技创新，提升农业信息化和产业化水平，提高农业劳动生产率，解放更多的农村劳动力，稳定和增强劳动力供给；另外，还是要开辟一条农村中老年人的城镇化路径：加快户籍制度改革，尽快消除户籍障碍，推进农村老年人口与城镇老年人口的社会保障一体化进程，包括基本医疗保险、社会养老保险、老年人福利与救助等基本公共服务的统一和衔接，使得中老年劳动力能够顺利进城并得到适当安置。并且，政府应加大对农村老年人口劳动就业能力的培训，在挖掘农村剩余劳动力的同时适应城镇化的要求。

(三)以人口质量替代数量，加大成人继续教育和岗位技能培训

未来的劳动力市场，新进就业人数已经非常有限，更多地依赖于劳动者在

现有岗位上的效率提升和自身素质的不断提高；与此同时，高素质的劳动者也是我省产业结构调整的重要支撑，是经济转型升级对人才资源的客观需求。政府在政策上应特别强调以人口质量替代数量的战略，加大对成人继续教育和岗位技能培训的公共投入，加强在职人员尤其是农村转移人口的职业培训，提高在职人员的岗位技能和文化素质，为产业结构调整积累必需的人力资本，以应对劳动力可能出现短缺的局面。

人口就业处　赵　静

浙江生产性服务业发展研究

近年来，生产性服务业的发展越来越受到社会各界的重视。2014 年 8 月，国务院出台了《关于加快发展生产性服务业促进产业结构调整升级的指导意见》(国发〔2014〕26 号)，文件中明确指出，加快发展生产性服务业，是向结构调整要动力、促进经济稳定增长的重大措施。如何在新常态下进一步推动生产性服务业的提升和进步，是浙江转变经济发展方式、促进经济结构转型升级的关键之一。

一、生产性服务业的相关概念

生产性服务业是与制造业息息相关的，对整个经济的结构、效益、质量都有着巨大影响的多个服务业门类的集合体，早在 20 世纪 70 年代美国经济学家布朗宁和辛格曼对服务业进行分类时就提出了生产性服务业的概念。由于研究的背景和侧重点的不同，国内外理论界对生产性服务业的界定并不一致，但对生产性服务业的内涵基本达成共识，即指市场化的非最终消费服务，是直接或间接为生产过程提供中间服务的服务性产业，它贯穿于生产过程的各个环节。

生产性服务业除了具有服务业的一般特点以外，还具有中间投入性、产业关联性、人力资本和知识资本的高度密集性、集聚性等显著特征，可以全方面地支撑制造业的各个环节，改善产业结构，实现国民经济的良性循环，提高交易效率、降低交易成本，还可以促进城市的集散、服务和创新等功能的发挥。长远来看，生产性服务业必将逐渐取代制造业成为经济增长的主要动力和创新源泉，并在提供就业、提高劳动生产率、提升产业竞争力等方面发挥关键作用，将继农业、制造业之后成为现代经济发展的核心推动力。

综合考虑生产性服务业的含义及特征，我们将交通运输、仓储和邮政业，信息传输和计算机服务业，批发业(批发和零售业中去除零售业)，金融业，租赁和商务服务业，科学研究、技术服务和地质勘查业① 6 个行业作为本文生产

① 考虑到历史资料的可比性，本文均采用 2002 年国民经济行业分类标准。

性服务业的研究范畴。

二、生产性服务业发展现状

改革开放以来，浙江经济经历了一个由逐步积累到飞速发展的过程，经济总量迅速扩大，经济结构逐渐完善。2013 年，全省生产总值 3.76 万亿元①，人均生产总值 6.85 万元，其中第二产业增加值占 49.1%，服务业增加值占 46.1%。现阶段，浙江经济已达到中等发达国家和地区经济发展水平，经济总量不断增长、经济结构不断成熟，为生产性服务业的发展奠定了坚实的基础。

(一)生产性服务业规模不断扩大

2005 年，浙江生产性服务业增加值为 2620 亿元，之后每年都以较高的速度快速增长，2009 年增至 5237 亿元，2012 年已增加到 8256 亿元，不考虑价格因素七年共增长 215.1%，平均每年增长 17.8%(详见图 1)。

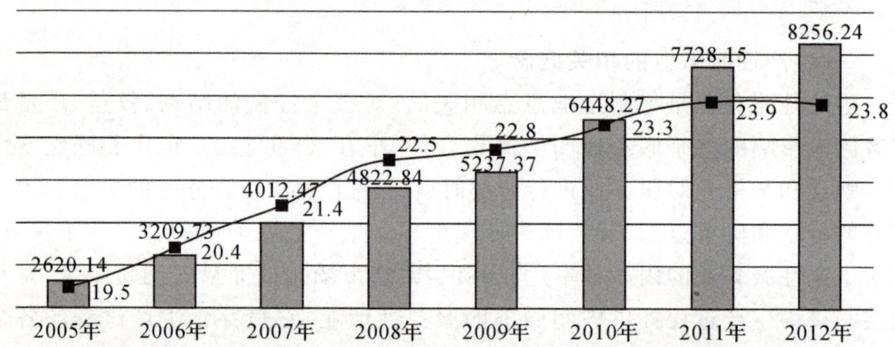

图 1　2005—2012 年浙江生产性服务业增加值(亿元)及其占 GDP 的比重(%)

生产性服务业增加值占 GDP 的比重也不断提高。2005 年仅为 19.5%，之后一直保持上升态势，特别在 2005 年到 2008 年这段时间内，平均每年提高 1 个百分点左右，其后增幅略有下降，2008 年到 2012 年平均每年提高 0.3 个百分点左右。2012 年，生产性服务业增加值占 GDP 的比重为 23.8%，较 2005 年提高 4.3 个百分点，七年平均每年提高 0.6 个百分点(详见图 1)。

(二)生产性服务业结构日渐完善

生产性服务业所含各行业中，金融业所占比重最大。2005 年，金融业增加值为 686 亿元，还次于批发业，占生产性服务业比重为 26.2%；2012 年，金融业增加值为 2762 亿元，占生产性服务业比重达到 33.5%，所占比重也一举跃居各行业首位。金融业、批发业之后，按增加值规模大小依次是交通运输、仓

① 本文所使用的绝对数据均为当年价，相对数据均为可比价(额外注明的除外)。

储和邮政业，信息传输和计算机服务业，租赁和商务服务业，科学研究、技术服务和地质勘查业。

一般地，我们将交通运输、仓储和邮政业，批发业两个行业划分为传统服务业，而将信息传输和计算机服务业，金融业，租赁和商务服务业，科学研究、技术服务和地质勘查业这四个行业划分到新兴服务业门类之中。传统服务业在国民经济运行中起着基础、基石的作用，但新兴服务业在其创新性、运行效率等多方面都比传统服务业有着更大的优势，与其他产业的联系更为紧密，对现代经济的推动作用巨大。浙江生产性服务业中，新兴服务业比例在逐年上升，2005 年新兴服务业占生产性服务业比重为 51.2%，之后逐年上升，2012 年比重为 56.7%，上升 5.5 个百分点，平均每年上升 0.8 个百分点(详见图 2)。

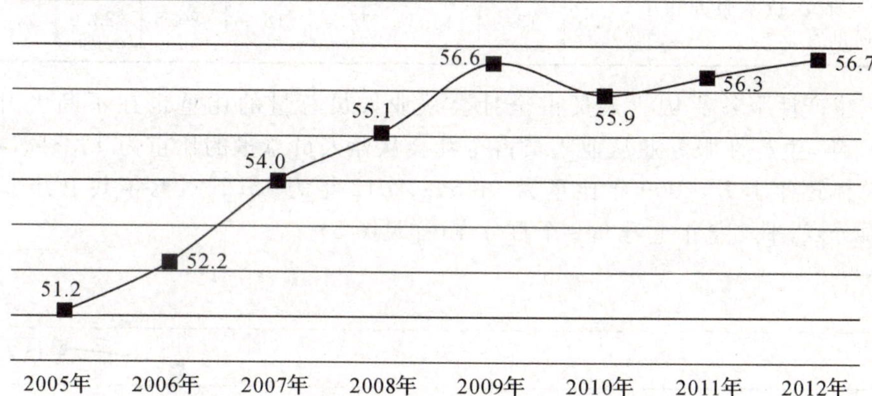

图 2　2005—2012 年浙江生产性服务业中新兴产业所占比重(%)

(三)生产性服务业从业人员不断增加

随着生产性服务业的不断壮大，其从业人员数量也在不断增加，占全社会从业人员数量的比例也在不断增加。2005 年，浙江生产性服务业年末从业人员为 429 万人[①]，2009 年为 522 万人，至 2012 年已增加到 561 万人，共增加 131.5 万人，每年平均增加 18.8 万人。6 个行业中，批发业从业人员数量始终位居首位，2005 年和 2012 年分别为 218.8 万人和 232.7 万人，分别占当年生产性服务业从业人员的 51%和 41.5%，比重则在逐年下降。8 年合计，租赁和商务服务业的从业人员增加量最多，2012 年较 2005 年增加 46.5 万人，平均每年增加 6.6 万人(详见表 1)。

① 批发业从业人员是根据城镇批发业与零售业从业人员的比例推导而来。

表 1　2005—2012 年浙江生产性服务业及其内部行业从业人数(万人)

行业	2005 年	2006 年	2007 年	2008 年	2009 年	2010 年	2011 年	2012 年
生产性服务业	429.4	437.5	504.7	493.3	522.2	533.0	554.6	560.9
交通运输、仓储和邮政业	125.2	129.3	134.0	139.8	143.7	145.5	145.6	143.4
批发业	218.8	206.6	220.1	217.9	221.2	231.4	233.7	232.7
信息传输和计算机服务业	22.6	25.4	65.1	57.6	59.8	46.7	43.5	39.3
金融业	19.1	20.3	22.4	27.4	29.6	30.4	32.2	38.7
租赁与商务服务业	33.1	42.0	47.7	35.6	49.1	58.3	75.7	79.6
科学研究、技术服务和地质勘查业	10.6	13.9	15.5	15.0	18.9	20.8	23.9	27.1

生产性服务业从业人员占全社会从业人员总量的比重也在不断上升。2005 年,生产性服务业从业人员占全社会从业人员总量的比重为 13.8%,之后总体逐年上升,2009 年比重为 14.5%,2012 年为 15.2%,七年共上升 1.4 个百分点,平均每年上升 0.2 个百分点(详见图 3)。

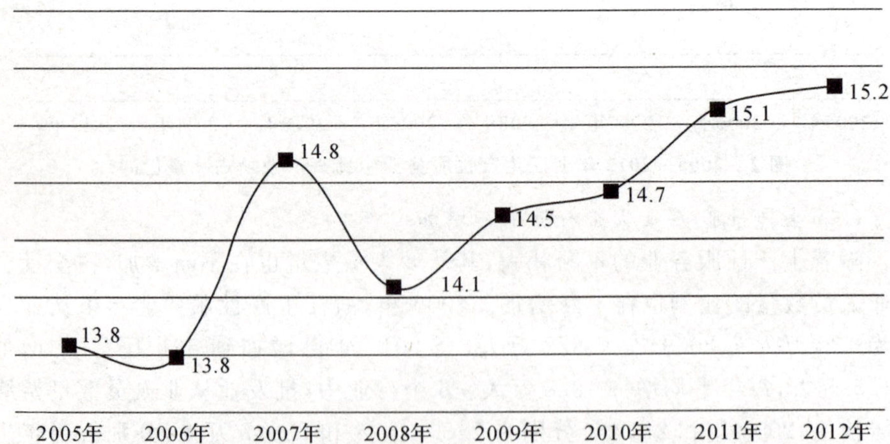

图 3　2005—2012 年浙江生产性服务业从业人员占全社会从业人员比重(%)

(四)生产性服务业与工业联系紧密

生产性服务业与第二产业,尤其是工业有着非常紧密的联系,是推动第二产业转型升级的原动力之一,对我国第二产业的高质量发展有着重要的支撑、推动作用。生产性服务业为产品的整个生产、营销环节增添了全新的内容,而这些内容往往是独立于产品制造流程之外的，如市场调研、产品设计、品牌营销和金融服务等等，这些内容进一步拓展了商品生产营销链条，使得现代企业对竞争优势的获取不再局限于制造环节，技术、管理和信息等生产性服务活动越来越具有战略意义。生产性服务业的创新成为企业技术创新的重要活动，并为企业和社会带来良好的经济效益和社会效益，生产性服务业与第二产业的联系越来越紧密，最终起到促进经济高质量、持续性增长的重要作用。

浙江生产性服务业与第二产业的联系尤为紧密，2005—2012 年，生产性服务业增加值与第二产业增加值的相关系数为 0.9987，比生产性服务业与服务业增加值的相关系数 0.9980 还要高，这说明生产性服务业与第二产业间的相互作用较生产性服务业与服务业之间的相互作用力还要强，生产性服务业对第二产业的发展有着重要意义。

三、生产性服务业发展特征

现阶段，浙江省委省政府越来越重视各类新兴产业的发展，大力推动工业企业分离发展服务业，得益于此，浙江生产性服务业发展速度很快，生产效率不断提高，与第二产业的联系愈加紧密，但与国内发达省市相比并不占优势，与发达国家相比更为落后，生产性服务业如何更深层次的发展仍需我们进一步研究。

（一）产出效率高于其他产业并且优势逐步扩大

2005 年，生产性服务业的产出比为 6.1 万元/人，而第二产业和服务业的产出比分别为 5.1 万元/人和 5.7 万元/人，前者比后两者分别高 1 万元/人和 0.4 万元/人；到 2012 年，生产性服务业的产出比为 14.7 万元/人，分别比第二产业和服务业的产出效率高 5.5 万元/人和 2.5 万元/人。不考虑价格因素，2012 年，生产性服务业产出效率较 2005 年增长 1.4 倍，而第二产业和服务业的产出效率仅分别增长 79.6%和 1.1 倍，生产性服务业的产出效率优势在逐渐扩大(详见图 4)。

（二）极大地促进第二产业的发展

生产性服务业对第二产业的进一步发展有着重要意义，为检验这一论点，我们令第二产业增加值为因变量 Y，生产性服务业增加值为自变量 X，设 $Y=\alpha X+\gamma$，使用 2005 年到 2012 年共 8 年的数据进行回归分析。

结果为 $Y=1.78X+2774.59$，即 $\alpha=1.78$，$\gamma=2774.59$。部分回归统计值分别为 $SE_\alpha=0.037$，$SE_\gamma=206.082$，$se_Y=198.511$，$R^2=0.997$，$F=2358.5$，$d_f=6$。R^2 等于 0.997 表明此方程的设定合理，样本回归线对样本值的拟合优度较高，生产性服务业增加值对第二产业增加值变化的解释力较强。本回归分析只有一个自变量，查 F 分布(0.05)百分位数表可知 F 值符合检验标准，此回归方程具有显著性意义。由此方程可发现浙江生产性服务业增加值每提高

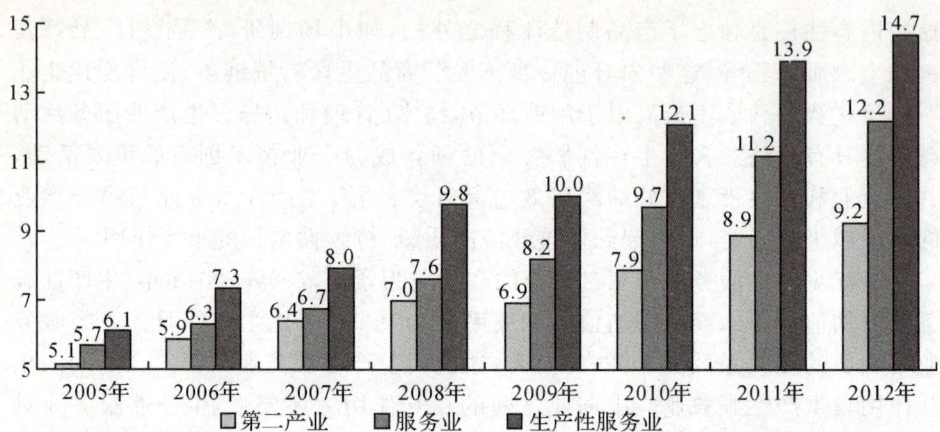

图 4　2005—2012 年浙江生产性服务业等行业人均从业人员增加值(万元/人)

1 元,第二产业增加值可以提高 1.78 元,前者对后者有较高的影响力。

为进一步区分传统生产性服务业和新兴生产性服务业对第二产业影响,我们仍令第二产业增加值为因变量 Y,而将生产性服务业增加值拆分为两块,即传统生产性服务业 X_1 和新兴生产性服务业 X_2,设 $Y=\alpha X_1+\beta X_2+\gamma$,使用 2005 年到 2012 年共 8 年的数据进行回归分析。

结果为 $Y=0.92X_1+3.02X_2+2350.71$,即 $\alpha=0.92$,$\beta=3.02$,$\gamma=2774.59$。

部分回归统计值分别为 $SE_\alpha=1.131$,$SE_\beta=1.641$,$SE_\gamma=598.948$,$se_Y=205.957$,$R^2=0.997$,$F=1095.8$,$d_f=5$。R^2 等于 0.997 表明此方程的设定合理,样本回归线对样本值的拟合优度较高,自变量对因变量的解释力较强,由 F 分布(0.05)百分位数表可知 F 值符合检验标准,此回归方程具有显著性意义。另外,由于样本量较少、忽略了自变量因素,本模型的部分参数不能完全通过检验($\alpha=0.05$),这个问题将在以后的研究中着力解决。

对模型进行分析,新兴生产性服务业增加值每增加 1 元可提高第二产业增加值 3.02 元,而传统生产性服务业只能提高 0.92 元,前者是后者的 3 倍多,新兴生产性服务业对第二产业的发展有更大的促进作用。

(三)与国内发达省市差距呈不断扩大趋势

2005—2012 年,浙江、江苏、广东、山东、北京和上海 6 个发达省市中,浙江生产性服务业总量最小,与上海相差不大,与其他省市相比都有一定的差距。广东生产性服务业规模一直位居 6 省市前列,2005 年增加值为 4686 亿元,比浙江多 2066 亿元;2012 年为 13572.1 亿元,比浙江多 5316 亿元,差距呈不断扩大趋势(详见表 2)。生产性服务业增加值占 GDP 的比重稳中提升,浙江在上述6省市中处于中间位置,2005年比山东高4.9个百分点,位居6省市的第五位;2008年上升到第四位,比山东、江苏两省分别高6.3,0.1个百分点;2012年与广东并列第三位(详见图5)。

表2　2005—2012年部分省市生产性服务业增加值(亿元)

地区	2005年	2006年	2007年	2008年	2009年	2010年	2011年	2012年
浙江	2620.1	3209.7	4012.5	4822.8	5237.4	6448.3	7728.2	8256.2
上海	2908.9	3384.5	4323.7	5191.2	5780.1	6757.6	7834.5	8600.1
北京	3050.1	3658.6	4675.8	5579.1	5909.2	7069.8	8536.4	9304.4
山东	2689.0	3316.3	4023.4	5002.6	5562.5	6991.8	8564.5	9854.3
江苏	3711.1	4134.8	5457.2	6948.4	7819.5	9677.9	11250.3	12656.6
广东	4686.4	5687.5	7277.6	8584.4	9061.7	10439.0	12191.6	13572.1

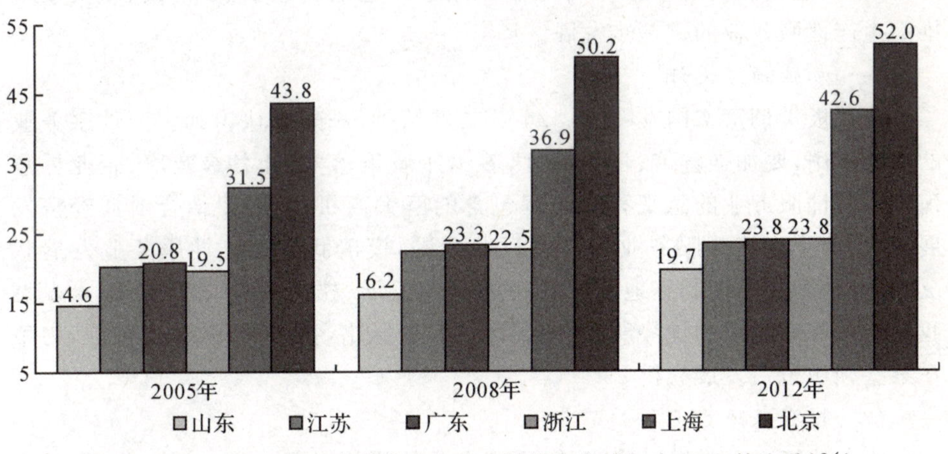

图5　2005,2008,2010年部分省市生产性服务业增加占GDP的比重(%)

(四)与发达国家和地区差距较大

20世纪80年代起,发达国家和地区的生产性服务业已经开始高速增长,到今天已经成为国民经济中的支柱产业,部分发展中国家也先行一步,生产性服务业也实现了快速增长。当今社会,生产性服务业已成为世界各地代表性大都市的经济主导力量,是大都市经济支配力量产生的基础,这是因为有着高度发达的生产性服务业,这些大都市才能够有着辐射和影响整个世界经济的能力。同时,生产性服务业也是大都市产业发展的重点和经济增长的新引擎,尤其是生产性服务业在创造就业机会及促进经济增长方面,起到了领头羊的作用。

数据显示，美国生产性服务业[①]的产值从 1990 年的 2.7 万亿美元增长到 2011 年的 7.75 万亿美元，占 GDP 的比重从 46.9%上升到 51.4%；2004 年，日本生产性服务业增加值占 GDP 比重为 36.7%；1983 年到 2001 年，中国香港生产性服务业的比重由 32.5%上升到 43.9%，提高 11.4 个百分点，到 2006 年，中国香港生产性服务业占 GDP 比重已高达 53.8%，成为中国香港经济无可替代的支柱产业；加拿大 1998 年的生产性服务业产值是 1961 年的 3.3 倍，占服务业产值的 54%。

与这些国家和地区相比，我省的生产性服务业无论是在总量还是在结构上都需要长时间、大踏步的发展。

四、进一步加快生产性服务业发展的建议

浙江生产性服务业已经有了长足的发展，对促进经济持续高质量增长有着重要意义。我们要充分认识到生产性服务业在经济社会发展过程中强大促进作用，从理论和实践两个方面将生产性服务业重视起来，多方面、多视角地推动生产性服务业的进一步发展。

（一）加强顶层设计

应积极贯彻落实国发〔2014〕26 号文件精神，一是要认识到生产性服务业的重要作用，要加强宣传、学习力度，着力于政策落实，让各级政府、企业界意识到生产性服务业的意义和其中所包含的巨大商机；二是要结合浙江经济发展现状，细化生产性服务业的具体行业范围，摸清我省生产性服务业发展状况，在此基础上因地制宜地制定相关的产业发展、扶持政策；三是要深入发掘我省生产性服务业的优势所在，把握产业发展脉络，扬长避短、重点突破，力争在某些领域抢占发展先机。

（二）增强保障力度

除在政策层面要加以明确外，还应在具体措施上下大功夫。首先，用地方面。在符合土地利用总体规划和城镇建设规划的前提下，对生产性服务业项目建设用地优先安排，在土地价格上给予优惠。第二，融资方面。建立民营企业互保联保机制，完善为民营经济服务的信用担保机构和风险投资基金，扩大融资渠道，帮助大型民营企业在资本市场筹资融资。第三，税收方面。通过税收调整，降低生产性服务业的税负水平，加强财政对生产性服务业发展的资金支持，把服务业发展引导资金向生产性服务业领域倾斜，对生产性服务业重点项目加大贴息或补助力度。

---

① 发达国家和地区与本文的生产性服务业统计范畴并不完全一致，不能用于定量分析。

（三）强化产业关联

制造业是生产性服务业发展的基础和支撑，为生产性服务业发展创造需求空间；生产性服务业是制造业提高专业化水平的关键，有利于降低中间服务成本，提升产品和企业竞争力。浙江省应立足于发挥现有产业优势，更新发展理念，积极主动地适应产业结构调整的新变化，努力形成生产性服务业与先进制造业联动发展的新格局。要继续大力推动"主辅分离"措施，推进企业内置服务市场化、社会化，降低运营成本。具体地，要引导推动企业通过管理创新和业务流程再造，逐步将发展重点集中于技术研发、市场拓展和品牌运作等方面，将核心生产性服务环节剥离为独立的企业，以核心竞争优势融合配套企业的服务供给能力，实现二、三产业的融合与"无缝链接"。

（四）优化产业布局

要大力推动生产性服务业的集聚式发展，促进社会服务网络的形成，以做到资源共享、服务贡献、规模经济，进一步拓展服务经济空间、降低交易成本，形成外部经济。我们要综合考虑城市建设、交通、居住、环境及经济发展模式等因素，立足于自身的区位优势和特色，科学布局不同功能的生产性服务业。通过规划布局、政策引导和必要的财政支持等形式，形成特定服务行业、服务企业的集聚式发展格局。要在大力建设浙江省服务业集聚示范区的基础上，加强生产性服务集聚区的建设，促进生产性服务业集聚区规模的不断扩大，尽早、尽快发挥生产性服务业集聚发展后的规模经济效应和范围经济效应。

（五）降低准入门槛

生产性服务行业市场准入门槛过高等问题比较严重，竞争机制的引入是解决生产性服务业发展不畅的关键，除了少数关系国家安全和有特殊要求的行业需要有严格的进入限制外，其他生产性服务行业原则上都应放开，并废除不同所有制类型企业的差别待遇。要遵循市场经济规律，推进服务业的资源配置主体由政府转向市场，实现投资主体多元化，鼓励非国有经济在更广泛的领域参与生产性服务业发展，逐步形成公开透明、管理规范和全行业统一的市场准入制度。降低生产性服务行业准入门槛还可以与其他改革措施结合起来，特别是与企事业单位的改革结合起来，以进一步削弱阻碍生产性服务业发展的体制障碍。

课题负责人　沈　强
课题组成员　陈晓明　张　卫　缪茶英
　　　　　　刘　丹　徐文晔
执　　　笔　徐文晔

浙江医疗设备产业发展强势突起

医疗设备产业是事关人类生命健康的多学科交叉、知识密集型和资金密集型的高技术产业，其发展水平在一定程度上代表了一个国家、地区的综合实力与科技发展水平。近年来，浙江医疗设备产业规模迅速扩大，竞争力不断增强，市场占有率逐步提高，在保障居民健康和推动经济增长等方面发挥了较好的作用。

一、医疗设备产业发展的主要特征

(一)规模迅速扩大，成为我国重要的生产基地

改革开放以来，浙江医疗设备产业发展令人瞩目。尤其是进入21世纪以来，在市场需求刺激和经济持续稳定发展背景下，产业整体步入高速增长阶段。据统计基本单位名录库数据，2013年，从事医疗设备生产企业数为1045家，是2005年460家的2.3倍；主营业务收入112.6亿元，是2005年38.7亿元的2.9倍(见表1)，年均增长14.3%。在规模以上工业企业中，医疗设备行业资产和主营业务收入分别为90.3亿元和77.4亿元，分别是2003年的4.1和4.6倍，在10年时间中翻了2番多，年均复合增长率分别达14.1%和15.5%。

经过30年的持续高速发展，浙江医疗设备产业已初步建成了专业门类比较齐全、产业链条相对完善、产业基础比较雄厚的产业体系。2013年，浙江医疗设备产业营业收入占全国的7%左右。据《2013年中国医疗器械行业发展状况蓝皮书》分析，浙江已发展成为我国各种医疗器械的重要制造基地。

表1　浙江省医疗设备产业发展相关指标

年份	全部工业		规模以上工业		
	单位数(家)	主营业务收入(亿元)	单位数(家)	资产(亿元)	主营业务收入(亿元)
2003年			43	11.2	9.9
2004年			54	21.8	17.0

续 表

年份	全部工业		规模以上工业		
	单位数（家）	主营业务收入（亿元）	单位数（家）	资产（亿元）	主营业务收入（亿元）
2005 年	460	38.7	69	34.8	29.2
2006 年	508	42.9	69	41.6	34.4
2007 年	560	39.9	92	51.6	45.6
2008 年	624	52.7	96	50.0	43.0
2009 年	678	54.9	129	60.4	45.6
2010 年	738	73.7	152	78.1	61.9
2011 年	796	90.2	62	72.0	62.3
2012 年	874	94.3	82	79.8	70.4
2013 年	1045	112.6	89	90.3	77.4

注：规模以上工业企业的统计范围，2011 年前为主营业务收入 500 万元及以上，2011 年及以后为 2000 万元及以上。

（二）竞争力不断增强，国际市场占有率逐步提高

医疗设备市场是当今世界经济中发展最快、国际贸易往来最为活跃的市场之一。在全球化的市场竞争中，随着我国研发、生产水平的提高，与国外医疗设备生产技术差距逐渐缩小，常规医疗设备已基本实现自主生产，高端医疗设备拥有自主知识产权的产品逐步实现进口替代且部分产品批量出口海外市场，由此表现为我国出口逆差逐步缩小，并于 2005 年首次实现顺差。浙江医疗设备产业发展更突出地体现了这一特征。在规模以上工业中，医疗设备行业出口交货值由 2003 年的 2.5 亿元、2005 年的 11.1 亿元增加到 2010 年的 25.5 亿元和 2013 年的 30.6 亿元，出口交货值占销售产值的比重由 2003 年的 24.6%提高到 2005 年的 38.5%、2010 年的 40.8%和 2013 年的 40.4%。在工业出口份额逐步下降的背景下，医疗设备产业逆势上升，表明我省医疗设备产业已具有较强的国际竞争力。

（三）创新能力增强，产品附加值提高

多数医疗设备是医学与多种学科相结合的产物。医疗设备产品制造技术涉及医药、机械、电子、塑料等多个技术交叉领域，其核心技术涵盖医用高分子材料、检验医学、血液学、生命科学等多个学科。浙江医疗设备产业通过增加

科技投入，增强自主创新能力，提高了经济效益。2013 年，在规模以上工业中，医疗设备行业科技活动经费支出占主营业务收入的 3.4%，比 2005 年的 0.9%提高 2.5 个百分点，比全部规模以上工业高 2.1 个百分点；新产品产值率为 30.8%，比规模以上工业高 4.5 个百分点。主营业务收入利润率为 10%，比规模以上工业的 5.5%高 4.5 个百分点。

二、医疗设备产业发展的结构特点

(一)以小微型企业为主

经过多年的发展，浙江医疗设备生产企业有所壮大，但仍以小微型企业为主。2013 年，89 家规模以上医疗设备生产企业中，大型、中型和小微企业分别为 1 家、16 家和 72 家，三种类型企业主营业务收入所占比例分别为 11.5%，39%和 49.5%；利润所占份额分别为 15.7%，44.2%和 40.1%，主营业务收入利润率分别为 13.7%，11.4%和 8.1%。这表明，小型企业赢利能力低于中型企业，而中型企业又低于大型企业。

(二)外商和港澳台商投资企业经营水平领先

引进外商和港澳台商企业，进而提高产业技术水平和市场竞争力，对发展浙江医疗设备产业产生了积极作用。经过多年的发展，浙江本土企业有所壮大，但外商和港澳台商投资企业在产业中仍占据半壁江山。2013 年，规模以上医疗设备生产企业中，外商和港澳台商投资企业 26 家，只占医疗设备生产企业总数的 29.2%，但主营业务收入和利润分别占 47.2%和 44.2%。

(三)生产医疗诊断、治疗等技术含量高的设备的企业比较少

从行业和产品细分的角度看，规模以上工业中，生产医疗诊断、监护及治疗等技术含量高的设备的企业只有 15 家，只占医疗设备生产企业总数的 16.9%，主营业务收入只占 23.5%。多数企业以生产医疗、外科及兽医用设备(39 家)和其他医疗设备(16 家)为主。浙江一次性注射和输液器等产品在全国占较强优势。

三、医疗设备产业发展中存在的主要问题

(一)技术水平与发达国家差距明显

虽然浙江医疗设备产业整体发展迅猛，但仍无法充分满足国内市场需求，大型高端医疗设备主要依赖进口，与世界医疗设备工业强国存在明显差距。目前，国内高端医疗设备市场的 70%已被跨国公司占领，多数关键技术被发达国家大公司所垄断，国产高端医疗产品技术性能和质量水准落后于国际先进水平 15 年左右。具体来说，约 80%的 CT 市场、90%的超声波仪器市场、85%的检验仪器市场、90%的磁共振设备、90%的心电图机市场、80%的中高档监

视仪市场、90%的高档生理记录仪市场,以及60%的睡眠图仪市场均被外国品牌所占据。

(二)缺少龙头企业和拳头产品

龙头效应在医疗设备产业发展中十分明显。从地区看,在全球医疗器械市场中,美国稳居行业龙头地位,医疗设备产业销售占全球的40%左右。从企业看,世界排名前10位的医疗设备企业2004年占世界市场份额的34.5%,2010年增加到44.8%。与世界发达国家和地区,甚至与国内深圳、北京等地相比,浙江医疗设备产业缺少龙头企业和拳头产品。

(三)"低、小、散"的特征十分明显

浙江医疗设备产业集中度总体偏低,呈现小而散的状态,与美欧日等发达国家相比存在较大差距。2013年,规模以上医疗设备生产企业中,主营业务收入超过1亿元的只有21家企业,超过5亿元的只有2家企业,没有超过10亿元的企业,有50家企业主营业务收入低于0.5亿元。规模以下的近1000家企业,户均销售只有368万元。多数企业仅占据低端价值链的一部分,且同技术水平层次的产品重复性高,缺少产业分工,企业层次不明显,缺乏自主创新能力。

四、相关建议

(一)把握医疗设备产业继续快速发展的机遇

医疗设备产业的朝阳性已经不言而喻。从发展规律看,全球医药和医疗设备的消费比例约为1∶0.7,而欧美日等发达国家已达到1∶1,我国仅为1∶0.2。全球医疗设备市场规模已占据医药市场总规模的42%,并有扩大之势,而我国只有14%,可以判断,医疗设备产业仍然还有较广阔的发展空间。据中国机电网测算,2010年,中国医疗设备占世界份额的4%,而预计到2050,这一份额将达到25%。

近年来,医疗设备产业发展一直快于药品行业,同时医疗设备产业升级带来超额收益会使得原本在整体15%左右增速下,更能蕴藏产业升级带来高增长机会,预计未来一个时期中国医疗设备产业复合增长率达20%—30%。

(二)发挥优势,努力巩固基础医疗设备市场

由于我国人口众多、经济水平相对落后,基础医疗设备约占整体市场规模的75%,这为我国基础医疗设备制造企业提供了较为广阔的市场空间。基础医疗设备主要以中小规模的机电一体化产品为主,具有一定的科技含量和制造工艺要求。浙江医疗设备制造企业经过多年的发展,在自动化控制和精密制造领域不断进步,在基础医疗设备市场具有一定的竞争优势。在我国产品

的竞争下，欧、美、日等国家医疗设备公司正逐步将在本土生产没有成本优势的基础医疗设备产品通过 OEM 或 ODM 等方式转移到中国制造。基础医疗设备市场竞争可能会加剧。各级政府在中低端医疗设备采购中应优先采购国产医疗设备，为医疗设备产业稳定发展提供条件。

（三）积极创新，力争在高端市场占据一席之地

发展医疗设备产业，必须在高端市场占据一席之地。引进、消化、吸收依然是提高我省医疗设备产业技术水平主要路径。受巨大的中国医疗设备市场的吸引，世界医疗设备前十强中有八家已在中国建立生产基地。浙江也要抓住机遇，努力引进国外知名跨国医疗设备企业。同时，各级政府应统筹科技、财税和产业政策，加强产业整合，通过引导，鼓励企业加大研发投入，加快技术创新，向市场提供科技含量高的产品，打破国外企业的垄断，实现向医疗设备全产业链的转型升级。

工业处　林　云　蒋晓雁

杭州汽车限牌对全省消费品市场的影响分析

自2014年3月26日零时起杭州实行小客车总量调控管理政策，对本市行政区域范围内小客车实行增量配额指标管理，增量指标须通过摇号或竞价方式取得。由此，杭州市正式成为全国第六个实行汽车限牌城市。汽车作为重要消费品之一，杭州汽车限牌政策实施后给全省汽车消费市场带来了一些新变化，进而对全省消费品市场产生了一些影响。本文对杭州汽车限牌政策实施前后我省消费品市场发生的变化进行了初步分析，提出了相关建议，供领导决策参考。

一、限牌前汽车消费对全省消费品市场的影响

（一）杭州汽车需求旺盛

2013年六七月份开始，杭州汽车限号、限牌消息被传得沸沸扬扬，进入2014年后，随着限牌传言愈演愈烈，汽车持续热销。汽车市场淡季不淡，春节过后，杭州汽车消费热度不减，有的汽车4S店前两个月就完成年度销售计划的50%以上。2014年1—2月，杭州市限额以上批零企业实现汽车类零售额124.1亿元，同比增长29.8%，高于杭州限额以上批发和零售业零售额增速15.9个百分点。进入3月份后，汽车销量增长迅速，4S店平均每天销售量多达五六十辆，是平时的五六倍。特别是3月下旬，出现了一车难求的状况，不少4S店紧急从外地调入车源，并延长营业时间，加班加点，开足马力销售。3月25日晚7时，“限牌”详情公布后，很多市民连夜挑车，赶在26日零时之前购买新车；各家4S店挑灯夜战，把营业时间延长至晚上12点，接待前来购车的市民。据杭州市统计局对全市300多家4S店的快速调查，25日当日销售小客车2.78万量（包括预交订金购买车辆），实现零售额45.7亿元。3月份，杭州市限额以上批零企业实现汽车类零售额118.6亿元，创历史新高，零售额同比增长100.2%；一季度累计实现汽车类零售额244.0亿元，增长57.8%；一季度汽车类零售额已相当于上年的31.2%（见图1）。

（二）限牌政策带动部分地市汽车消费较快增长

3月份汽车限牌政策导致杭州车市需求旺盛，造成众多品牌汽车供不应求，为此，杭州各汽车经销商紧急从省内其他地市调入货源，从而带动部分地

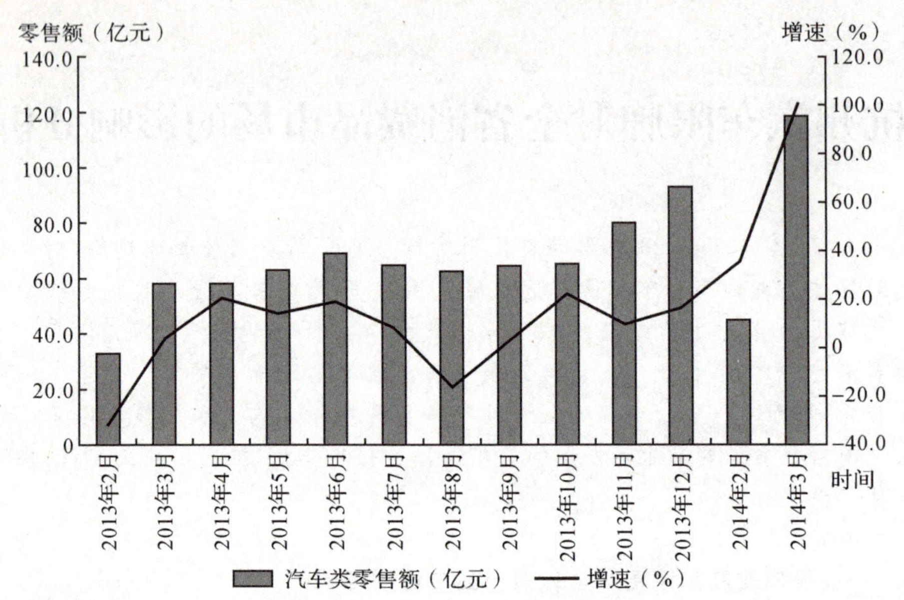

图 1　2013 年以来杭州当月汽车类零售额及增速

市汽车消费较快增长。温州、嘉兴、湖州、金华和台州汽车消费增长明显，一季度汽车零售额同比分别增长 10.3%，14.2%，19.3%，17.7%和 15.1%，增速比 1—2 月分别提高 3.3，1.4，7.2，1.5 和 2.6 个百分点；绍兴汽车消费小幅增长，一季度汽车零售额增长 17.9%，增速比 1—2 月提高 0.7 个百分点。

（三）汽车消费对杭州和全省消费品市场的拉动作用明显

近年来，随着居民收入的提高和国家对汽车产业发展的诸多鼓励政策，汽车在消费品市场中的地位日益重要，汽车类商品零售额占社会消费品零售总额的比重也逐年上升。在浙江，汽车类零售额占限额以上批发和零售业商品零售额的比例接近 40%。杭州作为省会城市，汽车消费量较大，2013 年杭州汽车类零售额占全省汽车类零售额的 28.8%，对全省社会消费品零售总额的贡献率为 4.8%。汽车消费比重较大，其增速较大程度地影响了全省社会消费品零售总额的增长速度。杭州汽车消费对杭州及全省消费品市场影响较大。一季度杭州汽车类零售额 244.0 亿元，同比增长 57.8%，对全市、全省限额以上社会消费品零售总额的贡献率分别为 68.3%和 33.8%，分别拉动全市、全省限额以上社会消费品零售总额增长 16.1 和 5.2 个百分点。

受杭州汽车消费增长较快影响，全省一季度社会消费品零售总额同比增长 13.1%,创 2013 年以来新高,增速高于全国平均水平 1.1 个百分点,居全国各省(市)之首。一季度汽车类零售额对全省限额以上社会消费品零售总额的贡献率为 58.2%,拉动全省限额以上社会消费品零售总额增长 9.0 个百分点,拉动全省社会消费品零售总额增长 4.4 个百分点。

二、限牌后汽车消费和消费品市场出现的新变化

杭州限牌政策配合限行措施,对改善杭州城市道路拥堵、缓解早晚高峰通行压力发挥了积极的作用。但是,限牌政策在一定程度上影响了汽车消费市场的自然增长规律,影响了后期的汽车消费需求,导致汽车消费对全省消费品市场的拉动效果出现了一定程度的弱化。

(一)杭州当月汽车类零售额持续负增长

随着汽车限牌政策的正式实施,杭州汽车消费减少明显。4—9 月杭州汽车类累计零售额 278.3 亿元,同比下降 2.8%,与 2013 年同期相比,月均零售额减少 17.9 亿元。其中,4—7 月份当月汽车类零售额降幅较大,同比分别下降 44.9%,38.4%,37.4%和 29.3%。受当月零售额持续负增长影响,1—7 月,杭州汽车类累计零售额首次出现负增长,同比下降 0.8%。8 月份、9 月份,当月汽车类零售额持续负增长,累计增速降幅进一步扩大。前三季度,杭州汽车类累计零售额同比下降 3.3%,降幅比上半年扩大 7.6 个百分点。

(二)其他地市汽车消费增长平稳

一季度过后,限购政策对全省其他地市汽车消费市场的影响逐步消退,汽车销售回归正常增长态势。4—9 月,除杭州外,全省其他地市汽车类累计零售额 1087.9 亿元,同比增长 10.2%,高于全省限额以上社会消费品零售总额增速 0.3 个百分点。分地市看,温州、嘉兴、湖州和金华汽车消费市场增长较快,4—9 月汽车类零售额分别增长 11.7%,14.7%,13.2%和 12.2%;宁波、绍兴和台州汽车消费市场增长平稳,4—9 月汽车类零售额分别增长 8.0%,8.5%和 8.5%。

(三)汽车消费在一定程度上影响了杭州和全省消费品市场的自然增长

前三季度,杭州汽车类零售额 522.3 亿元,同比下降 3.3%。一季度后,杭州汽车类累计零售额占比逐月下滑,前三季度,杭州汽车类零售额占杭州限额以上社会消费品零售总额的 27.9%,占比与一季度、上半年相比分别回落 7.7 和 1.4 个百分点。1—7 月杭州汽车类零售额拉低杭州限额以上社会消费品零售总额增速 0.3 个百分点,前三季度扩大到 1.0 个百分点。

受杭州汽车消费当月持续负增长的影响,全省消费品市场呈现一季度快速增长之后逐月回落的增长态势。前三季度,全省社会消费品零售总额同比

增长 11.9%，增速仅比 1—8 月高 0.1 个百分点，创 2014 年一季度以来累计增速次新低。汽车消费对全省消费品市场的拉动作用持续减弱，前三季度，汽车类零售额对全省社会消费品零售总额的贡献率为 11.4%，比上半年回落 4.8 个百分点，拉动全省社会消费品零售总额增长 1.4 个百分点，比上半年回落 0.6 个百分点。

三、对今后浙江汽车及消费品市场走势的判断

从全省限额以上批发和零售业商品销售分类情况表分析，按零售额排序，前三季度，汽车类，石油及制品类，粮油、食品、饮料、烟酒类，中西药品类和服装、鞋帽、针纺织品类分列前五，合计零售额 4548.6 亿元，占全省社会消费品零售总额的 37.4%，合计零售额同比增长 10.0%。其中，汽车类、石油及制品类零售额占全省社会消费品零售总额的比重分别为 17.4%和 8.1%，是拉动我省消费品市场增长的重要因素之一。但是，基于以下因素考虑，我省汽车类和石油及制品类销售后期增长乏力，可能影响全省消费品市场稳定增长。

一是汽车消费需求增长放缓。从 2002 年开始，我省汽车消费快速增长，到 2008 年汽车类零售额首次突破 1000 亿元大关，达到 1008.4 亿元，比上年增长 75.1%。2009 年和 2010 年实施的小排量汽车购置税优惠政策进一步推动了全省汽车消费的增长，到 2010 年底，全省汽车类零售额 1808.0 亿元，私人汽车拥有量 433.0 万辆，和 2001 年相比，年均分别增长 48.2%和 35.2%。随着小排量汽车购置税优惠政策的退出，从 2011 年开始，我省汽车消费增长逐年趋缓，2011 到 2013 年，全省汽车类零售额比上年分别增长 22.3%，13.1%和 11.2%，年均增长 15.4%，低于 2008 到 2010 年的年均增速 31.0 个百分点。我省前期汽车消费需求释放已比较充分，再加上目前家用汽车还未到集中更换年限，后期我省汽车消费需求将逐步趋缓。

二是杭州汽车限牌政策影响了消费品市场的自然增长。杭州作为省会城市，汽车类商品的消费无论从数量还是质量而言，都高于省内其他城市，汽车限购政策对杭州的消费品市场冲击较大，从 4 月开始，杭州当月汽车类零售额持续负增长，直接影响杭州社会消费品零售总额的增长。杭州市贸易局数据显示，截至 2014 年 2 月底，杭州全市机动车保有量为 259.8 万辆，2013 年净增量为 27.6 万辆，均创历史新高。实行限牌后，汽车增长将得到控制，杭州地区(包括区、县、市)每年的小客车增量指标为 8 万辆，加上按 10%的更新量计算，每年更新汽车约 3 万辆，一年小客车的消费量维持在 11 万辆左右，汽车消费增量基本稳定，由此影响石油及制品类的消费增长，而限额以上汽车类和石油及制品类的零售额占杭州限额以上批发和零售业商品零售额的近一半，从而导致杭州消费品市场后期缺少动力，进而影响全省消费品市场的增长。

三是新能源汽车在短期内无法取代传统汽车成为汽车类产品销售的一个新增长点，由于目前新能源汽车普遍存在价格偏高、城市充电设备不完善、可供选择车型偏少等问题，虽然购买新能源汽车有政府补贴和不限牌的双重优惠，但是消费者更倾向于传统汽车。

四是城市道路的日益拥堵和公共交通的日趋完善，部分有购车意愿的潜在消费者放弃购车选择公共交通工具出行。

四、相关建议

随着社会的发展和收入的提高，百姓的消费观念不断提升，汽车已经从奢侈品成为日常消费品，是消费品市场的重要组成部分。汽车消费不仅活跃了商贸流通市场，而且繁荣了汽车配件、保养、维修等服务业市场，促进了汽车上下游产业的发展，增加了就业机会。在杭州汽车限购政策保持不变的情况下，为繁荣汽车市场、促进全省消费品市场平稳健康发展，提出以下建议：

（一）稳步提高城乡居民收入

消费能力与居民收入息息相关。从全省范围看，汽车消费主要集中在杭州、宁波和温州这些经济相对比较发达的地方，衢州、舟山、丽水等经济相对落后地方的汽车消费潜力还有待进一步挖掘。要保持浙江汽车消费市场的持续平稳发展，需要加快经济发展，努力提高低收入群体的购买力；需要缩小城乡居民收入差距，增强消费后劲；需要继续完善社会保障体系，消除城乡居民消费的后顾之忧，释放城乡消费市场的巨大潜力。

（二）扩大农村汽车消费市场

从消费品市场结构分析，农村消费市场增长快于城镇消费市场，发展农村汽车消费潜力巨大。需要充分把握农民需求，重点发展人货两用的车型；加大对乡村道路的提质改造；进一步完善农村汽车流通网络，积极引导销售企业提高汽车营销和服务水平，为汽车下乡营造良好的市场环境。

（三）培育新的消费增长点

目前我省消费品市场的传统热点是汽车和金银珠宝类，其他商品消费基本处于平稳增长状态。随着居民生活水平的提高，对吃、穿、用等日常生活消费品的要求也在不断提升，建议可以在食品、服装、家装等方面深挖消费潜力，细分市场，为百姓提供多样化、个性化的消费产品，发掘新的消费增长点，保持全省消费品市场的健康繁荣发展。

（四）完善城市交通路网建设

完善城市畅通工程建设，继续推行限行、潮汐道路等交通优化措施；积极开展静态交通管理，开辟临时停车场和固定地下停车场，建立地铁与汽车停车场的无缝对接；加快建立电动汽车快速充电网络和公用充电设施建设，推进新能源汽车的推广和普及；加快地铁建设，形成地铁网络，方便百姓出行。

服务业处　边红霞　吴　珺

关于统计新常态的思考

当前，我国经济发展进入新常态，本文分析了作为反映经济发展状况的统计进入新常态的必然性，勾勒了统计新常态的主要表现，阐述了统计主动适应新常态、构建大统计格局的思路，提出了以新常态引领开创统计新格局的具体建议。

在近期召开的中央经济工作会议上，习近平总书记从九个方面对发展新常态做了全面、系统的诠释。这是以习近平为总书记的党中央对我国发展所处的历史阶段做出的科学判断。当前，我国发展仍处于重要战略机遇期，但同时也正处于增速换挡期、转型阵痛期和改革攻坚期“三期叠加”的关键历史阶段。那么，对于统计来说是不是也已进入新常态？统计新常态是怎样的？统计工作如何适应新常态？对此，我们有必要进行认真思考。

一、统计新常态的理解

（一）什么是统计新常态

以新常态来判断当前我国经济的特征，并将之上升到战略高度，表明中央对当前我国经济增长阶段变化规律的认识更加深刻，正在对宏观政策的选择、行业企业的转型升级产生方向性、决定性的重大影响。2014 年中央经济工作会议明确要求“各级政府要主动适应新常态”。统计作为国民经济的晴雨表，更要主动适应当前我国经济新常态。如何正确反映经济新常态就是统计新常态。在经济新常态下，统计工作怎样主动为经济社会健康发展做出新的贡献，这就要求统计有不同以往的理念、思路、方法、手段，使统计工作之于经济社会发展处于一种自然的、合理的、契合和平稳的服务和应对状态。

（二）统计新常态的必然性

1. 经济进入新常态的时代要求。习近平总书记对我国当前所处的历史阶段做出了明确的判断，即中国的发展仍处于重要战略机遇期，但同时也处于增速换挡期、转型阵痛期和改革攻坚期“三期叠加”的关键历史阶段，宣告了我国经济迎接新机遇，迈上新征程，走向新时代，进入新常态。在这特定的新常态历史阶段，统计就不能再以传统姿态和原有的轨迹，按部就班地运转，而必须适应这种转变以新的姿态创新发展，适应经济新常态，服务经济新常态。

2. 统计环境变化的社会要求。一方面，与信息时代伴随而来，以及管理能力提升、执政理念的转变，政府、社会和个人对统计信息的要求越来越高，特别是及时性、准确性和透明性的要求前所未有。社会对统计数据的诟病、质疑也倒逼统计必须加快自身的改革和创新。另一方面，统计工作环境也面临深刻变化，统计已不再是仅仅为政府部门服务的工具，而兼具为基层、企业和调查对象自身服务的功能。而与此同时，基层统计队伍的稳定性大为降低，以往层层上报、逐级核算的传统统计基础已经松动。作为政府统计重要组成部分的部门统计明显弱化，而民间形式、社会咨询机构作为统计力量的补充，其发展还仅仅在起步阶段，以政府购买服务的形式完成统计任务的根基尚未形成。

3. 统计科技进步的自身要求。国家统计局为推进我国统计工作现代化，变革统计数据生产方式，推进统计工作的规范统一、改革创新和公开透明而采取的以“企业一套表”为核心的统计“四大工程”，使数据采集生产方式发生了翻天覆地的变革——由以往重复、分散、各专业基本各行其是的传统“小生产”模式，逐步向以联网直报为特征的现代“大生产”模式转变。“四大工程”真正使统计工作减负、提效、规范、科学，使数据真实可靠，为国家宏观调控和经济管理提供科学依据，为社会各界提供更优质的统计服务。同时，国家统计局提出“总体设计、牵头攻关、先易后难、专业突破”的大数据思路，与阿里巴巴、百度等知名企业签订《大数据战略合作框架协议》，共同探索推进大数据在政府统计中的应用。

（三）统计新常态的主要表现

1. 统计工作高度关注的常态化。党的“十八大”以来，新一届中央领导集体多次就统计工作做出重要指示。党的十八届三中全会通过的全面深化改革的决定，提出改革的总目标是完善和发展中国特色社会主义制度，推进国家治理体系和治理能力的现代化。统计是管理和决策的基础，推进国家治理体系和治理能力的现代化，必然要求加快实现统计体系和统计能力的现代化。十八届三中全会提出，改革政绩考核机制，完善发展成果考核评价体系。习近平总书记多次指出，再也不能简单以国内生产总值增长率来论英雄了，要改进考核方法手段，把民生改善、社会进步、生态效益等指标和实绩作为重要考核内容。李克强总理强调，统计指标要更好地反映经济发展中的提质增效升级。

2. 统计数据社会质疑的常态化。近年来，随着国际经济环境的复杂多变，国内经济运行不确定性和复杂性的增加，我国统计工作也面临新的更大的挑战，尤其是统计数据面临极其严峻的质疑，每当公布有关数据时，社会上总会发出一些质疑声音。如，地方 GDP 简单相加数总是超过全国 GDP 数，连续出现的不一致，让地方GDP疑似“被增长”，也从不同侧面反映了数据统计过程中的一些显而易见的“硬伤”。与民生相关的统计数据，质疑就更多了。如，老百姓对于物价上涨的感受犹如“兔子跑”，可CPI却表现为“乌龟爬”；眼看着房价呼呼地往上“蹿”，而统计数据却说房价同比略有上涨；每当职工平均工资公布，许多人总感觉自己的收入“被增长”。习近平总书记也曾在中央经济工作会议上强调，“我们要的是实实在在、没有水分的速度”。

3.统计数据更加透明的常态化。一方面，全球化背景下，我国经济与全球经济紧密相连，对世界经济影响和贡献不断加大，统计数据在国际社会中的应用越来越广泛，影响也越来越大，越来越多的国家、国际组织使用评判我国统计数据。社会公众对统计的需求增加，要求不断提高。另一方面，企业进行经营决策，社会公众参政议政、投资经营、安排生活需要大量的统计数据。同时，随着公民意识的不断增强和出于维护自身利益的需要，社会公众对统计的要求在不断提高，监督力度不断加大。在G20领导人第九次峰会上，国家主席习近平向世界宣布，中国将采纳国际货币基金组织的数据公布特殊标准(SDDS)。这些都要求统计更加开放透明，包括将数据、数据产生的办法、统计指标、工作流程、计算方法等等都要及时、常态化向社会公开。

4.统计服务更加精准的常态化。当前各种问题和矛盾错综交织，更需要有精准思维，科学高效地解决问题。比如，经济增速是否处于合理区域，CPI是否处于可承受范围，经济转型升级是否有成效，居民收入占比是否正常上升，城镇化推进是否有力，城乡区域差距是否逐步缩小，发展成果是否真正惠及广大民众，环境保护、食品安全、教育卫生等是否实实在在得到改善，等等。对于这些，无论政府，还是社会、企业、个人，都要求统计服务不再局限于简单的数据提供和信息服务，要求进行有情况、有观点、有深度的统计分析，更要有前瞻性、精准性的研判和对策。

5.统计任务更加艰巨的常态化。一方面，在经济新常态下，我国经济发展不但面临产能过剩、消费不足、产业结构不合理、社会保障水平不高、区域发展不均衡等诸多亟待破解的老难题，同时，还将面对经济下行压力下出现的阵痛式的、不可预见的新问题和新风险，较大结构调整阵痛显现，企业生产经营困难增多，部分经济风险显现。这些困难和问题的解决、风险的化解和防范，都离不开统计数据的解释与支撑，必将给统计工作带来巨大任务和压力。另一方面，统计调查对象的巨量、多变和非行政化趋势，将成为统计工作面对的新难点和新压力。同时，从统计本身建设看，建设“四大工程”，践行“三个提高”，推进统计改革任重道远。

6. 利用大数据统计的常态化。随着互联网、企业信息化、电子政务等现代化应用的不断普及，海量的电子化互联网信息、企业生产经营记录和政府部门行政记录等大数据，正在成为统计数据来源的第二轨。与传统统计方式相比，大数据不存在着样本与总体的区别，而是采用现代信息技术快速对所有数据进行筛选、整理、找出，以获取可用数据，不但节约统计行政成本，更能满足统计对数据信息的海量需求，能够提高统计的科学性、精准性和预测能力。毫无疑问，未来统计对大数据的应用必将进入常态化。

二、主动适应统计新常态

“智者顺时而谋，愚者逆时而动”，进入发展新常态是党中央审时度势对我国历史新阶段做出的重要判断，也是我国经济社会发展的客观趋势，我们要在正确认识新常态的前提下，努力适应新常态，处理好创新与传承、重点和一般等各种关系，创造性介入新常态，着力构建“大统计”格局。

（一）用“发展新常态”引领统计思维

2014 年中央经济工作会议对经济发展进入新常态做了明确的诠释，经济发展正从高速增长转向中高速增长，经济发展方式正从规模速度型粗放增长转向质量效率型集约增长，经济结构正从增量扩能为主转向调整存量、做优增量并存的深度调整，经济发展动力正从传统增长点转向新的增长点。中央经济工作会议之所以要全面、系统、深刻地阐述经济新常态，是因为我国经济正处于发展方式转变、发展动力转换的新形势、新时期，必须要统一认识，转变观念。只有深刻认识新常态，才能适应新常态。只有思想和行动统一，才能增强加快转变经济发展方式的自觉性和主动性。做好统计应当深入学习领会中央经济工作会议精神，紧紧围绕经济发展主题，用“发展新常态”引领统计思维，适应经济发展新常态，全面、准确、及时反映新常态，分析新常态，研判新常态下的经济发展形势，做出科学预警。

（二）适应统计新常态要处理好几大关系

新常态既是我国发展所面临的宏观经济环境，也是转变经济发展方式、实现转型升级的新要求，更是对统计工作创新发展的新挑战，统计必须主动适应、积极应对。统计工作主动适应新常态必须处理好几大关系：一是要处理好创新与传承的关系，也就是传统统计体系与构建新统计体系的关系，传统统计体系更强调 GDP 增速，构建新体系要适应新常态下更加强调发展质量，淡化 GDP 增长速度，重视可持续发展，新旧体系既不能不顾传承造成断裂，也不能故步自封、墨守成规，做简单的修修补补；二是要处理好数据公开透明与保密的关系，必须按照 SDDS 数据发布体系要求厘清数据安全保密的范围和界限，适应统计新常态下的数据发布要求，提高统计公信力和信息公平性；三是要处理好服务重点与服务一般的关系，新常态下统计工作要适应服务对象的变化，更加注重为党政决策服务，重点调整服务方式和内容，同时，也要做好为社会服务文章。

(三)构建统计新常态四大格局

新常态既是对统计工作的挑战，也是统计事业开拓进取的难得机遇。统计要以新常态引领，主动构建四大格局。一是要构建“数据大生产”格局。统计内容要淡化 GDP 核算，重视 GEP 核算，更多地充实新兴业态的统计内容。数据采集要在联网直报基础上扩展，拓展统计领域，丰富统计内涵，扩大统计覆盖面，形成“大数据”式的统计“大生产”。二是要构建“统计大服务”格局。要运用大数据、云计算等高科技手段和现代统计分析方法，实现分析技术和手段的大提升，并以此为基石拓展统计服务领域、增强统计服务能力、提高统计服务质量，形成“大智慧”下的统计大服务格局，以高质量的统计数据和统计服务提升统计公信力。三是要构建“统计大普及”格局。要加强舆论引导，通过大力宣传，增强全民统计意识，提高统计民众知晓率和调查对象的配合程度；通过数据发布规范化、法制化和常态化，实现统计数据采集、计算方法和统计数据的公开透明。四是要以统计法治化构建“统计大环境”格局。古人云，“权谋为一时之计无法永固，人治则因人而异不能持久”。党的十八届四中全会做出推进依法治国的决定，标志着党对执政规律、建设规律和发展规律的认识达到新高度，治国理政达到新境界，必将有力推进国家治理体系和治理能力现代化。在依法治国理政的大背景下，统计要强化执法力度、规范执法程序，以大执法营造统计大环境，为发挥统计“三大功能”保驾护航。

三、以新常态引领开创统计新格局

(一)坚持需求导向，再造统计新体系

适应新常态，服务新常态，就必须按经济新常态对统计信息需求设计和开展统计工作。首先，实现统计体系再造。要按照科学性要求，健全和改进统计调查体系、统计指标体系和监测评价体系，逐步建立覆盖经济、政治、文化、社会和生态文明“五位一体”，注重劳动就业、居民收入、社会保障、人民健康、环境保护、食品安全、城乡区域均衡等方面内容的统计新体系，准确、全面和科学反映经济增速变化、转型升级进程，以及各领域改革效果。其次，实现统计流程再造。要以“四大工程”为抓手，大数据统计为契机，打破统计传统工作流程，实现统计流程再造。第三，实现统计方法再造。加强标准统一，指标统一，流程统一和手段统一，淡化和缩减定期全面统计报表制度，加快建立以周期性普查为基础，抽样调查为主体，充分运用大数据统计，多种调查方式相结合的统计调查方法体系。第四，实现统计管理方式再造。一是紧跟大数据时代潮流，发挥部门统计和社会咨询机构的作用，调整政府统计部门职能范围，不断加强统计管理职能，真正实现从做统计到既做又管统计的转变。二是要强化系统思维，提高部门统计能力，规范部门统计标准，推进部门信息共享；理清政府统计与社会统计的职责划分，鼓励政府部门有序购买统计代理业务，大力扶持、发展壮大统计中介机构，促进其走上良性发展轨道。三是加快提高统计数据质量和公布渠道优化，更好与国际标准接轨，完成从 GDDS 到 SDDS 的"升级"，倒逼我国统计改革。

（二）坚持法治原则，彰显统计新高度

十八届四中全会，党中央提出了依法治国的方略，将依法治国提到了前所未有的高度，统计作为政府的重要行政工作，应更要坚持法治原则，凸显依法统计。一是更加注重宣传的针对性。坚持不懈地开展多种形式的统计普法宣传活动，全面宣传统计法律法规，把主要重点落脚在加强对各级政府领导的统计法制宣传教育，克服地方保护主义观念和过度追求政绩冲动，使其带头学法、守法、执法，达到示范性作用。二是更加注重规范统计法律行为。"打铁还需自身硬"，要做到依法统计，政府统计部门必须切实规范统计法律行为。要根据社会发展和统计工作变化，及时完善相关统计法律法规，严格履行统计调查项目的审批手续，推进各类统计调查制度的合法化，完善统计调查制度，重点杜绝交叉统计、重复统计。三是更加注重执法的精准性。认清数据作假的根本源头，坚决抵制和排除一切对统计数据的干预，严厉查处领导干部统计违法行为；要主动与信用体系建设对接，尽早将单位和个人的统计行为纳入社会诚信体系，实施对统计违信行为的精准惩罚，推进统计信用体系建设。

（三）坚持底线思维，树立统计新权威

政府统计的权威，来自于统计公信力，归根结底是来自于精准的统计数据和高质量的统计服务。搞准统计数据，必须善于运用底线思维。底线是不可逾越的警戒线，是事物质变的临界点。统计数据质量底线，是统计工作的生命线，关乎统计公信力，关乎广大统计的价值。一旦突破数据质量底线，统计将失去生存的根基。坚持数据底线思维，不仅要坚持实事求是，不弄虚作假，也要坚持应统尽统，统准统全数据。实事求是数据底线思维的本质，应统尽统是数据底线思维的具体表现。应统尽统是实事求是的前提，做不到应统尽统也就谈不上实事求是，同样，应统尽统是在实事求是前提下的应统尽统，两者是数据底线思维的根本统一。坚持底线思维，一方面，必须严格执行统计法律法规和调查制度，努力构建维护数据质量的制度保障。坚决同一切弄虚作假行为做斗争。将“不出假数”“真实可信”“准确完整”内化为自身的坚定信念，切实维护政府统计公信力，为历史负责、为发展负责、为事业负责。另一方面，必须面对经济新常态下多变的经营主体、产业和经营模式，不断涌现的新业态、新产品、新服务，要主动统计，应统尽统，及时掌握、全面反映和科学分析。

（四）坚持科技驱动，引领统计新作为

科技是第一生产力，是驱动统计创新的重要动力，是主动适应统计新常态的重要手段。一方面，加快全面推进“四大工程”应用。“四大工程”是统计生产方式的一次重大变革，实践证明，实施“四大工程”对于提高统计工作效率、提高统计数据质量意义重大、成效显著。当前，全面应用的条件已具备，必须加快拓展“四大工程”在各统计专业、地区的实施范围，将统计业务全面规范固化到统一平台。另一方面，大力推进大数据统计应用。一是加强数据共享的顶层设计。分离、独立的数据只是信息的孤岛，无法共享，数据再多，也无法发挥真正的价值。因此，在国家层面，我国亟须加强信息数据共享的顶层设计，制定数据共享的流程标准、指标标准，强化基础框架和整体设计，从法律制度层面健全各主体数据提供的义务，规范各政府部门数据提供和共享的权利和义务。二是加快数据开放与整合。加快推进政府部门间的数据共享，有力推进统计内部各专业、各地区间的数据共享，促进统计专业数据的关联分析与挖掘；建立健全政企数据共享合作机制，加快企业大数据统计应用的实践。三是加强数据基础平台建设。在国家、省级层面，加强云计算应用平台的顶层设计，重点打造集中的基础设施、系统平台、数据库，进行集中式统一管理，为统筹数据共享提供基础云服务，为大数据统计应用打好基础。四是强化数据管理。建立科学的大数据资源管理技术规范和全面质量控制流程，严格管控数据的收集、管理、使用和发布，加强数据安全防护，有效控制数据安全风险。

（五）坚持精准服务，反映经济新趋势

精准服务是强调具体和准确，要求精准到位，在一个个具体的点上解决问题，排斥大而化之、笼而统之的服务，注重着眼重点、难点，着眼实际工作。一是要把握重点。统计服务的重点就是精准分析经济新常态的“形”和“势”。“形”就是一套经济新常态的行业发展结构。看清“形”，就是看清经济发展结构，分清哪个增、哪个减，哪个快、哪个慢，结构合不合理，强在哪儿，弱在哪儿。“势”就是经济新常态未来选择和推进的方向。预测“势”，就是因“形”导“势”，因“形”利导做出的推断就是“势”，预测下一步发展的重点在哪，结构调整方向是否准确，发展战略能否顺利传导，发展环节是否存在问题，发展是否平衡等，能够给各级政府决策部门一个非常明了的信息。二是要反映问题。做好统计精准服务，不但要及时反映新常态成绩，更要全面反映新常态问题，紧紧抓住核心问题和关键问题不放，在问题的症结点和关键点上做文章、出实招。三是要务实调研。调查研究是进行科学分析的一项基本工作方法，是准确把握经济新常态的不二手段。分析建议的精准程度取决于对实际情况的掌握深度，没有调查不仅没有发言权，更没有决策权。提高精准服务能力的前提是要深入调查研究，摸清情况，把握规律。

（六）坚持广纳人才，推进统计新发展

人才是统计事业的核心，主动适应统计新常态，必然要求统计事业海纳百川、广纳人才，致力于培养适应统计新常态的创新人才。一是营造创新氛围。要加强统计人创新思维的培养，创造创新思维培养的氛围，营造人才创新成长的统计文化环境，使统计人才敢于挑战权威、勇于捍卫真理，使各类统计人才在相互竞争的氛围中提高发展，在创业创新中脱颖而出。二是引进复合型人才。引进、挖掘既懂经济、统计专业，又懂现代科技与法律知识，更懂数据分析、善于统计分析的复合型人才；重点引进熟悉数据搜集、处理、分析软件的人才，使得大数据能更好应用于统计。三是培养复合型人才。要将个人职业生涯规划与统计发展战略相结合，给人才一个成长的机会和发展空间，有计划、有组织地培养和使用适应统计新常态的复合型人才；注重人才轮岗交流，促使现有人员改变知识结构，注重使更多的人才从统计专家向统计数据专家、数据分析师转变。四是建立健全科学的人才评价体系。探索建立科学评价各类专业统计人才的标准指标，长期跟踪评价人才的贡献率，合理利用评价结果，提升人才服务水平和能力，最终使人才得到科学使用。

省地方统计调查局　沈　强　胡永芳　褚英国

参考文献：

[1] 习近平.在2014年中央经济工作会议上发表的重要讲话，2014.

[2] 马建堂.在2014年全国统计工作会议上的讲话，2014.

[3] 维克托·迈尔·舍恩伯格.大数据时代[M].袁杰，译.杭州：浙江人民出版社，2013.

市县经济

杭州城市化进程与经济增长的匹配性探析

城市化是任何国家经济社会发展所必然经历的一个历史过程。本文在分析杭州城市化发展历程、特点、城市化与工业化率、产业结构相关关系的基础上，运用格兰杰因果检验、脉冲响应函数等计量方法对城市化与经济增长的“匹配性”和相互作用进行实证分析。结果表明，在既定发展路径、体制、政策环境和自然地理条件下，杭州城市化进程与经济增长是一致的，且两者之间相互影响；冲击结构方面，在其他影响因素稳定的情况下，人均 GDP 受城市化冲击的影响率在 17%左右，明显低于城市化受人均 GDP 40%以上的影响程度。同时我们也发现杭州城市化发展仍存在“量”与“质”失衡、城市经济房地产化较为严重、空间资源与环境压力较大等问题。针对这些问题笔者提出了以城市化的“三个转型”逐步实现“市民、移民、农民”待遇均等化、提升三次产业发展质量、推进城市功能优化和绿色发展等建议。

城市化是人类社会发展的必然趋势，是一个地区工业化和现代化的重要标志。推动城市化协调发展是实现经济增长、扩大内需、促进社会进步、改善民生的战略选择。党的十八大提出，要走新型城镇化发展之路；十八届三中全会指出，要完善城镇化健康发展体制，推进以人为核心的城镇化。因此，面对竞争日益激烈的全球一体化发展趋势，杭州要实现新的跨越发展，提升经济竞争新的优势，根本措施在于生产力结构变革、转型，而重要途径就是加速新型城市化，进而提升城市化与经济增长的匹配性。

一、城市化及其发展规律特征

城市化也称为城镇化，“城市化”概念是西班牙城市规划设计师依勒德丰索·塞尔达于 1867 年在其所著的《城市化的基本理论》中首次提出。随后众多学者开始研究“城市化”，这其中以美国地理学家诺瑟姆在 1979 年提出的“S”形曲线最广为人知。根据曲线变化特征，城市化发展全过程一般划分为三个阶段：初级阶段，即城市化率低于 30%。在此阶段，农业经济占国民经济比重较大且人口分布分散，农业生产率较低，农业剩余不足，工业尚处于起步阶段。加速阶段，即城市化率高于 30%而低于 70%。在这些阶段，二、三产业发展迅速，占国民经济比重超过第一产业，同时非农产业从业岗位需求大幅上升，增加对农村因劳动生产率提高而释放出的剩余劳动力的吸收，引导人口有序向城市流动。成熟阶段，即城市化率高于70%。在这些阶段，人口由农村向城市的转移态势趋缓，城乡间人口转移基本达到动态平衡。

二、杭州城市化发展的基本特点

一般用城市化率来衡量城市化水平，由此反映一个地区发展程度。城市化率通常有两种计算方法，即采用城镇人口占常住人口比重和非农业人口占户籍人口比重计算，目前普遍采用前一种方法。

表1　杭州城市化水平发展趋势

年份	常住人口（万人）	其中：城镇人口（万人）	户籍人口（万人）	其中：非农业人口（万人）	户籍人口城市化率（%）	常住人口城市化率（%）
1982	526.05	229.30	528.06	139.94	26.5	43.0
1990	583.21	258.36	574.78	169.00	29.4	44.3
2000	687.87	403.34	621.58	227.00	36.5	58.6
2001	717.70	433.97	629.14	237.77	37.8	60.5
2002	725.40	448.22	636.81	252.02	39.6	61.8
2003	731.40	459.87	642.78	263.67	41.0	62.9
2004	740.30	478.78	651.68	282.58	43.4	64.7
2005	771.30	513.61	660.45	297.54	45.1	66.6
2006	789.40	543.74	666.31	309.78	46.5	68.9
2007	807.00	556.91	672.35	323.75	48.2	69.0
2008	820.20	568.73	667.64	340.76	51.0	69.3
2009	833.40	579.21	683.38	354.48	51.9	69.5
2010	870.54	637.24	689.12	365.24	53.0	73.2
2011	873.80	645.74	695.71	376.03	54.0	73.9
2012	880.20	653.99	700.52	384.09	54.8	74.3
2013	884.40	662.42	706.61	393.88	55.7	74.9

（一）杭州城市化发展的阶段性

国际经验表明，一个国家或地区城市化的发展是随着经济的发展而发展的，表现出一定的阶段性特征。同样，杭州城市化的发展也如此。1982—2013

年间,杭州的常住人口城市化率和户籍人口城市化率均呈现稳定上行态势。从常住人口城市化率(以下简称城市化率)看,杭州城市化发展可分为两个阶段。第一个阶段是市场和政府联动作用的城市化加速发展阶段。1982—2010年间,伴随着我国市场经济体制改革的深入实施,杭州大力培养市场主体,推动市场机制在农村地区的有效运作,经济发展活力增强,进而带动城市化发展。全市城市化率由43.0%提高到73.2%,平均每年提高1.08个百分点;城镇人口从229.30万人增加到637.24万人,年均增加14.57万人。该阶段城市化更体现对社会资源的优化配置,主要通过扩大城市规模和完善城市功能吸引人口的集聚来实现。第二阶段是城乡融合发展背景下的新型城市化发展阶段。2010—2013年间,杭州坚持以人为本,突出宜居宜业,通过优化城市空间格局,完善中心城市功能,加快副城组团和县城发展;通过统筹城乡发展,缩小城乡差距,助推新型城市化进程,实现城市化平稳提升。全市城市化率由73.2%提高到74.9%,平均每年提高0.6个百分点;城镇人口从637.24万人增加到662.42万人,年均增加8.4万人。该阶段更加强调城市化质量的提升,城乡居民生活品质的提高。

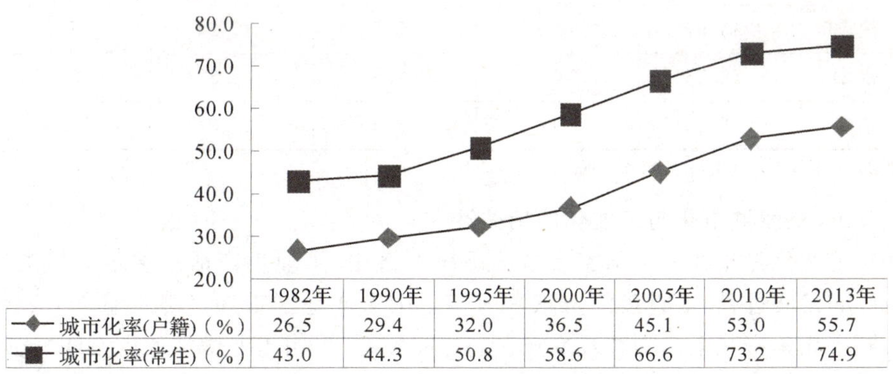

	1982年	1990年	1995年	2000年	2005年	2010年	2013年
城市化率(户籍)(%)	26.5	29.4	32.0	36.5	45.1	53.0	55.7
城市化率(常住)(%)	43.0	44.3	50.8	58.6	66.6	73.2	74.9

图1 1982—2013年杭州城市化率变化趋势

(二)杭州区域城市化层次明显

人口的分布情况是由自然、社会、经济、历史、文化等多种因素综合作用的结果,其中经济发展水平是影响人口分布的关键性因素。近年来,随着杭州经济的持续发展,杭州人口占浙江省的比重不断提高。2013年杭州常住人口884.40万人,城镇人口662.42万人,占全省比重为16.1%和18.8%,占比均比2000年提高1.1个百分点。城市化率为74.9%,高于全省平均水平10.9个百分点。从杭州市内看,随着经济的发展,人口呈现向中心城镇集中的趋势，各区县(市)城镇化都有较快发展。2013 年主城区城市化率由 2000 年的 96.8%提高至 100%，全面实现了城市化；萧山、余杭分别达到 69.8%和 66.0%，比 2000 年分别提高 29.5 个和 30.2 个百分点；富阳、桐庐、临安分别为 58.2%、57.3%和 47.4%，提高了 15.7 个、21.3 个和 17.5 个百分点；建德、淳安最低分别为 42.1%、33.5%，但也提升了 6.9 个和 15.6 个百分点。

表 2 杭州分区县(市)常住人口及城市化率

地区	2013 年常住人口(万人)	2013 年城市化率(%)	2010 年常住人口(万人)	2000 年城市化率(%)	城市化率提高百分点
全市	884.40	74.9	687.90	58.6	16.3
主城区	361.98	100.0	245.10	96.8	3.2
萧山	153.52	69.8	123.30	40.3	29.5
余杭	120.12	66.0	81.80	35.8	30.2
桐庐	41.02	57.3	37.80	36.0	21.3
淳安	34.14	33.5	38.20	17.9	15.6
建德	43.69	42.1	47.30	35.2	6.9
富阳	72.55	58.2	62.90	42.5	15.7
临安	57.38	47.4	51.40	29.9	17.5

注:2013 年各地城市化率为测算数据。

三、杭州城市化与工业化的相关性

工业化是指在一个国家或地区国民经济中，工业生产活动逐步取得主导地位的发展过程，最直接的贡献是为一个国家或地区带来经济效益。工业化与城市化紧密联系。为客观反映它们之间关系，采用工业增加值占 GDP 比重来表示工业化水平(工业化率)。

表 3 1982—2013 年杭州城市化率、工业化率变化趋势

年份	城市化率(%)	工业化率(%)	城市化率与工业化率之比	年份	城市化率(%)	工业化率(%)	城市化率与工业化率之比
1982	43.0	—	—	2006	68.9	45.3	1.52
1990	44.3	46.4	0.95	2007	69.0	45.1	1.53
2000	58.6	44.0	1.33	2008	69.3	44.7	1.55

续 表

年份	城市化率（%）	工业化率（%）	城市化率与工业化率之比	年份	城市化率（%）	工业化率（%）	城市化率与工业化率之比
2001	60.5	43.2	1.40	2009	69.5	41.3	1.68
2002	61.8	43.5	1.42	2010	73.2	42.1	1.74
2003	62.9	45.2	1.39	2011	73.9	41.9	1.76
2004	64.7	46.2	1.40	2012	74.3	40.6	1.83
2005	66.6	45.2	1.47	2013	74.9	38.9	1.93

从上表数据可以看出，杭州城市化基本上呈现上升趋势。从1982年的43.0%上升到2013年的74.9%，但工业化水平变化则较为复杂。一是1990—2001年间，杭州工业化率呈缓慢下降态势，从1990年的46.4%下降到2001年的43.2%。二是2002—2004年间，出现小幅回升，从2002年的43.5%上升到2004年的46.2%。三是2005—2013年间，继续下降，从2005年的45.2%下降至2013年的38.9%。从城市化率与工业化率同期比较看，杭州工业化先于城市化发展，并在推进城市化提升的过程中为其提供了坚实的经济基础和产业基础。从城市化率和工业化率之比看，一般研究认为，城市化率与工业化率之间的合理比例范围是1.4—2.5。发达国家的比值一般都在2—4之间。杭州从2005年开始已经进入该合理区间。同时，根据钱纳里城市发展模型计算，工业化率达到40%时，城市化率应接近70%。可见，近几年杭州的城市化率增长速度明显高于工业化率，但仍然与工业化发展相匹配。

四、杭州城市化与产业结构的相关性

实践证明，当农业产业趋向成熟和高度发达时，农业劳动力向非农产业转移的速度也相应迅猛。农业劳动力大幅度向城市转移，为城市的聚集效应提供了条件，而城市的规模逐渐扩大，促进了城市产业结构调整和第三产业的快速提升，进一步促进城市化持续稳定的发展。同时，城市化也为大量的农业劳动力转移提供生存空间，还能反哺农业，为农业现代化发展提供必需的技术、资金、市场等方面的支持。

表 4　杭州城市化率与三产结构、就业结构

年份	城市化率(%)	产业结构(%)			就业结构(%)		
		第一产业	第二产业	第三产业	第一产业	第二产业	第三产业
1982	43.0	21.7	58.7	19.6	62.0	25.5	12.5
1990	44.3	16.3	50.7	33.0	44.1	35.3	20.5
2000	58.6	7.5	51.3	41.2	28.8	35.2	36.1
2001	60.5	7.1	50.6	42.3	27.5	34.6	37.9
2002	61.8	6.4	50.6	43.0	24.4	38.5	37.2
2003	62.9	6.0	51.2	42.7	22.7	40.5	36.8
2004	64.7	5.2	51.8	43.0	19.3	48.1	32.7
2005	66.6	5.0	50.8	44.2	19.0	46.2	34.8
2006	68.9	4.5	50.2	45.3	17.0	45.8	37.2
2007	69.0	4.0	49.9	46.2	15.7	46.0	38.2
2008	69.3	3.8	49.5	46.7	14.1	46.3	39.6
2009	69.5	3.7	46.9	49.3	13.4	46.5	40.0
2010	73.2	3.5	47.8	48.7	12.1	45.7	42.2
2011	73.9	3.4	47.4	49.3	11.3	45.3	43.3
2012	74.3	3.3	45.8	50.9	10.9	45.0	44.1
2013	74.9	3.2	43.9	52.9	10.8	44.8	44.4

从上表数据可以看出，杭州三次产业结构的演进，总体上符合世界产业结构变化的一般规律。一、二产业比重下降，分别由 1982 年的 21.7%、58.7%下降至 2013 年的 3.2%、43.9%；第三产业比重显著上升，2012 年所占比重首超 50%，2013 年达到 52.9%，比 1982 年大幅上升 33.3 个百分点。第三产业的发展已成为推动城市化进程的重要力量。从就业结构看，杭州第一产业就业比重由 1982 年的 62.0%下降至 2013 年的 10.8%，就业结构发生质的变化。第二产业就业比重以 2004 年前后为分界点，呈现先上升后下降，说明工业经济对全市城市化的贡献前高后低，工业化率和就业的相关性趋于减弱。第三产业就业比重稳步上升，与产业结构变化趋势一致，两者相关性逐步增强。

五、杭州城市化与投资和消费的相关性

投资活动是影响城市化进程的因素之一。1982—2013 年，杭州城镇人口增加 433.12 万人，城市化率提高 31.9 个百分点。同期，固定资产投资由 9.79 亿元增加到 4263.87 亿元，年均增长 21.7%，房屋竣工面积、住宅竣工面积分别由 1982 年的 281.63 万平方米、148.66 万平方米，增加到 2013 年的 2700.50 万平方米、1103.52 万平方米。一般而言平均消费水平城市高于农村，因此，城市化驱动消费需求并对经济活动产生深远影响。1982—2013 年，杭州社会消费品零售额由 25.11 亿元增加到 3531.17 亿元，增长 139 倍。从城市化效应看，1982—2013 年，每增加 1 万城镇人口，所引起的投资为 9.8 亿元，而引发的社会消费品零售总额为 8.1 亿元。因此，人口城市化具有促进投资与消费、推进经济发展的良好效应。

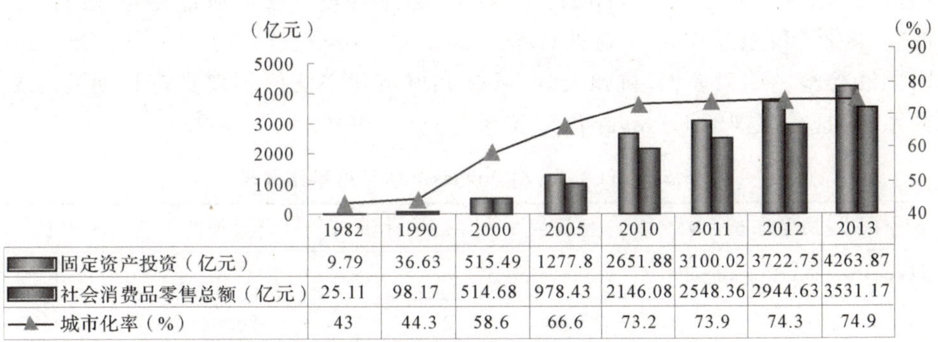

	1982	1990	2000	2005	2010	2011	2012	2013
固定资产投资（亿元）	9.79	36.63	515.49	1277.8	2651.88	3100.02	3722.75	4263.87
社会消费品零售总额（亿元）	25.11	98.17	514.68	978.43	2146.08	2548.36	2944.63	3531.17
城市化率（%）	43	44.3	58.6	66.6	73.2	73.9	74.3	74.9

图 2　1982—2013 年杭州城市化率、投资、社零变化图

六、杭州城市化与人均 GDP 的相关性与实证分析

国际经验表明，不同的经济发展阶段，其城市化的发展趋势不尽相同。经济持续高速发展会提升城市化发展水平，反过来，城市化的持久发展将会加速经济发展步伐。同时，经济越是发达的地区，城市化水平越高；反之，经济相对落后的地区，城市化水平也相对落后。由于反映经济增长的指标较多，本文以剔除人口规模影响的人均 GDP 作为经济增长的指标进行实证分析。

图 3 说明，1982—2010 年间，杭州城市化率由 43.0%提升至 73.2%，提高 30.2 个百分点；同期人均 GDP 由 961 元提高至 69828 元，增加 72 倍。2010 年以后，杭州城市化进程稳中趋升，年均提高 0.6 个百分点；同期人均 GDP 增长趋于平稳，按现价年均增长 10.6%，按不变价年均增长 7.8%。杭州城市化发展与人均 GDP 增长总体上趋于协调。

将人均 GDP 作为经济增长的指标（用 G 表示），城市化率（用 Z 表示）代表

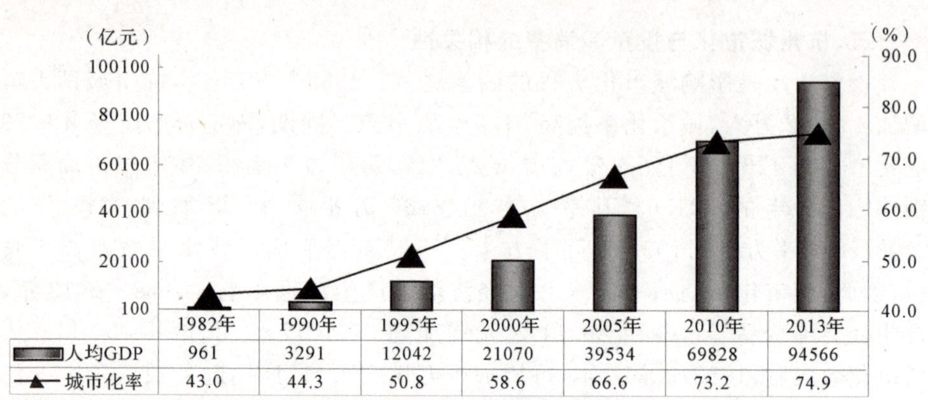

图 3　杭州城市化率与人均 GDP 走势图

城市化水平，按上述年份杭州的相关数据，运用计量方法对城市化与经济增长的“匹配性”和相互作用机制进行单位根检验、Johansen 协整检验和 Granger 因果性检验。结果表明，杭州人均 GDP 和城市化率之间不仅具有长期的均衡关系，而且是双向的 Granger 因果关系(详见下表)。

表 5　ln(G)、ln(Z) Johansen 协整检验结果表

原假设(协整向量个数)	特征值	迹统计量	5%显著性水平	P 值
Hypothesized No. of CE(s)	Eigenvalue	Trace Statistic	0.05 Critical Value	Prob.**
None*	0.617441	20.75449	20.26184	0.0428
At most 1*	0.536370	9.224012	9.164546	0.0487

表 6　人均 GDP 与城市化率的格兰杰因果检验结果表

因果关系假设	滞后期数	F 统计值	P 值
Ln(G)不是 ln(Z)的格兰杰原因	1	1.45813	0.2550
ln(Z)不是 Ln(G)的格兰杰原因	1	2.73066	0.1294
Ln(G)不是 ln(Z)的格兰杰原因	2	2.79141	0.1284
ln(Z)不是 Ln(G)的格兰杰原因	2	0.88387	0.4547
Ln(G)不是 ln(Z)的格兰杰原因	3	2.80429	0.1723
ln(Z)不是 Ln(G)的格兰杰原因	3	0.84496	0.5366
Ln(G)不是 ln(Z)的格兰杰原因	4	0.96348	0.6341
ln(Z)不是 Ln(G)的格兰杰原因	4	1.14331	0.5974

同时,为说明经济增长与城市化水平之间的动态联系,在变量 ln(G)与 ln(Z)之间,尝试建立 VAR 模型。根据 AIC 信息准则、SC 准则和 LR(似然比)检验,认为最优滞后阶数为 2,同时该模型所有根的模小于 1 并且都位于单位圆内,满足稳定性条件。从城市化和人均 GDP 的响应函数可以看出,经济增长一个正的冲击,对于推进城市化进程有正向的影响;城市化的正向冲击,亦对于促进经济增长也产生正向影响。

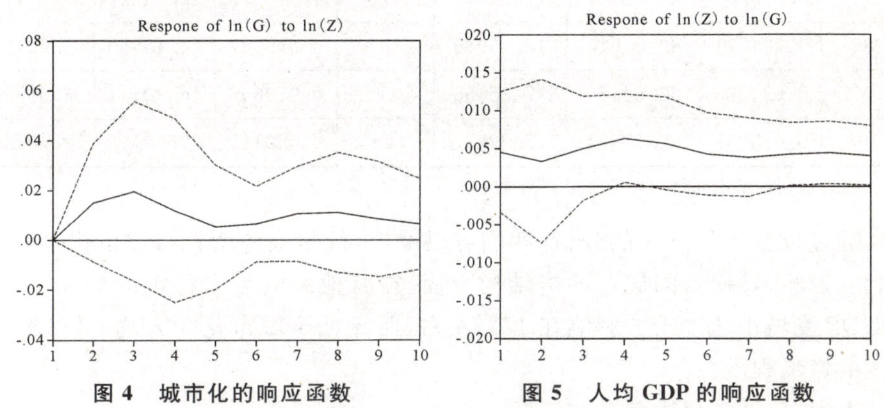

图 4 城市化的响应函数 **图 5 人均 GDP 的响应函数**

但是,脉冲响应分析只是描述一个内生变量的冲击对另一个内生变量滞后期的影响,为了观察内生变量自身和其他内生变量对结构冲击的贡献程度,我们需要借助方差分解。从人均 GDP 与城市化率的方差分解结果表看,人均 GDP 的第一期只受到自身的影响,第二期有所变化,但第三期已经城市化的冲击已有 17.6%的影响程度,第四期上升至 18.5%,之后一直维持在 17%左右。城市化发展第一期便受到人均 GDP 冲击的影响,整体占比在 25.5%,随后继续提升,第十期已经达到 47.6%。

表 7 人均 GDP 与城市化率的方差分解结果表

方差分解 ln(G)				方差分解 ln(Z)			
Period	S.E.	ln(G)	ln(z)	Period	S.E.	ln(G)	ln(z)
1	0.036985	100.0000	0.000000	1	0.013858	25.46422	74.53578
2	0.052854	90.55939	9.440612	2	0.015348	24.66125	75.33875
3	0.064595	82.37278	17.62722	3	0.015853	28.45190	71.54810
4	0.071588	81.53622	18.46378	4	0.016652	34.88808	65.11192

续 表

方差分解 ln(G)				方差分解 ln(Z)			
Period	S. E.	ln(G)	ln(z)	Period	S. E.	ln(G)	ln(z)
5	0.077095	82.69971	17.30029	5	0.017618	39.08963	60.91037
6	0.082413	83.26860	16.73140	6	0.018433	40.54468	59.45532
7	0.087379	82.92981	17.07019	7	0.018877	42.34525	57.65475
8	0.091571	82.60915	17.39085	8	0.019267	44.43850	55.56150
9	0.095083	82.64535	17.35465	9	0.019693	46.30447	53.69553
10	0.098233	82.77063	17.22937	10	0.020115	47.59516	52.40484

注：S. E. 表示相对于不同预测期的变量预测误差。

通过以上计量方法的分析，我们可以看出，杭州经济增长与城市化水平之间相互影响，且保持同向。冲击结构方面，在其他影响因素稳定的情况下，人均 GDP 受城市化冲击的影响在 17%左右，明显低于城市化受人均 GDP 40%以上的影响程度。

七、杭州城市化进程存在问题

城市化在改变世界面貌的同时，也不同程度地给人类社会带来了一系列问题，城市化在不同的地区、不同的历史阶段，所表现出来的问题也不一样，只有当人与人、人与自然以及社会的关系处于一种协调状态时，城市化发展才能被顺利推动，否则可能引起一系列的负面影响。目前杭州城市化主要存在以下三大问题。

（一）城市化发展仍显“量”“质”失衡

城市化的本质是人的现代化和文明化。新型城市化不能简单等同于人口数量的城市化，而应该是以人为本、有质量的城市化。一方面，根据城市化质量系数的计算，2013 年杭州城市化质量系数为 74.4%，比 1982 年提高 12.8 个百分点，但提升幅度低于同期城市化率 19.1 个百分点，这说明仍有大量外来人口无法与当地居民一样享受应有的社会保障与福利待遇，“同城同待遇”依旧任重道远。另一方面，公共服务领域仍是城市化发展的一块短板，城乡在公共服务领域，尤其在基础教育资源、卫生资源配置等方面差距仍然较大。2013 年，杭州“每千人执业医生数”平均为 3.09 人，而萧山、余杭、桐庐、淳安、建德、富阳、临安二区五县（市）分别为 2.04 人、1.63 人、1.97 人、1.84 人、2.04 人、1.98 人、1.93 人。年末，全市共有医院、卫生院床位数 47350 个，二区五县

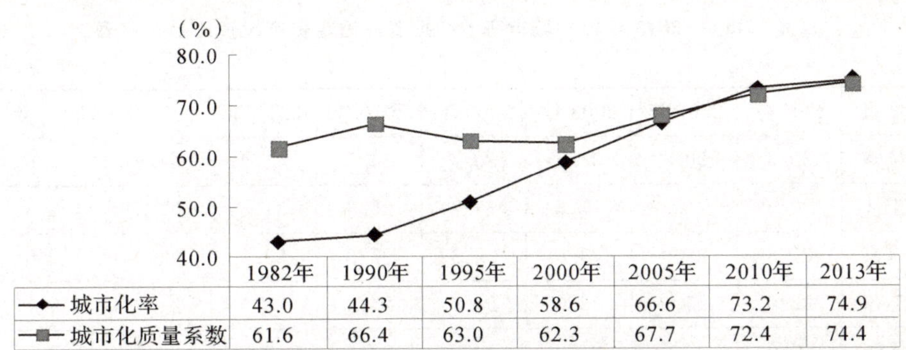

	1982年	1990年	1995年	2000年	2005年	2010年	2013年
城市化率	43.0	44.3	50.8	58.6	66.6	73.2	74.9
城市化质量系数	61.6	66.4	63.0	62.3	67.7	72.4	74.4

图6　城市化率与城市化质量系数走势图

注：城镇化质量系数是按户籍人口计算的城镇化率与按常住人口计算的城镇化率的比率。

(市)合计仅为16551个，占全市比重为35.0%，相对于占到全市人口59.1%的比重来说，占比明显偏低。教育方面，尽管五县(市)城乡生均教育事业费明显高于主城区和全市平均水平，但是优质教育资源集中在市区的现象较为明显。因此，一段时期内，如何引导卫生、教育等公共服务资源的合理流动，有效促进公共资源配置更趋合理化，将是今后杭州加快推进新型城市化进程的一个重要课题。

(二)城市经济过于倚重房地产

城市化过程既是城市人口规模不断扩张的过程，也是产业结构不断优化升级的过程。就杭州而言，改革开放以来，城市化水平大幅提升很大程度上得益于其大规模吸纳国际资本和产业转移，使其成为参与国际分工和竞争的主要载体，通过产业发展成功吸纳农村的转移人口。同时，城市人口不断扩张也直接促进了房地产业的快速发展，使其成为推动杭州经济发展的重要力量，但这也在一定程度上弱化了城市化发展的产业动力。2006—2013年间，杭州房地产投资年均增长速度为20.8%，高于固定资产投资4.5个百分点；房地产投资占固定资产投资的比重逐年提高，2011年已经超过40%，2013年则达到43.5%，大大高于宁波、南京、苏州、无锡等城市。此外，杭州房地产投资占GDP比重也稳步提升，2013年为22.2%，高出2006年9.3个百分点，提升幅度分别比宁波、南京、苏州、无锡高4.4个、8.0个、7.8个、3.7个百分点。过度依赖房地产业支撑经济增长，不仅造成房价持续快速上涨，相对较高的行业利益也驱使更多社会资金的投入，从而削弱了对其他实体经济的必要支持，影响了城市经济发展的可持续性和城市化的健康发展。

表 8　2006—2013 年相关城市房地产投资占固定资产投资比重一览表

单位:%

城市	2006 年	2007 年	2008 年	2009 年	2010 年	2011 年	2012 年	2013 年
杭州	30.3	30.8	31.1	30.7	34.7	41.9	42.9	43.5
宁波	20.9	20.8	17.8	18.7	25.3	31.6	30.5	32.8
南京	21.8	23.9	23.6	22.3	22.8	23.9	22.3	22.0
苏州	22.0	25.0	28.0	24.4	25.9	28.0	24.6	25.1
无锡	19.0	23.0	24.0	19.4	20.5	27.7	26.9	28.1

表 9　2006—2013 年相关城市房地产投资占 GDP 比重一览表

单位:%

城市	2006 年	2007 年	2008 年	2009 年	2010 年	2011 年	2012 年	2013 年
杭州	12.9	12.6	12.9	13.9	16.1	18.6	20.5	22.2
宁波	10.9	9.7	7.8	8.7	10.9	12.6	13.6	15.8
南京	12.7	13.6	13.3	14.1	15.1	14.6	14.1	14.0
苏州	9.8	10.6	10.7	9.4	10.2	11.2	10.5	11.3
无锡	8.4	9.8	10.2	9.3	10.6	12.8	12.9	14.0

(三)空间资源与环境压力加大

城市化经济本质上表现为空间上的集约经济,其进程本身也具有降低资源消耗、实现可持续发展的内在要求。但是,杭州城市化发展方式转变的力度仍然不够,城市化发展所面临的空间资源与环境问题依然突出。加之,由于我国城市化发展不均衡,农民工的流动集中在东部沿海和大城市,这些城市的基础设施建设、社会管理等面临更多的挑战。目前杭州的交通拥堵、空气污染等问题日趋严重。2013 年底,杭州私人汽车拥有量达到 167.85 万辆,比上年增长 19.2%。全年城市空气质量综合污染指数为 1.84%,污染程度高出上年 10.2%;市区环境综合得分为 5.6 分,下降 8.9%,环境承载能力逐渐被削弱。

八、推动杭州城市化与经济增长良性互动的建议

总体来看,杭州市城市化进程与经济增长是长期均衡的和相互"匹配"的,但这种"匹配"并不能说明经济增长对城市化的推动力与城市化对经济增长的推动作用相当。有质量的城市化不仅仅会促进国民经济和社会进步,更会提高经济可持续发展能力。因此,在未来城市化进程中,我们应该坚持以提升城市化质量为主线，更多地关注人口的生存与发展质量、产业发展质量、空间发展质量，推动区域人口、经济、社会、资源和环境全面协调。

（一）以公共服务资源转移的城市化转型逐步实现“市民、移民、农民”待遇均等化

城市化是人口大规模迁移，从平面无线分散向有限空间集聚的过程，同时也是转移人口融入城市社会、分享城市文明成果的过程。因此，在推进人口城市化进程中，既要着力解决“进入”问题，也要着力解决“融入”问题，通过推进户籍、土地、住房等制度改革，努力实现“同城同待遇”。一是推动城市基础设施向农村延伸对接，完善综合运输网络，加快实现城乡基础设施均等化。二是要探索符合杭州实际的福利与户籍脱离的人口社会管理制度，逐步将有稳定劳动关系、居住一定年限的农民、移民及其家属转为市民。三是进一步健全普惠的覆盖转移人口的公共服务体系，分阶段、分步骤实现教育、医疗、住房、社会救济等各个方面公共服务均等化，促进移民人口积极融入杭州。

（二）以产业结构的城市化转型提升三次产业发展质量

城市化是产业结构演变的过程，亦是以二、三产业为动力，三次产业互为补充，相互促进产业结构不断演化升级的过程。产业的发展不仅为城市社会财富的积累带来了动力和源泉，而且也直接影响到城市人口生存和发展的质量。因此，在推进城市化的进程中，要努力优化产业结构，建立与人口城市化发展相适应的现代产业体系。一是在充分利用先进科学的基础上，加快转变农业发展方式，重点发展设施农业、观光农业、外向型农业、生态农业，提高农业比较效益。同时，按照“优质、高产、高效、安全、特色”要求，加强农业基础设施建设，提高农村公共产品和服务的供给水平。二是根据区域生产力布局现状和发展趋势，引导五县（市）因地制宜、有针对性地发展战略性新兴产业，培育新的经济增长点，构建分工合理、特色鲜明、优势互补的市域工业布局体系。三是以市场化、产业化、国际化为取向，坚持生产性服务业和生活性服务业“双轮驱动”，坚持现代服务业和传统服务业量质并举，促进服务业发展提速、比重提高、水平提升。另一方面，要积极构建市区和五县（市）一体化的物流配送体系，提升五县（市）商贸服务业和现代物流业发展。

（三）以生态宜居的城市化转型推进城市功能优化和绿色发展

城市化是生产要素和经济活动的空间集聚的过程，也是城市功能和设施逐步完善的过程。因此提升城市化发展质量的关键在于在有限的空间内实现资源环境与人口的协调发展，实现人居和自然环境发展的统一，从关注发展成果转向注重民生改善。一是围绕“一基地四中心”的城市功能定位，突出宜居

宜业，优化城市空间格局，加快副城组团和县城发展，提速小城镇发展，加速城乡一体化步伐。二是切实以保障改善民生为根本，让人民群众共享城市文明成果，实现由偏数量、规模和粗放发展向注重提升质量内涵、集约高效发展转变，着力提升城市品质；全面提升交通、通信、供电、供气、供水、污水垃圾处理等基础设施水平，增强城市综合承载能力。三是坚持以人为本、节地节能、生态环保的原则，合理确定城市开发边界，严控高耗能、高污染行业在城市的布局，推动低碳城市建设；围绕改善大气、水、自然生态环境等方面，全力构筑生态宜居高地。

综合统计处

全面提升杭州经济竞争力思考

——杭州市与全国8个GDP 8000亿元以上城市比较分析

2008年世界金融危机以来，由于发展上的差异，城市间的竞争格局不断发生变化，杭州在全国大中城市的位次日趋严峻，2012年杭州市经济总量被成都、武汉超过，在全国大中城市保持了20年的第8位退至第10位，并仍将面临被南京、无锡、青岛赶超的压力。在“三期叠加”阶段，如何缩短增速换档期，加快转型步伐，在质量效益上更胜一筹，是杭州市亟须破解的一大现实难题。笔者搜集了2013年13个经济总量超8000亿元的国内城市，选取除4个直辖市之外的广州、深圳、苏州、成都、武汉、无锡、南京、青岛8个城市与杭州市进行比较分析，试图为提升杭州市经济竞争力找经验、寻对策。

一、杭州当前面临的竞争形势

(一)经济增长：保“10”压力较大

从经济总量看，标兵渐远追兵渐近。2013年，杭州市实现生产总值8343.52亿元，在全国大中城市中居第10位，低于上海、北京、广州、深圳、天津、苏州、重庆、成都、武汉，紧随杭州市之后的是无锡、南京和青岛。相比前两位的成都、武汉，杭州市和它们的差距分别由上年379.96亿元和199.84亿元扩大到765.37亿元和707.75亿元；而后3位的无锡、南京、青岛与杭州市的差距分别为273.34亿元、331.74亿元和336.92亿元。如果按照2014年上半年各城市增速推算，这种态势持续3年杭州市将被反超。在经济总量位次危机的背后，是杭州在上一轮发展中经济增长偏慢。从2008年到2013年的6年，杭州市GDP年均增长10.0%，增速居9城市末位，与成都、武汉年均发展差距在3个百分点以上，与后3位的无锡、南京、青岛的差距也在1.6个百分点以上。其中2013年增长8.0%，增速与无锡差1.3个百分点，与南京、青岛差距分别达3个和2个百分点(见表1)。

表1　杭州与8城市经济总量及增速对比

单位:亿元

城市	2013年GDP	增长%	2012年增长%	2011年增长%	2010年增长%	2009年增长%	2008年增长%	2008—2013年均增长%
广州	15420.14	11.6	10.5	11.3	13.2	11.5	12.3	11.7
深圳	14500.23	10.5	10.0	10.0	12.2	10.7	12.1	10.9
苏州	13015.70	9.6	10.1	12.0	13.3	11.5	12.5	11.5
成都	9108.89	10.2	13.0	15.2	15.0	14.7	12.1	13.4
武汉	9051.27	10.0	12.5	12.5	14.7	13.7	15.1	13.1
杭州	8343.52	8.0	9.0	10.1	12.0	10.0	11.0	10.0
无锡	8070.18	9.3	10.1	11.6	13.1	13.0	12.4	11.6
南京	8011.78	11.0	11.7	12.0	13.1	11.5	12.1	11.9
青岛	8006.60	10.0	10.6	11.7	12.9	12.2	13.2	11.8
杭州位次	6	9	9	8	9	9	9	9

从产业看,工业差距扩大,服务业领先优势缩小。杭州市经济总量位次下滑,关键在于工业发展速度放缓。2008—2013年的6年间,杭州市工业经济总量先后被武汉、成都反超,宁波、青岛、沈阳等城市也后来居上。2013年,杭州市工业增加值3246.67亿元,增长7.8%,总量、增幅均居9城市中的第8,总量从2008年领先成都44.7%转为落后7.1%,从领先武汉41.2%转为落后10.9%,与青岛也由领先转为落后,与南京的相对优势由2008年的37.6%缩小到8.3%。同时,杭州市工业结构优化程度不高,高新技术产业产值比重仅28.9%,在9城市中最低,而深圳达70%,苏州、成都接近50%。服务业总量优势缩小。虽然2013年杭州市服务业比重已过半,在9城市中仅低于广州、深圳、南京,但总量优势在减弱。2008—2013年,杭州市服务业增加值分别增长13.8%、13.9%、12.3%、11.0%、10.1%、9.0%,增速呈逐年回落态势。2013年杭州市服务业增加值为4416.12亿元,在9城市中虽仍居第5,但总量仅领先武汉2.2%、南京1.4%,相对优势比2008年缩小了9.1个和15.9个百分点(见表2)。

表 2　杭州与 8 城市主要产业对比

单位:亿元

城市	2013 工业增加值	2008—2013 年均增长%	2013 工业高新产业比重%	2013 服务业增加值	2008—2013 年均增长%	2013 服务业比重%
广州	4754.85	10.6	36.5*	9963.89	12.9	64.6
深圳	5889.05	10.6	70.0*	8198.14	11.3	56.5
苏州	6370.37	10.8	49.7	5952.62	13.8	45.7
成都	3493.08	17.6	49.1*	4574.23	11.3	50.2
武汉	3645.32	16.0	44.6*	4319.70	11.3	47.7
杭州	3246.67	9.3	28.9	4416.12	11.7	52.9
无锡	3893.6	8.6	37.5*	3714.22	10.1	46.0
南京	2997.63	11.4	42.8	4356.56	12.9	54.4
青岛	3248.44	11.5	31.1*	4012.80	12.9	50.1
杭州位次	8	8	9	5	5	4

注:* 处为 2012 年数据;由于不同城市的高新产业统计制度不同,表中对统计口径进行统一调整,以增强横向可比性。

从需求看,外需增长过低,投资差距扩大。在世界金融危机的背景下,2008—2013 年杭州市出口总额年均增长 6.9%,居 9 城市中的第 7,低于成都(33.2%)、武汉(16.5%)、深圳(10.3%)、广州(8.8%)、南京(7.7%)和青岛(7.3%)。同时,为了应对外需放缓,近年各城市大力提振内需,大部分城市把扩大投资作为促进经济增长的重要抓手,近 6 年武汉、青岛、南京固定资产投资年均增速均在 20%以上,杭州市固定资产投资年均增长 17.3%,居 9 城市中的第 7,仅高于广州、深圳。2013 年,杭州市固定资产投资总额 4263.87 亿元,与成都、武汉的差距已达 2237.23 亿元和 1738.09 亿元,相对差距比 2008 年扩大 9.5 个和 16.1 个百分点;与青岛、南京差距由 57.28 亿元、192.45 亿元扩大为 764.03 亿元和 829.91 亿元(见表 3)。

表 3　杭州与 8 城市三大需求对比

单位:亿元

城市	2013 固定资产投资	2008—2013 年均增长%	2013 社会消费品零售总额	2008—2013 年均增长%	2013 出口总额(亿美元)	2008—2013 年均增长%
广州	4454.55	15.9	6882.85	18.1	628.10	8.8

续　表

城市	2013 固定资产投资	2008—2013 年均增长%	2013 社会消费品零售总额	2008—2013 年均增长%	2013 出口总额(亿美元)	2008—2013 年均增长%
深圳	2501.01	12.6	4433.59	15.8	3057.18	10.3
苏州	5883.90	17.5	3627.60	17.9	1757.06	6.7
成都	6501.10	18.4	3752.90	17.7	318.80	33.2
武汉	6001.96	24.9	3878.60	17.5	119.43	16.5
杭州	4263.87	17.3	3531.17	17.2	447.70	6.9
无锡	4015.77	19.3	2740.92	17.4	411.49	5.8
南京	5093.78	20.6	3504.17	17.3	322.66	7.7
青岛	5027.90	23.1	2904.30	17.6	419.86	7.3
杭州位次	7	7	6	8	4	7

2014 年上半年杭州市主要指标增速差距缩小。上半年，杭州市实现生产总值 3938.40 亿元，增长 7.7%，比上年同期回落 0.3 个百分点，但回落幅度仅大于武汉。增速与青岛、无锡的差距为 0.1 个和 0.7 个百分点，比上年同期缩小 1.3 个和 0.6 个百分点。主要指标中，固定资产投资、出口、规上工业增加值增速所居位次均比上年同期前移；但社会消费品零售总额、地方财政收入增速分别退至次末位和末位(见表 4)。

(二)质量效益:优势与差距并存

随着土地、资源、环境、人口等要素制约凸显，由速度型向质量型发展模式的转变成为城市发展的必然趋势。从增长效率、创新驱动、增长效益等指标来看，当前杭州市在城市竞争中优势与差距并存。

从增长效率看，优势是能源利用效率较高，差距在土地利用效率较低。2012 年，杭州市每万元 GDP 能耗 0.54 吨标煤，在 9 城市中居第 3，能耗水平仅高于深圳、广州。2013 年，杭州市投资产出效果系数为 1.96，居 9 城市中第 5，但与深圳、广州有较大差距。信贷资金利用效益较低，每亿元贷款产出 GDP 无锡高出杭州市 1 倍多，青岛、苏州、武汉、广州分别高出杭州 93%、81%、64% 和 62%，杭州市居 9 城市末位。杭州市土地利用效率较低，2013 年每平方公里土地面积产出 5027 万元，在 9 城市中居末位，不到深圳的 1/10、广州的 1/4、苏州、无锡的 1/3、武汉的 1/2(见表 5)。

表4　2014年上半年杭州市与8城市主要经济指标对比

城市	地区生产总值		规上工业增加值		社会消费品零售总额		固定资产投资		出口总额		公共财政预算收入	
	亿元	±%	亿元	±%	亿元	±%	亿元	±%	亿美元	±%	亿元	±%
广州	7666.18	8.3	2298.75	8.0	3776.01	12.3	1742.05	12.6	294.70	1.4	592.03	9.6
深圳	6460.78	8.0	2912.50	7.7	2215.11	8.2	1123.72	12.3	1197.78	−28.1	1102.33	22.5
苏州	6848.63	8.7	3019.06	6.3	1999.80	12.6	3040.80	8.2	855.20	2.3	754.83	10.2
成都	4842.80	8.7	—	12.0	2050.80	13.0	3221.40	2.2	166.20	8.9	542.60	12.6
武汉	4560.79	9.6	1582.85	14.5	2097.09	12.5	3321.89	18.0	51.57	6.0	583.72	17.5
杭州	3938.40	7.7	1307.82	8.8	1765.68	10.0	2086.53	16.7	226.90	11.6	587.35	8.3
无锡	4112.19	8.4	1496.40	6.1	1499.72	12.0	2021.60	16.0	210.79	6.3	390.00	8.5
南京	4107.60	10.2	1500.35	10.1	1907.11	13.0	2417.28	9.1	151.07	1.0	460.52	10.7
青岛	3932.92	7.8	—	9.5	1527.97	12.7	2511.30	18.3	208.66	7.0	490.60	16.7
杭州位次	8	9	9	5	7	8	6	3	4	1	4	9
上年位次	8	9	9	7	7	3	7	4	4	7	3	6

表 5　2013 年杭州与 8 重点城市经济增长效率对比

城市	单位土地面积产出（万元/平方公里）	万元 GDP 能耗（吨标煤/万元）	投资产出效果系数	每亿元贷款产出 GDP(亿元)
广州	20742	0.51	3.46	0.70
深圳	72616	0.45	5.80	0.59
苏州	15334	0.64	2.21	0.79
成都	7515	0.60	1.40	0.50
武汉	10656	0.79	1.51	0.71
杭州	5027	0.54	1.96	0.43
无锡	17442	0.55	2.01	0.94
南京	12163	0.80	1.57	0.55
青岛	7097	0.68	1.59	0.83
杭州位次	9	3	5	9

注:万元 GDP 能耗为 2012 年数据。

从创新驱动看,优势是科技投入大、专利成果多,差距是高端人才和高等院校偏少。杭州市科技投入力度较大,2013 年全市 R&D 占 GDP 比重为 2.98%,达到创新型国家研发投入水平,发明专利授权 4915 件,均在 9 城市中列第 2,仅低于深圳。据国家科技部发布,2013 年,杭州市入选国家火炬计划重点高新技术企业 20 家,居 9 城市中第 3,仅比深圳少 7 家,比苏州少 2 家。但具有国际视野的高层次人才和国家重点高等院校数量较少,杭州市累计入选国家千人计划 56 人,不到武汉、南京、苏州的一半。全市仅有 1 所“211”高校,而南京有 9 所、武汉有 7 所、成都有 5 所(见表 6)。

表 6　2013 年杭州与 8 城市科技创新指标对比

城市	R&D 占 GDP 比重	发明专利授权量	国家级高新技术企业数	累计入选国千计划人数	211 高校数量
广州	1.94	4057	12	—	4
深圳	4	10987	27	74	0
苏州	2.5	4413	22	125	1
成都	2.1	3196	6	99	5

续　表

城市	R&D 占 GDP 比重	发明专利授权量	国家级高新技术企业数	累计入选国千计划人数	211 高校数量
武汉	2.60	3171	13	165	7
杭州	2.98	4915	20	56	1
无锡	2.65	2713	11	48	0
南京	2.95	4735	13	143	9
青岛	2.61	1930	11	56	2
杭州位次	2	2	3	6	6

注:入选国家千人计划统计累计截至第 9 批。

从经济效益看,三大收入均好于经济总量位次,居民生活较富裕。2013 年,全市实现地方财政收入 945.20 亿元,规上工业企业利润 818.96 亿元,均居 9 城市中的第 5,显示经济增长质量较好。城镇居民人均可支配收入 39310 元,农村居民人均纯收入 18923 元,分别居 9 城市中的第 4 和第 3。城乡居民人均储蓄是普通居民家庭财富的主要体现,全市按常住人口计算的城乡居民人均储蓄余额 7.26 万元,在 9 城市中列第 3,仅次于广州、深圳。杭州市城市化进程较为领先,城镇人口比重达 74.9%,在 9 城市中列第 4,广州、深圳和南京等 3 个城市城镇人口比重已超过 80%,达到发达国家平均水平(见表 7)。

表 7　2013 年杭州与 8 城市经济效益指标对比

城市	地方财政收入(亿元)	规上工业企业利润(亿元)	城乡居民人均储蓄余额(万元)	城镇居民人均可支配收入(元)	农村居民人均纯收入(元)	城镇人口比重(%)
广州	1141.79	1043.54	9.70	42049	18887	85.27
深圳	1731.26	1284.29	8.77	44653	—	100
苏州	1331.03	1306.00	6.13	41143	21578	73.15
成都	898.50	617.40	5.73	29968	12985	65.51
武汉	978.52	476.40	5.33	29821	12713	—
杭州	945.20	818.96	7.26	39310	18923	74.90
无锡	710.91	741.88	6.36	37971	20587	73.70
南京	831.31	751.27	6.06	39881	16531	80.23*

续　表

城市	地方财政收入（亿元）	规上工业企业利润（亿元）	城乡居民人均储蓄余额（万元）	城镇居民人均可支配收入（元）	农村居民人均纯收入（元）	城镇人口比重（%）
青岛	788.72	826.43	4.64	35227	15731	67.72
杭州位次	5	5	3	4	3	4

二、近年杭州市经济指标位次后移的原因分析

(一)产业竞争力偏弱

一是大企业实力不强。杭州市虽然有25家大企业大集团入围“2013中国企业500强”，数量居副省级城市之首，但进入前100强的仅2家，资产规模千亿元以上的仅4家，入围企业户均营业收入在15个副省级城市中列第11位。而深圳拥有的2家超万亿级的企业，资产总额是杭州市25家入围企业资产总计的5倍，入围企业户均资产是杭州市的13倍多。与世界强企相比，杭州市大企业参与国际竞争也存在差距。2013年，杭州市同时拥有海外资产和海外收入的中国企业500强企业仅5家，入围“2013中国100大跨国公司”仅3家，进入世界500强的企业仅2家。二是工业支柱行业发展不快。2013年，杭州市9个工业行业产值过500亿元，比2008年仅增加2个，最大汽车行业产值1291亿元，而苏州最大行业产值达2459亿元，武汉为2069亿元，无锡为2018亿元，成都也突破2000亿元。纺织、服装等传统优势产业未能摆脱“低端锁定”，部分传统支柱行业进入微利时代。2008—2013年间，杭州市化纤制造业劳动生产率仅提高4.8%，低于全市规上工业35.7个百分点，计算机、通信和其他电子设备制造行业劳动生产率不仅未提高，反而下降了10.1%。2013年，化学纤维制造业、橡胶塑料制品业成本费用利润率仅为4.1%和6.6%，纺织业、纺织服装服饰业成本费用利润率仅为4.6%和3.4%。三是新兴产业成长较慢。在新一轮科技革命浪潮中，工业新兴产业发展未能抢占先发优势。2008—2013年的短短6年，成都电子信息产业制造业增加值从249.54亿元提高到694.0亿元；武汉电子信息产业产值从438.47亿元提高到1418.99亿元，能源及环保产业产值从292.49亿元提高到1005.01亿元；苏州2013年新材料、新型平板显示产值分别达到3878.6亿元和2761.1亿元；无锡物联网和云计算产业快速成长，2013年增速达到47.2%；新兴产业均成为这些地区经济的强劲增长点，杭州市高新技术产业产值占全市的比重(28.9%)低于成都、武汉、苏州、无锡各20.2个、15.7个、20.8个和8.6个百分点，也大幅低于深

圳、广州等城市。四是新的产业发展平台建设滞后。杭州市两大省级产业集聚区规划面积为138.4平方公里,至2013年末已开发面积63.43平方公里,2013年实现增加值516.22亿元,仅占全市GDP的6.2%。两大集聚区中,投产的"四上"企业仅575家,且企业规模化水平不高,营业收入超过百亿元的企业仅2家。单位土地面积投资额均在全省靠后,部分企业生产工艺落后,产出效率低,在质量和发展效率方面也有待提升。

(二)有效投资支撑不足

一是项目投资较少。2013年,杭州市在固定资产投资中项目投资额为2410.59亿元,仅为苏州的54.7%、成都的54.9%、武汉的58.8%、南京的60.7%、青岛的60.6%。杭州市项目投资占固定资产投资比重为56.5%,在9个对比城市中最低,苏州、无锡、南京、青岛均在70%以上。二是工业投入持续不足。由于杭州市尚未达到深圳等先进城市"轻资产"的发展阶段,工业投资低速增长在一定时期内仍将制约工业发展后劲。2013年,杭州市工业投资额为910.46亿元,仅为南京的38.0%、青岛的35.6%、苏州的37.4%、武汉的40.3%。三是项目承接矛盾突出。有项目没土地与有土地没项目现象同时存在。老城区普遍缺乏承接大项目、大投资的空间和载体,萧山、余杭和五县(市)又普遍缺少人才支撑、技术储备,加之环境、要素资源等方面制约,工业大项目难引进、难落地。

(三)资源要素制约加剧

一是土地资源紧张。根据杭州市国土部门测算,全市适宜建设开发土地利用极限为401.9万亩,其中尚未开发面积71.26万亩,在尚未开发建设土地中,单块面积大于50亩的仅有20.59万亩。近年来土地供需矛盾已经凸显,在近期杭州市企业发展环境调查中,43.5%的企业提出应加大土地保障力度。二是"两端"人才紧缺。在吸引高端人才方面,杭州难以与北上广深等国际化都市匹敌,同时对制造业等技术工人的吸引力也在减退。2013年末,杭州市暂住人口数同比下降2.1%,近年来首次出现负增长。2014年上半年的劳动力市场调查显示,受工资、城市生活成本等因素影响,杭州市外来人口就业比重较高的住宿餐饮业、制造业离职率分别达到11.5%和10.7%,"一线人员(普工)"和"技术工人或技师"的缺工企业比例分别达到44.9%和33.8%。三是节能减排压力较大。杭州市能耗水平已经达到全国同类城市较低水平,节能空间已经十分有限,但在建设低碳城市、改善民生、建设美丽杭州等背景下,节能减排的要求仍然较高,"十二五"期间,杭州市能耗下降目标为19.5%,并要求5年任务4年完成。

(四)制度政策红利趋于减弱

由“高度集中的计划经济”向“社会主义市场经济”体制转变的过程中，杭州市率先破除制约生产要素优化配置的体制机制，促进民营经济快速发展，构筑了杭州的竞争优势。然而，在新一轮增长背景下，杭州市与成都、武汉虽然同为省会城市，但在国家层面的战略地位上，难以相提并论。浙江省除了杭州，还有宁波同为副省级城市，并有温州、绍兴等中心城市。而成都、武汉不仅在全省的首位度很高，还是国家布局西南和中部地区的极核城市。近几年，武汉被国务院相关部委授予各类试验区、示范区、试点市、产业基地等达十几项之多，如：国家创新型试点城市、全国首个综合交通枢纽研究试点城市、国家新型工业化产业示范基地、综合性国家高技术产业基地、国家循环经济试点园区、全国性物流节点城市、国家地球空间信息产业基地和长江中游航运中心等。而成都相继获批全国统筹城乡综合配套改革试验区、国家服务业综合改革试点城市、全国首个移动电子商务示范基地和电子票据创新中心、全国旅游综合改革试点城市、国家公共文化服务体系示范区等，当前成都还在积极申报中西部首个自贸区。

三、先进城市的发展经验

(一)经济快速增长的典范——成都、武汉

成都。近年来，成都实施“交通先行”“产业倍增”“立城优城”“三圈一体”“全城开放”五大兴市战略，2008—2013 年，GDP 分别增长 12.1%、14.7%、15.0%、15.2%、13.0%和 10.2%，年均增长 13.4%，增速在 9 个城市中居首位。在产业发展上，成都积极承接高端产业转移，引进了联想、戴尔、英特尔、德州仪器芯片封装测试、益海嘉里等高端制造商和一汽大众、沃尔沃等知名汽车品牌，快速融入全球产业分工体系。值得一提的是，成都现代物流业的飞速发展为先进制造业发展提供了强劲支撑。伴随着西部开发和交通路网的建设，依托其区位、交通优势，成都建起了水、陆、空三栖立体式物流网络，构架起辐射西部、连接国内、通达全球的物流快速通道。2013 年，成都开通至法兰克福、伦敦等 4 条国际直飞客运航线及 14 天直达波兰罗兹的货运“蓉欧快铁”，荣获 2013 中国物流中心城市杰出成就奖。

武汉。2008—2013 年，武汉 GDP 分别增长 15.1%、13.7%、14.7%、12.5%、12.5%和 10.0%，年均增长 13.1%，在 9 个城市中仅低于成都。近年来，武汉在抓产业、抓项目、抓招商、抓投资等方面付出了艰巨的努力，6 年累计完成固定资产投资 2.43 万亿元，高出杭州 36.3%，建设了以武汉为中心的“米字型”高铁网、10 条地铁线路、武汉光谷国际网球中心等一批高水平的基础设施，推进了神龙三厂、联想武汉产业基地、东风乘用车新能源工厂等一批重大项目。自2011年初，武汉提出工业倍增计划，并将其纳入武汉市“十二五”规划，力图打造电子信息、汽车、装备制造、食品、钢铁、石油化工6大千亿元产业，至2013年，已有6大工业行业产值破千亿，其中汽车产业产值已突破2000亿元。近6年，武汉工业增加值年均增长16.0%，高于杭州市6.7个百分点。

（二）高新产业发展的标兵——深圳、成都

深圳。从“速度深圳”到“深圳质量”发展思路的转变，有力地促进了深圳由“要素驱动”向“创新驱动”发展动力的转换。2013年，深圳市高新产业比重达到70%，在9城市中遥遥领先，其中最突出的经验是创新土壤的培育。深圳出台了一大批支持创新的系统政策，通过用人制度改革，最早形成了人才自由流动的机制；通过发展人才市场、经理人市场、技术产权交易市场、电子配套市场等创新要素市场，使企业得以按照市场规律配置创新资源；并形成以担保、风险投资、技术成果交易、评估、咨询为主要内容的综合服务业体系，创投机构数占全国的一半左右，形成了相对完善的创新资金链。深圳的创新要素从“无”到“有”，形成如今的4个密集：创新型人才密集、创新型企业密集、创新型产业密集和创新型知识产权密集。R&D投入比重、发明专利授权量、入选国家火炬计划的高新企业数量等多个创新指标均居全国各城市首位，形成了高效的创新成果产业化体系。

成都。与东部沿海城市和珠三角城市相比，成都属于后起之秀，但近年来成都战略性新兴产业颇具成效，引人瞩目。其中一个主要原因是成都在产业定位上高瞻远瞩。利用国家西部大开发的契机，成都建设了国际水准的基础设施条件，承接了国际IT产业、汽车产业等高端制造业转移。在短短数年间，其电子信息及新一代信息技术突破3000亿元，汽车产业突破1000亿元，成为国家电子信息、汽车新兴工业化产业示范基地和国家新能源、新材料、民用航空、信息、高技术产业基地。

（三）外向型经济导向城市——苏州、青岛

苏州。苏州虽仅为地级市，但其经济总量居全国第6，超越了大部分副省级城市和部分直辖市。1994年，作为中国和新加坡两国政府的重要合作项目，此后声名鹊起的苏州工业园起步。自此，苏州坚持开放创新，不断优化投资环境，接轨大上海，提高经济国际化水平，跃升成为中国经济最活跃的地区之一。2013年，苏州进出口总额达到3093.48亿美元，是杭州市的4.75倍，实际利用外资86.98亿美元，是杭州市的1.65倍，德国西门子、韩国三星、日本富士通等一大批优质世界500强企业落户苏州。苏州成为中外经济技术互利合作的典范。

青岛。借鉴国内外海湾型城市发展经验，青岛提出了“环湾保护、拥湾发展”的战略思路，充分利用港口优势，大力实施“以港兴市”，发展海洋经济，推动航运、贸易、船舶、集装箱制造等相关产业发展，构建了以蓝色高端新兴为特色的产业体系。如今，青岛建立了较为完善的港口经济产业链，成为我国大陆主要煤炭出口基地之一，更是重要的综合性原油进出口基地、北方最大的矿石中转港及中国大陆第一个国际集装箱中转港，港口外贸吞吐量列全国第 2，青岛港跻身全球港口 10 强行列。2013 年，青岛进出口总额达到 779.12 亿美元，高出杭州 128.41 亿美元，对外开放成为青岛最大优势，成为青岛发展的“根”和“魂”。

(四)产业集聚发展的样本——无锡、南京

无锡。虽行政总面积仅为 4627 万平方米，不到杭州市的 30%，但无锡的 GDP 仅低于杭州市 273.34 亿元，每平方公里行政面积产出 GDP 达到 1.74 亿元，在 9 城市中居第 3，仅低于深圳、广州。如此高效的土地产出与无锡的产业集聚发展模式是分不开的。无锡拥有 15 个省级以上开发区，6 个国家级、省级新型工业化产业示范基地，其中 15 个开发区完成的生产总值占全市的 45%左右，实现地方公共财政预算占全市的近 4 成；6 个示范基地工业增加值占到全市 1/4 以上，工业利税占全市 1/3 以上，每平方米土地的平均投资强度和产值分别达 4858 元和 7242 元，呈现明显的规模效应。

南京。2008—2013 年，南京服务业增加值年均增长 12.9%，高于杭州市 1.2 个百分点，居 9 城市中第 2；服务业比重已达到 54.4%，高出杭州市 1.5 个百分点，居 9 城市中第 3，仅低于广州、深圳。南京服务业快速发展，比重提高，得益于现代服务业的集聚集约发展。近年来，南京市相继出台了《现代服务业集聚区发展意见》《南京市现代服务业集聚区认定管理办法》《关于全面支持南京(河西)金融集聚区发展的实施办法》等一系列政策，把培育现代服务业集聚区作为促进服务业加快发展的重要载体。南京拥有 5 个国家级服务外包示范基地，成立了我国首个全国性的未来网络产业联盟，建立了互联网金融中心，并设立了总额为 3 亿元的互联网金融产业发展专项资金。南京市省级服务业集聚区数达 19 家，营业收入超百亿元的已有中国(南京)软件谷、南京新街口金融商务区、南京软件园、南京新城科技园、南京国际服务外包产业园、河西中央商务区等 10 家。

(五)体制机制创新的先行者——广州、武汉

广州。广州是我国首批沿海开放城市，在近年复杂严峻的经济形势下，与大部分经济发达城市增长放缓不同，广州经济反而焕发活力，2013 年广州 GDP 增长 11.6%，在 9 城市中居首位，其中一个重要原因是广州近年来始终

在体制机制上找突破,不遗余力地改善经商环境。利用国家对广东地区在体制机制上先行先试的政策支持,广州在探索政府机构改革上走在各城市前列。2011 年,广州下发了《关于简政强区(县级市)事权改革的决定》,通过事权改革,解决特大城市各管理层级职责不清、权责脱节等问题,不仅激发了区县、街镇发展潜力,也减少了政府对企业的过度"管制",广州市三度被福布斯评为中国大陆最佳商业城市第 1 名。广州在城市的空间布局上也值得称道,其相继提出了"南拓、北优、东进、西联、中调"的空间发展战略,通过行政区划调整,合理疏散中心城区部分城市功能,构筑了均衡发展、多极增长的发展格局。

武汉。在政府体制创新上,武汉敢为人先。为提高统筹区域资源的能力,"撤县设区"之后,武汉又进行了新一轮政府机构改革,建立"两级政府、三级管理"体制,从而提高行政效率。为了开拓城市发展空间,发挥东湖国家自主创新示范区的辐射带动作用和品牌效应,武汉光谷突破地域和空间限制,分别在武汉都市圈内孝感、咸宁、仙桃等地区建立"园外园"。在科技体制方面,武汉先后组建中国光谷研究院和武汉光电工业研究所等创新机构,并获批开展"新三板"试点,支持 11 家金融机构在光谷设立科技支行。

四、提升杭州竞争力的政策建议

(一)工业经济再聚焦

工业不仅是经济的重要支柱行业,也是服务业发展的基础和源泉,即使在服务业成为首位经济的当下,杭州市仍应坚持工业的战略地位。一是以优势传统产业为重点,加强提升改造。传统产业的稳定健康发展为应对金融危机、保障社会就业、促进杭州市经济平稳较快发展发挥了重要作用。在新的十字路口,一方面,杭州市高新产业仍然较低,对工业经济的拉动作用不强;另一方面,传统产业仍未摆脱"低端锁定",技术创新能力薄弱,后劲不足,必须加快改造升级,才能在新一轮发展中掌握主动权。二是以土地效益评价为抓手,盘活土地存量。杭州市工业用地紧张的同时,土地利用效率却比较低下,一个重要原因是尚未构建行之有效的低效用地腾退机制,比如杭州市不少开发区存在重审批轻监管情况,只重视争取新增用地指标,忽视盘活存量土地,园区内未建或在建项目较多,企业达产较慢,不少低小散产业仍然存在,用地效率偏低。三是以产业集聚区为平台,提升产业集群。产业集聚区是今后杭州发展的重要增长极,也是转型升级的重要平台,因此特别要重视完善产业集聚区的发展环境,促进产业集群的转型提升。四是以优化政府服务为切入点,扶持企业做大做强。对全市大中型企业进行全面摸底,梳理出一批重点服务企业,提供投资兼并、上市融资、品牌建设、重大会展参会等全方位、一对一服务,帮助企业在转型关键期突破发展瓶颈，培育一批“旗舰式”大型骨干企业集团，打造一批行业生力军。

（二）现代服务业再升级

通过转型提升，进一步增强现代服务业对经济增长的引擎作用、对产业结构优化升级的推动作用和对人民生活的改善作用。一是发展壮大智慧产业、信息产业等新型经济。杭州市具有发展智慧经济和信息产业的良好基础，应当加快“智慧城市”建设，带动新一代信息技术为核心的信息经济，催生庞大的智慧城市经济；鼓励电子商务发展，推动企业的信息化应用，深入推进“两化融合”，坚持“线下线上”联动，促进网络经济和实体经济融合发展，不断壮大信息产业。二是大力发展生产性服务业。生产性服务业是先进制造业的重要支撑，发达国家服务业中生产性服务业占了近6成，而杭州市生产性服务业比重仅14.4%，要大力发展文创、电子商务、现代物流等生产性服务业，推动服务业与先进制造业的协同创新。三是积极发展需求潜力较大的生活性服务业。通过补助投资、贷款贴息等方式，引导社会各方面加大养老、健康等服务业投入。依托杭州市丰富的旅游资源，积极探索养老、家政、婚庆、医疗等服务业与旅游业深度融合和互动发展。

（三）对外开放再扩大

一是围绕产业链招商，强化增量优存量。促进招商引资工作从量的扩张向质的提高转变，要瞄准与产业集群相关联、上下游配套、产业体系完善的龙头企业、关键配套企业，有针对性地开展招商，增强引资项目的辐射带动作用，实现以增量优存量。二是围绕内资外资并重，力促浙商、杭商回归。相比外资企业，本地企业的优势在于企业的根植性更好，文化认同感和归属感更强，应鼓励浙籍、杭籍企业家回乡兴办实业，建设浙商、杭商总部基地，推动地方经济发展。三是围绕项目科学布局，完善招商统筹机制。建议设置专门机构，负责统筹全市重点项目、重点产业和重点区域投资促进工作，有效协调解决重大项目推进问题，为企业从招商到落地提供便捷、高效的服务。四是推进网上自贸区建设。建设网上自贸区，与上海自贸区形成互补和差异，分享溢出效应不失为一条有效的路子，杭州市需高度重视，进一步巩固杭州市外向型发展优势。

（四）创新驱动再增强

与兄弟城市相比，杭州在创新基础上具有一定的比较优势，许多行业也具有一枝独秀的创新企业，但关键的问题是如何让创新活动成为企业发展的主流，将创新活动的“浪花朵朵”转化为“万涓成河”。一是抓创新型企业培育。加强财税减免、科技经费等政策支持，支持企业建立研发中心，鼓励企业以市场需求为导向，由“低”渐“高”，通过原始创新、消化创新、技术创新、管理创新等多种方式找到符合自身实际的自主创新路径，培育一批成长型的创新企业。二是抓创新制度完善。创新往往是“跨界”“混搭”“穿越”的产物，往往意味着前所未有，政府需要及时出台规范性政策法规，明确创新边界，保护创新行为，调动社会创新热情。三是抓创新环境优化。创新环境是创新活动的土壤，人才、资本、技术等创新要素的集聚都与创新环境息息相关。杭州市具有优美的宜居环境，但在住房、子女教育等鼓励人才流动的政策方面优势并不明显，在风险投资、咨询服务、中介服务业、高水平公共研发平台等配套上也亟待完善。四是抓创新成果产业化。自主创新成果产业化是自主创新的关键环节，也是杭州市的薄弱环节。不仅要加大力度引进工程研究院所，提升高端研发能力，更要着重把“产学研”结合化虚为实，把“实验室”转化为企业自主创新的孵化器。五是抓创新文化建设。与深圳、苏州等城市不同，杭州市大量企业起始于“草根经济”，不少家族企业、民营小企业缺乏创新的眼光和勇气，企业家自主创新的风气和精神有待提振。

（五）政府体制改革再突破

构建体制机制新优势，杭州市需以全面深化改革为契机，以坚定的信念，务实的作风，在政府体制改革上再突破，努力提升政府治理能力。一是推进“两单一改”。通过建立两个清单，推进行政审批制度改革，落实好政府职能的“减”和“放”，注重“提”和“管”。把不必要的手续简化，把权力下放，同时也要把该提的权力提上来，如要进一步深化网上并联审批，进一步提高行政审批效率。此外，要加快适应从事前监管向事中、事后监管的趋势，创新举措，切实把该管的管好、管到位。二是加强区县经济责任制考核。发挥好区县考核的“推手”和“导向”作用，通过有效引导党政领导干部正确履行职责，促进地区经济社会协调、可持续发展。三是探索区域统筹新机制。着力构建统筹机制，破解杭州市区县发展差异较大、协调性和互动性不强的难题，不断改善城市的产业布局和社会功能布局，加快中心城市部分功能的疏散，扩大城市腹地，努力增强县域、镇域承接先进制造业转移的能力。

综合处

新常态下温州经济发展态势和对策研究

温州经济在新的发展环境下，早于全国、全省进入新常态发展周期，表现为经济发展减速换挡、结构调整加快、创新动力逐步增强和运行质量改善等。同时伴随着各种风险叠加显现，特别是经济下行压力加大，许多中小企业面临重新"洗牌"的阵痛，服务业发展优势不明显等新老问题交织显现。因此有必要认真预测分析下一步经济发展态势，研究新常态下经济发展对策措施。

新常态是不同以往的、相对稳定的状态，意味着中国经济已进入一个与过去30多年高速增长期不同的新阶段。"新常态"最早由美国太平洋基金管理公司总裁埃里安在2009年初提出，在宏观经济领域被西方舆论普遍形容为危机之后经济恢复的缓慢而痛苦的过程。2010年，国务院发展研究中心在中国经济增长十年展望(2014—2023)课题中提出：在改革中形成增长新常态。2014年5月，中共中央总书记习近平在河南考察时提出"新常态"和"适应新常态"。经济进入"新常态"的主要特征可归纳为"中高速""优结构""新动力""多挑战"。从温州经济发展情况来看，由于市场化程度较高，且受到"三期叠加"及局部金融风波的影响，近年来经济发展在逐步化解风险、缓慢恢复的过程中，经济发展速度明显趋缓，经济结构逐步转型。温州出现的"新常态"特征早于全国，预期温州市经济逐步走上平稳健康的发展轨道，从"低级市场化"向"更加完善的市场化"发展。

一、温州经济发展的新环境

(一)全球经济周期性调整对温州市经济的深度影响

金融危机引发世界经济陷入低速增长和周期性结构深度调整，使我国的外部需求出现常态性萎缩。温州是沿海开放城市，经济外向度相对较高，2011年温州市外贸依存度最高达到41.6%，出口依存度为35 %，但是由于从2012年开始，外需连续多年不振，对外向型经济影响明显。同时由于温州传统产业受到国内产能过剩的影响，承接订单能力有限，企业生产能力受到制约。

(二)决策层主动换挡减速，宏观调控坚持区间调控、底线思维、定向调控、供给管理

面对错综复杂的宏观经济形势和经济下行压力，中央除了一些定向调控、

精准发力的“微刺激”政策外，没有采取短期强刺激政策，没有扩大赤字，也没有超发货币，而是更多地发挥市场的决定性作用，宏观调控政策保持了少有的定力和稳健。温州市各级政府实施加快转变经济发展方式的一系列“组合拳”，包括“五水共治”“四换三名”“三改一拆”等，大力淘汰落后过剩产能，虽在短时期内会影响经济增长，但为以后的长期健康发展奠定了良好的基础。

（三）各种资源和环境约束倒逼增长动力的转化

当前，第三次工业革命正迎面走来，主要发达国家纷纷加快发展新兴产业，力图抢占未来科技创新和产业发展的制高点；同时随着人口结构的变化，劳动力、资源、土地等价格上扬和环境约束强化，过去依靠低要素成本驱动和粗放式发展方式已难以为继，倒逼经济结构优化升级、发展转向创新驱动。

（四）“三期叠加”对温州经济的影响

在宏观经济的大环境下，温州经济发展受到“三期叠加”的影响，即增长速度进入换挡期、结构调整面临阵痛期、前期刺激政策消化期。除此之外，社会矛盾凸显期、环境污染治理紧迫期、全面深化改革攻坚期也影响经济走势。从温州市经济运行的数据和实际情况看，由于民营经济比重高，传统产业比重高，产能过剩比较严重，资金风险偏好高，受“三期叠加”的影响程度比较深，在这次经济调整中影响程度之深、影响面之广是新世纪以来所没有的。

（五）资金成为要素制约的新问题

温州经济发展历程中，经济快速扩张和资源要素的制约矛盾比较突出，当前已经从土地、人才等作为主要要素制约问题，演变为资金成为主要制约问题，政府项目、企业运作等均受到资金的制约，同时还要化解“担保链”“债务链”等历史问题。

二、温州经济发展的阶段性特征

（一）经济进入增速换挡期，由高速转入中高速

温州市经济发展经历了30年的快速发展，1979年至2008年年均增长14.8%，虽然其间有大起大落，但是经济增长的内在动力和外部支撑因素相对有利。从2009年以后，经济增速明显趋缓，尤其是2012—2014年温州市经济实际增长均未达到预期目标，均低于8%，预计今后经济增长在8%以下波动，突破8%难度较大，经济发展由高速转为中高速，进入换挡期（见图1）。

（二）经济转型升级有所加快

当前温州市在经济发展趋缓的过程中，三次产业结构持续调整。第一产业和第二产业所占比重逐步下降，第三产业占比重稳步提升。从2012年开始，第三产业占GDP比重首次超过工业（见表1）。

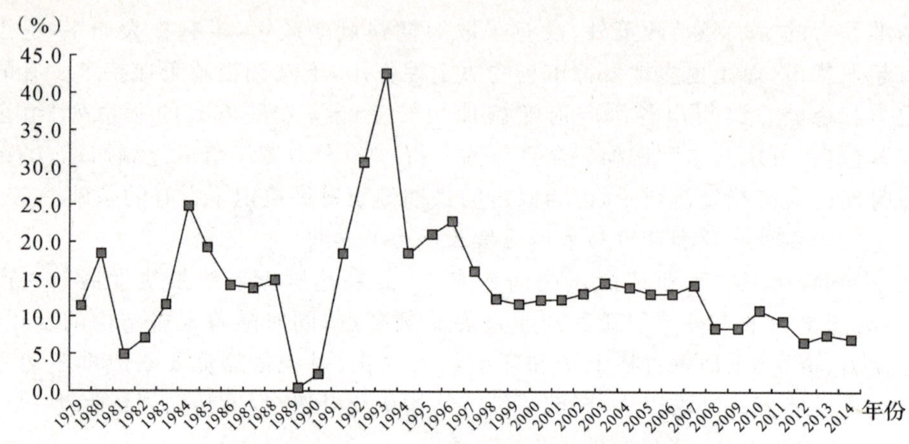

图 1　1978 年至 2014 年温州生产总值增长情况

表 1　温州市 2010—2014 年三次产业比重情况(%)

年份	第一产业	第二产业	其中:工业	第三产业
2010 年	3.2	52.4	47.4	44.4
2011 年	3.2	51.5	45.5	45.3
2012 年	3.1	50.5	44.3	46.4
2013 年	2.9	50.3	44.2	46.8
2014 年	2.7	47.6	40.6	49.7

在经济结构调整的同时，产业内部结构出现积极的变化。在工业经济领域，高新技术产业的比重逐步提高，2013 年温州市高新技术产业增加值 331.71 亿元，占规上工业增加值的比重 34.0%，比 2010 年明显提高。在服务业领域，网络经济、物流业等现代服务业比重提升。在农业领域，高效农业、特色农业、规模农业发展态势较好。

(三)经济运行质量逐步提高

近年来，温州市经济运行效果逐年改善，近两年表现更为明显。2014 年，全市实现财政总收入 612.44 亿元，比上年增长 8.3%，其中公共财政预算收入 352.53 亿元，增长 8.8%。从企业效益情况看，2014 年温州市规模以上工业企业实现利润总额 248.36 亿元，增长 13.2%。从城乡居民收入情况看，全年城镇常住居民人均可支配收入 40510 元，增长 8.7%；农村常住居民人均可支配收入 19394 元，增长 10.5%。财政、企业、居民收入增长均高于 GDP 的增速，表明经济转好在效益方面表现更为突出。当前，温州市经济运行在工业品价格低位运行、企业成本上升等情况下，经济运行总体质量得到提高实属不易。

(四)经济发展向改革创新要动力

温州经济发展源于率先改革，形成先人一步的发展原动力。近年来，市委市政府高度重视向改革要动力，2013 年中共温州市委发布了《关于认真学习贯彻党的十八届三中全会精神全面深化改革的实施意见》(温委发〔2013〕87 号)，出台深化农业、金融、国有体制、科技、转型升级等 11 项改革措施，在培育主导产业方面，推出扶持 510 产业的培育计划。这些改革举措，为温州市经济发展注入新的动力。在科技创新方面，2013 年温州市科技进步综合评价居全省第 4 位，比 2010 年前移 7 位，在创新投入力度、创新基础、创新活动方面得到加强。

(五)经济运行中各种风险叠加显现

在新常态时期，经济运行中蕴含着各种风险。一是金融风险。由于出现局部的金融风波，已经深刻地影响实体经济的发展，部分企业受到担保链、债务链等影响，严重制约正常的生产经营活动。从 2010 年以来，银行为了规避风险，贷款增量资金逐步缩小(见表 2)，对经济平稳健康发展的支撑力度趋弱。同时今年央行先后两次定向降准，虽然一部分中小企业融资难的问题有所缓解，但整体上仍然没有得到很大改善，中小企业融资难、融资贵问题仍不同程度存在。

表 2　近年来温州市金融机构存贷款余额与 GDP 增长情况

指标	2010 年	2011 年	2012 年	2013 年	2014 年
人民币存款余额增速(%)	19.9	16.8	2.1	4.7	2.1
人民币贷款余额增速(%)	22.5	15.1	10.4	3.7	1.9
地区生产总值增速(%)	11.1	9.5	6.7	7.7	7.2

二是房地产风险。由于前几年温州市房产价格虚高，从 2011 年 8 月份开始，温州市商品房价格同比已经连续 36 个月下跌，比最高价格平均下跌 40%左右。房产价格下跌直接导致企业、个人财富缩小，政府财政收入减少，影响到贷款规模，诱发按揭贷款断供的风险。

三是企业经营风险。由于国内外市场需求仍显不足，工业品出厂价格指数持续低迷，“购销价格差”持续收窄，企业利润空间下降，企业订单减少，工业产品产销率下降，产品库存增多。同时劳动力成本刚性增长，企业费用增速超过销售收入增幅，导致企业亏损面扩大。2014 年前三季度末规模以上工业亏损企业 394 家，亏损面 9.2%，亏损额达到 15.8 亿元，比上年增长 21.5%。

三、当前温州经济发展中存在的突出问题

(一)经济运行下行压力较大

从经济发展趋势看,随着 GDP 基数的不断扩大,经济发展速度从“高速增长”必然演变为“中高速增长”。但是当前温州市经济运行下行态势不仅受到正常发展规律的影响,同时也受到内外各种困难的制约,因此对当前经济的过快下跌要引起关注。2010 年以来,温州市拉动经济的三驾马车中,消费、出口需求明显趋缓,启动有效投资拉动经济增长。据分析,我市 GDP 增长因素中,实体经济贡献不突出,目前主要依靠投资拉动,但是难以为继。

(二)产业发展分化明显

温州传统产业比重较高,在产能过剩的情况下,大部分传统产业经营比较艰难。据统计,全市 34 个行业大类中,有 28 个行业实现正增长。在增加值前十大行业中,汽车制造业(15.6%)、电力热力(10.6%)、电气(9.3%)、通用设备(7.5%)、仪器仪表(6.5%)和化学原料与化学制品(6.4%)增加值增速均超过全市平均水平,占前十大行业比重 61.0%,尤其是电气、汽摩配等行业对温州市工业经济带动明显。但是鞋革(2.7%)、金属制品(2.8%)、橡胶和塑料制品(−5.8%)等行业增速趋缓,占十大行业比重 29.0%。

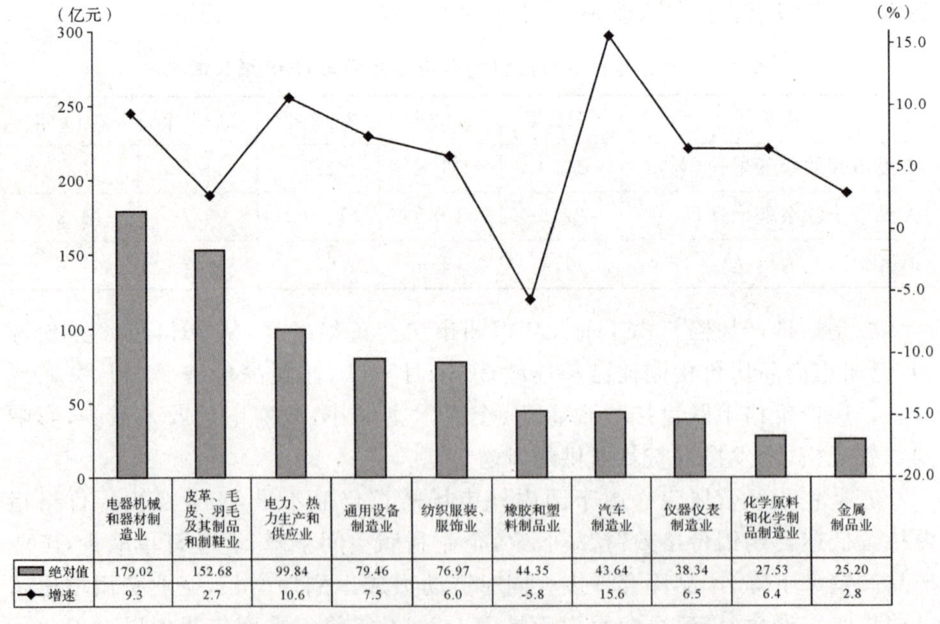

	电器机械和器材制造业	皮革、毛皮、羽毛及其制品和制鞋业	电力、热力生产和供应业	通用设备制造业	纺织服装、服饰业	橡胶和塑料制品业	汽车制造业	仪器仪表制造业	化学原料和化学制品制造业	金属制品业
绝对值	179.02	152.68	99.84	79.46	76.97	44.35	43.64	38.34	27.53	25.20
增速	9.3	2.7	10.6	7.5	6.0	-5.8	15.6	6.5	6.4	2.8

图 2　2014 年温州市前十大行业规上工业增加值情况

据分析，今年工业经济增长中，电气、汽车行业对规上工业产值贡献达到44.4%，其他32个行业对工业产值贡献为55.6%。可见，温州市工业经济从过去全行业发展向依靠部分行业发展对经济贡献，而且部分主导行业发展优势不突出。

（三）服务业发展受多因素制约

在温州市经济转型升级中，服务业比重提高、结构优化极为重要。由于受到金融业、住宿餐饮业、房地产业、其他生产性服务业等发展趋缓的影响，温州市服务业发展甚至低于工业经济发展，第三产业增速分别低于工业和GDP增速1.8个和1个百分点。在三次产业结构中，温州市第三产业的改善情况明显低于全省先进城市平均水平。

（四）区域经济发展不平衡

温州市11个县（市、区）中，由于各地资源禀赋不同，经济发展差距较大，经济总量最高与最低差距达到12倍。从经济发展速度看，温州市经济总量较大的地区，对全市经济带动作用不强。部分区域经济转型较慢，新的经济发展“亮点”不突出，在产业升级中处于滞后地位。据浙江省发改委、省统计局发布的《浙江省2013年统筹城乡发展水平报告》，温州市城乡统筹水平居全省第9位，仅好于衢州、丽水市。在温州市8个县（市）中，达到全面融合（90分以上）的尚没有，处于整体协调（75—90分）的有瑞安、乐清、洞头，处于基本统筹（60—75分）的有永嘉、苍南、平阳、文成、泰顺。

（五）中小企业发展遇到多重压力

当前温州市中小企业首先受到市场需求不足的压力，企业“去库存化”现象突出。近几年来，温州市一直是生产增长低于销售增长，外销增长低于内销增长，产品产销率处于下降态势。全年工业销售产值增长4.6%，低于生产产值增长1.3个百分点。其次是企业经营成本仍呈上升势头的压力。2014年温州市规模以上工业企业管理费用和销售费用分别增长3.5%和4.7%。其中人均职工薪酬同比增长13.6%，职工薪酬成本占全部主营业务成本的比重由上年的8.2%提高到8.7%。同时部分企业受到担保链、债务链的困扰，资金周转困难，生产难以为继。

四、新常态下经济发展趋势预测[①]

按照新常态下经济运行环境分析，充分考虑现实条件和可能利用的资源，采取回归预测和实证分析，对温州今后5年经济发展的主要参数作如下描述。

---

① 备注：本文于2014年10月完稿，其中部分数据已经修改为2014年数据，经济发展趋势预测仍采用截至2013年的数据。

(一)地区生产总值增速预测

方法一:采取相关回归分析预测地区生产总值增速将 1978 年至 2013 年温州市地区生产总值变化趋势作图如下:

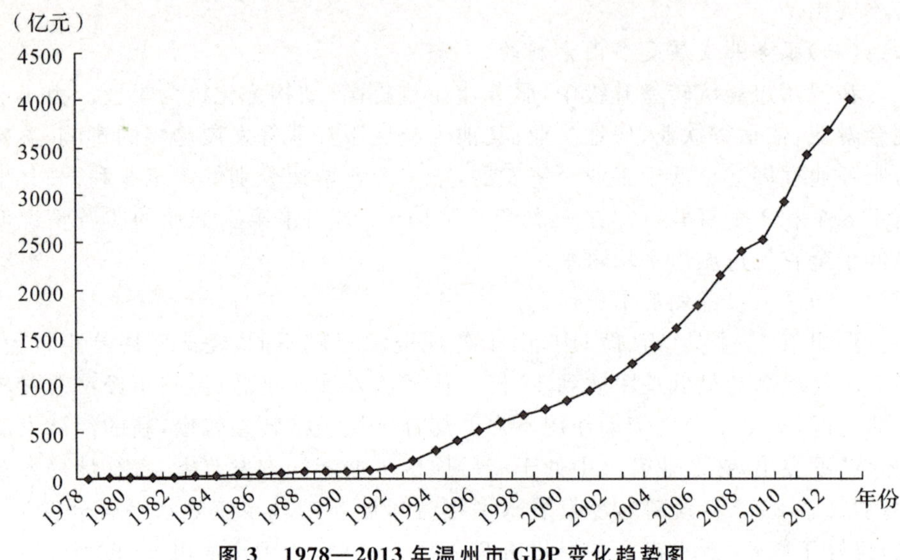

图 3　1978—2013 年温州市 GDP 变化趋势图

以上图描述,测算 GDP 与 XH 变量之间的相关系数为 0.985834,即 GDP 与 XH 具有较强的正相关。

以 XH 为自变量 X,GDP 为因变量 Y,拟定回归方程的数学模型,并用统计方程曲线拟合 GDP 趋势图,得分段曲线模型:

当 X≤15 时,Y=104598×1.174 X

当 15<X≤28 时,Y=-15585074+1071857X

当 X>28 时,Y=-73031266+3915879X

当 X=34(即 2018 年)时,Y=60108620

以回归分析测得 2018 年全市国内生产总值可达到 6010.86 亿元,考虑价格因素,年均递增 7.7%。

方法二:以时间数列测定地区生产总值增长速度

将 1978 年至 2013 年温州市地区生产总值发展指数变化趋势作图如下:

以长期趋势移动平均法,用平均截距 N=5 绘制 GDP 发展速度的 5 年移动平均线,其平均线落在[7.1,30.6]区间,中心趋势线落在 18.9,拟合今后 5 年平均增速为 7.1%。

综合上述量化预测,用德尔斐综合分析法,笔者认为,今后 5 年温州市地

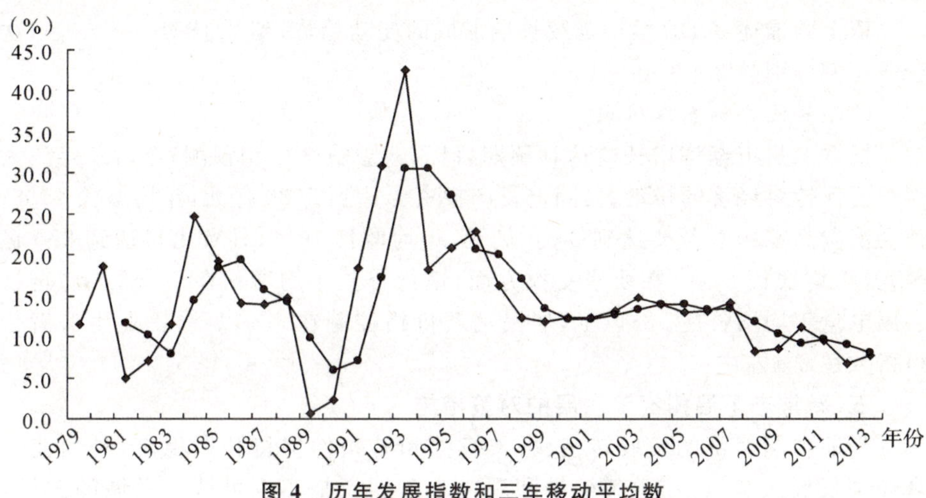

图 4 历年发展指数和三年移动平均数

区生产总值年均增长在 7.5%左右，到 2018 年，全市生产总值在 6000 亿元左右，其中第一产业增加值在 150 亿元左右，第二产业增加值在 2940 亿元左右，第三产业增加值在 2910 亿元左右。这预示着，今后 5 年，温州市常住人均地区生产总值达到 64700 元，年均增长 7.2%。

(二)三次产业结构预测

将 1978 年至 2013 年温州市地区生产总值的三次产业结构变动趋势作图如下：

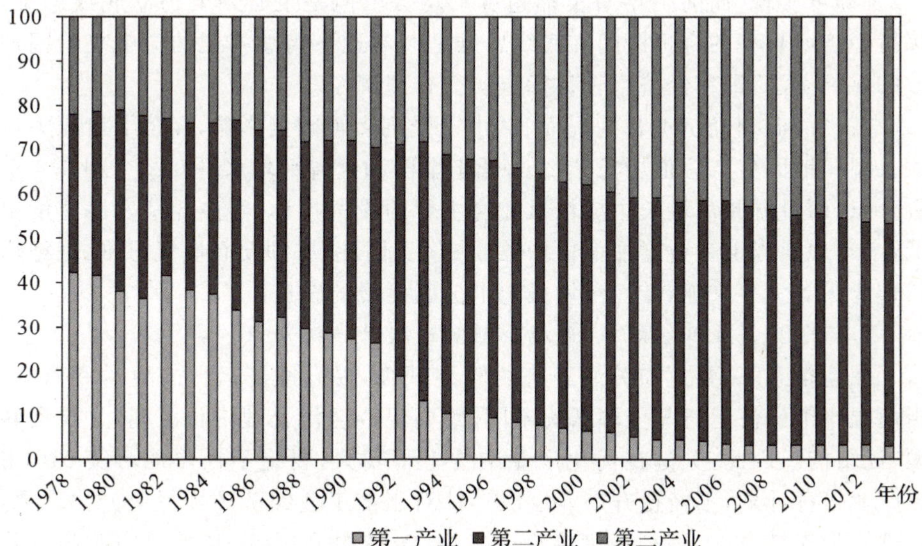

图 5 1978 年至 2013 年温州市三次产业结构

依上图描述,GDP 结构延续长期形成的变动趋势,到 2018 年,一、二、三次产业比例分别为 2.5∶49∶48.5。

(三)其他指标支撑推测

根据温州市经济增长要达到预期目标,建立数学模型预测,今后 5 年三大需求要保持对经济的拉动力:固定资产投资要达到 5930 亿元,年均增长 15%;社会消费品零售总额要达到 3440 亿元,年均增长 10%;外贸出口达到 270 亿美元,年均增长 8%。在要素支撑方面,银行贷款年均增长在 10%以上,全社会用电量年均增长在 8%以上,居民消费价格控制在 3%以下,工业生产者价格指数在 2%左右。

五、新常态下温州经济发展的对策措施

当前中国经济的发展转型、增长换挡和有条件保持长期稳定,是当前宏观经济发展大势,政府政策引导和深化改革创新是实现可持续发展的关键,要及早思考、周密策划,力争将新一轮周期经济运行实现"健康有序、赶超发展"的目标。针对温州市经济发展中的薄弱环节,笔者建议采取以下对策措施。

(一)明确发展目标,保持经济增长率的合理区间

在党的十八大报告中,对今后经济发展的基本要求是"经济持续健康发展",第一次没有提到"快"字,这是一种主动的战略调整。十八大报告中提出到 2020 年国内生产总值和城乡居民收入比 2010 年翻一番,平均每年增长 7.2%即可实现,而前三年增长都超过平均数。但是也必须要树立底线思维,保持经济增长率的合理区间。底线思维是以习近平为总书记的党中央治国理政的重要方法,即在经济增长目标上实行合理调控。

就当前温州经济增长情况而言,由于受到多重因素影响,经济下行压力过大。温州地区生产总值增长 7.2%,低于全国和全省平均水平 0.2 个和 0.4 个百分点,而且温州市增长主要依靠政府主导的投资拉动,实体经济发展速度更低,全年规模以上工业增加值仅增长 6.2%。因此,必须要有底线思维,把稳增长作为头等大事来抓,使经济增长走上健康发展的轨道。

(二)顺应产业升级规律,鼓励企业改造提升传统产业

在新常态下,要更加关注经济的转型升级,提升经济运行的效益和质量。当前温州市经济运行与全国情况不同,既要保持经济合理增长区间,又要促转型、优结构。因此,关键在优化产业结构上下功夫,要毫不松懈地落实 510 主导产业培育计划,不断提升产业层次。针对当前工业经济领域行业分化现象,要进一步支持电气、汽车等优势行业发展,改造提升服装、鞋类等向时尚行业

转变，也要不失时机地淘汰一批落后产业。

（三）优化经济结构，提升第三产业比重

在经济发展的新阶段，第三产业比重不断提高，对经济贡献更为突出。长期以来，温州市大力发展工业，在资源要素配置方面优先配置工业，但是在发展第三产业方面投入不足，第三产业中民营经济的“低小散”问题更加突出，限上企业比重明显居低。要不失时机地把培育第三产业发展作为重要抓手，培育第三产业上规模、上档次，大力发展现代服务业。

同时，在农业领域，针对农业产出较低、农业层次不高的问题，要通过农村改革的契机，发展现代农业和农业、加工业和农业流通业经济混合体。

（四）推进区域经济协调发展，提高全市经济综合竞争力

在统筹城乡协调方面，经济协调发展是主要方面，温州市城乡经济发展差距也是全省最大的，近几年在全省经济发展排位有下降趋势。要在积极研究各地发展的资源禀赋，形成各地的新经济增长点。要激发三区两市以及瓯洞区经济发展在全市经济中的带动作用，要增强永嘉、苍南、平阳三个中等县经济发展后劲，发挥文成、泰顺县的山区生态资源优势。尤其是要培育强镇（街道）经济发展，形成工业、服务业协同发展局面，以及对周边乡镇（街道）的带动作用。

（五）化解资金要素制约，改善企业融资环境

由于经济下行压力较大，企业抵押资产缩小，多数中小企业效益下降，有些企业还深陷债务危机，导致企业融资困难。因此，要加快金融体制改革，让民间资本顺畅地进入实体经济各领域，促进中小企业直接从资本市场融资。银行应要为中小企业间接融资发挥主渠道作用，为实体经济健康发展提供资金保障，而不是采取简单的“压贷自保”的办法，弃正常发展的企业而不顾。当前尤其要加快发展地方金融机构，为当地企业提供资金保障。

（六）发挥市场配置资源的决定性作用，为经济发展创造良好的环境

党的十八大提出，要发挥支持在资源配置中的决定性作用。今年李克强总理在《政府工作报告》中提出，坚持积极的财政政策和稳健的货币政策，不采取短期刺激措施，不扩大赤字，不超发货币。通过市场经济规律，“烫平”经济发展周期，引导产业经济优胜劣汰。不采取政府刺激措施，引起经济大起大落。

作为地方政府，没有过多的宏观经济调控手段，要在优化经济发展环境上下功夫，要通过政府“负面清单”，精简放权。要为经济发展提供更多的要素资源，引导资源向优势企业、优势行业配置。要为企业发展提供高效的服务，努

力降低企业的营运成本。

温州市统计局课题组
课 题 组 长　赵有力
课题组成员　高顺岳(执笔)

参考文献:

刘世锦,中国经济增长十年展望(2014—2023):在改革中形成增长新常态[M]. 北京:中信出版社,2014.

从几组经济指标比较看
嘉兴转型发展差距及对策

当前，嘉兴经济增长由过去的高增长转入中低增长的新常态，经济发展内外环境错综复杂，资源要素、生态保护等与发展的矛盾凸显，转变经济发展方式已势在必行。文章通过几组经济转型指标横向和纵向比较，简析了21世纪以来全市经济转型升级成效与差距，提出了嘉兴经济转型升级，促进科学发展的几点建议。

一、嘉兴经济转型升级总体评价

当前国内经济正处于经济增长换挡期，结构调整阵痛期、前期刺激政策消化期，这三期还将持续一段时间。嘉兴经济增长由过去的高增长转入中低增长的新常态。从嘉兴经济长期发展趋势看，依据相关经济增长理论，嘉兴经济发展经历了1978—1983年、1984—1989年、1990—1994年、1995—1998年和1999年至今五个大周期，经济周期平均约5—6年。嘉兴经济增长率从2004年下半年开始放慢。2013年，按常住人口测算，嘉兴人均GDP 11169美元，相当于6754美元（按1998年美元汇率计算，假设美元通胀率平均2%）。根据美国经济学家H·钱纳里提出的工业化标准模型，大致可以得出嘉兴目前处于工业化中高级阶段。但环境、资源与发展的矛盾日益突出，转变经济发展方式势在必行。

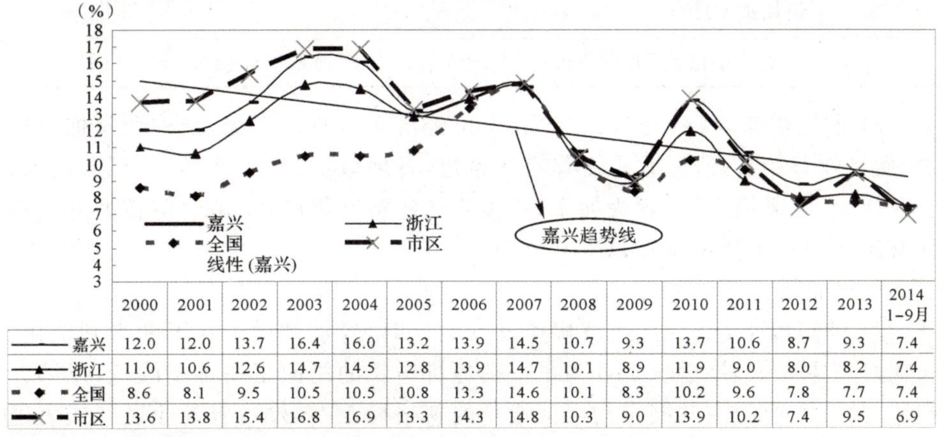

	2000	2001	2002	2003	2004	2005	2006	2007	2008	2009	2010	2011	2012	2013	2014 1-9月
嘉兴	12.0	12.0	13.7	16.4	16.0	13.2	13.9	14.5	10.7	9.3	13.7	10.6	8.7	9.3	7.4
浙江	11.0	10.6	12.6	14.7	14.5	12.8	13.9	14.7	10.1	8.9	11.9	9.0	8.0	8.2	7.4
全国	8.6	8.1	9.5	10.5	10.5	10.8	13.3	14.6	10.1	8.3	10.2	9.6	7.8	7.7	7.4
市区	13.6	13.8	15.4	16.8	16.9	13.3	14.3	14.8	10.3	9.0	13.9	10.2	7.4	9.5	6.9

图1 21世纪以来全国、浙江、嘉兴及市区年度经济增长率比较

根据2014年初国家和省确定的经济转型升级统计指标体系(注:浙江省在全国13个经济转型升级核心指标基础上增加两个指标:资源集约利用率、环境质量指数)。

表1　2014年国家和省经济转型升级统计指标体系

序号	指标名称	资料来源
1	服务业增加值占GDP比重(%)	统计局
2	居民消费率(%)	统计局
3	城镇化质量系数(%)	统计局
4	高技术制造业增加值占工业增加值比重(%)	统计局
5	文化及相关产业增加值占GDP比重(%)	统计局
6	税收占GDP比重(%)	财政局
7	GDP与固定资产投资之比(%)	统计局
8	全社会劳动生产率(%)	统计局
9	工业企业总资产贡献率(%)	统计局
10	R&D经费与GDP之比(%)	统计局
11	每万名就业人员R&D人员全时当量(人年/万人)	统计局
12	主要污染物排放总量降低率(%)	环保厅
13	居民人均可支配收入与人均GDP之比(%)	统计局
14	资源集约利用率(万元GDP能耗、万元GDP用水量、单位建设用地GDP)	环保厅
15	环境质量指数(水环境指标、声环境指标、空气质量指标)	环保厅

21世纪以来,特别是近两年来,全市经济运行总体平稳,结构调整加快推进,质量效益稳步提高,重点工作有序推进,各地以实施“腾笼换鸟、机器换人、空间换地、电商换市”工程为抓手,积极打造经济升级版,全市经济转型升级步伐有所加快。主要体现在以下几方面。

(一)推进产业结构升级

21世纪以来,全市在经济快速发展的同时,经济结构也在不断得到优化。长期以来主要依靠农业、工业为主带动经济增长的局面正在逐步改变,以第二产业、第三产业为主共同带动经济增长的新格局正在形成,服务业已经成为经济中举足轻重的组成部分和推动力量。2013年,全市服务业增加值为40.2%,

比2010年提高4个百分点；全市规模以上高新技术制造业增加值占工业增加值为22.6%，比2010年提高5.6个百分点；全市文化及相关产业增加值占GDP比重4.1%，比2010年提高0.5个百分点。

（二）推进需求结构升级

需求结构变化是影响经济增长的重要因素。需求（消费）不足和分配（收入）不顺是长期以来制约经济社会可持续发展的一个主要矛盾，引起了社会各界广泛关注。如何协调好GDP增长与政府、企业、居民收入分配关系，是全面落实科学发展观、构建和谐社会的重要内容，是提升民生水平现实要求，更是转变经济发展方式的迫切需要。2013年，全市税收收入占GDP比重17%（税收口径为国税加地税），与上年持平，比2010年提高1.6个百分点；全市居民人均可支配收入与人均GDP之比为45%，比2010年提高13.3个百分点；全市居民消费率29.2%，比上年提高1.7个百分点，比2010年提高9.7个百分点。21世纪以来，全市统筹城乡一体化发展战略成为推进和加速城镇化进程的重要抓手，全力实施“1640300”工程取得明显成效。全市城镇化率从2000年的38%提高到2013年的57.1%。全市城镇化质量系数（指按户籍人口计算的城镇化率与按常住人口计算的城镇化率的比率）基本稳定，2010—2013年质量系数分别为0.81、0.84、0.83、0.81。

（三）推进要素结构升级

转变增长方式是实现全面转型升级的重要手段。近几年，嘉兴按照党的十七大提出的“三个转变”的要求，着力推动需求结构由投资、出口为主向消费、投资、出口协调拉动转变，增强持续发展的动力；推动要素结构由物质资源为主向人才资源、创新要素为主转变，积极探索科学发展之路。

要素使用效率有所提高。经济增长不仅来源于要素投入的增长，也在于生产要素使用效率的提高，以实现宏观经济效益最大化。嘉兴全社会劳动生产率（GDP/全社会从业人员）由2010年的7.24万元提高到2013年的9.61万元；资本产出率系数（GDP/固定资产投资）由2010年的1.51提高到2013年的1.65；工业企业总资产贡献率由上年的9.5%提高到2013年的10.3%；R&D（研究与试验发展）经费与GDP之比由2010年的2.1%提高到2013年的2.5%；每万名就业人员R&D人员全时当量由2010年的64.3人年/万人提高到2013年的78.1人年/万人（规模以上工业统计口径）；能耗产出率（GDP/全社会综合能耗）由2010年的1.42万元/吨标煤提高到2013年的1.61万元/吨标煤；水耗产出率（GDP/全社会用水量）由2010年的116元/吨提高到2013年的149元/吨；土地产出率（GDP/建设用地面积）由2010年的

214.87 万元/公顷提高到 2013 年的 271.08 万元/公顷。

主要污染物排放量总体平稳。“十二五”以来，全市着力创新环保工作机制，加强能源资源节约和生态环境保护，确保实现经济发展的目标之一——人与自然和谐相处。全市化学需氧量降低率由上年的 5.2%回落到 2013 年的 3.5%，氨氮降低率由上年的 3.4%增加到 2013 年的 3.6%，二氧化硫降低率由上年的 4.3%增加到 2013 年的 4.7%，氮氧化物降低率由上年的 4.5%增加到 2013 年的 8.5%。截至 2013 年底，全市化学需氧量、氨氮、二氧化硫、氮氧化物等主要污染物排放量比 2010 年累计分别下降 10.7%、11.3%、9.8%、16.6%。“十二五”前三年，全市全面实施“三清两绿”工程和“五水共治”工作，成效显著。全市空气优良天数平均比率 90.7%，比“十一五”时期提升 1.1 个百分点。水体中等污染物比率明显降低，五类水、劣五类水比重由 2010 年的 81.3%下降至 76.1%，四类水比重则由 2010 年的 12.5%提升至 23.9%(见表 2)。

表 2　2010—2013 年全市反映经济转型升级统计指标实绩表

	2013	2012	2011	2010	2013 比 2012	2013 比 2010
1.税收收入占 GDP 比重(%)	17.0	17.0	16.8	15.4	0.0	1.6
2.城镇化质量系数	0.81	0.83	0.84	0.81	0.0	0.0
3.文化及相关产业增加值占 GDP 比重(%)[2012 年]	4.1	4.1	3.6	3.6	0.0	0.5
4.居民人均可支配收入与人均 GDP 之比	45.0	44.1	41.9	31.7	0.9	13.3
5.服务业增加值比重(%)	40.2	39.3	37.2	36.2	0.9	4.0
6.高新技术制造业增加值占工业增加值比重(%)	22.6	20.1	18.9	17.0	2.5	5.6
7.居民消费率(%)	29.2	27.6	26.3	19.5	1.7	9.7
8.R&D(研究与试验发展)经费与 GDP 之比(%)	2.5	2.3	2.2	2.1	0.2	0.4
9.每万名就业人员 R&D 人员全时当量(人年/万人)	78.1	67.0	67.1	64.3	11.1	13.8
10.GDP 与固定资产投资之比(%)	1.65	1.76	1.78	1.51	−0.1	0.1
11.全社会劳动生产率(%)	9.61	8.84	8.33	7.24	0.8	2.4

续 表

	2013	2012	2011	2010	2013 比 2012	2013 比 2010
12.工业企业总资产贡献率(%)	10.3	9.5	10.7	11.4	0.9	−1.1
13.主要污染物排放总量降低率(%)						
#化学需氧量降低率(%)	3.5	5.2	3.0	7.8	−1.7	−4.3
#氨氮降低率(%)	3.6	3.4	2.2	—	0.2	—
#二氧化硫降低率(%)	4.7	4.3	3.2	3.5	0.4	1.2
#氮氧化物降低率(%)	8.5	4.5	4.6	—	4.0	—
14.资源集约利用率						
#万元 GDP 能耗(吨标煤)	0.620	0.645	0.679	0.706	0.0	−0.1
#万元 GDP 用水量(吨)	67.0	68.6	77.1	86.4	−1.7	−19.4
#单位建设用地 GDP(万元/公顷)	271.08	251.51	233.15	214.87	19.6	56.2
15.环境质量指数	—	—	—	—	—	—
#空气质量优良率(旧标准评价)(%)	—	—	—	—	—	—
#环境噪声(分贝)	—	—	—	—	—	—

注:2013 年文化产业增加值以 2012 年替代,市环保局不核算环境质量指数,高新技术制造业增加值占工业增加值比重按行业测算。

二、嘉兴与各市主要经济转型发展指标比较

"十二五"以来,嘉兴转型发展成效初显。特别中近两年,全市各地通过"腾笼换鸟、机器换人、空间换地、电商换市"工程,积极打造经济升级版。但与周边城市相比,全市一些经济转型指标仍与先进地区存在差距。

(一)产业结构升级主要指标比较

近年来,虽然嘉兴产业结构得到了一定的调整优化,但全市经济转型升级中还面临许多问题困难。如,嘉兴制造业总体上处于产业链的低端,传统产业升级缓慢,高新技术产业发展相对滞后,大企业大集团数量极少,对工业总量增长贡献较大的行业主要是纺织、服装、机械、化学、塑料制品等传统产业,且与长三角相近城市制造业结构调整力度、发展差距较明显。嘉兴"小、低、散"为特征的企业组织结构是导致产业集中度低的又一原因。而分散的市场主体的产业特

征，必然使现有的经济资源和生产要素配置分散化，企业的扩张力弱、产业的集中度低、资本的使用效率不高，制约了主导产业的形成和发展。2013 年，嘉兴服务业增加值比重 40.2%，居全省第 9 位，比最高的杭州市低 12.7 个百分点，比全省平均低 5.9 个百分点；全市规模以上高新技术制造业（全省各市高新技术按行业加企业测算）比重居全省第 8 位，比最高的杭州市低 6.7 个百分点，比全省平均低 0.9 个百分点；全市文化及相关产业增加值占 GDP 比重 4.3%，居全省第 4 位，比最高的杭州市低 2.8 个百分点，比全省平均低 0.7 个百分点。

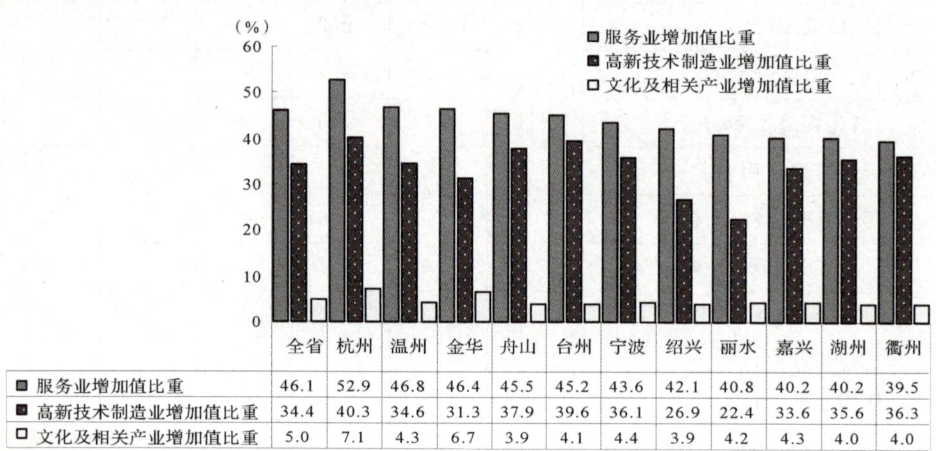

	全省	杭州	温州	金华	舟山	台州	宁波	绍兴	丽水	嘉兴	湖州	衢州
服务业增加值比重	46.1	52.9	46.8	46.4	45.5	45.2	43.6	42.1	40.8	40.2	40.2	39.5
高新技术制造业增加值比重	34.4	40.3	34.6	31.3	37.9	39.6	36.1	26.9	22.4	33.6	35.6	36.3
文化及相关产业增加值比重	5.0	7.1	4.3	6.7	3.9	4.1	4.4	3.9	4.2	4.3	4.0	4.0

图 2　2013 年各市产业结构比较

（二）需求结构升级主要指标比较

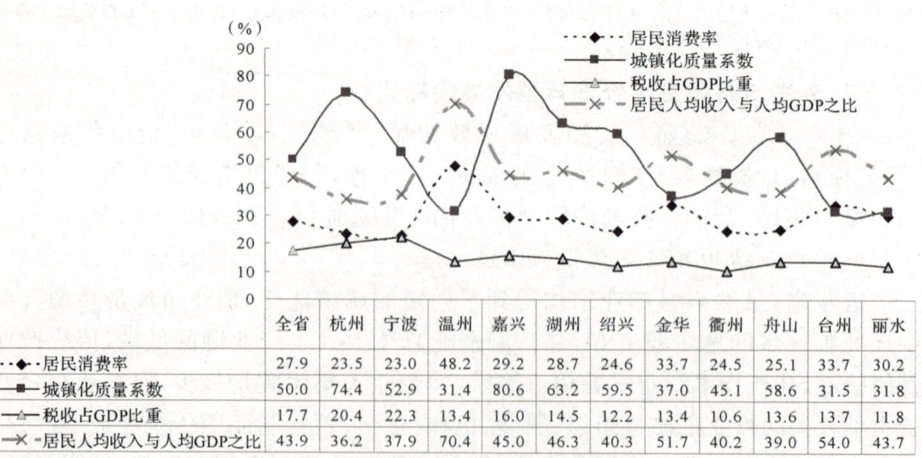

	全省	杭州	宁波	温州	嘉兴	湖州	绍兴	金华	衢州	舟山	台州	丽水
居民消费率	27.9	23.5	23.0	48.2	29.2	28.7	24.6	33.7	24.5	25.1	33.7	30.2
城镇化质量系数	50.0	74.4	52.9	31.4	80.6	63.2	59.5	37.0	45.1	58.6	31.5	31.8
税收占GDP比重	17.7	20.4	22.3	13.4	16.0	14.5	12.2	13.4	10.6	13.6	13.7	11.8
居民人均收入与人均GDP之比	43.9	36.2	37.9	70.4	45.0	46.3	40.3	51.7	40.2	39.0	54.0	43.7

图 3　2013 年各市需求结构比较

党的十八大提出要实现“居民收入增长和经济发展同步、劳动报酬增长和劳动生产率提高同步，提高居民收入在国民收入分配中的比重，提高劳动报酬在初次分配中的比重”的目标。多年来，嘉兴在经济发展进程中，“两同步、两提高”还存在差异。国民收入在政府、企业、居民三者间分配，其中居民收入无论是在增长速度上还是所占比重上均呈现下降态势，尤其在增长速度上(1990—2013 年全市农村居民人均纯收入年均增长 12.7%，1997—2013 年全市城镇居民人均可支配收入年均增长 11.1%)，显著低于全市财政收入(1990—2013 年按当年价格计算年均增长 18.7%)和 GDP 增速(当年价格年均增长 17.2%)。2013 年，嘉兴居民消费率 29.2%，居浙江省第 5 位，比最高的温州市低 19 个百分点，但高于全省平均 1.3 个百分点；全市居民人均收入与人均 GDP 之比 45%，居全省第 5 位，比最高的温州市低 25.4 个百分点，但高于全省平均 1.1 个百分点；全市税收占 GDP 比重(省测算口径)16%，居全省第 3 位，比最高的宁波市低 6.3 个百分点，低于全省平均 1.7 个百分点；全市城镇化质量系数 80.6%，居全省第 1 位，高于全省平均 30.6 个百分点。

(三)要素结构升级主要指标比较

随着嘉兴工业化和城镇化的不断推进，工业结构重型化趋势明显，这将对全市节能降耗产生较大压力。同时，全市的临港产业和部分战略性新兴产业具有高耗能和高排放的特点，随着这些项目的陆续上马，将显著增加全市能源消耗规模，节能压力较大。环境质量依然严峻。大气污染依然比较严重，大气污染治理是长期艰巨的任务。外源性和输入性污染是当前和今后长期存在的重要环境隐患。

2013 年，全市 GDP 与固定资产投资之比 165%，居全省第 8 位，比最高的金华市低 52 个百分点，低于全省平均 21 个百分点；全社会劳动生产率 9.61 万元/人，居全省第 6 位，比最高的宁波市低 4.6 万元/人，比全省平均低 0.54 万元 /人；全市规模以上工业企业总资产贡献率 9.9%，居全省第 10 位，比最高的丽水市低 8.1 个百分点，低于全省平均 1.51 个百分点；全市 R&D 经费与 GDP 之比 2.49%，居全省第 2 位，比最高的杭州市低 0.5 个百分点，高于全省平均 0.31 个百分点；全市每万名就业人员 R&D 人员折合时当量 80.88 人年/万人，居全省第 4 位，比最高的宁波市低 59 人年/万人，比全省平均低 3 人年/万人；全市环境质量综合指数 44.7 分，居全省第 11 位，比最高的丽水市低 54.8 分，比全省平均低 35 分(见表 3)。

表3　2013年浙江省各市要素使用结构指标数据比较表

	GDP与固定资产投资之比(%)		全社会劳动生产率(万元/人))		规模以上工业企业总资产贡献率(%)		R&D经费与GDP之比(%)		每万就业人员R&D人员折合时当量(人年/万人)		环境质量综合指数(分)	
	绝对值	位次	绝对值	位次	绝对值	位次	绝对值	位次	绝对值	位次	绝对值	位次
浙江省	186		10.15		11.45		2.18		83.87		79.7	
杭州市	196	5	12.89	2	12.69	4	2.98	1	125.47	2	80.1	7
宁波市	208	3	14.19	1	12.72	3	2.21	4	139.90	1	66.7	10
温州市	153	10	6.95	11	10.59	7	1.45	8	54.64	8	83.3	5
嘉兴市	165	8	9.61	6	9.94	10	2.49	2	80.88	4	44.7	11
湖州市	168	7	9.98	5	13.56	2	2.42	3	71.54	5	83.8	4
绍兴市	198	4	11.53	4	11.09	6	2.09	5	81.40	3	77.7	8
金华市	217	1	8.59	7	10.58	8	1.71	6	54.69	7	74.7	9
衢州市	158	9	7.92	9	11.96	5	1.19	10	33.83	10	97.0	2
舟山市	124	11	12.79	3	3.20	11	1.42	9	48.41	9	92.5	3
台州市	209	2	8.02	8	10.18	9	1.63	7	61.66	6	80.5	6
丽水市	172	6	7.04	10	18.04	1	1.13	11	28.55	11	99.5	1
嘉兴—最高	−52.0		−4.60		−8.1		−0.5		−59.0		−54.8	
嘉兴—全省	−21		−0.5402		−1.51		0.31		−3.0		−35.0	

注:各市为初步数,浙江省为预计数,以省局正式发布数为准。

表 4　2013 年浙江省各市要素使用结构指标数据比较表

	资源集约利用						主要污染物排放总量降低率							
	万元 GDP 能耗（吨标准煤）		万元 GDP 用水量（立方米）		单位建设用地 GDP（万元/亩）		COD 排放削减率（%）		SO_2 排放削减率（%）		氮氧化物排放削减率（%）		氨氮排放削减率（%）	
	绝对值	位次	绝对值	位次	绝对值	位次	绝对值	位次	绝对值	位次	绝对值	位次	绝对值	位次
浙江省	0.53		64.2		19.0		3.95		5.18		6.90		4.26	
杭州市	0.52	3	75.0	8	22.2	3	3.52	5	4.80	5	6.58	6	3.83	4
宁波市	0.56	5	33.7	2	24.2	1	4.03	2	6.87	1	8.40	3	3.54	6
温州市	0.47	2	62.0	4	22.9	2	3.01	10	5.75	3	9.08	1	4.89	1
嘉兴市	0.62	8	67.0	7	18.1	5	3.54	4	4.69	6	8.47	2	3.59	5
湖州市	0.70	10	104.7	10	12.6	9	3.26	7	4.11	8	5.54	7	2.85	8
绍兴市	0.63	9	57.4	3	21.4	4	3.69	3	5.79	2	7.40	4	4.47	2
金华市	0.57	6	66.9	6	14.6	8	3.13	8	5.30	4	6.98	5	2.8	10
衢州市	1.22	11	141.4	11	9.5	11	3.41	6	4.00	10	4.00	8	2.85	8
舟山市	0.60	7	17.3	1	17.4	7	2.01	11	0.61	11	1.29	10	2.15	11
台州市	0.41	1	63.6	5	17.6	6	3.09	9	4.09	9	3.25	9	2.92	7
丽水市	0.52	3	98.7	9	10.3	10	4.53	1	4.16	7	1.02	11	3.93	3
嘉兴—最高	−0.6		−74.4		−6.1		−1.00		−2.2		−0.60		−1.30	
嘉兴—全省	0.1		2.8		−0.9		−0.40		−0.5		1.60		−0.70	

2013 年，嘉兴万元 GDP 能耗 0.62 吨标准煤，居全省第 8 位，比最高的台州市低 0.6 吨标准煤，比全省平均高 0.1 吨标准煤；全市万元 GDP 用水量 67.0 立方米，居全省第 7 位，比最高的舟山市低 74.4 立方米，比全省平均高 2.8 立方米；全市单位建设用地 GDP 18.1 万元/亩，居全省第 5 位，比最高的宁波市低 6.1 万元/亩，比全省平均低 0.9 万元/亩；全市 COD 排放削减率 3.54%，居全省第 4 位，比最高的丽水市低 1.0 个百分点，低于全省平均 0.4 个百分点；全市 SO_2 排放削减率 4.69%，居全省第 6 位，比最高的宁波市低 2.2 个百分点，低于全省平均 0.5 个百分点；全市氮氧化物排放削减率 8.47%，居全省第 2 位，比最高的温州市低 0.6 个百分点，高于全省平均 1.6 个百分点；全市氨氮排放削减率 3.59%，居全省第 5 位，比最高的温州市低 1.3 个百分点，低于全省平均 0.7 个百分点(见表 4)。

三、各县(市、区)主要经济转型发展指标比较

根据 2013 年度年快报统计资料，笔者对各县(市、区)经济转型升级统计指标进行比较分析如下。

(一)南湖区

2013 年，南湖区有 11 项指标(15 个核心指标中，共包括细项指标 21 个，下同)居全市前 3 位，占 21 个细项指标的 52.4%；有 6 项指标居全市第 4—5 位，占 21 个细项指标的 28.5%；4 项监测指标居全市第 6、7 位，占 21 个细项指标的 19.1%(见表 5)。

表 5　南湖区经济转型升级指标水平与位次情况

	2013 年		2010 年		位次	
	全市	南湖区	全市	南湖区	2013 年	2010 年
税收收入占 GDP 比重(%)	17.0	20.6	15.4	19.0	1	1
文化及相关产业增加值占 GDP 比重(%)[2012 年]	4.1	6.7	3.6	5.3	1	1
居民人均可支配收入与人均 GDP 之比	45.0	49.1	31.7	34.3	1	2
服务业增加值比重(%)	40.2	52.9	36.2	49.1	1	1
R&D(研究与试验发展)经费与 GDP 之比(%)	2.5	2.9	2.1	2.3	1	1
化学需氧量降低率(%)	3.5	11.0	7.8	9.0	1	4

续 表

	2013 年		2010 年		位次	
	全市	南湖区	全市	南湖区	2013 年	2010 年
氨氮降低率(%)	3.6	11.0	—	—	1	—
高新技术制造业增加值占工业增加值比重(%)	22.6	29.0	17.0	15.6	2	3
全社会劳动生产率(%)	9.6	10.6	7.2	8.4	2	1
单位建设用地 GDP(万元/公顷)	271.1	286.5	214.9	227.7	2	1
居民消费率(%)	29.2	29.6	19.5	0.0	3	6
城镇化质量系数	0.8	0.9	0.8	0.9	4	3
二氧化硫降低率(%)	4.7	4.1	3.5	3.0	4	7
万元 GDP 能耗(吨标煤)	0.6	0.6	0.7	0.7	5	4
万元 GDP 用水量(吨)	67.0	62.3	86.4	76.3	5	6
空气质量优良率(旧标准评价)(%)	—	86.6	—	90.4	5	5
环境噪声(分贝)	53.0	53.2	—	54.4	5	4
每万名就业人员 R&D 人员全时当量	78.1	76.5	64.3	81.5	6	1
工业企业总资产贡献率(%)	10.3	9.6	11.4	10.4	6	6
GDP 与固定资产投资之比(%)	1.6	1.3	1.5	1.2	7	6
氮氧化物降低率(%)	8.5	4.5	—	—	7	—

注:2013 年文化产业增加值以 2012 年替代,南湖秀洲区税收收入比重以市区替代。

(二)秀洲区

2013 年,秀洲区有 8 项指标(15 个核心指标中,共包括细项指标 21 个,下同)居全市前 3 位,占 21 个细项指标的 38.1%;有 5 项指标居全市第 4—5 位,占 21 个细项指标的 23.8%;8 项监测指标居全市第 6、7 位,占 21 个细项指标的 38.1%(见表 6)。

表 6　秀洲区经济转型升级指标水平与位次情况

	2013 年		2010 年		位次	
	全市	秀洲区	全市	秀洲区	2013 年	2010 年
税收收入占 GDP 比重(%)	17.0	20.6	15.4	19.0	1	1
居民消费率(%)	29.2	38.2	19.5	0.0	1	6
GDP 与固定资产投资之比(%)	1.6	1.9	1.5	1.5	1	4
氮氧化物降低率(%)	8.5	13.1	—	—	1	—
万元 GDP 用水量(吨)	67.0	79.1	86.4	109.2	1	1
居民人均可支配收入与人均 GDP 之比	45.0	48.2	31.7	26.3	2	7
万元 GDP 能耗(吨标煤)	0.6	0.7	0.7	0.9	2	2
服务业增加值比重(%)	40.2	41.1	36.2	37.2	3	3
工业企业总资产贡献率(%)	10.3	10.9	11.4	11.4	3	3
每万名就业人员 R&D 人员全时当量	78.1	82.0	64.3	70.9	4	4
单位建设用地 GDP(万元/公顷)	271.1	271.7	214.9	216.7	4	4
二氧化硫降低率(%)	4.7	4.1	3.5	3.8	5	1
空气质量优良率(旧标准评价)(%)	—	86.6	—	90.4	5	5
环境噪声(分贝)	53.0	53.2	—	54.4	5	4
高新技术制造业增加值占工业增加值比重(%)	22.6	15.2	17.0	14.6	6	6
全社会劳动生产率(%)	9.6	8.8	7.2	7.4	6	3
城镇化质量系数	0.8	0.6	0.8	0.6	7	7
文化及相关产业增加值占 GDP 比重(%)[2012 年]	4.1	2.8	3.6	1.6	7	7
R&D(研究与试验发展)经费与 GDP 之比(%)	2.5	1.9	2.1	2.1	7	4
化学需氧量降低率(%)	3.5	1.0	7.8	3.5	7	7
氨氮降低率(%)	3.6	1.0	—	—	7	—

注:2013 年文化产业增加值以 2012 年替代,南湖秀洲区税收收入比重以市区替代。

(三)嘉善县

2013 年,嘉善县有 9 项指标(15 个核心指标中,共包括细项指标 21 个,下同)居全市前 3 位,占 21 个细项指标的 42.9%;有 9 项指标居全市第 4—5 位,占 21 个细项指标的 42.9%;3 项监测指标居全市第 6、7 位,占 21 个细项指标的 14.2%(见表 7)。

表 7 嘉善经济转型升级指标水平与位次情况

	2013 年		2010 年		位次	
	全市	嘉善	全市	嘉善	2013 年	2010 年
城镇化质量系数	0.8	0.9	0.8	0.9	2	1
居民消费率(%)	29.2	31.7	19.5	18.3	2	5
二氧化硫降低率(%)	4.7	8.4	3.5	3.8	2	2
环境噪声(分贝)	53.0	52.0	—	53.4	2	2
高新技术制造业增加值占工业增加值比重(%)	22.6	24.4	17.0	30.4	3	1
每万名就业人员 R&D 人员全时当量	78.1	82.1	64.3	72.3	3	3
万元 GDP 能耗(吨标煤)	0.6	0.6	0.7	0.7	3	3
万元 GDP 用水量(吨)	67.0	71.6	86.4	98.0	3	3
空气质量优良率(旧标准评价)(%)	—	91.0	—	92.6	3	2
居民人均可支配收入与人均 GDP 之比	45.0	47.0	31.7	29.7	4	6
R&D(研究与试验发展)经费与 GDP 之比(%)	2.5	2.5	2.1	2.1	4	5
文化及相关产业增加值占 GDP 比重(%)[2012 年]	4.1	3.8	3.6	3.5	5	4
服务业增加值比重(%)	40.2	36.3	36.2	33.1	5	5
GDP 与固定资产投资之比(%)	1.6	1.5	1.5	1.5	5	3
全社会劳动生产率(%)	9.6	9.7	7.2	6.9	5	6
化学需氧量降低率(%)	3.5	5.0	7.8	10.7	5	1
氨氮降低率(%)	3.6	4.2	—	—	5	—

续　表

	2013 年		2010 年		位次	
	全市	嘉善	全市	嘉善	2013 年	2010 年
氮氧化物降低率(%)	8.5	4.6	—	—	5	—
税收收入占 GDP 比重(%)	17.0	14.6	15.4	13.7	6	5
单位建设用地 GDP(万元/公顷)	271.1	260.7	214.9	202.2	6	6
工业企业总资产贡献率(%)	10.3	9.2	11.4	15.0	7	1

注:2013 年文化产业增加值以 2012 年替代。

(四)平湖市

2013 年,平湖市有 9 项指标(15 个核心指标中,共包括细项指标 21 个,下同)居全市前 3 位,占 21 个细项指标的 42.9%;有 8 项指标居全市第 4—5 位,占 21 个细项指标的 38.1%;4 项监测指标居全市第 6、7 位,占 14 个细项指标的 19.0%(见表 8)。

表 8　平湖经济转型升级指标水平与位次情况

	2013 年		2010 年		位次	
	全市	平湖	全市	平湖	2013 年	2010 年
高新技术制造业增加值占工业增加值比重(%)	22.6	34.8	17.0	18.5	1	2
每万名就业人员 R&D 人员全时当量	78.1	88.9	64.3	55.2	1	6
单位建设用地 GDP(万元/公顷)	271.1	290.1	214.9	223.1	1	2
税收收入占 GDP 比重(%)	17.0	18.3	15.4	15.6	3	4
城镇化质量系数	0.8	0.9	0.8	0.9	3	2
居民人均可支配收入与人均 GDP 之比	45.0	47.3	31.7	31.2	3	5
GDP 与固定资产投资之比(%)	1.6	1.8	1.5	1.4	3	5
全社会劳动生产率(%)	9.6	10.6	7.2	7.2	3	4
氨氮降低率(%)	3.6	5.2	—	—	3	—
文化及相关产业增加值占 GDP 比重(%)[2012 年]	4.1	3.8	3.6	3.2	4	5

续 表

	2013 年		2010 年		位次	
	全市	平湖	全市	平湖	2013 年	2010 年
万元 GDP 能耗(吨标煤)	0.6	0.6	0.7	0.6	4	6
万元 GDP 用水量(吨)	67.0	71.3	86.4	89.4	4	4
空气质量优良率(旧标准评价)(%)	—	88.8	—	90.8	4	4
环境噪声(分贝)	53.0	53.0	—	54.7	4	7
居民消费率(%)	29.2	27.1	19.5	18.7	5	4
工业企业总资产贡献率(%)	10.3	9.7	11.4	10.5	5	5
氮氧化物降低率(%)	8.5	4.6	—	—	5	—
R&D(研究与试验发展)经费与 GDP 之比(%)	2.5	2.4	2.1	2.2	6	2
化学需氧量降低率(%)	3.5	4.9	7.8	10.7	6	2
服务业增加值比重(%)	40.2	33.7	36.2	31.4	7	6
二氧化硫降低率(%)	4.7	0.5	3.5	3.5	7	6

注:2013 年文化产业增加值以 2012 年替代。

(五)海宁市

2013 年,海宁市有 7 项指标(15 个核心指标中,共包括细项指标 21 个,下同)居全市前 3 位,占 21 个细项指标的 33.3%;有 8 项指标居全市第 4—5 位,占 21 个细项指标的 38.1%;6 项监测指标居全市第 6、7 位,占 21 个细项指标的 28.6%(见表 9)。

表 9 海宁经济转型升级指标水平与位次情况

	2013 年		2010 年		位次	
	全市	海宁	全市	海宁	2013 年	2010 年
二氧化硫降低率(%)	4.7	15.3	3.5	3.7	1	5
每万名就业人员 R&D 人员全时当量	78.1	88.0	64.3	63.3	2	5
氨氮降低率(%)	3.6	5.6	—	—	2	—
空气质量优良率(旧标准评价)(%)	—	91.5	—	90.4	2	5

续　表

	2013 年		2010 年		位次	
	全市	海宁	全市	海宁	2013 年	2010 年
R&D(研究与试验发展)经费与 GDP 之比(%)	2.5	2.5	2.1	2.0	3	6
氮氧化物降低率(%)	8.5	5.4	—	—	3	—
环境噪声(分贝)	53.0	52.1	—	53.8	3	3
服务业增加值比重(%)	40.2	38.5	36.2	34.3	4	4
GDP 与固定资产投资之比(%)	1.6	1.7	1.5	1.9	4	2
全社会劳动生产率(%)	9.6	10.2	7.2	7.1	4	5
工业企业总资产贡献率(%)	10.3	9.9	11.4	10.9	4	4
化学需氧量降低率(%)	3.5	5.4	7.8	4.1	4	6
税收收入占 GDP 比重(%)	17.0	14.9	15.4	13.0	5	6
高新技术制造业增加值占工业增加值比重(%)	22.6	21.4	17.0	15.2	5	4
单位建设用地 GDP(万元/公顷)	271.1	266.0	214.9	210.2	5	5
城镇化质量系数	0.8	0.7	0.8	0.7	6	6
文化及相关产业增加值占 GDP 比重(%)[2012 年]	4.1	3.5	3.6	4.5	6	2
居民人均可支配收入与人均 GDP 之比	45.0	41.3	31.7	31.3	7	4
居民消费率(%)	29.2	24.7	19.5	18.9	7	3
万元 GDP 能耗(吨标煤)	0.6	0.6	0.7	0.7	7	5
万元 GDP 用水量(吨)	67.0	57.7	86.4	68.6	7	7

注:2013 年文化产业增加值以 2012 年替代。

(六)海盐县

2013 年,海盐县有 8 项指标(15 个核心指标中,共包括细项指标 21 个,下同)居全市前 3 位,占 21 个细项指标的 38.1%;有 6 项指标居全市第 4—5 位,占 21 个细项指标的 28.6%;7 项监测指标居全市第 6、7 位,占 21 个细项指标的 33.3%(见表 10)。

表 10　海盐经济转型升级指标水平与位次情况

	2013 年		2010 年		位次	
	全市	海盐	全市	海盐	2013 年	2010 年
城镇化质量系数	0.8	1.1	0.8	0.8	1	5
全社会劳动生产率(%)	9.6	10.9	7.2	8.2	1	2
空气质量优良率(旧标准评价)(%)	—	95.6	—	96.2	1	1
环境噪声(分贝)	53.0	51.6	—	53.2	1	1
工业企业总资产贡献率(%)	10.3	11.0	11.4	9.8	2	7
万元 GDP 用水量(吨)	67.0	72.6	86.4	102.4	2	2
文化及相关产业增加值占 GDP 比重(%)[2012 年]	4.1	4.1	3.6	3.8	3	3
化学需氧量降低率(%)	3.5	7.1	7.8	7.9	3	5
税收收入占 GDP 比重(%)	17.0	18.1	15.4	17.4	4	3
居民消费率(%)	29.2	27.7	19.5	19.3	4	2
氨氮降低率(%)	3.6	5.1	—	—	4	—
氮氧化物降低率(%)	8.5	4.6	—	—	4	—
R&D(研究与试验发展)经费与 GDP 之比(%)	2.5	2.5	2.1	1.9	5	7
每万名就业人员 R&D 人员全时当量	78.1	78.8	64.3	72.7	5	2
居民人均可支配收入与人均 GDP 之比	45.0	43.0	31.7	33.3	6	3
服务业增加值比重(%)	40.2	35.6	36.2	28.9	6	7
GDP 与固定资产投资之比(%)	1.6	1.4	1.5	1.1	6	7
二氧化硫降低率(%)	4.7	0.6	3.5	3.8	6	3
万元 GDP 能耗(吨标煤)	0.6	0.6	0.7	0.6	6	7
高新技术制造业增加值占工业增加值比重(%)	22.6	10.1	17.0	11.0	7	7
单位建设用地 GDP(万元/公顷)	271.1	250.1	214.9	196.5	7	7

注:2013 年文化产业增加值以 2012 年替代。

（七）桐乡市

2013 年，桐乡市 10 项指标（15 个核心指标中，共包括细项指标 21 个，下同）居全市前 3 位，占 21 个细项指标的 47.6%；有 3 项指标居全市第 4—5 位，占 21 个细项指标的 14.3%；8 项监测指标居全市第 6、7 位，占 21 个细项指标的 38.1%（见表 11）。

表 11　桐乡经济转型升级指标水平与位次情况

	2013 年		2010 年		位次	
	全市	桐乡	全市	桐乡	2013 年	2010 年
工业企业总资产贡献率（%）	10.3	11.6	11.4	13.0	1	2
万元 GDP 能耗（吨标煤）	0.6	0.8	0.7	0.9	1	1
文化及相关产业增加值占 GDP 比重（%）[2012 年]	4.1	4.1	3.6	3.0	2	6
服务业增加值比重（%）	40.2	42.5	36.2	38.6	2	2
R&D（研究与试验发展）经费与 GDP 之比（%）	2.5	2.6	2.1	2.2	2	3
GDP 与固定资产投资之比（%）	1.6	1.9	1.5	1.9	2	1
化学需氧量降低率（%）	3.5	8.0	7.8	9.4	2	3
氮氧化物降低率（%）	8.5	6.2	—	—	2	—
二氧化硫降低率（%）	4.7	7.3	3.5	3.8	3	4
单位建设用地 GDP（万元/公顷）	271.1	279.7	214.9	223.0	3	3
高新技术制造业增加值占工业增加值比重（%）	22.6	22.0	17.0	14.9	4	5
城镇化质量系数	0.8	0.8	0.8	0.8	5	4
居民人均可支配收入与人均 GDP 之比	45.0	43.9	31.7	35.0	5	1
居民消费率（%）	29.2	25.8	19.5	21.1	6	1
氨氮降低率（%）	3.6	4.1	—	—	6	—
万元 GDP 用水量（吨）	67.0	60.9	86.4	79.7	6	5
税收收入占 GDP 比重（%）	17.0	14.3	15.4	12.9	7	7

续 表

	2013 年		2010 年		位次	
	全市	桐乡	全市	桐乡	2013 年	2010 年
每万名就业人员 R&D 人员全时当量	78.1	59.4	64.3	49.6	7	7
全社会劳动生产率(%)	9.6	7.9	7.2	6.4	7	7
空气质量优良率(旧标准评价)(%)	—	85.5	—	91.0	7	3
环境噪声(分贝)	53.0	54.8	—	54.4	7	4

注:2013 年文化产业增加值以 2012 年替代。

四、促进嘉兴市经济转型发展路径

当前,嘉兴正处于转型发展关键时期,如何在"新常态"情况下实现经济社会发展新跨越,面临诸多机遇与挑战。今后一个时期,全市要深入贯彻科学发展观,以加快转变经济发展方式、推进统筹协调为主线,以改革开放、全面创新为强大动力,突出发展转型、发展惠民、发展保障,着力提升区域竞争力和可持续发展能力、着力提升城市功能品位、着力提升民生满意度,力争转型发展走在各市前列。

(一)以深化改革创新促进转型发展

1.推进公共管理方式改革。把加快政府管理方式改革创新作为撬动各领域改革的突破口,进一步简政放权,转变政府职能,推进经济社会转型发展。深化审批层级一体化改革。建立市县两级扁平化、一体化的新型审批制度。加快建立权力清单制度,推行综合行政执法改革。

2.推进要素市场化配置改革。建立企业绩效评价制度,以亩均税收、单位能耗增加值、全员劳动生产率等指标作为实行差别化要素配置政策的依据。实行差别化要素配置政策,建立差别化的用地、用能、排污、税收、信贷等生产要素分配政策,推动要素向高效益、高产出、高科技企业集聚。

3.深化财政和国资改革。加快建立部门专项资金管理清单制度。扎实推进国有企业分类管理和分类考核,加快培育形成一批产业优势明显、核心竞争力较强的企业集团。

4.大力推进接轨上海工作。要通过与上海规划全方位对接,为接轨上海各项工作预留足够空间。重点抓好上海自贸区工作对接。

(二)以实施创新驱动促进转型发展

1.强化科技平台支撑。要始终把科技创新作为增强嘉兴核心竞争力的战略举措。着力建设集科技研发、科技孵化、成果转化于一体的嘉兴科技创新核心区。

2.加快科技成果转化。突出企业创新主体地位，提升产学研合作水平，强化科技金融保障。

3.加快现代服务业等集聚区建设。加快以国际商务区为核心的嘉兴现代服务业集聚区规划建设，全面打造嘉兴市高端服务业、高新技术产业的核心区。积极打造转型发展示范区、对外开放引领区、生态宜居新城区和现代服务产业集聚地。促进各级各类工业区转型发展。促进战略性新兴产业发展，大力推进临沪新区、连杭新区、空港产业园、核电产业园等规划与建设。

4.创新人才引进和培养。

（三）以创新增长方式促转型发展

协调投资消费比例关系是转变经济发展方式的重要内容。要保持国民收入使用中合理的投资与消费比例，保持全市经济社会协调、稳定、可持续发展。

1.着力扩大有效投资。一是强化招商选资。二是大力推进重大项目建设。三是注重激发民间投资活力，积极引导社会资本投入到城建、教育、医疗、养老等公共服务领域。

2.提升居民消费率水平。当前，嘉兴市居民最终消费率总体水平偏低，主要是因为劳动报酬率(年人均收入/人均 GDP)低，收入分配比例不够协调。因此，要更加注重就业创业和劳动报酬在初次分配中的作用，更加注重社会保障和公共服务在再分配中的作用，合理调整国家、企业、个人分配关系，努力实现居民收入增长与经济发展同步、劳动报酬增长与劳动生产率提高同步。

（四）以加快产业转型升级促转型发展

要按照打造嘉兴经济升级版的要求，加快产业转型升级步伐，努力把嘉兴实体经济竞争力提高到新水平。

1.加强工业强市建设。目前工业对经济增长、税收、就业的贡献率都超过了 50%，做强工业对于经济转型发展至关重要。加快改造提升传统产业，大力发展战略性新兴产业，大力发展新能源、新材料、节能环保、生物、物联网、核电关联六大战略性新兴产业，积极培育壮大优势产业。

2.加快发展服务业。坚持发展生产性服务业与发展生活性服务业并举，突出抓好市场前景好、增长潜力大、带动作用强的重点产业的提升发展，包括现代物流业、金融业、健康养老产业、旅游业。

3.提升现代农业发展水平。重点是抓好现代农业园区、粮食生产功能区“两区”建设。

（五）以提升城市综合功能促转型发展

当前，嘉兴统筹城乡发展水平已进入城乡全面融合的发展阶段。要坚持新型城镇化道路，努力推进更高水平的城乡一体化。

1. 优化市域空间布局。目前，国家发改委、住建部、国土资源部、环保部等部委正在联合推出“多规合一”试点。要抓住这一契机，按照现代化网络型田园城市总体框架，努力实现市域空间规划“一张图”、人口和生产力布局“一盘棋”。

2. 提升中心城市首位度。重点在于完善市区规划体制和加快城市有机更新步伐。

3. 促进农民持续增收。要围绕农民持续增收，加快建立健全城乡统一的劳动力市场和就业服务网络，健全农民就业创业帮扶体系，以扩大就业创业促增收。深化农村产权制度改革，增加农民的财产性收入。

（六）以优化资源配置促转型发展

全市要以“四换工程”为抓手，打造经济升级版。要通过“腾笼换鸟”“空间换地”，缓解要素瓶颈约束，积极打造经济升级版。

1. 优化投入结构。加大招商选资力度。要创新利用外资方式，提高外资利用质量。继续完善项目推进机制，带动全社会投资和扩大内需。

2. 优化配置要素资源。从发展空间看，嘉兴市与省内其他地市相比，后备资源少，保田比例高。全市现有各类建设用地约 165 万亩，占国土面积的 26.1%，每年可用的新增建设用地指标仅为 1.3 万亩，远远不能满足经济社会发展需求。同时嘉兴市投资率已连续多年保持在 60%左右，继续扩大投资的空间已相当有限。要着力缓解要素制约，力保全市经济平稳较快发展。要积极推进金融创新，多渠道缓解中小企业融资难问题。全市各级各部门要按照建设服务型政府的要求，千方百计为企业想办法、解难题、渡难关，努力营造良好的发展环境。

3. 大力推进“五水共治”等重点工作。注重源头治水，注重工程治水，注重科技治水。

4. 大力发展低碳经济。积极开发“低碳技术”，推动形成低碳产业结构，有效降低单位生产总值二氧化碳排放强度。

课题组负责人　李国明
课题组成员　唐　琦　宋振平　常生群　严勤斐
执　　笔　蒋明祥　唐　琦

嘉兴工业水资源利用状况研究

水不但是人类生产生活的重要物质基础，更是生命生存不可替代的环境资源。21 世纪以来，嘉兴市工业化进程不断加速、重化工业比重提高和水资源粗放利用导致工业用水需求量越来越大，面临着资源型缺水和水质型缺水两大困境。近年来嘉兴市水资源利用效率有所提高，在水资源约束条件下，应在进一步挖掘技术节能潜力的同时，通过推进产业结构升级来实现工业增长与水资源利用的可持续发展。

一、嘉兴工业水资源利用的基本特征

（一）嘉兴工业用水量增长先快后稳，与工业重化过程联系紧密

从工业用水绝对量看，据市水利局公布的数据，2000—2013 年，嘉兴工业用水量总体上呈现不断增长的趋势，由 3.6 亿立方米增长到 4.6 亿立方米，年均增长 1.8%。但从工业用水增速的变化特征来看，可以分为两个阶段，第一阶段为 2000—2006 年，即"十五"时期，嘉兴工业用水总量在逐年快速增长，由 2000 年的 3.6 亿立方米提高到 2006 年的 4.8 亿立方米，提高了 32.3%，年均增长 4.8%；第二阶段为 2007—2013 年，嘉兴工业用水总量趋于平稳，增速大大低于第一阶段。

嘉兴工业规模扩张是用水增长主要根源。以 2000 年可比价计算，2000—2013 年，嘉兴工业增加值由 254.6 亿元增长到 1310.9 亿元，年均增长 13.4%。工业用水占全社会用水的比重总体上呈上升态势，由 2000 年的 15.6%提高到 2013 年的 22.6%，提高了 7 个百分点。

嘉兴重化工业过程加大了工业用水量。嘉兴工业用水增长的阶段性特征与工业重化过程紧密相关。重化工业的一个典型特征是其原料来源不像轻工业以农副产品为主，而以是矿产品和能源为主，其单位产品能源和资源消耗往往是轻工业的 4 倍左右，高耗水行业[①]的万元工业增加值水耗是非高耗水行业

---

① 根据后面计算的分行业单位工业增加值水耗，并参考高耗水行业标准，将食品、纺织、造纸、化工、建材、冶金和火电七大行业确定为高耗水行业。由于水的生产和供应业情况特殊，其增加值水耗不能反映实际情况，故不列在高耗水行业中。

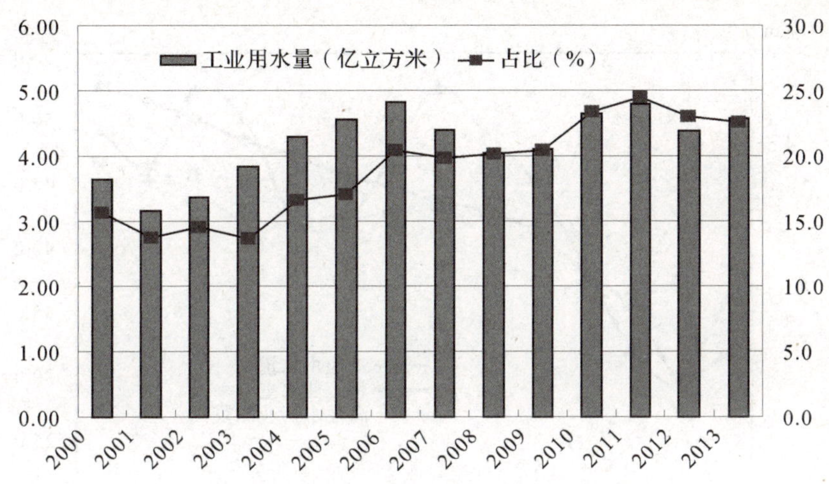

图 1　2000—2013 年嘉兴市工业用水情况

的 4—8 倍。

2000—2006 年(第一阶段)是嘉兴市重化工业进程加速发展的时期。以规模以上工业为例,2000—2006 年,嘉兴规模以上工业中重工业总产值由 181.7 亿元增长到 1169.2 亿元,增长 543.5%,年均增长 36.3%,而同期规模以上工业总产值的年均增速 29.2%,比重工业年均增速低了 7 个百分点,导致重工业占工业的比重不断提高。如图所示,2000—2006 年,嘉兴市规模以上工业中重工业产值比重由 31.6%提升到 43.5%,高耗水行业产值比重由 38.7%提升到 43.2%,分别提高 14 个和 4.5 个百分点。这一时期,重化工业的进程远远快于工业用水效率提高的程度,导致工业用水快速增长。

2007—2013 年(第二阶段)是嘉兴重化工业进程趋缓的时期。全市规模以上工业中重工业总产值年均增长 15.9%,增速较第一阶段大幅下降,且比同期规模以上工业总产值年均增速仅高出 3 个百分点,规模以上重工业和高耗水行业产值比重分别由 43.5%和 43.2%提升到 52.4%和 46.5%,提升幅度小于第一阶段,可见这一时期工业重化进程在趋缓,导致工业用水量增速不断趋向缓慢。

(二)用水品种不断优化,非常规水资源利用得以加强

从保护生态环境的角度看,嘉兴市用水品种的结构正在不断优化,主要表现在两个方面:

1. 地下水取水绝对量减少,占取水总量的比重趋近于零。从全社会供水量取水来源来看,嘉兴市取水来源主要由地表水和地下水构成。2000—2013

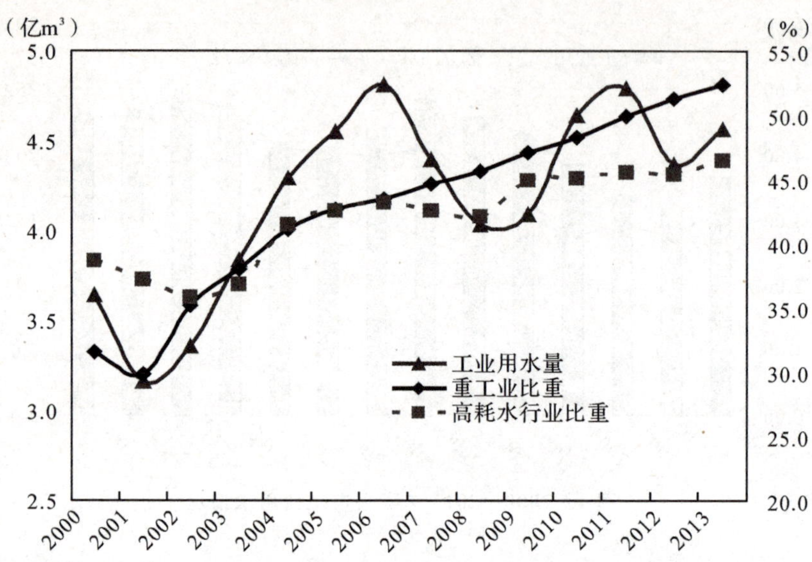

图 2 工业用水、重工业比重及高耗水行业比重走势图

年，地下水取水量由 1 亿立方米下降到 0.01 亿立方米，下降了 99%，占取水总量的比重由 4.8%下降到 0.1%。从嘉兴市规模以上工业用水的数据显示，2005—2013 年①，全市地下水用水量从 1.08 亿立方米下降到 0.005 亿立方米，占规模以上工业取水总量的比重也趋近于零。地下水取水量的绝对下降对于保持水生态平衡和防止地面沉降具有重要意义。

2. 非常规水资源②利用得到强化。用水品种结构的另一个积极变化是非常规水资源的利用得以加强。2005—2013 年，嘉兴市规模以上工业海水（主要是作为直流冷却水）利用量由 43.8 亿立方米提高到 78.9 亿立方米；除海水外的非常规水资源利用量从 17 万立方米增长到 9182 万立方米，其中，中水回收和雨水收集从无到有、从小到大，至 2013 年分别达 421.3 万立方米和 9.4 万立方米。

（三）用水行业集中度高，行业取水量基本保持稳定

从规模以上工业分行业取水量③情况看，嘉兴市取水量主要集中于纺织、

① 由于规模以上工业用水是从 2005 年开始统计，因此数据开始年份为 2005 年。

② 非常规水资源是指区别于传统意义上的地表水、地下水水资源，主要有雨水、再生水（中水）、海水、空中水、矿井水、苦咸水等。

③ 这里取水量没有扣除外供水量。

服装、皮革、造纸、化工、水泥、火电和水的生产八大行业。2005—2013年,这八大行业取水量占嘉兴市规模以上工业取水总量的比重各自的变化趋势虽不一致,但其总的比重一直维持在90%以上。其中,水的生产、纺织、化工和火电及造纸等五大行业比重从2005年的85.6%增加到2013年的90.3%。

表1 2005—2013年嘉兴市规模以上工业分行业取水量比重表

单位:%

	2005	2006	2007	2008	2009	2010	2011	2012	2013
八大行业占比	91.5	92.6	92.7	91.6	93.2	92.6	93.6	93.7	93.8
#纺织业	15.1	15.0	12.2	13.5	12.3	12.5	10.0	10.2	10.1
服装	1.5	1.9	1.9	1.6	1.3	1.5	1.0	1.3	1.2
皮革	2.4	2.4	2.0	2.1	1.6	1.5	1.1	1.1	0.9
造纸	4.5	7.6	5.7	5.3	4.6	3.8	4.0	4.4	4.1
化工	7.1	8.7	7.8	8.8	7.2	5.8	5.1	4.8	5.3
水泥	2.0	2.1	12.8	2.4	2.2	2.0	1.5	1.3	1.4
火电	16.1	13.5	11.9	11.4	9.1	5.3	5.0	4.6	4.5
水的生产	42.8	41.4	38.3	46.5	55.0	60.4	65.7	66.0	66.3
其他行业	8.5	7.4	7.3	8.4	6.8	7.4	6.4	6.3	6.2

从规上工业净取水量①情况看,取水量主要集中在水的生产、纺织、化工、火电和造纸行业五大行业,2009—2013年其占规模以上工业净取水总量的比重稳定在78%左右。另外,通过对分行业净取水量的数据观察发现,近几年来,分行业净取水量都比较稳定,波动幅度不大。例如,水的生产和供应业净取水量保持在1.3亿—1.5亿立方米,纺织行业净取水量保持在1亿立方米左右。嘉兴市用水行业结构趋于稳定从侧面反映了行业结构趋于稳定的特征。

① 净取水量指的是扣除了外供水后的取水量,是一个更能反映企业用水量的指标。由于2009年以前的统计指标中无外供水量,因此净取量分析序列从2009年开始。

表 2 2009—2013 年嘉兴市规模以上工业净取水量情况表

	净取水量(亿立方米)					比重(%)				
	2009	2010	2011	2012	2013	2009	2010	2011	2012	2013
合计	3.8	4.4	4.7	4.9	4.7	100.0	100.0	100.0	100.0	100.0
水的生产	0.7	1.1	1.4	1.5	1.3	18.0	25.7	29.1	31.4	27.3
纺织	0.9	1.0	1.0	1.0	1.0	22.4	23.4	20.8	20.6	21.9
化工	0.5	0.5	0.5	0.5	0.5	13.1	10.8	10.5	9.6	11.5
火电	0.6	0.4	0.5	0.5	0.5	16.7	9.9	10.3	9.3	9.6
造纸	0.3	0.3	0.4	0.4	0.4	8.4	7.0	8.2	8.8	8.8
其他行业	0.8	1.0	1.0	1.0	1.0	21.5	23.2	21.0	20.3	20.9

(四)重复用水利用率不断提高

重复用水量指的是在企业内部,对生产和生活排放的废水直接或者经过处理后回收再利用的水量(包含串联用水量和循环用水量)。近年来,工业企业用水量的一个重要特征就是重复用水量增长十分迅速,由 2005 年的 2.6 亿立方米增加到 2013 年的 8.9 亿立方米,重复用水利用率①由 2009 年的 56.7%提升到 2013 年的 65.5%,上升了 8.8 个百分点。

分行业看,重复用水量主要集中在火电、化工、造纸三大行业,2013 年其重复用水量占全市规上重复用水量的比重分别为 46.3%、30.5%和 13.3%。这三大行业也是重复用水量增长量最大的行业,对全市重复用水量增长的贡献率分别为 38.9%、16.9%和 16.3%。重复用水量的增长也促进了重复用水利用率的提升,2013 年火电、化工、造纸这三大行业的重复用水利用率分别达到 90.2%、83.4%和 74.4%,远远高于全市平均重复用水利用率。但是也应该看到,纺织行业作为全市取水量较大的行业,其重复用水量一直以来提高不快,重复用水利用率提升不明显,2013 年重复用水量仅为 0.38 亿立方米,重复用水利用率仅为 26.9%,制约了全市重复用水利用率的进一步提高。

---

① 重复用水利用率=重复用水量/(重复用水量+净取水量),净取水量=取水总量一外供水量。

表 3 2009—2013 年嘉兴市规模以上工业分行业重复用水情况

	重复用水量(亿立方米)					重复用水利用率(%)				
	2009	2010	2011	2012	2013	2009	2010	2011	2012	2013
合计	4.98	6.87	8.30	8.28	8.95	56.7	60.8	63.8	62.8	65.5
火电	2.60	3.11	3.46	3.91	4.15	80.4	87.6	87.7	89.5	90.2
化工	1.26	1.66	2.78	2.41	2.73	71.7	77.6	84.9	83.7	83.4
造纸	0.55	0.79	0.94	0.92	1.19	63.1	71.6	70.8	68.3	74.4
纺织	0.23	0.37	0.30	0.30	0.38	21.3	26.0	23.2	22.7	26.9
橡胶与塑胶	0.18	0.32	0.27	0.25	0.22	79.9	81.1	81.6	79.8	78.3
通用设备	0.05	0.07	0.07	0.08	0.06	56.6	54.7	55.5	60.9	55.7
医药制造	0.01	0.05	0.04	0.04	0.04	39.2	86.4	82.4	80.9	80.3
其他行业	0.1	0.5	0.4	0.4	0.2	6.7	20.0	16.3	13.4	7.6

（五）用水效率明显提升

随着社会经济发展水平的不断提高和重复用水量的不断增加，嘉兴市万元 GDP 用水量和万元工业增加值用水量出现了持续的、明显的改善。以 2000 年为可比价，到 2013 年，嘉兴市万元 GDP 用水量和万元工业增加值用水量分别为 84.3 吨和 34.8 吨，分别比 2000 年下降 81.0%和 75.6%。

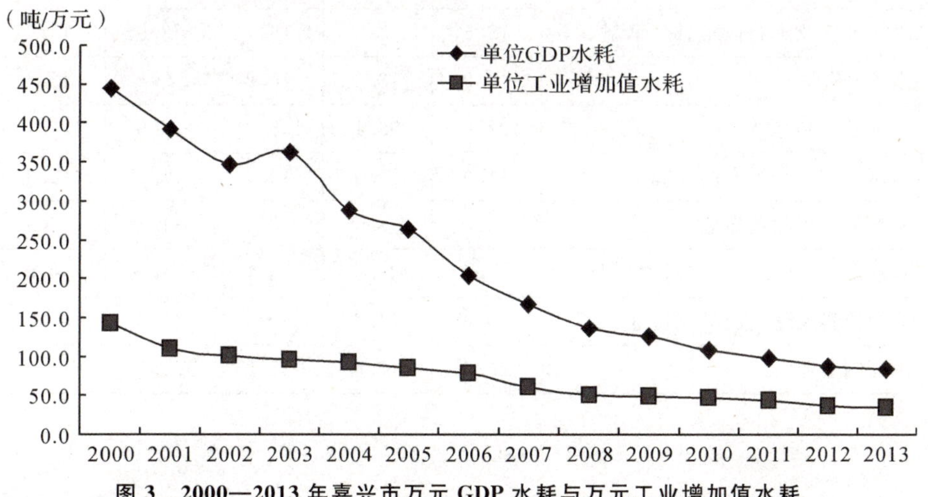

图 3 2000—2013 年嘉兴市万元 GDP 水耗与万元工业增加值水耗

从规模以上工业情况来看，按 2009 年可比价计算，2013 年嘉兴市万元工业增加值水耗为 52.1 吨，比 2009 年下降 23%，剔除水的生产和供应业后[①]的全市规模以上工业万元工业增加值水耗为 29.3 吨，比 2009 年下降 31.8%。分行业情况来看，绝大多数行业单位工业增加值用水量呈现下降趋势，其中高耗水行业化工、医药、皮革、火电和水泥等行业下降幅度均超过 30%，但纺织、造纸和炼钢等行业降幅不大。

表 4　2009—2013 年嘉兴市万元工业增加值水耗情况

单位：吨

	2009	2010	2011	2012	2013
合计	52.1	47.2	44.7	45.9	40.1
剔除水的生产和供应业小计	42.9	35.2	31.9	31.7	29.3
非金属矿采选业	3.7	8.3	28.6	22.4	17.4
农副食品加工业	21.5	25.1	17.2	17.0	19.6
食品制造业	35.9	41.9	34.8	43.2	27.6
饮料制造业	26.7	32.2	36.4	36.9	26.4
纺织业	88.6	81.3	73.0	87.6	74.4
纺织服装、鞋、帽制造业	12.8	15.1	11.8	13.9	12.2
皮革、毛皮、羽毛(绒)及其制品业	36.4	33.4	24.3	23.4	17.2
木材加工及木、竹、藤、棕、草制	16.5	15.0	16.4	13.9	17.7
家具制造业	19.9	16.2	10.2	9.4	12.4
造纸及纸制品业	128.9	96.1	135.3	138.5	112.7
印刷业和记录媒介的复制	11.6	25.5	10.4	11.3	8.3
文教体育用品制造业	8.3	8.0	8.6	11.1	13.3
石油加工、炼焦及核燃料加工业	7.4	25.5	8.1	4.7	5.0
化学原料及化学制品制造业	96.6	74.7	47.9	43.3	41.6
医药制造业	30.5	17.9	22.2	22.2	13.3

① 由于水的生产和供应业在用水上的特殊性，单位工业增加值水耗不能反映工业实际情况，故剔除。

续 表

	2009	2010	2011	2012	2013
化学纤维制造业	17.5	18.1	12.2	14.2	15.2
橡胶与塑料制品业	16.2	23.3	17.3	17.5	12.5
非金属矿物制品业	37.4	33.4	26.0	25.4	25.0
黑色金属冶炼及压延加工业	13.3	11.3	21.9	13.5	19.1
有色金属冶炼及压延加工业	8.3	12.4	33.9	20.7	16.4
金属制品业	16.5	10.3	13.7	14.7	12.3
通用设备制造业	13.8	10.5	9.6	8.5	8.4
专用设备制造业	12.4	18.3	11.7	14.4	8.6
交通运输设备制造业	13.7	5.8	9.9	9.6	9.4
电气机械及器材制造业	11.2	9.3	10.0	11.4	9.7
通信设备、计算机及其他电子设备	21.0	18.3	16.5	11.4	10.1
仪器仪表及文化、办公用机械制造	15.4	15.1	7.2	7.9	6.8
工艺品及其他制造业	18.4	12.1	15.7	22.3	19.0
废弃资源和废旧材料回收加工业	11.6	6.8	18.8	35.1	23.2
电力、热力的生产和供应业	49.7	31.5	33.7	29.2	30.5
燃气生产和供应业	5.7	4.2	2.6	1.4	1.7
水的生产和供应业	2295.4	3050.2	2788.7	2453.5	1984.2

二、嘉兴工业水资源利用面临主要困境

嘉兴工业水资源利用近些年取得了积极的成效，主要包括用水效率得以快速提高、用水总量得到控制、用水品种不断优化、水污染情况得以防治、水质有所改善。但是也必须看到由于嘉兴市水资源总量并不丰富，水质污染情况仍十分严重，随着工业经济总量的不断增长、工业结构转型升级的长期性和艰巨性、通过更新技术设备提高用水效率的作用开始减缓等因素影响，嘉兴市工业用水也面临着一些困难和不利局面。

（一）工业增长导致工业用水逼近限额

在发展工业过程所面临的资源约束条件中，劳动力、能源和矿产资源等生产要素由于具有高度的流动性，因此可以在全国甚至全球范围内进行调动，土地虽然不具有流动性，但仍可以通过“空间换地”的方式加以缓解，但是水资源

却受一个地区的先天禀赋（降水量、过境水量）所制约，其每年可实际利用量是一定的（虽可以通过引水、调水的方式，但其最多只适合于解决生活用水困难等临时性问题，如果用于发展工业生产，其成本则过高）。又由于在现阶段，海水淡化成本也较高，用于发展工业生产不经济。因此本文假定，嘉兴市可用水资源量由本地降水量和过境水量所决定。同时，因为水资源的利用遵守的原则是先生活再生产，并且农业生产居于工业生产之前，因此测算嘉兴可用于工业发展的水资源总量对于制定正确的工业发展规划具有十分重要的作用。下面就这一问题进行初步测算。

1. 嘉兴水资源可开发利用量。根据嘉兴市水利局水资源公报的数据，2005—2013 年嘉兴市由降水形成的水资源量年平均为 20 亿立方米，过境水量年平均为 56 亿立方米，因此可供开发量多年为 76 亿立方米。根据国际上公认的可持续的转换利用率 0.35 作为系数折算，那么，嘉兴市水资源实际可开发利用量多年平均为 26.6 亿立方米（这个数字已远远高出由降水所形成的水资源总量）。这个数据需要说明的有三点，一是这是多年平均数据，但是经济发展一般来说受短板制约，考虑到嘉兴水资源量年度之间波动十分大（如图所示），因此在干旱年份实际水资源总量将更低，在水量多的年份又面临防洪压力；二是由于嘉兴市上游来水、工业和生活污染等因素影响，水质污染程度十分严重（近些年，嘉兴水质一直均为Ⅳ类及以下标准），实际可利用水量也会受到影响；三是由于供水系统本身存在的问题，如规划不尽合理、管网漏损严重等。因此，嘉兴水资源量实际可利用量应该比 26.6 亿立方米更低。

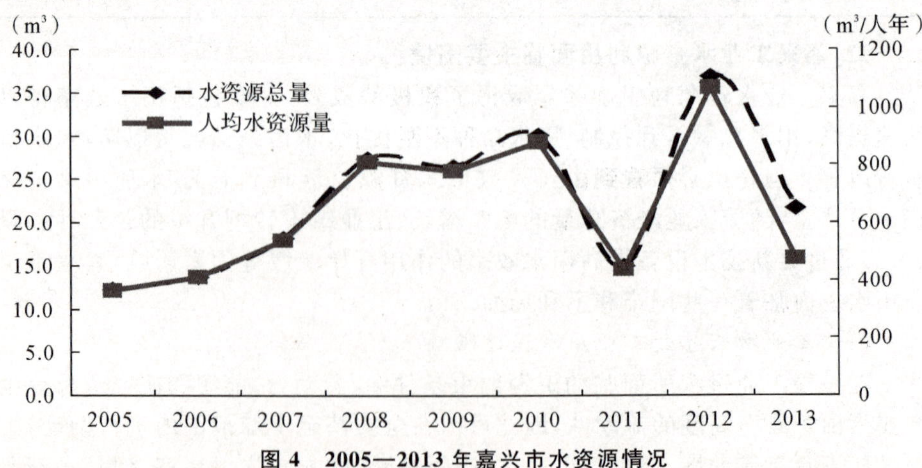

图 4　2005—2013 年嘉兴市水资源情况

2.嘉兴市水资源需求量分析。随着经济的发展和生活水平的提高,对水资源的需求也会出现一些新的特征,农业用水量会随着技术水平的提高而不断降低,工业用水量随着经济的发展会在达到一个顶点后逐步回落,而生活用水量随着社会的发展、文化水平的提高而逐渐提高。根据水资源利用"先生活后生产"的原则,以 2020 年为限(GDP 和人均 GDP 翻番发展目标),分别推算农业、生活用水量。

第一,农业需水量。农业用水量与农作物和牲畜品种、土地状况等有直接关系,由于现有资料不全,通过农作物和牲畜产量来推算用水量较难。因此通过历史数据来进行推算不失为另一种办法。从图中可以看到,嘉兴市农业用水量自 2004 年来下降了很多,近几年保持平稳,因此保守估计,到 2020 年,嘉兴市农业用水量为 12 亿立方米。

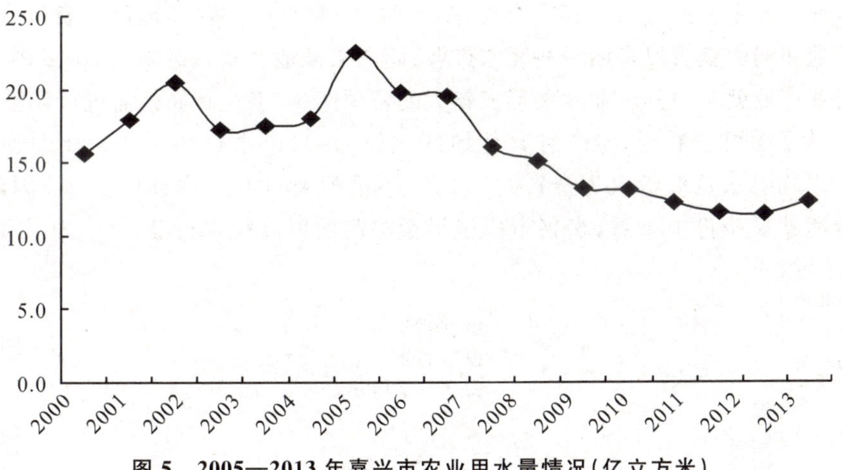

图 5 2005—2013 年嘉兴市农业用水量情况(亿立方米)

第二,生活需水量。生活用水量与常住人口数量成正比例关系。2000—2010 年期间,人口加速流入,全市常住人口年均增长速度达 2.1%。但是随着全市转型升级的深入推进,制造业的电子化、自动化进程加快,用工需求增长速度将减缓,对外来务工人员的需求将减少,外来人口的回流会加快,全市常住人口不但不会快速增长,甚至有可能出现负增长的情况。因此,我们暂且保守估计 2020 年常住人口与现在持平,为 455 万人。人均用水量以日本完成工业化时期的年均 110 立方米为准(相比于其他发达国家,日本人均用水量比较低),那么到 2020 年,嘉兴市生活需水量约为 5 亿立方米。

3.工业用水逼近限额。根据上面的分析,嘉兴市可开发利用水量为 26.6

亿立方米，考虑到水资源污染和各年波动情况，按 0.9 的系数折算则约为 24 亿立方米，扣除农业用水量和生活用水量后为 7 亿立方米，这是可以用于工业发展的用水限额。2010 年，嘉兴市工业增加值水耗为 47.5 立方米/万元，如果到 2020 年用水效率再提高 30%，那么工业增加值水耗为 33.2 立方米/万元，为完成 GDP 翻番的目标，工业增速应保持年均 8.2% 的增速①，那么嘉兴市 2020 年工业增加值为 2149 亿元(可比价)，从而计算出 2020 年嘉兴工业用水量约为 7.1 亿立方米，这个数字超出推算的嘉兴工业用水限额。

(二)工业布局与水资源禀赋不尽匹配

所谓工业布局，是指工业企业在一地区范围内的空间分布和组合情况，合理的工业布局应该考虑到自然资源和自然条件对工业发展的制约作用。水资源是现代化工业生产的重要资源和条件，从水资源角度讲，工业布局就是衡量地区间工业企业的分布与其水资源禀赋间的匹配程度。若某地区水资源丰富，在工业布局中就可以发展一些耗水产业；而如果某地区水资源贫乏，则发展高耗水行业产业就会对其工业发展形成较大的资源瓶颈，工业布局就需进行调整。

从下图可以看到，与全省其他地区比较，嘉兴市水资源量相对十分匮乏，多年平均总水资源量仅为全省的 2.2%，不足绍兴的 1/3，台州的 1/4。因此从水资源禀赋条件上来看，嘉兴市应该尽量限制发展高耗水行业。

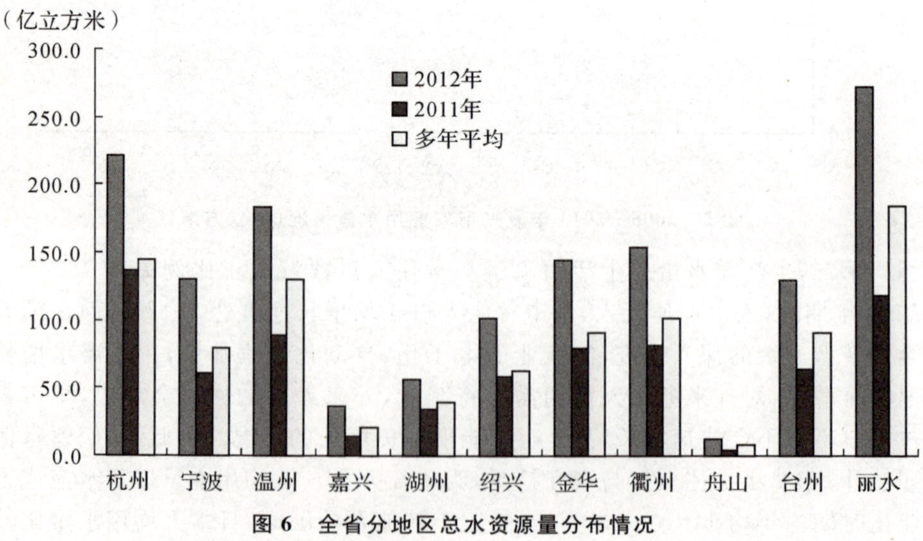

图 6 全省分地区总水资源量分布情况

① 根据《嘉兴市 GDP 及人均 GDP 翻番发展目标研究》对工业增速做出的假设。

但实际情况却并非如此，从下表可以看到，相比于绍兴和台州，嘉兴市的工业布局与水资源匹配度[①]为5.3，远远超过1，也大大超过绍兴和台州的匹配度。从水资源可持续利用和工业经济可持续发展的角度看，嘉兴市应当加快调整产业结构，降低高耗水行业的比重，否则将对全市水资源会形成非常大的压力。

表5　嘉兴、绍兴、台州工业布局与水资源匹配度

	嘉兴	绍兴	台州	全省
耗水行业产值(亿元)	2741.1	3811.3	614.6	20218.6
产值比重(%)	13.6	18.9	3.0	
水资源量(亿立方米)	36.9	102.2	129.6	1444.8
水资源比重(%)	2.6	7.1	9.0	
匹配度	5.3	2.7	0.3	

(三)工业转型升级的艰巨性和长期性

如前面所分析的，嘉兴高耗水行业比重过高，已经不利于水资源的可持续利用，虽然党委政府已采取强有力的举措进行产业结构调整，但是装备制造业、高新技术产业和新兴产业尚处于培育阶段，高耗能(水)行业仍是当前和将来一段时间支撑工业增长的主导产业；并且相对来说，嘉兴市由于结构原因，转型升级任务和压力更重，工业转型升级的长期性和艰巨性使得未来的几年工业用水量还将不断增长。

第一，装备制造业和高新技术产业比重低且发展缓慢。2013年，嘉兴市装备制造业和高新技术产业增加值占规模以上工业的比重为22.5%和19.9%，分别比全省低了10.6个和4.3个百分点；此外，2005—2013年，嘉兴市装备制造业的工业增加值占规模以上工业比重从15.9%提升到22.5%，仅提高6.6个百分点，而同期化工和冶金两大行业的增加值比重就提高了7.6个百分点，装备制造业相对来说发展比较缓慢。

第二，从形成未来生产能力的工业投资结构来看，装备制造业占比偏低。

---

① 某地的工业布局与水资源禀赋的匹配度=[(该地区的耗水行业产值/全省总耗水行业产值)/(该地区水资源量/全省水资源总量)]。比值越接近于1，说明工业布局越合理，比值越大于1，说明该地区高耗水行业相对于其水资源量比重过大，水资源将会是该地区工业发展的资源瓶颈。

制造业投资的增加，会形成新的生产能力，带来持续的生产活动，对未来的行业结构有着重要的影响。从全市投资的轨迹看，工业固定资产投资呈现较大的行业惯性，装备制造业投资相对不足。2013年，高耗水行业投资额占全市制造业投资总额的比例仍在39.3%，比装备制造业高出6.5个百分点。

（四）节水意识淡薄，水资源浪费现象严重

尽管水供应是工业生产的基本要求，特别是对于高用水产业，水的供应和消耗是生产过程得以正常进行不可缺少的重要物质资料条件，但是，由于以下原因，在工业企业中存在着严重的水资源浪费现象。

第一，观念意识问题。长久以来，在人们的印象和观念中，嘉兴市水资源量十分充沛，是著名的“江南鱼米之乡”，是不可能出现水资源短缺现象的，因此在用水中并不会有强烈的节约意识，用水浪费现象较为严重。

第二，工业用水成本占比低到可以忽略不计。2013年，嘉兴市规模以上工业企业取水成本为7.2亿元，仅占主营业务成本的0.13%，其中高耗水行业其取水成本也仅为主营业务成本的0.16%。

（五）污染加剧水资源短缺

嘉兴水资源公报数据显示，2013年嘉兴市河网水质按监测断面评价，全年期没有符合地面Ⅲ类水以上标准的河段，均为Ⅳ类及以下标准。Ⅳ类、Ⅴ类及劣Ⅴ类分别占22.7%.31.2%和46.1%。造成嘉兴水资源污染的原因主要有两个：一是本地的工业废水和生活用污水的排放。2003年，嘉兴市废污水（不包括火电厂贯流式冷却水排放量）退水总量为3.76亿立方米，其中城镇居民生活污水退水量0.73亿立方米，第二产业废水退水量2.58亿立方米，第三产业废水退水量0.45亿立方米。二是嘉兴市地处杭嘉湖平原的下流区，主干河道边同其河网都是平原区的排水走廊，过境水量比较丰富（多年平均为58亿立方米，约是嘉兴降水形成水量的3倍左右），因此上游来水水质对嘉兴市水质有着巨大的影响。2013年，入境边界的19个监测断面，按断面数评价，全年期均为Ⅳ类及以下标准。Ⅳ类、Ⅴ类和劣Ⅴ类水体分别占21.1%、42.1%和36.8%。嘉兴市水资源污染状况一方面使得水资源利用成本上升，利用效率下降，加剧水资源短缺状况；另一方面还必须投入大量人力物力进行整治，可谓是双重损失。

三、提高用水效率是解决嘉兴工业用水紧张的根本途径

由于水资源是由一个地区的先天禀赋条件所决定的。因此，通过提高用水效率来节约用水是解决嘉兴工业用水短缺问题的根本途径。节水主要包括技术节水和结构节水两种途径。自“十一五”以来，嘉兴市工业节水面临的形

势也发生了变化，主要表现在：第一，随着嘉兴市工业节水工作的不断推进，特别是通过在工业企业中大力推广节水技术和设备、推行清洁生产，工业节水取得很大成效，大部分工业行业特别是高耗水行业的用水效率提升明显，单位水耗产出和重复用水利用率有了长足的提高，部分行业甚至已经达到国际先进水平，通过技术节水的潜力和空间正在日益压缩；第二，重化工业特别是高耗能(水)工业的比重近几年虽增速有所下降，但其比重仍在不断提高，成为影响工业用水增长和用水效率的主要因素。因此，在新的形势下，工业在继续推进技术节水水平的同时，将重心转到结构节水上来。

(一)加快产业结构升级

加强产业发展导向，加快调整工业布局和促进产业结构。根据地区水资源条件和行业结构特点，通过区域用水总量控制、取水许可审批、用水计划考核等措施，调整工业布局和促进产业结构升级，优化水资源配置。将发展节水型工业与产业结构升级、建设先进制造业基地有机结合起来，发展符合国家产业政策、水资源消耗少、用水效率高的产业，企业布局和生产规模要与当地水资源、水环境条件相协调，严格限制新上高耗水、高污染项目，鼓励发展用水效率高的产业。

(二)强化用水定额管理

用水定额管理就是通过明确各行业乃至各企业的用水和节水指标来提高用水效率与效益，控制用水总量的一种管理制度。加强企业用水管理，制定生产企业工艺、设备用水标准和限额，建立和完善工业节水标准和指标体系，规范企业用水统计报表。定期开展水平衡测试和查漏维修维护工作，强化对用水和节水的计量管理，重点用水系统和设备应配置计量水表和控制仪表，逐步完善计算机和自动监控系统。对年取水量在50万立方米以上的工业自备取水企业，进行实时监控。鼓励和推广企业建立用水和节水信息管理系统，逐步建立和实施工业项目用水、节水评估和审核制度，创建节水型企业。

(三)改革用水价格体系

进一步深化水价改革，逐步建立以节约用水、优化配置、提高效率、促进水资源可持续利用为核心的水价机制。完善分类水价制度和供水计价方式，对非居民用户逐步实行超定额用水累进加价办法。运用差别水价政策，适当拉大高耗水行业与其他行业用水的价差。建立科学合理的中水回用和再生水利用价格机制，制定回用水和再生水的收费标准，鼓励和引导工业行业使用再生水。积极推行农业灌溉计划(定额)用水，研究超计划(定额)加价收费的措施。

（四）强化非常规水资源利用

积极科学地引导工业企业使用再生水等非传统水资源，并确保再生水使用安全。通过加强雨水集蓄利用、中水回收利用，有条件的地区实现海水直接利用、海水淡化等工程建设，增加可供水量，缓解水资源瓶颈制约。

（五）提高节约用水意识

节约用水需要社会公众的广泛参与。一要进一步提高公众对嘉兴市水情的认识，深刻认识到市水资源短缺的形势，增强节水意识。二要积极参与节水型社会建设的规划、政策制定，主动配合实施并努力倡导节水行动。三要倡导文明的生产和消费方式，强化自我约束和社会约束。

课题组负责人　李国明
课题组牵头人　沈周明
课题组成员　金　珉
撰　　稿　徐　露

高耗能行业对湖州市“十二五”节能降耗的影响

“十二五”以来，湖州市经济保持平稳增长，转型升级稳步推进，全市节能降耗工作紧紧围绕“十二五”单位GDP能耗下降19.5%的既定目标，通过严把项目准入、淘汰落后产能、加速传统产业转型升级，加强高耗能行业用能监测，进一步挖掘企业的节能潜力等一系列措施扎实推进。2011—2013年，单位GDP能耗累计下降13.8%，快于浙江省1.4个百分点，完成时序进度的68.6%，后两年年均下降3.34%即可完成“十二五”目标。但是，由于湖州市高耗能行业比重较大，能耗过高问题依然较为突出，2013年单位GDP能耗为0.70吨标准煤/万元，高于全省平均水平30%左右，单耗水平在省内仅低于衢州。因此，要圆满完成“十二五”节能降耗任务，尤其是要达到控总量、控强度“双控”目标，难度依然很大。文章通过阐述高耗能行业的发展及其能耗概况，通过对其原因分析并提出了相关建议，以期为湖州市“十二五”节能降耗工作的顺利完成及今后的产业发展路径提供参考。

一、高耗能行业的界定

高耗能行业是指生产过程中耗能较多、单位产出能耗较高的产业，也可以称为消耗能源密集型的产业。对于高耗能行业的界定，各地并不统一，国家统计局根据单位增加值能耗的高低，把石油加工、炼焦及核燃料加工业、化学原料及化学制品制造业、非金属矿物制品业、黑色金属冶炼及压延加工业、有色金属冶炼及压延加工业、电力热力的生产与供应业六大行业列为高耗能行业；浙江省统计局则以单位增加值能耗高低及行业的总体耗能大小为标准，将纺织业、造纸及纸制品业和化学纤维制造业纳入其中，由于有色金属冶炼及压延加工业比重相对较小，未列入高耗能行业范畴；湖州市根据浙江省统计局的方法，结合本地实际，确定了8个高耗能行业（以下简称八大高耗能行业），分别是纺织业、造纸及纸制品业、化学纤维制造业、化学原料及化学制品制造业、非金属矿物制品业、黑色金属冶炼及压延加工业、有色金属冶炼及压延加工业以及电力、热力的生产与供应业。

二、湖州市八大高耗能行业发展现状

“十二五”以来，湖州市工业仍然呈现出重化特征，规上工业中高耗能企业占比呈上升趋势。2011 年，湖州市规模以上工业企业有 2309 家，列入八大高耗能行业的企业 1042 家，占全市规模以上工业企业 45.1%。至 2013 年规模以上工业企业增至 2577 家，其中列入八大高耗能行业的企业 1164 家，占比提高 0.1 个百分点。

(一)从行业投资看，高耗能行业投资总量增长较快

“十二五”以来，八大高耗能行业投资规模继续扩大，占工业投资的比重继续提高，占比从 2011 年的 34.2%提高到 2013 年的 37.4%。从表 1 可以看出，高耗能行业“十二五”前三年年均投资额与“十一五”期间相比，扩大了 62.5%。其中化学纤维制造业投资规模扩张最快，达 694.2%，其次是电力行业和造纸业，分别为 181.5%和 82.3%。

表 1　八大高耗能行业固定资产投资情况比较

单位：亿元

行　　业	2006—2010 年均投资	2011—2013 年均投资	增幅(%)
工业投资	323.97	499.36	54.1
其中：其他行业合计	211.65	316.89	49.7
高耗能行业合计	112.33	182.48	62.5
纺织业	45.12	48.77	8.1
造纸及纸制品业	3.51	6.40	82.3
化学原料及化学制品制造业	12.25	16.38	33.8
化学纤维制造业	3.10	24.64	694.2
非金属矿物制品业	25.13	39.16	55.8
黑色金属冶炼及压延加工业	7.58	11.26	48.5
有色金属冶炼及压延加工业	5.27	6.69	26.9
电力、热力的生产和供应业	10.37	29.17	181.5

(二)从行业规模看，高耗能行业份额仍较高

尽管经过多年的产业结构调整，高耗能行业占比有所下降，主营业务收入在全部规上工业中的占比从 2005 年的 52%下降到了 2013 年的 43.4%，但仍是湖州市工业发展的主导产业，主营业务收入前十大行业中有六个行业为高耗能行业，影响举足轻重(具体见表 2)。

表2 主营业务收入十大行业比较

2005年十大行业		2010年十大行业占比		2013年十大行业占比	
行业名称	占比(%)	行业名称	占比(%)	行业名称	占比(%)
纺织业	21.1	电气机械及器材制造业	15.2	电气机械和器材制造业	15.8
电气机械及器材制造业	9.4	纺织业	14	纺织业	12.8
非金属矿物制品业	8.6	黑色金属冶炼及压延加工业	7.6	黑色金属冶炼和压延加工业	7.7
木材加工及木、竹、藤、棕、草制品业	6.8	木材加工及木、竹、藤、棕、草制品业	7.1	非金属矿物制品业	7.5
电力、热力的生产和供应业	6.6	非金属矿物制品业	7	电力、热力生产和供应业	3.2
黑色金属冶炼及压延加工业	6.1	电力、热力的生产和供应业	6.3	木材加工和木、竹、藤、棕、草制品业	5.5
纺织服装、鞋、帽制造业	5.2	化学原料及化学制品制造业	5.4	通用设备制造业	5.3
医药制造业	4.8	通用设备制造业	4.5	化学原料和化学制品制造业	5.3
化学原料及化学制品制造业	4.3	家具制造业	4.1	家具制造业	4.2
有色金属冶炼及压延加工业	3.6	有色金属冶炼及压延加工业	3.8	化学纤维制造业	3.0

(三)从企业效益看,工业经济效益对高耗能行业的依赖性仍较强

高效益、高利润是高耗能行业发展的主要市场动力,2013年,湖州市八大高耗能行业实现利润总额93.65亿元,实现税金53.24亿元,分别占规模以上工业的45.2%和45.6%,销售利润率达到5.7%,主要效益指标占规模工业的半壁江山。此外,湖州市重点培养的六大重点特色产业中也不乏高耗能行业,比如特色纺织业中的化纤行业、金属管道与不锈钢等,在高效益驱动下近年来发展较快,特别是以金属管道为主的黑色金属行业已成为湖州市第三大行业。预计今后一段时期高耗能行业仍将对湖州市经济增长发挥重要作用,也将给

节能降耗工作带来较大压力。

三、高耗能行业能源消费状况

(一)从能源消费总量情况看,高耗能行业增长快于规模以上工业平均水平

"十二五"以来,高耗能行业用能量总体保持增长态势。2013 年八大高耗能行业能源消费总量 545.61 万吨标准煤,占全部规模以上工业能耗 80.5%,耗能总量比 2011 年增长了 8.1%,增速快于规模以上工业 2.2 个百分点。

从能耗占比情况看,非金属矿物制品业为第一耗能大户,占比达到 34.5%;纺织业为第二大耗能大户,占比为 14.5%;电力行业及黑金属冶炼和压延加工业耗能分列第三和第四位,分别占 9.4%和 7.0%。

从能耗增速看,化学纤维制造业用能增长最快,增速达 71.2%,随后是黑色金属冶炼及造纸和纸制品业,分别比 2011 年增长 40.3%和 37.8%,非金属矿物制品业用能最为平稳,仅比 2011 年增长 0.1%(具体见表 3)。

表 3　2013 年八大高耗能行业耗能总量情况

行　　业	耗能总量(万吨标准煤)	占规模以上工业比重(%)	比 2011 年增长(%)
规模以上工业耗能	678.17	100	5.9
八大行业合计	545.61	80.5	8.1
纺织业	98.18	14.5	6.7
造纸和纸制品业	13.70	2.0	37.8
化学原料和化学制品制造业	43.80	6.5	1.9
化学纤维制造业	28.69	4.2	71.2
非金属矿物制品业	233.85	34.5	0.1
黑色金属冶炼和压延加工业	47.66	7.0	40.3
有色金属冶炼和压延加工业	15.93	2.3	6.1
电力、热力生产和供应业	63.80	9.4	5.6

(二)从能源消费结构情况看,高耗能行业能源消费结构趋于优化

2013 年八大高耗能行业消耗煤炭占终端用能总量的 37.3%,消耗电力占终端用能总量的 53.6%,消耗热力占 6.3%。"十二五"以来,高耗能行业终端能源消费结构中(详见表 4),电力消费所占比重最大且所占比重逐年上升,从 2011 年到 2013 年,上升了 11.2 个百分点。相反,原煤消费的比重则逐年下

降，原煤比重下降了4.7个百分点，终端消费结构趋于优化。分不同能源品种看，原煤消费中电力、热力的生产和供应业是绝对的消费主力，其次是非金属矿物制品业，2013年这两大行业的能源消费量分别占规模工业的54.2%和28.6%；电力消费中，列入前三名的分别是非金属、电力和纺织业，占比分别为17.4%、16.1%和14.5%；热力的消费主力当属纺织业及化学原料和化学制品制造业，两个行业消费比重达到了75.5%。

表4　八大高耗能行业能源消费品种占比

行　业	2011年	2012年	2013年
煤炭	42.0	39.1	37.3
热力	7.6	6.9	6.3
电力	42.4	44.9	53.6

四、高耗能行业节能的因素分析

（一）提高能源利用效率的两大影响因素

能源消费强度是指单位GDP所使用的能源量，简称单位GDP能耗，是指一定时期内一个国家（地区）每生产一个单位的国内（地区）生产总值所消耗的能源，可以体现能源的经济效率。

能源消费强度公式 $e=E/G$，其中 E 代表能源消费总量，可以分解为各个产业的能源消费量，G 代表地区生产总值，同样可以分解为各个产业的增加值。将能源消费强度公式进一步分解，可得：

$$e=\frac{E}{G}=\frac{\sum_{i}^{3}E_i}{\sum_{i}^{3}G_i}=\frac{\sum_{i}^{3}e_iG_i}{\sum_{i}^{3}G_i}=\sum_{i}^{3}e_ig_i$$

其中：e_i 表示第 i 次产业的能源强度（即单耗水平），

g_i 表示第 i 次产业增加值占生产总值的比重。

公式表明，综合能耗可以视为以各产业在生产总值中所占比例为权重的各产业能耗之和。能源消费强度取决于两个因素，一个是各产业的能耗水平，反映各产业能源利用效率的高低；另一个是产业结构，即各产业在国民经济总量中所占的比重。产业能源效率的提升、高能效产业比重的提高都能促进全社会能效的提高。同样，工业领域能源利用效率也与工业中各行业比重和各行业的能源利用效率相关。根据单位增加值能耗公式，不同年份单位增加值能耗变动公式可以分解为：

$$\Delta e = e^n - e^0 = \sum e_i^n * g_i^n - \sum e_i^0 * g_i^0 = \sum e_i^0 * (g_i^n - g_i^0) + \sum (e_i^n - e_i^0) * g_i^n$$
$$(i=1,2,3\cdots,n;n=1,2,3\cdots,n)$$

式子的前半部分是在各行业能耗水平不变的情况下，各产业比重变化引起的综合能效变化份额，即能效变化的结构因素，称为结构节能；后半部分代表在产业结构不变的情况下，各产业能效变化引起的综合能效变化份额，即能效变化的效率份额，称为技术节能。

（二）高耗能行业结构和能效变动产生的影响

以大类行业为单位，笔者通过研究“十一五”末期（2010 年）和“十二五”中期（2013 年）高耗能产业结构和各行业的能耗水平，计算工业能效变动中的结构因素和效率因素，分析高耗能行业对湖州市能效变化的影响及份额。2013 年相对于 2010 年的工业能效变化情况的结构因素和效率因素如下表。

表 5　高耗能行业节能的因素分析

行　业	单位工业增加值能耗变动		
	效率因素	结构因素	合计
规上工业	—	—	−0.4526
八大行业合计	−0.2934	−0.0263	−0.3197
纺织业	−0.0487	−0.0204	−0.0690
造纸和纸制品业	−0.0036	0.0015	−0.0021
化学原料和化学制品制造业	−0.0478	−0.0067	−0.0545
化学纤维制造业	−0.0127	0.0325	0.0197
非金属矿物制品业	−0.2368	0.0611	−0.1757
黑色金属冶炼和压延加工业	0.0121	0.0025	0.0146
有色金属冶炼和压延加工业	−0.0005	−0.0080	−0.0086
电力、热力生产和供应业	−0.0082	−0.0359	−0.0440

从“十二五”前三年高耗能行业能效变动中的结构因素和效率因素来看，结构节能和技术节能共同促进了能耗强度的降低，贡献率达到 70.6%，其中结构因素贡献率 5.8%、技术因素贡献率 64.8%（具体行业情况详见表 6）。从数据可以看出，湖州市能耗强度下降最主要得益于各产业能源利用效率的提高，

尤其是八大高耗能行业能源利用率的提高，大大降低了湖州能源单耗水平。但同时也要看到，结构节能仍大有潜力可挖，加快产业内部结构调整，控制各高耗能行业的比重，应是明年乃至今后一个时期节能工作的重要着力点。

表6 高耗能行业节能的贡献率分析

行业	单位工业增加值能耗变动贡献率(%)		
	效率因素	结构因素	合计
八大高耗能行业合计	64.8	5.8	70.6
纺织业	10.8	4.5	15.3
造纸和纸制品业	0.8	−0.3	0.5
化学原料和化学制品制造业	10.6	1.5	12.1
化学纤维制造业	2.8	−7.2	−4.4
非金属矿物制品业	52.3	−13.5	38.8
黑色金属冶炼和压延加工业	−2.7	−0.6	−3.3
有色金属冶炼和压延加工业	0.1	1.8	1.9
电力、热力生产和供应业	1.8	7.9	9.7

五、“十二五”节能降耗工作的建议

节能降耗始终是经济发展的紧箍咒，湖州市要缓解能源瓶颈制约，必须坚持结构节能和技术节能两手抓。在加快调整经济结构、转变增长方式的同时，建立健全节能降耗制约机制，加大节能技术开发推广力度，努力提高能源利用效率，切实降低湖州市经济发展对能源的依赖程度。

(一)进一步加快产业结构调整

加快发展服务业，尤其是生产性服务业和新型服务业，提高第三产业增加值比重。优化工业内部行业结构，严格控制高能耗工业行业的增长速度，进一步加快战略新兴产业的发展。加快高耗能行业的技术进步和产品结构升级，提高产品的科技含量和附加值。

(二)进一步推广节能技术应用

继续重视技术进步对节能的贡献，大力推进节能技术进步，促进工业用能效率的进一步提高。一要加快节能技术开发。进一步发挥科研院所、高等院校节能技术方面的优势，努力开发一批节能效益好、技术含量高的重要节能项目，并加强产学研结合。二要加快节能新工艺、新设备、新材料的推广应用。

三要加快高耗能行业的节能技术改造。

(三)进一步严控高耗能项目审批

严格执行对新增生产能力的能效准入制度,把能效指标作为项目核准和备案的强制性标准,提高准入门槛,严格控制高耗能项目的建设,不能为了地方经济总量的扩张和眼前利益而降低准入标准,在招商引资过程中必须注重引资质量,实行招商选资。

(四)进一步加强高耗能行业监管

加大对高耗能行业节能降耗工作的指导力度,建立和完善重点企业工作联系制度。同时结合经济社会可持续发展综合评价体系,进一步明确高耗能企业的节能降耗目标任务,建立超能耗警示制度,加强目标责任制管理考核。加大对能源法律法规的宣传力度,在全社会形成能源消费有法可依、有法必依的浓厚氛围。

课题负责人　吴旭红
课题组成员　周晓强　周少南　徐　艾
执　　　笔　徐　艾

发展亲水产业 实现名城复兴
——新常态下提升绍兴水城产业的思考

相较于江南水乡和历史文化名城的美誉，绍兴的产业发展往往不被世人所关注。一场突如其来的金融危机，经济增长放缓，却让长期积累的纺织产能过剩、产业偏水度高、环境污染较重等问题凸显，引发社会各界重视。新常态的出现，适逢绍兴处于发展路径转折期、大城市建设关键期和转型升级攻坚期，如何使产业发展与水城建设交相辉映，实现名城复兴，这是当下绍兴面临的重大问题。去年以来，绍兴市委市政府启动实施了“重构绍兴产业、重建绍兴水城”战略，以治水为突破口推进产业转型升级，使绍兴产业更富有活力和竞争力，把绍兴建设成为江南生态宜居水城。可以说，新常态下实现名城复兴的战略和线路图已经明确，下一步重点在于如何研究落实。

有鉴于此，学习外地发展水城产业经验，研究产城融合启示十分必要。文章运用 SWOT 方法[①]，分析绍兴发展现代水城产业发展优势、劣势；在此基础上，通过借鉴苏州、常州、嘉兴等苏浙城市发展水城产业的经验，对绍兴水城产业发展提出相应的对策建议。

一、重构亲水产业：基础尚好、优势犹存

绍兴因水而生，因水而名，因水而兴。20 世纪 90 年代以来，民营经济、产业集群和专业市场在水乡迅速崛起，造就了绍兴产业经济辉煌的景象。同时，治水也同步推进，昔日水乡风貌得以保护和延续。

（一）亲水发展成就江南名城经济地位

一部绍兴发展史亦是治水史，治水先治业，治业必治水，在绍兴可谓深入人心。从大禹治洪水，马臻筑鉴湖，直到近四十年来的围海涂，绍兴治水的脚步从未停歇。进入新世纪，总投资 12 亿元的市区环城河综合整治、连续三轮“清水工程”的实施，使绍兴“江南宜居水城”形象初步显现；同时，坚定地实施

① SWOT(Strengths Weakness Opportunity Threats)分析法，是将与研究对象密切相关的各种主要内部竞争优势、竞争劣势和外部的机会与威胁等，通过调查列举出来，然后用系统分析的思想，把各种因素相互匹配起来加以分析，从中得出一系列相应的结论。

排污权有偿使用和交易、市区二环线内工业企业提升转型搬迁、印染产业集聚升级和发展战略性新兴产业、生命健康产业等一系列措施，推动了产业转型升级和经济的持续发展。2001—2013 年，绍兴市 GDP 年均增长 11.8%，高于全省平均 0.3 个百分点，2013 年全市服务业增加值占比 42.1%，较 2000 年提高 11.2 个百分点。随着产业结构的调整、污水处理能力的提高，2013 年全市万元 GDP 用水量比 2000 年下降 94.7%，80%的考核河道断面达标或基本达标，全市整个河网水质有了明显好转。

(二)互动发展成就水城产业链优势

在绍兴传统产业中，三缸[①]之一的“染缸”(泛指纺织业)是最大的产业。改革开放后，当代绍兴人在老祖宗留下的产业的基础上，经过几代人的努力，依靠产业集群与专业市场的良性互动发展，基本构建从化纤原料到织造、印染后整理、服装服饰到纺织机械的完整水城产业链。绍兴作为最为典型的中国轻纺城，从 1985 年依托快速发展的纺织产业集群建立棚屋式柯桥轻纺市场(77 个门市部、89 个摊位)到当前亚洲最大的轻纺交易专业市场，2013 年总成交额已达 1105 亿元。2013 年全市规上纺织业总产值达到 3452 亿元，占规上工业产值比重 37.3%，51 个亿元以上市场成交额 2295 亿元，其中 9 个纺织市场创造了 1561 亿元(68.0%)的成交额。

(三)各界共推成就绍兴上市板块

新世纪初，绍兴就把企业上市定位为促进经济转型升级的一项战略性举措。2013 年末，全市共有境内外上市公司 52 家，上市企业数量在省内仅次于杭、宁，累计从资本市场融资 467 亿元，逐步形成了“绍兴板块”优势。通过上市，不仅筹集了巨额发展资金，同时也引进了先进的理念和管理机制，促使一批绍兴企业从相对封闭的家族企业向更加开放的现代企业转型，达到了“融资、融智、融制”的目的，有效带动了绍兴产业集群发展。2013 年末，“绍兴板块”52 家上市公司总市值达到 2061 亿元，占全市 GDP 总量的 52%，以全市规上企业数的 1.4%，创造了 18%的销售收入、21%的净利润和 22%的税收贡献。

(四)体制创新成就资源配置率先

2008 年金融危机后，绍兴作为全省工业转型升级综合配套改革试点城市，大胆进行体制机制创新，呈现政府勇挑担子、企业敢闯路子的喜人现象，探索

① 绍兴三缸，即指绍兴的酒缸、酱缸、染缸，分别泛指绍兴的酒、酱制品和纺织三个行业。

了有绍兴特色的转型升级之路。绍兴在全省率先倡导“亩产论英雄”，开展了工业企业综合经济效益排序，优化资源要素配置。2010—2013 年，全市单位 GDP 能耗累计下降 17.0%，全员劳动生产率累计提高 36.7%。积极培育战略性新兴产业，在省内率先出台了产业振兴和发展战略性新兴产业规划，明确在提升传统产业的同时，重点发展先进装备制造、新材料、生物医药、节能环保、新能源、新兴信息六大战略性新兴产业，5 年内投入 100 亿元的财政扶持资金。2013 年，全市规上工业战略性新兴产业增加值 361.45 亿元，增长 10.3%，总量和增速均居全省第 3 位，占规上工业增加值的比重为 25.1%，居全省第 4 位。

二、新常态下发展：路径羁绊、压力趋大

近年来，绍兴经济发展呈现典型的“新常态”趋势。2010—2013 年，绍兴经济增长速度几乎每年下换一挡，从 11.0%、10.5%、9.7%、8.5%下滑到 2014 年上半年 7.0%。如果既有增长路径不改变，保持底线以上增长恐难以为继，竞争压力也将日趋增大。

(一)县域布局与规模发展路径难以争先

新世纪以来，绍兴依赖县域经济为中心、依靠民营化和市场化规模取得成功的优势正在逐步消失，固有弊病日渐凸现，地区竞争力日益下降。从前后两个 10 年对比看，1994—2003 年的这 10 年，绍兴 GDP 年均增长 15.3%，以绝对的优势遥遥领先于苏、常、嘉三市；而 2004—2013 年的这 10 年，苏州、常州 GDP 年均增长 13.4%和 13.3%，增幅提升 0.4 个和 1.2 个百分点；嘉兴虽回落 1.2 个百分点，但绍兴却大幅回落 3.9 个百分点。相比之下，绍兴回落幅度更加明显，且增速列 4 市之末，领先发展的优势逐年消失。

表 1　前后两个 10 年 4 市 GDP 年平均增速比较(%)

	苏州	常州	绍兴	嘉兴
1994—2003 年(前 10 年)	13.0	12.1	15.3	13.2
2004—2013 年(后 10 年)	13.4	13.3	11.4	12.0
提升幅度(百分点)	0.4	1.2	−3.9	−1.2

注：(1)常州于 2002 年通过撤武进县为区，辖区达到 5 个。(2)苏州工业园区于 1994 年 2 月经国务院批准设立，2012 年，撤销苏州市沧浪区、平江区、金阊区，设立苏州市姑苏区；撤销县级吴江市，设立苏州市吴江区。(3)2000 年嘉兴市实施行政区划调整，形成中心城市辖两个区(秀洲区和南湖区)。

（二）偏水度高与同质发展路径难以升级

从产业偏水度①看，几个城市中，绍兴规上工业偏水度较高，2013 年苏州、嘉兴和绍兴分别为 0.48、0.58 和 0.62。在水乡，由于水资源丰富，群众对偏水度高一点的产业往往容忍度也高一些，但长此以往造成了企业对转型升级的惰性。从产业布局看，绍兴有近 40 个块状经济，但很多是在同一块状内同一类企业的简单集聚，缺乏产业链统筹，价格战几乎成为唯一竞争手段，创新创意缺乏，2013 年绍兴 R&D 经费支出占 GDP 比重为 2.09%，低于苏州（2.6%）、常州（2.57%）和嘉兴（2.49%），整个区域以创新引领发展的氛围不浓、产业附加值不高，规上工业增加值率仅为 15.5%，短期内难以超越苏州（20.3%）、常州（21.6%）和嘉兴（17.8%）。

（三）消耗大与水气污染重发展路径难以为继

长期以来，绍兴产业特别是纺织印染行业逐渐成为一种消耗大、污染重的产业。金融危机时虽为绍兴产业链所吸引，但一定程度绍兴却成为江苏与广东印染行业转移的接纳地，时至今日，资源、环境与经济发展之间的矛盾也愈演愈烈。2013 年，绍兴每万元 GDP 能耗 0.63 吨标准煤，能耗水平高于苏州和嘉兴。同时，绍兴每生产 1 亿元工业增加值要排放 14.48 万吨工业废水和 31.69 吨二氧化硫，环境代价远远高于苏州和常州，粗放型发展方式如未得到有效转变，企业在经济增长渐趋放缓的新常态下将难以生存。

表 2　2013 年四市经济发展的环境代价

	苏州	常州	绍兴	嘉兴
单位 GDP 能耗（吨标准煤/万元）	0.61	—	0.63	0.62
单位工业增加值废水排放量（万吨/亿元）	10.44	5.90	14.48	13.54
单位工业增加值二氧化硫排放量（吨/亿元）	25.90	17.60	31.69	46.74

三、水城经验借鉴：高端错位、亲水亲城

回望长三角一体化发展，苏浙同类城市发展经验对绍兴借鉴意义很大。苏州、常州和嘉兴、绍兴，这 4 个当年几乎并驾齐驱的兄弟城市，如今发展各异，许多方面领先绍兴。

（一）产城清晰的精致双面绣——苏州

苏州自古以来就有“水城”美誉 。在产城定位上，始终如一地把古城保护

---

① 产业结构偏水度是指一个城市或地区，其产业结构偏向单位产出耗水量多的产业的程度。

与产业布局完美结合，赢得了持续发展。有三点值得借鉴：

1. 始终以“一新一旧”规划布局。20世纪90年代后期，抓住浦东开发和台湾产业转移的有利时机，在苏州古城东部，与新加坡合作建立288平方公里苏州工业园，成为苏州市经济社会发展的重要增长极。2012年9月，合并位于古城区的沧浪、平江、金阊三区为姑苏区，县级市吴江市撤县设区，进一步理顺苏州古城保护和太湖整体保护开发的体制机制。

2. 始终以水城旅游主线开发。在适度开发以古典园林为传承的历史文化古城旅游的同时，积极开发周庄、同里、角直三个以水为灵性的古镇，将“人水和谐”的旅游发展思路发挥得恰到好处。

3. 始终以水城综合交通网理念拓展。苏州拥有中国乃至亚洲最大的内河航运港口——苏州港，四通八达的铁路和公路交通网与全国各大城市相连。当年，在苏州还出现了高速公路建设为保护周庄绕道的故事。

（二）创业创新现代装备“智造城”——常州

常州位于上海南京之间，沪宁高速公路开通后，常州从沪宁线上原来的中转枢纽一下蜕变为中间过站，无法同步融入上海、南京两大都市圈，但常州的发展却是颇具新意，对处于杭宁左右夹攻中的绍兴十分有借鉴意义。在城市空间优劣情势的演变上，常州准确定位，塑造了现代创新城的城市形象。有三点值得借鉴：

1. 一体化产业布局。在产业布局上，从2002年进行部分行政区划，建立“一体两翼”的大城市框架，到近期以“产业西进、科技西进、项目西进和基础设施西进”的大常州发展战略，推进常州与金坛、溧阳一体化发展，提升城市竞争力。在发展模式上，形成了以民营经济为主体的“常州民营创新模式”。

2. 重抓创新为发展之本。新世纪之初，针对80％企业是民营“草根企业”、企业直接与大学建立合作能力不足的现状，创办科教城推动企业和大学合作，大胆植入科技等创新要素，实施创新驱动和人才强市战略。

3. 开发“无中生有”旅游。常州近年来围绕一条古城河（濠河）将各景点串起，抓住近代民族资本家张謇做深“一个人与一座城”的旅游文章。特别是独具匠心地打造综合性主题公园——中华恐龙园，实现了文化创意产业“无中生有”的神话，并与常州淹城遗址公园交相辉映。

（三）五彩水乡的旅游蝶变——嘉兴

嘉兴也是典型的江南水乡，吴越文化是其悠久历史的象征。新世纪以来，嘉兴旅游开发，有三点值得借鉴：

1. 借风造势开发。以世博会为契机接轨上海，开发了一批独具特色的大型旅游项目，实现了由“潮、湖、河、海”向“红、古、蓝、绿、银”五色品牌精彩转身。

2.突出水镇开发。嘉兴所属“最后的枕水人家”乌镇、“房前街道屋后河”的西塘，无疑成了江南水文化最美妙的诠释。乌镇抓住茅盾故居这一特殊历史文化资源，争取到了中国最高文学奖——茅盾文学奖永久落户乌镇颁奖，打造“诗画乌镇”，并成功创建成全国5A级景区。而西塘将积淀千年的传统文化和生活气息交织融合，打造“生活西塘”，将“春秋的水，唐宋的镇，明清的建筑，现代的人”如水墨画卷悠扬铺陈在游客眼前。

3.不同模式开发。乌镇的开发模式，主要是引入中青旅为大股东，成立一家公司，增资完成后，中青旅持股51%。西塘的开发模式，主要是以镇政府为主导，镇上的居民积极地、全方位参与全镇的各项开发项目。应该说，两种开发模式都取得了成功，2013年乌镇和西塘游客均突破500万人次，开创了一条“先行古镇保护，适度旅游开发，旅游反哺保护”的良性发展道路，值得借鉴。

四、思考与建议：保持定力、贯彻两重

审视绍兴自身发展，当下经济增长放缓，产业转型又在攻坚期。环视周边城市，发展有声有色，势头勇猛。值此之时，绍兴实施“重构绍兴产业、重建绍兴水城”的亲水发展，更需要保持定力，发挥优势，消除羁绊，改革创新，才能实现新一轮发展，实现名城复兴。

（一）以创新引领破题，促水城产业转型

在重构产业过程中，应以亲水为前提，借鉴常州创新模式，构建产业与城市互动、生态与生活共融的亲水产业新格局。一要加快发展新兴主导产业。要通过优势重点产品及产业链培育工程，重点发展文化旅游、信息经济、生命健康、高端智能装备产业，全力培育亲水宜业、绿色高效的新兴产业。二要加快提升传统产业。要通过文化创意、电子商务、现代物流、现代金融等生产性服务业的植入，加快提升绍兴传统产业，正确对待如纺织、服装等传统产业的比较优势，加快“双百技改”工程和“机器换人”，引导企业通过更新设备、革新工艺，提升装备自动化程度和劳动生产率，加快推进技术创新、营销创新、研发设计，向国际产业链高端推进。三要加快都市农业发展。要通过一批现代农业园区的建设，提高“菜篮子”生产水平和都市保障水平。要培育和创建生态循环农业示范县、示范企业、示范项目，提升都市农业发展水平。

（二）以水城旅游破题，促水城名至实归

绍兴是一个筑在水上的历史文化名城，中心城市规划区水域面积占14.7%。在水城旅游开发上，可借鉴嘉兴古镇开发模式，保持水乡风貌，展现绍兴特色。一要超前谋划一批重建水城大项目。可规划将柯岩鲁镇至古城偏门的鉴湖水系连成一片，重塑“十里鉴湖、美丽水乡”如在镜中游景象；可规划把古城主要景点与三山（府山、蕺山、塔山）用城河连接起来，沿河配套一些设施，体现水城韵味；可选择安昌古镇、西小路至吕府水街等规划水镇、水街样本，进行整体开发。二要精心策划名城名人旅游。常有人感叹，相比常州的“一个人与一座城”的主题主线旅游，绍兴名人资源虽多，但旅游更多的还是靠着老祖宗留下的“鲁迅、黄酒、师爷”等老品牌吸引着外地人。今后要根据“有故事可讲、有线路可串”的思路，通过物境、情境和意境的设计，塑造从“全城游”到“全市游”类似“新天仙配”[①]的精品线路。三要开发名城文化消费。绍兴有许多凸显自己特质和内涵的文化，但“文化不经济”的现象比较突出，文化产业增加值占经济比重也较全省平均低。今后要积极适应大众的需求，重点在开发文化产品、文化休闲、文化体验等方面想办法，在培育文化企业、引进文化项目等方面下功夫，促进文化消费发展。

（三）以发展平台破题，促水城统筹发展

以中心城市行政区划调整为契机，借鉴苏州产城融合的发展模式，以大统筹推进大融合，以大融合促进产业结构调整和布局优化。一要以“亲水亲业”定位“十三五”产业发展规划。要结合《绍兴市国民经济和社会发展第十三个五年规划纲要》的编制，以发展亲水产业为重点，统一制定绍兴市中心城市各区、各平台的产业发展规划，并与曹娥江“一江两岸”等区域规划、水城文化旅游等专项规划充分衔接，全面构建以水为脉、产城相融的亲水产业空间布局。二要以“亲水亲城”主导水城融合建设。以新型城市化、城乡一体化为主导，开发建设好以镜湖新区为核心的现代山水城，全力推进越城区、柯桥区、上虞区的功能融合，提高大城市综合能级，打造好东浦、安昌、柯桥、斗门、丰惠五大水乡古镇，推进城乡水城一体建设。三要以“亲水亲绿”配置各平台资源。要以差异化资源配置为导向，推进资源要素配置市场化改革，提高节约集约利用水平。加强综合效应评价排序，相应调整城镇土地使用税，创新土地、厂房、设备等要素交易流转机制，推进企业兼并重组和低效用地、存量建筑及设施的盘活再利用。

---

① 这条由新昌、天台、仙居、临海四地旅游部门共同推出的“新天仙配”旅游线，处于浙东交通枢纽的位置，串起了新昌大佛、石梁飞瀑、仙居漂流、临海长城等精品景点。自2001年推出以来，受到广大游客的欢迎，赢得了华东地区黄金旅游线的美誉。

(四)以简政放权破题,促水城体制创优

向改革要发展红利,推动产业转型升级,增强经济增长内生动力。一要深化审批制度改革。抓紧推行权力清单制度,努力确保职权数量下降50%左右,大力实施扁平化管理模式,积极向县级政府下放各类市级审批权限。着力推广柯桥区企业投资高效审批做法和滨海新城不再审批试点,切实抓好网上审批改革,把绍兴市打造成为全省行政审批效率最高、服务最优的城市之一。二要提升行政服务水平。扶持对象要从"扶企业"向"扶企业、扶平台、扶环节"并重转变,综合运用财政贴息、信用担保、风险补偿等多种工具转变,鼓励和引导金融机构加大支持力度,探索新型中小微企业融资平台,促进金融资本、科技创新和产业发展融合。打破行政区划限制,探索建立"资源共出、风险共担、收益共享"的产业平台合作共建新模式。三要加强督查提升担当精神。要使各级干部都有明确的任务、明确的指标、明确的责任,真正做到发展重担合力挑、人人身上有指标。要加强督查考核与问责,对一些交叉重叠、困难较多的工作,实施首问责任制,做到问题不推诿扯皮,不袖手旁观、共同想办法解决难题,不断提高执行力。

绍兴市统计局　张国苗

金华电子商务产业发展初探

电子商务是指在全球各地广泛的商业贸易活动中，在因特网开放的网络环境下，基于浏览器、服务器应用方式，买卖双方不谋面进行各种商贸活动，实现消费者的网上购物、商户之间的网上交易、在线电子支付和各种商务活动、交易活动、金融活动以及相关的综合服务活动的一种新型的商业运营模式。近年来，金华市政府紧紧围绕省委、省政府"电商换市"战略部署，把以电子商务为主要特色的网络经济作为"一号产业"来抓，努力打造全国网商集聚中心，争创中国软件名城，建设全国网络经济强市，金华正成为全国电商生态链最活跃、集聚度最高、产业链最完整、发展最具潜力的地区之一。

一、金华电子商务产业发展现状

金华电子商务经过十多年的培育发展，目前在 B2B、B2C、C2C 等领域，涌现出一大批专业化电子商务企业，经营规模和竞争力跃居全省乃至全国前列，金华电子商务产业呈现快速发展的良好态势。

(一)发展规模不断扩大

2013 年，金华实现电子商务交易额 1816 亿元，比上年增长 90%，互联网零售、互联网和相关服务、软件和信息技术服务业等相关电子商务产业的法人单位总计为 4018 家，期末从业人数 22769 人，资产总计 90.95 亿元，实现营业收入 94.95 亿元(见表 1)。

表 1　2013 年金华电子商务相关行业情况统计表

行　业	法人单位数（家）	期末从业人数（人）	资产总计（亿元）	营业收入（亿元）
互联网零售	3229	13871	26.18	52.29
互联网和相关服务	151	2138	44.09	27.36
软件和信息技术服务业	638	6760	20.68	15.30
合计	4018	22769	90.95	94.95

2013 年，有电子商务交易的法人单位为 15729 家，比 2008 年多 14361 家，

是 2008 年的 11.5 倍；有电子商务交易的法人单位占全部法人单位的比重为 16.2%，比 2008 年提高了 13.3 个百分点。5 年间金华电子商务进一步融入传统产业，发展规模呈不断扩大态势（见表 2）。

表 2　2008—2013 年金华电子商务发展变化情况表

	2008 年法人单位	2013 年法人单位	其中：规模以上企业
单位数（家）	46784	97220	6600
有电子商务交易单位数（家）	1368	15729	1108

（二）网络交易平台蓬勃发展

目前金华拥有中国化妆品网、中国五金商城、中国网络服务网、中国服装网、中国食品网、中国包装网、义乌购等国内知名网站，平台交易规模正不断扩大，已初步形成特色优势。阿里研究院公布的全国电子商务百佳城市中，金华排名位居第 6，其中内贸网商密度列全国第 1 位，外贸网商密度列全国第 2 位，零售网商密度列全国第 4 位，网购消费者密度列全国第 23 位，快递业收入列全国第 7 位，金华网络交易平台发展空间广阔。

（三）网络零售额快速增长

2013 年金华网络零售额 668.66 亿元，增长 123.3%，增幅高于全省水平 34.9 个百分点，网络零售额呈快速增长态势；金华网络零售额占全省网络零售额的比重为 17.6%，占全国网络零售额的比重为 3.3%。2014 年上半年，金华淘宝卖家超 12 万家，天猫总店铺数 4879 家，占全省天猫总店铺的 21.2%，其中旗舰店 3287 家、专营店 1130 家、专卖店 462 家。

（四）跨境电子商务发展迅猛

2013 年，金华跨境电子商务出货 7700 万票，国际快递总量居全国大中城市第 4 位。2014 年，金华成为全省继杭州、宁波之后的第 3 个跨境贸易电子商务（出口）服务试点城市，并率先开展简化结汇单证个人贸易外汇管理试点，成为国内首个开展跨境贸易电子商务电商个人结汇上不封顶的区域，而金华“跨境通”自启动运行以来，正逐月刷新单日、单月通关量纪录，目前金华“跨境通”日通关量已突破 4 万票。

二、金华电子商务产业发展主要特征

金华把以电子商务为主的网络经济作为“一号产业”来抓，力争通过 5—10 年的努力，使金华网络经济发展水平位列省内领先、国内一流水平，努力打造

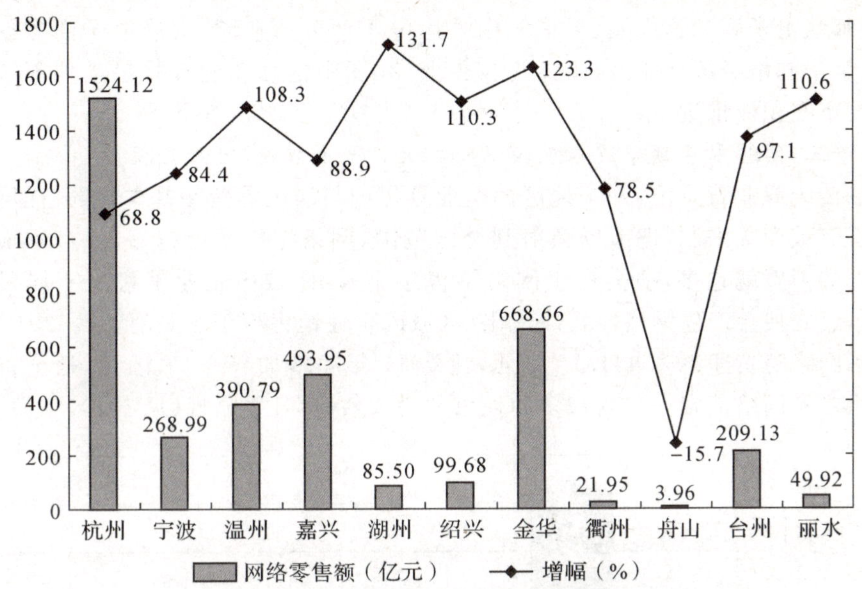

图 1　2013 年浙江省各地市网络零售额情况

全国网商集聚中心，争创中国软件名城，基本建成全国网络经济强市。

（一）电子商务产业链不断延伸，业态愈加丰富

目前，金华电子商务产业发展出现的以义乌为代表的“贸易引领型”C2C 电子商务，以永康为代表的“制造引领型”B2C 电子商务，以 5173 为代表的游戏交易平台服务类 B2C 电子商务，以中国食品网为代表的行业网站，以金义“跨境通”为代表的跨境电子商务正健康快速发展。金华正努力为电子商务产业发展提供更加肥沃的土壤，积极构筑电商龙头企业集聚地、电商信息资源汇聚地、交易成本低洼地，而随着金华电子商务产业链的不断延伸，门类越来越齐全，行业业态也越来越丰富。

（二）电子商务产业园不断涌现，集聚效应明显

金华现有电子商务产业园区 50 余个，已经形成一定规模，其中金华市区形成了以金华高新技术产业园区、婺城浙中信息产业园、金东信息软件创业园、金华电子商务创业园 4 个园区为中心，以国际服务外包、科技创新孵化、高新技术产业培育和现代物流为支撑的电子商务产业集聚区。高新技术产业园集聚了 300 多家电子商务企业，从业人员 1.2 万多人，产业规模居全省前列；金华电子商务创业园入园企业近百家，交易额约 15 亿元，淘宝网单项产品交易额居前 10 位的企业有 5 家。菜鸟 · 金义电子商务新城、5173 保诚信息产业

园、邮政电子商务示范园、天华·中外运电子商务产业园、尖峰电子商务创业园、金华网络经济产业园、棒棒科技创业园、浙中信息产业园婺星基地等园区建设正在积极推进中。

（三）网络零售额净流入规模不断扩大，“马太效应”日益显现

传统商业背景下，一个地区的企业零售额与居民消费额基本相同；而网络零售突破商圈限制，把市场辐射到全国范围，网络零售发展越好，来自本地区以外的消费就越多，便会产生网络零售净流入（区域内企业销售高于居民消费），反之便会产生网络零售净流出（区域内企业销售少于居民消费）。2013 年金华网络消费净流入 441.17 亿元，比 2011 年净增加 349.67 亿元，是全省除杭州之外网络消费净流入最多的地市，“马太效应”日益显现（见图 2）。

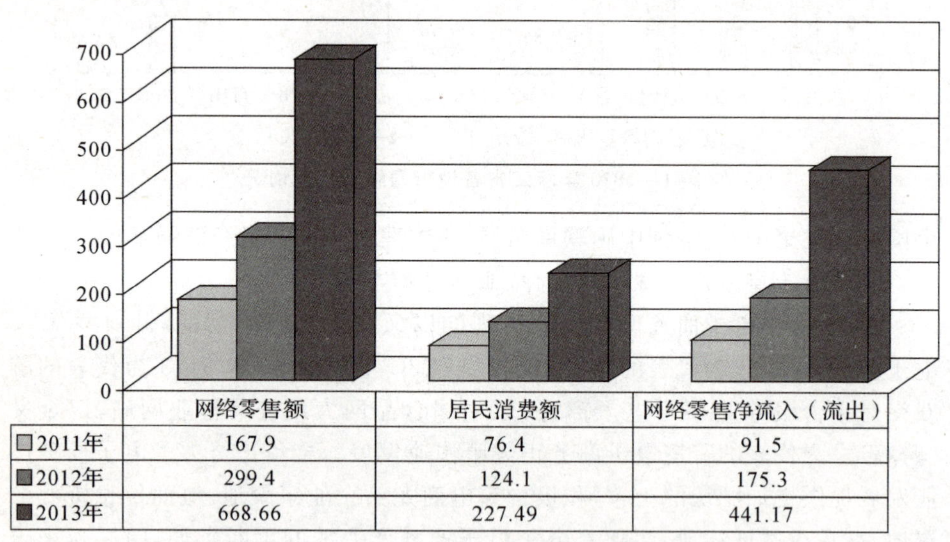

	网络零售额	居民消费额	网络零售净流入（流出）
2011年	167.9	76.4	91.5
2012年	299.4	124.1	175.3
2013年	668.66	227.49	441.17

图 2　2011—2013 年金华网络零售额与居民消费额情况

三、金华电子商务产业发展的优势

金华从 2001 年开始不断加快出台电子商务和信息软件业发展的相关政策，信息产业已是目前金华集聚企业数量最多、成长最快、最具潜力的高新技术产业。

（一）金华经济外向度高，出口导向型贸易流通优势明显

2013 年金华进出口总额 342.7 亿美元，增长 50.8%；其中，出口 325.3 亿美元、进口 17.4 亿美元，分别增长 52.7%、22.2%，增幅均居全省首位；全市外贸依存度 72%，远高于全国的 45%和全省的 55%。发达的外向型经济，为跨

境电子商务发展注入了内生动力，跨境电子商务开创了有别于传统国际贸易的新市场，激发出金华企业参与国际贸易热情。通过电子商务平台，能收集、分析和研判海外市场信息，及时了解和掌握国际市场的需求动态，在国际大舞台分享更大市场空间，而且成本更低、风险更小，这将为金华经济转型、产业升级提供更多机会。

（二）以实体市场作支撑，实体经济与网络市场共同融合发展

金华拥有义乌小商品、永康五金、东阳木雕、兰溪纺织、磐安中药材、浦江水晶等专业实体市场，其中义乌小商品市场是目前国内最大的小商品集散中心，汇集超过170万种商品，种类齐全；永康五金产业涉及小家电、机械、装潢、工具五金、日用五金、建筑五金等各类五金共2万多种产品，是全国电动工具、防盗门、汽摩配、保温杯、厨具、不锈钢制品、金属冶炼压延等重要生产基地。依托金华块状经济、专业市场的优势，推动了金华专业市场与电子商务的互动发展，实现实体市场与网上市场深度融合发展。

（三）配套设施日趋完善，企业运营成本相对较低

金华电子商务发展起步较早，2001年金华经济技术开发区就设立了“孵化器”，对电子信息产业初创企业进行培育。金华是浙江第二大“信息港”，拥有2条国家一级和10条国家二级光缆干线，互联网国际出口带宽、城域宽带主干网、移动通信网、通信业务等方面的基础指标居省内领先水平。另外，金华市区发展网络信息产业的运营成本相对较低，企业用于研发、生产、办公的房租是上海的1/10，员工工资是上海的1/2，1G的独享宽带资费只有北京、上海的1/10，运营成本优势明显。2013年，金华对盘活存量发展电子商务的企业实行三年“零房租”，房租全部由市、区两级政府财政承担，预计3年内将盘活150万平方米闲置厂房、存量土地，用于发展电子商务为主的网络经济。

（四）政策扶持力度有增无减，国际贸易综合配套改革试点和现代服务业综合试点带来黄金机遇

市委、市政府把以电子商务为主的网络经济作为推进金华经济转型升级和城市转型升级“双轮驱动”，连续出台政策文件，在初始创业、人才引进、项目招商等方面予以大力支持。2013年出台了《金华市人民政府办公室关于扶持市区网络经济发展的实施意见》（金政办发〔2013〕105号）、中共金华市委金华市人民政府关于加快网络经济发展的若干意见（市委〔2013〕44号）；2014年出台了《金华市电子商务（网上交易）统计实施方案》（金政办发〔2014〕92号），科学系统地对金华电子商务（网上交易）活动进行统计和量化评估，进一步加强了对电子商务产业规模、结构、发展变化等行业监测。2014年国家财政部、商

务部正式批复同意金华启动开展现代服务业综合试点，成为现代服务业体制机制创新的先行区，并且中央从政策到资金都将给予一定的指导和支持，2014年中央3亿元现代服务业补助资金已到位，未来金华市区将打造现代服务业核心区，电子商务、现代物流和服务贸易等都面临发展黄金机遇。

四、金华电子商务产业发展面临的问题

电子商务是一个新兴产业，它在金华的崛起正催生商贸服务业一系列深刻变革，对于它产业发展的走势值得更高的期待，但也不可忽略其存在的问题。

（一）区位优势和市场优势突出，物流滞后

金华是长三角向内地辐射的节点，也是浙西南地区接轨上海、融入长三角的桥头堡，具备集公路、铁路、水运、航空于一体的立体交通条件，区位优势突出，金华还拥有中国小商品城、中国科技五金城等全球性专业市场。但在区位和市场双重优势的背景下，金华物流业的发展却相对较为滞后，完善的物流体系尚未成型，基础设施条件不齐全，现代物流观念滞后。金华物流企业规模普遍偏小，服务单一，高层次的服务模式尚未开展，虽然也有金义菜鸟物流创下双十一期间日均100多万个包裹发往华东各地的惊人表现，但这类大物流企业在金华尚未形成规模效益，金华物流业急需顺势突破，与电子商务产业的高速发展相融合。

（二）农产品和农业信息技术占电子商务交易比重偏低，缺少关注

金华是传统农业大市，素有浙江第二粮仓的美称，农业发展基础良好，在当前电子商务产业迅猛发展的背景下，如果能深入发展农业电子商务，将有效推动金华农业产业化的步伐，促进农村经济发展，变革传统的农业交易方式。目前，全国涉农网站只占全国网站总数的10%左右，能够通过互联网获取市场和技术信息的农村家庭比例不到0.8%。金华农产品，尤其是绿色农产品，在电子商务交易额中所占比重微乎其微，例如养蜂业是兰溪农业的一大支柱产业，兰溪有养蜂从业人员2800多人、蜂产品经营人员1000多人，但其产品至今在天猫平台(B2C)上难觅其踪影，在淘宝网(C2C)上也仅仅是个别养蜂业主在产品介绍的同时，在网页中靠晒出当地农业局颁发的《养蜂证》以及其养蜂辛勤劳作的照片来做诚信推广，足见兰溪这一产业介入电子商务的艰难，而这仅仅是金华农产品的一个缩影，更多农产品和农业信息技术缺乏有效途径利用电子商务平台进一步发展和推广。

（三）企业转型升级需求较为迫切，急需复合型人才

金华从事电子商务的企业，尤其是一些生产型企业，都有转型升级的愿望

和需求，但目前普遍较为缺乏即掌握电子商务又对传统产业熟悉的复合型人才。在当前电子商务迅猛发展的阶段，抢占阵地、做大规模已成为从事电子商务企业的核心目标之一，而复合型人才的缺口正随着电子商务产业的高速发展被进一步拉大，虽然市政府也重视电子商务人才这一问题，并相继出台了《金华市人民政府办公室关于印发加快网络经济人才发展的若干意见（试行）的通知》（金政发办〔2014〕50号）和《关于印发金华市大学生村官电商创业富民"百人计划"实施意见的通知》（金市组通〔2014〕19号）文件，且金华有浙江师范大学、上海财经学院浙江分院、金华职业技术学院等院校开设电子商务课程，但电子商务是实践性很强的一门学科，短期内通过教育培训专业人才难以缓解金华电子商务产业快速发展所带来的人才缺口，而人才引进在待遇、环境等诸方面又难以与上海、杭州这样的一二线城市相竞争。

（四）电子商务网站模式相对单一，缺乏创新

目前，金华电子商务网站数量虽然众多，但大多数网站形式较为单一，规模普遍较小，网站功能也相对较为简单，许多企业自主网站或者网页目前主要都还是以发布信息为主，把网站作为一个企业展示窗口，旨在展示企业产品及服务、经营理念、企业文化等，即使规模较大的行业性网站也主要是将企业的这些信息作一个集中的展示，加上一些法律政策和行业信息，普遍缺乏创新意识。

五、金华电子商务产业发展的对策建议

电子商务的发展，促进了金华经济的快速发展，金华也因此被授予"国家电子商务示范基地"等称号，但机遇与挑战共存，金华电子商务的发展还要依靠科学的规划、有效的竞争、良好的外部环境，才能更好更快更持续地健康发展。

（一）发挥产业区位优势及现代服务业改革试点机遇优势，加快现代物流业发展

2012年金华通过了《金华市现代物流产业发展规划》，随着义乌国际贸易综合改革试点的实施、金华现代服务业发展综合配套改革试点的全面推进，以及金义都市新区的建设，金华发展现代物流产业的战略区位优势进一步凸显。应努力抓住机遇，完善物流业发展规划，积极推进物流标准化建设，提高信息化水平，鼓励专业化、社会化、规模化物流发展，推动物流平台、物流基地、物流企业的联动发展，加强市域内物流基地整合力度，着力培育引进大型物流企业集团，重点扶持一体化供应链服务模式，着力打造现代物流枢纽城市，加快物流业与电子商务产业的融合发展。

（二）借鉴“遂昌模式”，大力发展农村电子商务

在遂昌，农村电子商务区域生态正在以点带面的态势涌现，改变着传统农业经济和产业，农村电子商务的崛起，吸引了众多外出打工农民和大学生返乡创业或就业，“遂昌模式”正以本地化电子商务综合服务商作为驱动，带动其县域电子商务生态发展，促进地方传统产业，尤其是农业及农产品加工业实现电子商务化，“电子商务综合服务商＋网商＋传统产业”相互作用，在政策环境的催化下，形成信息时代的县域经济发展道路。金华特色农业市场潜力巨大，金华花卉苗木、畜禽养殖、蔬菜、茶叶、香菇、无公害有机稻米等特色农产品可以借鉴“遂昌模式”，发挥金华电子商务产业的优势，挖掘农村电子商务的巨大潜力；同时，在《关于印发金华市大学生村官电商创业富民“百人计划”实施意见的通知》（金市组通〔2014〕19 号）文件的基础上，有关部门应多组织培训多规模、多批次的大学生村官开展电商创业，带动农村电子商务的发展。

（三）电商企业与高校实现联姻，加强电商专业人才培养

应充分发挥金华本地浙江师范大学、上海财经学院浙江分院、金华职业技术学院等高校资源优势，通过扩大招生规模、与电子商务企业合作定期开设订单班、建设实训基地等方式，培养一大批适应金华电子商务产业发展需求的人才。通过加强对电子商务专业人才的培训，培养既了解经济活动基本规律，又懂得信息技术；既掌握先进的营销管理理念，又熟悉现代商务运作流程的综合素质优良、职业道德高尚的复合型、技能型、应用型人才。同时，在人才引进上，应进一步满足外来人才在薪金待遇、创业发展空间、工作及生活环境等方面需求，以期待和上海、杭州这样的一二线城市在电子商务人才竞争中发挥金华优势。

（四）增强自主创新意识，引导电商企业走品牌化发展道路

自主创新是电子商务企业的核心竞争力，信息时代瞬息万变，只有在发展中不断增强自主创新意识和能力，发展服务模式的多元化，综合网络和非网络的商业信息，将企业线上业务和线下业务进行有机整合，才能在网络市场中发展壮大。随着网络市场的逐步成熟和人民生活水平的提高，电子商务的发展越来越朝着品牌化经营方向前进。2013 年，浙江电商信息科技有限公司被评为年度十大电商全托管及代运营服务商，浙江康恩贝健康科技有限公司被评为年度最受欢迎医药保健类网络零售商，浙江福泰隆连锁超市有限公司被评为年度最受欢迎传统商超类网络零售商和最受欢迎区域类网络零售商，金华市媒迪雅网络科技有限公司被评为十大数据管理及软件服务商，而比奇、就约

我吧、利诚、长风、天格 5 家电子商务企业被评为首批金华市重点服务业企业，其中比奇、就约我吧在 2014 年还被评为浙江省重点服务业企业。政府相关部门应在现有基础上，积极制定政策措施，引导电子商务企业实施品牌战略，进一步营造争创品牌的良好氛围，使金华电子商务产业进一步做大做强。

课题组组长　郭振新
课题组成员　曹益林　汤　伟　陈秀君
　　　　　　祝一旅　朱肃雯　蒋　华
执　　　笔　汤　伟

粮食生产财政扶持政策调查报告

为掌握当前财政扶粮资金的情况，更好发挥财政资金服务粮食生产的作用，提高财政资金效益，近期衢州市统计局在全市范围内开展了一次粮食生产财政补贴政策调查工作。该调查在走访市、县两级财政、粮食和农业部门的基础上，抽取了12位种粮大户、11位一般种粮农户进行问卷座谈调查。走访调查显示：近年来，中央、省、市、县各级财政贴补力度逐年加大，有效促进了粮食播种面积和产量的提高，为衢州市粮食生产保持全省领先地位奠定了基础。但同时也应该看到，随着劳动力成本和土地租金的提高，财政贴补政策的促进效应在减弱，粮农的种粮积极性提高不快，粮食播种面积和产量增速趋缓，粮食生产面临种种困难和问题，尤其在当前发达地区以强大财政为依托，大幅增加粮食生产贴补的形势下，衢州市保持粮食生产优势的难度加大，需要引起政府及相关部门的重视。

一、财政扶持粮食生产基本情况

（一）财政扶持逐年增加，衢州市粮食生产获全省“四连优”

近年来，中央、省、市、县各级都高度重视粮食生产，将粮食安全作为经济工作的首要任务。为稳定粮食，让更多的农民愿意从事粮食生产、保障粮食安全，各级财政不断加大贴补力度，财政资金扶持粮食生产数额逐年增加，如2010年衢州市财政发放农资综合补贴金额共计0.70亿元，到2013年补贴金额增加到1.05亿元，三年内实际增长48.8%。在贴补政策的刺激下，2010—2013年衢州市粮食播种面积和产量增幅居全省前列，连续四年获全省考核优秀，实现了“四连优”，2013年全市粮食播种面积为201.0万亩、产量80.0万吨，分别比2010年增长1.5%和5.0%。

（二）贴补项目增多，标准逐年提高，政策刺激效应明显

各级财政在加大单项贴补力度的同时，拉长贴补环节，拓宽贴补作物种类，形成了涵盖农资、良种、育秧、统防统治、农机购置、机械化作业、订单等粮食生产、销售全过程的补贴链，补贴种类范围也从单纯的早稻扩展到中晚稻、旱粮、小麦、玉米的广泛覆盖；补贴标准逐年提高，如农资综合直补从2011年的42元/亩提高到2013年的52元/亩，增长23.8%。粮食贴补政策对农民种

粮积极性提高影响明显。调查中有 83.3%的粮农认为粮食生产财政补贴政策对种粮积极性有提高，其中有 41.7%的粮农认为粮食生产财政补贴政策对种粮积极性有很大的提高。

（三）财政扶持满意度高，农民种粮得到实在的利益

财政扶持粮食生产的政策让农民获得了实在的利益，调动了农民种粮的积极性，受到了粮农的普遍欢迎。调查显示，有 83.3%的种粮大户和 81.8%的一般种粮农户对粮食生产财政补贴政策表示满意或较满意，66.7%的种粮大户和 90.9%的一般种粮农户对当前粮食生产财政补贴标准表示满意或较满意。初步调查测算，在粮食生产销售全过程中，种粮大户全年能获得 400—500 元/亩的补贴，一般种植户能获得 100—200 元/亩的补贴，财政贴补成为农民种植粮食最主要的收益。

（四）贴补政策促进了农业现代化程度和生产能力的提高

财政贴补政策紧紧围绕和服务粮食生产全过程，初步形成了价格支持、直接补贴和一般服务支持等功能互补、综合补贴和专项补贴相结合的农业补贴政策框架，对建设现代农业和提高农业综合生产能力发挥了重要作用，如良种补贴有利于粮农优选优育良种；农资综合直补减轻了生产环节成本；统防统治、机械化作业补贴提高了作业环节效率，解放了劳动生产力；约为 30%的农机购置贴补的实施，通过促进农民购置农业机械提高农业机械化水平，极大促进了粮食种植规模的扩张。在一系列贴补政策的正向促动下，衢州市农业生产能力增强，粮食单产逐年提高，2010 年全市粮食单产为 384.5 公斤/亩，2013 年粮食单产提高到 397.5 公斤/亩，增长 3.4%。

二、当前粮食生产财政扶持政策存在的问题

（一）补贴兑现行政运作成本高，面积核查难度大

粮食补贴政策的全面实施，涉及财政、农业、粮食、银行和保险等诸多部门，而在农业内部又分为种粮大户、良种、植保、农机等，由于政策涉及诸多部门和单位，贴补流程多，工作繁杂，兑现补贴行政运作成本非常高，降低了补贴资金的运行效率。此外，一系列的粮食补贴政策，绝大部分是根据种粮面积兑现补贴，而种粮面积的核实，由于涉及范围广、农户多、田间情况复杂、专职人员少、时间紧、任务重、核查经费缺乏，几乎难以开展实地核查，由此造成虚报面积的情况屡禁不止，甚至出现了个别村干部和农户串通虚报面积的现象。

（二）贴补手续烦琐，部分贴补、贴息到位不及时

粮食补贴项目种类多，无论补贴数额多少，每次补贴均要经过申报、核实、公示、上报、审批、发放等多个程序，手续烦琐，运行时间长，时效性不高。部分

县(市、区)由于面积核查任务重,核查时间偏长,推延了部分贴补资金的发放时间,粮农实际到手时间太晚,影响了粮食生产投入;在贷款贴息方面也存在类似现象,有粮农反映按 3%的贴息率给予的贷款贴息迟迟未到位且存在贷款手续烦琐、当地农信机构给予的实际贷款利率高于人民银行同期同档次贷款基准利率的现象。

(三)粮食订单数难以满足粮农需求

粮食订单是国家省市根据储备粮订单粮食收购计划,结合各县(市、区)种粮的实际情况,将计划分解到县、乡镇,乡镇再分解到村,由村委会根据农户的种粮面积、粮食产量、商品量等情况,将订单计划分配落实到户。由于向国家投售订单粮食价格高于市场收购价,且可以获得较多的财政补贴,农户对于订单粮的份额需求逐步上升,但现有粮食订单远远无法满足农户需求。订单数不足导致了部分县、乡两级出现分配订单难、种粮大户争取订单难的格局,甚至部分乡镇为分配订单产生了一定的权力寻租空间。在实际操作中,大户订单不足、虚报粮食种植面积、用外购粮顶抵订单任务、套取奖励资金等现象时有发生。

(四)种粮成本上涨快于财政贴补标准提高,挫伤农民种粮积极性

近年来,尽管各级财政不断加大扶持力度,逐年提高贴补标准,但粮食种植成本上涨远远快于财政贴补标准提高,特别是人工成本、土地租赁费等生产成本更是成倍上涨。如 2010 年衢州市雇工工资 70—80 元/天,现如今已达到 100—120 元/天,而且还都是年龄偏大的中老年劳动力;土地租金 2010 年平均 300—400 元/亩,现如今涨到 400—500 元/亩。过快上涨的生产成本吞食了种粮的收益,降低了农民的种粮积极性。调查显示,有 83.3%的种粮大户认为种粮年总成本增长率超过 10%,100%的一般种粮农户认为不大愿意种粮的主要原因是收益低,83.3%的种粮大户和 63.6%的一般种粮农户反映如果没有财政补贴,将改种其他作物或者调减种粮面积,甚至不再承包大片土地。

(五)贴补后种粮收益依然难抵经济作物,"非粮化"作物推进对粮食生产冲击较大

财政贴补后提高了粮农的收益,降低了种植成本,但一般种粮户和种粮大户普遍反映种植粮食收益依然偏低,远远比不上种植蔬菜、水果、花卉苗木等经济作物的收益。调查显示,一方面,种粮大户每亩可获得净利润 400—600 元,一般种植户每亩净利润 200—300 元,这一利润与经济作物动辄上千元的利润形成了鲜明的反差,农民改种其他作物愿望强烈;另一方面,受"非粮化"作物推进以及由此带来的土地流转价格抬高冲击,不少租田纷纷对种粮大户

的农户提出增加土地租金的要求，土地流转价格逐年升高，而且土地流转租赁时间缩短，大多为 2—3 年一定，而且一年一个价，流转种粮难度加大。土地租赁价格上涨和流转难制约了种粮大户种植规模的扩大。

（六）强烈期待优质优价与新增部分贴补项目

调查显示，粮农对新增优质稻谷差价贴补和生产管理设施补贴期待强烈。国家粮食收储最低保护价政策对农民交售的同一品种粮食基本实行统一价，品质差别拉开的价格差距不大，导致了优质谷和普通谷不同质但同价，机械化烘干与普通晒干不同成本同价现象。这种不分质量优劣一个品种一口价的政策，难以引导粮农积极种植优质粮食。衢州市部分乡镇地处生态保护区，水土无污染，所产出的优质稻谷与普通稻谷品质差异明显，当地迫切希望国家收购中体现粮食的优质优价。调查中，种粮大户还普遍反映，随着承包面积扩大，应增加对粮食烘干、农田农机具油料的补贴，加大对种粮大户粮食库房、机库、农用设施的扶持力度。

（七）乡镇级政策导向与财政扶持政策未完全同步

稳定粮食生产需要政策扶持和市场调节相结合，一系列财政贴补政策在尊重市场规律的基础上，通过贴补降低成本环节，提高种植收益，调动了粮农的种粮积极性。与此同时，政府的政策导向应与财政扶持同步，抓粮食生产的政策之弦始终不能松，特别县乡一级政府在引导调整农业种植结构、在规划乡镇现代农业发展时对粮食生产影响大。但当前的现状是上热下冷，国家省市高度重视粮食，将粮食安全提高到关乎国家安全和稳定高度，但到乡镇级，由于在政府考核中未将粮食生产列入考核指标中，使得部分乡镇领导放松了对粮食生产的重视，认为抓粮食生产出不了政绩，粮食生产任务完成与否对乡镇触动不大，热衷搞“非粮化”的现代农业园区、观光农业、生态旅游等易出政绩和成效的项目。

三、对策建议

（一）加大补贴力度，向种粮大户集中

切实加大粮食生产扶持特别是补贴力度，保护粮农的种粮积极性。笔者建议各级政府进一步提高各项涉粮补贴项目的额度和标准，以增强农民对种粮成本上涨的承受能力，同时进一步健全农业生产资料成本核算和监控调剂机制，确保农业生产资料价格平稳。就衢州市而言，散户种粮以自产自给为主，而且每亩种粮 100—200 元左右的补贴，对提高散户种粮积极性作用有限，粮食生产主力在大户，粮食安全保障在大户。因此，要加大对种粮大户的扶持力度，在制定种粮补贴政策时，可以考虑取消对散户的贴补，集中财力对种粮大户进行补贴，并安排一部分资金开展农业基础设施建设，增强粮食生产保障能力。

（二）整合各项补贴，公开标准，简化程序，降低成本

整合种粮补贴项目，减少基层补贴政策兑现工作量。将农资综合直补、良种补贴、大户补贴等针对种植面积的补贴项目进行整合优化，公开贴补执行标准，全年一次性申报、核实、公示、上报、核查、审批、发放；将其他给予种粮农民的补贴项目统一整合为订单奖励，按粮农实际订单售粮数量进行补贴。各级财政要下放权力，简化拨付，加快贴补资金拨付和执行速度，统筹各部门行动，降低行政成本，提高财政工作效率。

（三）加强监督考核，确保粮食贴补、贴息及时准确兑付到位

各县（市、区）要足额落实地方配套资金和必要的工作经费，确保补贴政策及时兑现到户，要把粮食生产补贴政策兑付的相关工作经费列入本级财政预算。加强监督考核，把补贴政策兑付工作情况列入政府粮食安全责任制的考核内容，对表现突出的基层农技推广机构和个人进行表彰和奖励，对弄虚作假套取国家补贴资金的单位和个人追究行政或法律责任。加大信贷支持力度，严格落实省财政种粮贷款3%的贴息率和基准利率，增设种粮大户专项贷款基金，推行农民土地抵押贷款试点工作，解决种粮大户的资金短缺问题。

（四）财政贴补与相关政策扶持并重

种粮大户在粮食种植中既希望政府给补贴，更希望政府出政策。调查中，种粮大户反映强烈的有粮食生产管理仓库、育秧烘干等设施场地严重不足。因此，有效破解粮食生产设施用地“瓶颈”问题亟待解决。希望政府加强协调，制订出台针对粮食生产规模经营和育秧烘干等服务的设施用地专项政策，切实解决广大种粮大户的实际难题。同时，应加强对粮食生产功能区内“非粮化”趋势的科学管控和有效引导，确保粮食生产能力稳定提升。

（五）明晰政策考核导向，对重点产粮乡镇和粮食功能区实行侧重考核

在财政扶持的同时，政府应该发挥“有形的手”作用，明晰政策导向，将粮食生产安全考核延伸到乡镇，将粮食生产及粮食安全任务层层分解落实，制订出台相应的政策措施，加大粮食生产考核力度，严格落实粮食安全行政首长负责制，把粮食生产任务完成情况列入乡镇综合考核内容。对重点产粮乡镇和粮食功能区实行重点考核，把粮食生产指标、粮食生产功能区建设、粮食高产创建等任务列入当地新农村建设年度考核内容，对发展粮食生产成效明显的给予奖励，对粮食安全上发生重大事件的实行一票否决。

(六)开展生态粮食基地建设,拉大优劣粮食差价

衢州市生态环境优越,粮食种植条件得天独厚,在当今社会对食品安全充满隐忧的大环境下,衢州市生产的粮食在安全信誉方面具有超强的竞争力。政府应加大对高端、无公害优质稻谷的财政扶持力度,支持无公害生态粮食基地建设,引导衢州市粮食生产向优质、高产、高效、生态和安全迈进,迎合高端消费群体需求,体现生态资源价值。相关部门应在认证服务、检测服务和商品化生产方面提供支持,有效提升生态粮食生产规模化、专业化、社会化、产业化水平,通过品牌创建,拉开衢州市粮食与其他地区的差价,让衢州市农民在粮食种植中获得更大收益。

课题负责人 李永华
课题组成员 舒英龙 徐 燕
执 笔 舒英龙

国家级新区比较研究

随着中国经济的持续发展，特别是经济结构调整，转型升级力度加大，改革不断深入，国务院已批复设立11个国家级新区，为实现国家及区域发展战略发挥着积极作用。现主要从经济发展角度对国家级新区进行比较研究，分析新区经济发展情况，寻找新区发展特色，提供更多的思考角度和途径借鉴，以进一步加快推进浙江舟山群岛新区建设。

一、各新区基本情况

（一）概况

11个国家级新区设立时间、规划面积、常住人口及管理范围等基本概况如下表。

表1　11个国家级新区基本概况表

国家级新区名称	设立时间	管理范围	规划面积（平方公里）	2013年常住人口（万人）
上海浦东新区	1992.1	12个街道、24个镇	1210	545
天津滨海新区	2006.5（2010年正式成立行政区划）	塘沽、汉沽、大港3个行政区和天津经济技术开发区、天津港保税区、天津港区以及东丽区、津南区的部分区域	2270	263
重庆两江新区	2010.5	江北、渝北、北碚3个行政区部分区域	1200	263
浙江舟山群岛新区	2011.6	整个舟山市的行政区域	陆域面积1440，海域面积2.08万	114.2
甘肃兰州新区	2012.8	永登、皋兰两县五镇一乡	806	12
广东南沙新区	2012.9	广州市沙湾水道以南区域	803	62.5

续 表

国家级新区名称	设立时间	管理范围	规划面积（平方公里）	2013 年常住人口（万人）
陕西西咸新区	2014.1	西安、咸阳两市所辖 7 县（区）23 个乡镇和街道办事处	882	90
贵州贵安新区	2014.1	贵阳、安顺两市所辖 4 县（市、区）20 个乡镇	1795	73
青岛西海岸新区	2014.6	黄岛区全部行政区域	陆域面积 2096，海域面积 5000	171
大连金普新区	2014.7	金州市和普兰店市部分地区	2299	158
四川天府新区	2014.8	3 市 7 县（市、区）37 个乡镇和街道办事处	1578	205

（二）分布结构

11 个新区分布在 11 个省或直辖市，东南西北、沿海内陆均有布局，沿海有 6 个新区，内陆有 5 个新区，区位条件、辐射范围均不相同。在今后的发展中，这些新区都将成为所在区域的重要经济增长极，带动周边地区经济发展。

表 2　11 个国家级新区分布结构概况表

国家级新区名称	地理位置	区位资源优势
上海浦东新区	上海市东大门，长江三角洲东缘，北部扼黄浦江汇入长江的吴淞口，东临长江主航道（南支）出海段	享有上海独特的地理、交通、人才、产业优势，具有率先改革开放的先发效应，政通人和的社会环境
天津滨海新区	天津市中心区的东面	拥有中国最大的人工港、潜力巨大的消费市场和完善的城市配套设施，海湾资源丰富，工业基础雄厚
重庆两江新区	重庆市主城区的核心范围	交通网络完善，产业基础良好，综合要素成本优势明显

续　表

国家级新区名称	地理位置	区位资源优势
浙江舟山群岛新区	浙江省东北部海域，处于我国南北海运大通道和长江黄金水道交汇地带	江海联运的重要枢纽，深水岸线资源丰富、建港条件优越，海洋资源丰富，产业基础较好，生态条件良好
甘肃兰州新区	兰州市北部，处于兰州市和白银市结合部的秦王川盆地	区位优势明显，矿产、土地和水利资源丰富，地势开阔，适宜发展非农产业和大规模开发建设
广东南沙新区	广州市南端，地处珠江出海口，是大珠江三角洲地理几何中心	生态环境良好，产业基础坚实，与港澳合作紧密
陕西西咸新区	陕西省西安市和咸阳市建成区之间	陆路交通发达，经济基础良好，历史文化底蕴深厚，具有高素质、低成本的人才资源和相对充裕的土地资源
贵州贵安新区	贵州省贵阳市和安顺市结合部	西南地区重要的交通枢纽，交通干线汇集，三线军工产业基础较好，能源资源富集，可开发利用的土地资源丰富
青岛西海岸新区	山东省青岛市胶州湾西岸，是黄河流域主要出海通道和欧亚大陆桥东部重要端点	海洋资源丰富，生态环境优良，交通条件便捷，海洋科技优势突出，国家级园区数量多、功能全和政策集中
大连金普新区	辽宁省大连市中南部，东北亚地理中心位置	经济基础雄厚，开放环境优越，海陆空交通发达，自然资源丰富，东北老工业基地核心
四川天府新区	四川省成都市主城区南偏东方向	依托长江黄金水道，区位优势突出，交通设施完备，产业基础良好，科教实力雄厚

（三）综合保税区、保税区和保税港区

综合保税区、保税区和保税港区是新区对外开放、发展国际贸易、保税加工和产业经济的核心地带和重要经济功能区，也是展现新区综合实力的最好代表。

表3 11个国家级新区综保区、保税区或保税港区情况表

国家级新区名称	综保区、保税区或保税港区	获批时间	规划面积（平方公里）	功能定位及重点产业
上海浦东新区	外高桥保税区（含外高桥保税物流园区）	1990.6	10	重点建设国际贸易示范区，大力发展进出口贸易、保税展示、仓储分拨等服务贸易功能
	洋山保税港区	2005.6	8.14	重点建设国际航运发展综合试验区，大力发展国际中转、现代物流、商品展示、保税仓储、期货保税交割等多层次业务
	浦东机场综合保税区	2009.8	3.59	重点建设临空功能服务先导区，大力发展航空口岸物流、贸易和金融服务等功能
天津滨海新区	天津港保税区	1991.5	8.5	重点发展国际贸易、现代物流、保税加工等产业
	东疆保税港区	2006.8	10	主要拓展国际中转、国际配送、国际采购、国际转口贸易和出口加工五大功能
	滨海新区综合保税区	2008.3	1.96	重点发展航空产业
重庆两江新区	两路寸滩保税港区	2008.11	8.37	“水港＋空港”一区双核的综合保税区，具有港口作业、空运服务、保税贸易、保税物流、研发加工、金融、多式联运等功能
浙江舟山群岛新区	舟山港综合保税区	2012.9	5.85	本岛分区重点发展海洋装备制造业、海洋生物产业、电子信息产业等先进制造业及仓储物流、进出口贸易；衢山分区则重点发展煤炭、矿石、油品等大宗商品的仓储、配送业务，建设大宗商品仓储、中转基地
甘肃兰州新区	兰州新区综合保税区	2014.7	3.39	重点建设精细化工、高端装备制造、农产品、生物医药等产业的保税加工制造、仓储物流等功能

续 表

国家级新区名称	综保区、保税区或保税港区	获批时间	规划面积（平方公里）	功能定位及重点产业
广东南沙新区	广州南沙保税港区	2008.10	7.06	重点发展船舶制造、海洋工程等临港产业和航运及保税物流、离岸数据服务等功能
陕西西咸新区	西咸空港保税物流中心	2014.10	0.33	重点建设电子商务、保税物流、保税仓储、转口贸易、全球采购及国际分拨配送、流通性简单加工及增值服务等功能
贵州贵安新区	贵安新区综合保税区	边建设边报批中	2.2	重点发展电子信息、航空航天、绿色能源装备制造、大数据产业和保税研发检测等产业
青岛西海岸新区	前湾保税港区	2008.9	9.72	重点发展保税物流、保税加工、国际贸易、港航服务、航运金融、航空、新材料和临港装备制造等产业，建设大宗商品交易基地
大连金普新区	大连保税区	1992.5	1.25	重点发展汽车产业
	大窑湾保税港区	2006.8	6.88	重点发展港口作业、国际中转、国际配送、国际采购、转口贸易、出口加工、商品展示七大功能性业务，并拓展金融贸易、信用保险等相关功能
四川天府新区	成都高新综合保税区	2010.10	4.68	重点发展笔记本电脑、平板电脑制造、晶圆制造、芯片封装测试、电子元器件、精密机械加工以及生物制药产业

二、新区主要发展规划目标及特色

（一）主要发展规划目标

浦东新区作为第一个国家级新区，是 20 世纪 90 年代中国改革开放的关键之期，邓小平南方谈话后，为加强中国经济与世界经济的联系而成立的，它的最初定位是为上海、长江流域服务，进而为全国经济服务。随着经济发展的不断提高、开放程度的不断加深和综合改革的不断深入，浦东新区将围绕建设成为上海国际金融中心和国际航运中心核心功能区的战略定位，在强化国际金融中心、国际航运中心的环境优势、创新优势和枢纽功能、服务功能方面积极探索、大胆实践，努力建设成为科学发展的先行区、“四个中心”（国际经济中心、国际金融中心、国际贸易中心、国际航运中心）的核心区、综合改革的试验区、开放和谐的生态区。2013 年 8 月 22 日，国务院正式批准设立中国（上海）自由贸易试验区，这是中国顺应全球经贸发展新趋势，实行更加积极主动开放战略的一项重大举措。

滨海新区是在亚洲金融危机影响，中国沿海开发开放向北推进到渤海湾的大背景下成立的，它的发展目标是依托京津冀、服务环渤海、辐射“三北”、面向东北亚，努力建设成为我国北方对外开放的门户、高水平的现代制造业和研发转化基地、北方国际航运中心和国际物流中心，逐步成为经济繁荣、社会和谐、环境优美的宜居生态型新城区。

两江新区的设立则是在国际金融危机的后续效应中，国家发展战略转型的“新载体”，也是中国推进新十年西部大开发的重要突破口。国家对两江新区赋予了五大功能定位：统筹城乡综合配套改革试验的先行区，内陆重要的先进制造业和现代服务业基地，长江上游地区的金融中心和创新中心，内陆地区对外开放的重要门户，科学发展的示范窗口。

舟山群岛新区是我国首个以海洋经济为主题的国家新区，功能定位为浙江海洋经济发展的先导区、海洋综合开发试验区、长江三角洲地区经济发展的重要增长极。它的发展目标是建成中国大宗商品储运中转加工交易中心、东部地区重要的海上开放门户、中国海洋海岛科学保护开发示范区、中国重要的现代海洋产业基地、中国陆海统筹发展先行区。

兰州新区的地理位置决定了它在国家扩大西部开发、实现少数民族共同发展、维护国家稳定战略中的重要地位。它的四大战略定位是：西北地区重要的经济增长极、国家重要的产业基地、向西开放的重要战略平台、承接产业转移示范区。它的发展目标是产业强城、生态绿城、多湖水城、现代强城。

南沙新区是在香港回归十五周年之际，为进一步深化粤港澳合作，引领珠三角转型发展，促进港澳地区长期繁荣稳定而设立的。它定位为立足广州、依托珠三角、连接港澳、服务内地、面向世界，建设成为粤港澳优质生活圈和新型城市化典范、以生产性服务业为主导的现代产业新高地、具有世界先进水平的综合服务枢纽、社会管理服务创新试验区，打造粤港澳全面合作示范区。

西咸新区是习总书记提出与欧亚各国共建“丝绸之路经济带”后不久成立的国家级新区，也是我国首个以创新城市发展方式为主题的新区。它着力建设丝绸之路经济带重要支点、着力统筹科技资源、着力发展高新技术产业、着力健全城乡发展一体化体制机制、着力保护生态环境和历史文化、着力创新体制机制。它的发展目标是:努力建设成为我国向西开放的重要枢纽、西部大开发的新引擎和中国特色新型城镇化的范例。

贵安新区地处西南欠发达地区,它的成立是缩小西部和欠发达地区与全国的差距、实现全面建成小康社会的重要一步。它的发展目标为:以"生态文明建设和包容性发展"为内涵与示范,以"山水绿色之城,民族文化之都"为形象定位,将贵安新区构建成为"产城融合创新区、城乡统筹先行区、生态文明示范区、民族文化展示区、对外开放引领区"。

西海岸新区、金普新区和天府新区是在中国经济进入换挡期、各地经济发展增速放缓的背景下成立的,构成国家从三大战略布局入手在东部沿海和西部内陆培育经济发展的新机制:

从发展海洋科技经济着手,成立西海岸新区,使它发展成为海洋科技自主创新领航区、深远海开发战略保障基地、军民融合创新示范区、海洋经济国际合作先导区、陆海统筹发展试验区,为探索全国海洋经济科学发展新路径发挥示范作用。

从调整改造全国老工业基地入手,成立金普新区,将它打造成为面向东北亚区域开放合作的战略高地、引领东北地区全面振兴的重要增长极、老工业基地转变发展方式的先导区、体制机制创新与自主创新的示范区、新型城镇化与城乡统筹的先行区。

从深化西部大开发着手,成立天府新区,将它构建成为以现代制造业为主的国际化现代新区,打造成为内陆开放经济高地、宜业宜商宜居城市、现代高端产业集聚区、统筹城乡一体化发展示范区。

(二)发展特色及政策亮点

11 个新区的地理位置、资源禀赋、战略定位和发展目标各不相同,使得每个新区的发展各有特色,获得的优惠政策也各有亮点。

浦东新区在产业发展方面积极推进金融贸易先行、高新技术产业先行的产业发展方针,大力培育和引进具有国际竞争力的产业和项目,不断优化产业结构,着力形成以服务经济为主体的产业结构和创新驱动为主导的发展模式;在综合配套改革方面,围绕"三个着力"推动了金融、航运、贸易、行政管理体制、城乡二元结构等 200 多项改革任务,包括 70 多项部市合作项目,努力做到"浦东能突破、上海能推广、全国能借鉴"。根据浦东"四个中心"的战略定位,它的政策在对外开放方面亮点颇多,对三资企业税收方面和外商在海关、土地、金融政策方面有较多优惠政策,特别是允许外商在区内兴办第三产业,对现行规定不准或限制外商投资经营的金融和商品零售等行业，经批准，可以在浦东新区内试办；允许外商在上海（包括浦东新区）增设外资银行，先批准其开办财务公司，再根据开发浦东实际需要，允许若干家外国银行设立分行；同时适当降低外资银行的所得税率，并按不同业务实行差别税率。随着中国（上海）自由贸易试验区的设立，浦东在对外开放方面将更进一层。

滨海新区逐渐形成以现代工业为基础，外向型经济为主导，商贸、金融、旅游竞相发展的格局，大力发展电子通讯、石油开采与加工、海洋化工、现代冶金、机械制造、生物制药、食品加工七大主导产业，并加快金融体制创新、涉外经济体制和科技管理体制改革、行政管理体制改革、循环经济示范区建设等综合配套改革方面的进展。它的优惠政策有参照浦东新区、东北老工业基地、天津开发区优惠政策和“综合配套改革试验权”的叠加，在建设北方国际航运中心核心功能区东疆保税港区时提出以创新国际船舶登记制度，开展航运金融业务和租赁业务试点为入手探索建设中国特色自由贸易港区。

两江新区突出发展以汽车、电子信息、高端装备、通用航空、生物医药为主的先进制造业和以物流、金融、商贸、会展为主的现代服务业，依托内陆唯一的保税港区，创新内陆开放体制机制，促进资源要素流通。两江新区有比照浦东与滨海新区的优惠政策、西部大开发及其综合配套改革的政策组合，拥有20年的财政自主权，下属的两路寸滩保税港区最近获国家批复开展促进贸易多元化试点，将在保税港区规划面积内划出专门区域作为贸易功能区，开展贸易、物流和流通性简单加工等业务。

舟山群岛新区紧紧围绕现代海洋产业做文章，大力发展以港航物流、船舶制造、海洋工程装备、海洋旅游、远洋渔业等优势产业为主导的海洋经济。舟山重要的地理位置和全国独一无二的港口条件，使港口开发成为舟山未来最具潜力和竞争力的产业，宁波—舟山港货物吞吐量在2012年首次超越上海港后，在2013年又将二者的差距拉大到3400万吨，稳坐世界第一。舟山优良的生态环境和丰富的海岛资源也使舟山新区在发展高端旅游、生态旅游、文化产业、健康产业和养老产业方面前景大好。在政策方面，舟山是唯一拥有正省级经济社会管理权限的新区，新区管委会可与国务院各部委直接对话。国务院批复的新区规划中最大的亮点就是探索建立舟山自由贸易园区，逐步研究建设舟山自由港区。

兰州新区瞄准“未来产业”，把新材料产业、新能源产业、文化创意产业和生态环保产业等作为发展重点。同时鉴于兰州新区周边脆弱的生态问题，在发展中牢固树立“生态为先”的理念，坚持“生态环境优先、协调持续发展”的原则，积极探索新区生态建设的新模式、新路径。新区有西部大开发政策、国家级循环经济示范区政策、国家支持甘肃经济社会发展政策、国家级高新技术开发区和经济开发区政策的叠加，特别是拥有两个“先行先试”：国家将允许和支持兰州新区在行政管理体制、涉外经济体制、社会管理体制、技术创新、服务体系、促进民营经济发展等方面先行先试，并允许其在土地开发整理和利用等方面先行先试。

南沙新区结合自身区位特点、临港优势和发展定位要求，致力于构建以生产性服务业为主导的现代产业体系，重点发展航运物流服务业、高端商务与商贸服务业、科技智慧产业、高端装备及技术产业、健康休闲产业五大主导产业，推动与港澳服务贸易的自由化，努力构建粤港澳合作新格局。国家在金融、与港澳往来便利化、扩大对外开放、财税、土地管理、海洋管理、社会事业与管理服务等方面赋予了南沙新区多项先行先试的政策措施。例如，赋予南沙新区多项与港澳密切人员往来的便利化政策，同意增加南沙新区粤港澳直通车指标数量，支持南沙新区在内地金融业逐步扩大对港澳开放的过程中先行先试等。

西咸新区抓住城市发展创新和丝绸之路建设两个主题，着力构建以五个新城为依托的现代农业、高新技术、先进装备制造业、临空产业、仓储物流业、生态文化旅游业和高端现代服务业的现代产业体系。西咸新区是 11 个国家级新区中唯一被赋予发展现代农业使命的新区，按照规划在 882 平方公里规划面积里，可开发面积仅有 227 平方公里，大片的农业土地和遗址区被保留，它在泾河新城着力打造现代都市农业，力争实现农业的现代化、集约化和规模化，探索出一条以现代农业为特色的城乡统筹新路。国家还赋予西咸新区创新城市发展方式先行先试权，支持西咸新区在城乡社会管理、行政管理体制、科技资源统筹、文化资源保护与开发等方面先行先试。

贵安新区集中着贵州省重要的生态资源和水资源，因此着力构建生产、生活、生态“三生融合”的可持续发展模式，重点打造大数据、高端电子信息制造、高端特色装备制造、高端文化旅游养生、高端服务业等现代产业集群。新区在财税与金融政策、投资和产业政策、土地政策、环境保护政策和科技教育创新政策五个方面获得国家的政策支持。

西海岸新区是我国重要的先进制造业基地和海洋新兴产业集聚区，培育形成了港口航运、石油化工、家电电子、船舶海工、汽车及零部件、机械六大产业集群。新区海洋经济特色鲜明，特别是海洋科技优势突出，有利于构建起海洋科技创新引领海洋经济可持续发展的格局，形成先进制造业发达、现代服务业繁荣的现代海洋产业体系。在目前的政策方面，青岛在今年获批财富管理金融综合改革试验区，发展以面向日韩市场为主的涉外金融体系是一大亮点，新区总体方案中明确指出："在风险可控的前提下，积极稳妥研究探索金融业综合经营试点、外汇管理等金融改革创新试点，引进日韩金融机构，推进韩元在境内银行间区域市场挂牌交易，促进中日韩货币互换和投资贸易便利化。"

金普新区是大连市新兴产业核心集聚区，集群化发展态势明显，初步形成了高端装备制造业集群、整车及核心零部件产业集群、电子信息产业集群和港航物流产业集群。它重点在航运、物流、金融、人才和科技等方面为东北地区提供综合服务，带动东北地区等老工业基地全面振兴。《金普新区总体方案》中提出对新区在对外开放、自主创新等方面支持"先行先试"：支持在新区先行先试投资、货物与服务贸易便利化政策；支持新区在人才引进开发、创新平台建设、知识产权保护转让交易和融入东北亚区域研发创新体系等方面先行先试，探索知识产权入股、期权激励等有利于激发自主创新的新模式。制定和实施区域知识产权战略。

天府新区按照战略定位，大力发展先进制造业和高端服务业，电子信息、汽车制造、新能源、新材料等产业集群不断壮大，中央商务、总部经济、现代金融、文化创意等高端服务业集聚发展。国家将在金融投资政策、产业政策、土地政策等方面给予支持：研究推进发展商业保理、互联网金融等新兴金融业态的政策，支持开展保险业创新发展试验；支持按程序申请设立成都空港保税物流中心（B型）等。

三、新区建设及发展主要情况

（一）经济规模和发展速度

1. 地区生产总值。从2013年的经济规模总量来看，甘肃兰州新区、陕西西咸新区、贵州贵安新区、大连金普新区和四川天府新区由于成立时间尚短，统计制度尚不健全，主要经济指标的统计数据无法取得。东部五大新区地区生产总值均在900亿元以上，其中成立最早的上海浦东新区和天津滨海新区GDP总量最大，在3000亿—4000亿元之间，青岛西海岸新区次之，在2000亿元以上，重庆两江新区GDP总量超过1000亿元，浙江舟山群岛新区和广东南沙新区GDP较为接近，在900亿元到1000亿元之间，已有统计数据的七大新区GDP合计20223.5亿元，占全国（568845亿元）的3.6%，其中东部五大新区GDP合计18573.5亿元，占全国的3.3%。

从新区成立以来的经济年均增速看，天津滨海新区增长速度最快，在2010

年正式成立行政区后的 3 年时间内，GDP 年均增长 21.6%。两江新区次之，增长 20.5%。浦东新区作为成立最早的国家级新区，经过 20 多年的发展，保持了年均 16.3%的高经济增长速度。广东南沙新区和青岛西海岸新区成立时间不长，但也保持了两位数的增长。相比之下，浙江舟山群岛新区设立后经济增长速度相对靠后。

进入 2014 年，在国家经济进入新常态步入中高速发展的背景下，浦东新区、滨海新区、两江新区、西海岸新区和南沙新区 5 个国家级新区经济发展速度较 2013 年均有所放缓，GDP 分别增长 9.6%、15.6%、15.1%、8.5%和 12.0%，2014 年上半年增速分别比 2013 年回落 0.1 个、1.9 个、0.9 个、2.9 个和 0.5 个百分点。其中西海岸新区回落最为明显，由两位数增长回落到个位数。舟山新区保持了稳步上升的发展势头，2014 年上半年增长速度比 2013 年提高了 1.3 个百分点。

2. 固定资产投资。从 2013 年的固定资产投入规模来看，可划分为 4 个梯队。第一梯队的年固定资产投资水平在 5000 亿元以上，为天津滨海新区；第二梯队的年固定资产投资在 1000 亿元—2000 亿元之间，为上海浦东新区、重庆两江新区和青岛西海岸新区；第三梯队的年固定资产投资在 700 亿元—1000 亿元之间，为陕西西咸新区和浙江舟山群岛新区；第四梯队的年固定资产投资在 300 亿元左右，为甘肃兰州新区和广东南沙新区。

从新区成立以来的固定资产投资年均增速看，陕西西咸新区超过 40%，增速最快。广东南沙新区次之，超过 30%。超过 20%的有甘肃兰州新区、重庆两江新区、浙江舟山群岛新区和天津滨海新区。青岛西海岸新区和上海浦东新区增速在 10%—20%之间。

2014 年上半年，滨海新区、两江新区、舟山新区、南沙新区和兰州新区 5 个国家级新区的固定资产投资保持了加快发展的态势，增速分别比 2013 年提高 2.4 个、11.8 个、7.3 个、25.9 个和 39.3 个百分点，其中南沙新区和兰州新区由于基数相对较小等原因，增速超过 50%。浦东新区增速回落最明显，比 2013 年回落 12.7 个百分点，西海岸新区增速回落 0.8 个百分点。

3. 公共财政预算收入。从 2013 年的公共财政预算收入水平来看，上海浦东新区超过 600 亿元，天津滨海新区超过 550 亿元，重庆两江新区和青岛西海岸新区在 150 亿元到 250 亿元之间，浙江舟山群岛新区和广东南沙新区还未突破百亿元。

2014 年上半年，浦东新区、两江新区、舟山新区和西海岸新区 4 个国家级新区的公共财政预算收入增速较 2013 年有所提高，分别提高 16.8 个、4.3 个、

0.6个和3.1个百分点，滨海新区和南沙新区增速较2013年回落1.9个和9.6个百分点。兰州新区由于处在发展初期，基数较小，上半年增长速度达到186.2%。

表4 国家级新区主要经济指标

国家级新区名称	地区生产总值		固定资产投资		公共财政预算收入	
	2013年绝对值（亿元）	新区成立以来年均增速（%）	2013年绝对值（亿元）	新区成立以来年均增速（%）	2013年绝对值（亿元）	新区成立以来年均增速（%）
上海浦东新区	6448.7	16.3	1679.2	12.3	610.0	26.5
天津滨海新区	8020.4	21.6（以2010年为基期）	5036.7	24.6（以2010年为基期）	563.3	9.0
重庆两江新区	1650	20.5	1367.5	26.7	223.9	39.9
浙江舟山群岛新区	930.9	9.3	750.0	25.5	92.6	10.1
甘肃兰州新区	—	—	301.2	28.1	—	—
广东南沙新区	908.0	12.5	250.7	31.0	52.6	18.3
陕西西咸新区	—	—	833.3	47.4	—	—
贵州贵安新区	—	—	—	—	—	—
青岛西海岸新区	2265.5	11.4	1226.3	19.6	152.3	13.2
大连金普新区	—	—	—	—	—	—
四川天府新区	—	—	—	—	—	—

表5 国家级新区2014年上半年主要经济指标

国家级新区名称	地区生产总值		固定资产投资		公共财政预算收入	
	绝对值（亿元）	增速（±%）	绝对值（亿元）	增速（±%）	绝对值（亿元）	增速（±%）
上海浦东新区	3247.7	9.6	729.51	2.7	437.88	27.8
天津滨海新区	3930.9	15.6	3021.76	15.5	542.62	18.2
重庆两江新区	847.4	15.1	719.90	22.0	139.90	21.5
浙江舟山群岛新区	433.5	9.8	441.20	27.9	61.50	8.9

续　表

国家级新区名称	地区生产总值		固定资产投资		公共财政预算收入	
	绝对值（亿元）	增速（±%）	绝对值（亿元）	增速（±%）	绝对值（亿元）	增速（±%）
广东南沙新区	446.10	12.0	140.0	56.9	24.6	8.7
甘肃兰州新区	34.40	31.5	133.9	67.4	3.3	186.2
青岛西海岸新区	1076.70	8.5	653.0	18.8	93.0	16.3
陕西西咸新区	170.37	12.3	468.4	44.5	—	—

（二）产业结构

从三次产业结构看，以 2013 年为时间节点，天津滨海新区、重庆两江新区和广东南沙新区第二产业增加值占 GDP 的比重高于第一产业和第三产业。广东南沙新区以船舶制造、海洋工程等临港产业和航运业为主导产业，其第二产业增加值占 GDP 的比重达 74.3%，是第二产业占比最高的新区；天津滨海新区以电子通讯、石油开采与加工、海洋化工、现代冶金、机械制造、生物制药、食品加工七大产业为主导，其第二产业增加值占 GDP 的比重为 67.37%；重庆两江新区以汽车、商贸、建筑、金融、电子与交通运输、仓储与邮政业六大产业为主导，其第二产业增加值占 GDP 的比重为 55.07%。上海浦东新区是唯一一个第三产业增加值占 GDP 比重超过 50%的新区，浦东新区以国际航运和国际金融、贸易为主导产业，2013 年第三产业增加值占 GDP 的比重达 64.43%。浙江舟山群岛新区大力发展港航物流、船舶制造、海洋工程装备、海洋旅游、远洋渔业等优势产业为主导的海洋经济，第二产业和第三产业增加值的比重较为接近，分别占 GDP 的 44.21%和 45.51%，由于海洋渔业是舟山的传统产业，第一产业占 GDP 的比重为 10.28%，在 11 个新区中占比最高。

从产业结构演进的过程来看，各大新区都经历了一个产业结构优化的过程。浦东新区在成立初期的 1992 年，三次产业结构比为 3.37：74.71：21.92，到 2007 年第三产业占比首次超过第二产业，三次产业结构比为 4.58：43.02：52.40，产业结构升级明显加快，服务业已经成为浦东新区经济发展最重要的推动因素。接下来的几年，浦东新区“三、二、一”产业发展的方向得到充分体现，浦东新区第三产业的发展一方面得益于 1995 年以后发展战略的调整，即强调以金融、航运、贸易、出口加工为主的外向型经济发展，故而在今后

表 6　国家级新区 2013 年产业结构情况

国家级新区名称	GDP		第一产业增加值			第二产业增加值			第三产业增加值		
	绝对值（亿元）	增速（%）	绝对值（亿元）	增速（%）	占 GDP 比重（%）	绝对值（亿元）	增速（%）	占 GDP 比重（%）	绝对值（亿元）	增速（%）	占 GDP 比重（%）
上海浦东新区	6448.7	9.7	31.3	−8.8	0.49	2262.4	2.4	35.08	4155.0	14.4	64.43
天津滨海新区	8020.4	17.5	10.1	−0.6	0.13	5403.0	17.8	67.37	2607.3	16.7	32.51
重庆两江新区	1650.0	16.0	17.3	−1.5	1.05	908.6	20.5	55.07	724.1	10.7	43.89
浙江舟山群岛新区	930.8	8.5	95.7	7.6	10.28	411.5	9.2	44.21	423.6	7.9	45.51
广东南沙新区	908.0	12.5	45.9	2.9	5.05	674.7	14.1	74.30	187.3	8.3	20.63
青岛西海岸新区	2265.5	11.4	61.7	2.0	2.72	1360.6	10.4	60.06	843.2	13.8	37.22

注：除以上 6 个新区以外其他新区分产业的增加值数据还未统计。

的发展中，重点向第三产业转移；另一方面得益于国际产业转移的推动，使得第三产业进入快速发展期。到 2013 年三次产业结构比为 0.49：35.08：64.43，与 1992 年相比第三产业增加值占比提高了 42.51 个百分点。

滨海新区在成立初期的 2007 年，三次产业结构比为 0.3：71.7：28.0，产业结构呈“二、三、一”格局，第二产业发展势头强劲，是推动新区经济快速发展的主要推动力量。2013 年比值为 0.1：67.4：32.5，产业结构演进和外向型经济发展相对不明显，第三产业增加值占比提高了 4.5 个百分点，外贸出口总额由 2007 年的 245.27 亿美元到 2013 年的 311.45 亿美元。

两江新区在成立初期的 2010 年，三次产业结构比为 1.7：52.8：45.5，2010 年至 2013 年，两江新区第一产业增加值年均下降 2.2%，第二产业增加值年均增长 24.0%，第三产业增加值年均增长 17.2%，呈现工业和现代服务业较快发展，且工业发展快于服务业的发展态势。2013 年，两江新区三次产业结构比为 1.0：55.1：43.9。

2011 年，浙江舟山群岛新区三次产业结构比为 10.0：46.2：43.8，到 2013 年的 10.3：42.2：45.5，第三产业占比提高了 1.7 个百分点。广东南沙新区三次产业结构比从 2012 年的 5.1：73.0：21.9，到 2013 年的 5.1：74.3：20.6，第二产业占比提高了 1.3 个百分点。

（三）经济增长质量

人均地区生产总值是衡量地区人民生活水平的重要指标，能比较客观地反映一个地区的社会发展水平和发展程度。人均 GDP 水平都处在较高水平，有数据的新区均超过了 1 万美元。

投入产出率是 GDP 与固定资产投资之比，反映固定资产投资对地区经济增长的贡献，是衡量投资有效性和经济增长质量的重要指标。2013 年，浦东新区和南沙新区的投入产出率超过 360%，即投入 1 元钱，创造了 3 元多的新财富，投入的产出水平相对较高。滨海新区、两江新区、舟山新区和西海岸新区均低于 190%，其中两江新区和舟山新区低于 130%。

税收占 GDP 的比重反映了经济增长对地方的实际贡献水平，地方经济在注重量的扩张的同时，更要突出重点，抓住关键，推进产业结构向优质化、高效益、强后劲升级，才能使税收占 GDP 的比重不断提高。2013 年，重庆两江新区的税收占比最高，超过 10%；浦东新区和舟山新区在 9%—10%之间，滨海新区、南沙新区和西海岸新区均低于 8%。

表 7 国家级新区 2013 年经济增长质量相关指标

国家级新区名称	人均地区生产总值		GDP 与固定资产投资之比(%)	税收占 GDP 的比重(%)
	美元	元(人民币)		
上海浦东新区	19099	118281	384	9.46
天津滨海新区	49125	304241	159	7.02
重庆两江新区	11602	71847	121	13.57
浙江舟山群岛新区	13174	81582	124	9.95
广东南沙新区	23523	145681	362	5.79
青岛西海岸新区			185	6.72

注:天津滨海新区由于人民生活和生产不在同地较多,人均地区生产总值可比性不强。

四、对舟山新区建设发展中的几点思考

通过 11 个国家级新区建设发展比较,笔者结合对比长三角 16 个城市及省内 11 个城市经济社会发展情况,得出关于舟山新区发展较多的启示,值得对舟山新区建设发展中一些问题和困难进行深入思考,主要有以下几点。

(一)经济总量规模偏小,速度减缓,难以有效起到长三角地区经济发展主要增长极的作用

从 1999 年起,舟山经济增长速度超过了全国、全省,经济增长曲线穿越全国、全省在上沿线运行,年平均速度达到 16.8%,其中最高时期 2004 年至 2007 年每年增长在 17%以上,经济规模不断放大。但作为具备一定发展基础,在舟山市原行政区域上全覆盖设立的新区,舟山经济总量规模依然偏小,且近几年经济增长速度放缓,还未达到 1000 亿元。在国家级新区已有 GDP 数据中居后列,在长三角 16 个城市和全省 11 个城市中居末位。长三角城市中,上海超 2 万亿元,苏州超 1 万亿,杭州、无锡、南京超 8000 亿元,宁波超 7000 亿元,南通超 5000 亿元,除湖州不到 2000 亿元,其余均在 2900 亿—4500 亿元之间。目前,舟山新区经济总量规模偏小,速度增长不快,杠杆撬动作用有限,舟山新区在发展规划中明确的长三角地区经济发展重要增长极的作用难以有效发挥。

(二)工业发展基础还不牢固,转型升级任务艰巨

“低、散、小”是改革开放前舟山工业经济的写照,30 多年来,舟山工业经济逐步发展壮大,尤其是 20 世纪 90 年代末期以船舶修造业、石化业等崛起的临港工业快速发展,给舟山工业经济发展注入了活力。2009 年,舟山工业总产值超过 1000 亿元,船舶修造业、石化业、水产品加工业成为舟山工业的主力军,

2013 年全部工业总产值 1750 亿元，规上工业总产值 1351 亿元，这三个行业工业总值占规模以上工业的比重为 76.6%。但总体来看工业发展基础还不牢固，临港工业优势还没有充分显现，产业结构较为单一，船舶修造业、水产品加工业、机械制造业等传统行业转型升级任务艰巨，海洋工程装备业发展缓慢，新兴产业、高新技术产业占比不高。

（三）服务业发展不够快，海洋、港口等优势发挥不明显

过去，舟山经济主要以渔农业为主，直到 1992 年，三次产业经济结构比例为 33.0∶33.5∶33.5，即第一产业、第二产业、第三产业经济份额是三分天下，其后随着港口业、海运业、批发零售业、旅游业等较快发展，三次产业结构比例一直呈现"三、二、一"，即服务业（第三产业）占主导地位，其间在大力发展工业政策引导下，船舶修造等临港工业不断崛起，第二产业比重不断上升。2008 年，第二产业首次超过第三产业，经济结构比例为 9.8∶45.8∶44.4。目前，在"双轮驱动"战略作用下，二、三产业互动发展，结构比例交替变化、较为接近，服务业不断发展为舟山经济增长贡献起到了积极的作用，但总体来看服务业发展不够快，服务业比重相对较低，离发达国家（地区）及经济发展较好城市或先进海岛型城市还有较大的距离。

作为我国自然条件首屈一指的深水良港，舟山迄今没有建立起自己的集装箱国际航线，港口航运业发展层次低、效益低，带动力弱，除附加值低的大宗原料外，真正意义上的国际货物贸易基本上还处于空白期。目前港口业主要起到堆场、中转、储运作用，大宗商品储运中转加工能力不强，现代化、专业化管理欠缺，利用效率不高，产出不明显，产业链延伸不够。海运业受 2008 年金融危机影响明显，波罗的海指数一直在低位运行，海运运价难以上升，海运企业经济效益不佳，结构调整、转型升级压力大，与世界上几大航运集团还未建立协作关系，国际直航还未真正实施，海运业发展步履艰难。

舟山的旅游业主要依托佛教文化及海岛景观资源优势，离国际化、精品化还有较大差距，季节性较为明显，旅游产品开发缺乏，旅游消费能力低下，旅游产业增加值占比还处在较低水平。

（四）投资效果系数逐年走低，投入产出效果不明显

单位投资产出的 GDP 增量，称为投资效果系数，可以判断投资对经济的促进作用。投资效果变化，虽然与市场的需求、产能利用率的提高等因素紧密关联，但投资结构的变化起着决定作用。1994 年以前，舟山投资效果总体较好，投资效果系数 1981—1985 年达到 71.9%，1986—1990 年为 36.7%，1991—1994 年为 53.9%，主要是由于当时经济规模小，投资以生产性投资为

主，一个较大的投资项目对经济的拉动作用比较明显。1995—2007 年投资效果系数为 29.3%，2008—2013 年为 14.3%，投资效果系数下降较多，主要是全市在水利围垦、文化教育卫生、交通、城市建设等方面的基础设施投资快速增加，生产性投资比重下降，经济规模扩大，投资对经济的感应作用缩小。随着市场化程度不断提高，竞争更趋激烈，投资成本不断扩大，投资回报周期延长，投资效果下降，对经济拉动作用削弱(详见图 1)。

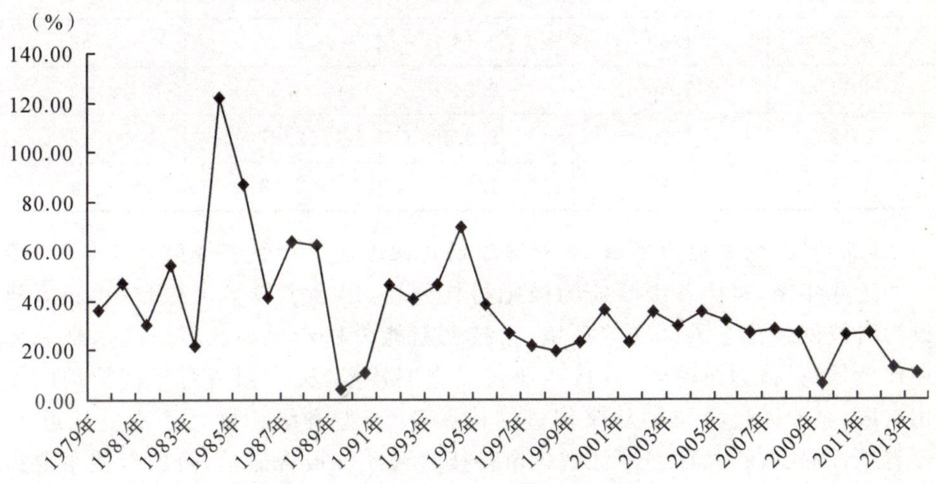

图 1 1979—2013 年投资效果系数

从全省各地市投资效果系数的比较来看，近几年舟山市均排在较为靠后的位置，说明其有效投资不足，投入产出率不高，投资拉动经济增长的作用不如其他地市。这既有投资结构性因素的影响，也有投资主体关系或少数非法人单位有投入却难以统计其产出的因素。

另外，从当前省委、省政府确定的经济运行与转型升级和党政领导实绩考核体系中 GDP 与固定资产投资之比也不高。这个指标值即每投入 1 元钱所创造的财富，2013 年全国为 1.27 元，全省为 1.86 元，宁波为 2.08 元，舟山为 1.24 元(详见表 8)。

表 8 近十年全国、全省及宁波、舟山 GDP 与固定资产投资之比

年份	全国	全省	宁波	舟山
2004	2.26	1.89	2.05	1.82
2005	2.07	2.01	1.93	1.75

续　表

年份	全国	全省	宁波	舟山
2006	1.96	2.06	2.03	1.56
2007	1.94	2.21	2.30	1.50
2008	1.83	2.31	2.45	1.50
2009	1.52	2.13	2.33	1.34
2010	1.59	2.18	2.54	1.56
2011	1.50	2.24	2.54	1.62
2012	1.38	2.02	2.27	1.42
2013	1.27	1.86	2.08	1.24

(五)科技创新能力不强,企业通过创新促进产业和经济转型升级意愿不强

近几年来,舟山各级政府为鼓励科技创新,出台了较多优惠政策,新区建设为科技创新营造了良好的环境,科技创新能力稳步提高。但科技水平总体还比较低,科技力量薄弱,科技产业发展进度较慢,科技创新对经济拉动的作用有限,企业通过科技创新来促进结构调整、转型升级积极性不高。从近 10 年省统计局、省科技厅对浙江省各市科技监测评价报告显示,舟山有些主要指标排位较靠后,2013 年科技研发经费占 GDP 的比重仅为 1.42%,低于全省平均 0.76 个百分点,名次在全省各市排第 9 位;每万人口专利授权指数 42.09,低于全省平均 32.31 个百分点,排第 9 位;工业新产品产值率 14.05%,低于全省平均 12.25 个百分点,排末位。

表 9　舟山近十年 R&D 占比、专利授权指数、工业新产品产值率情况

年份	R&D 占 GDP 的比例(%)	舟山位次	每万人口专利授权指数	舟山位次	工业新产品产值率(%)	舟山位次
2004	1.21	9			6.18	7
2005	0.76	7	0.72	10	7.06	7
2006	0.87	8	1.48	10	12.8	5
2007	0.89	8	3.31	11	15.03	5
2008	0.88	8	4.70	11	26.52	1
2009	0.96	9	5.63	11	27.82	1

续 表

年份	R&D占GDP的比例(%)	舟山位次	每万人口专利授权指数	舟山位次	工业新产品产值率(%)	舟山位次
2010	1.22	8	8.11	11	26.52	1
2011	1.29	8	13.57	11	24.13	5
2012	1.36	8	25.67	11	10.89	11
2013	1.42	9	42.09	9	14.05	11

产业集聚区、开发区、园区总体而言档次不高，开发建设不快，特色不明显，科技创新不强，经济发展中主战场、排头兵作用不够，舟山新区目前是国家级新区中唯一一个没有“国家级高新技术产业开发区”的新区。

五、对加快舟山新区建设发展的几点建议

通过国家级新区比较，总体来看，值得我们借鉴的经验与做法较多，比较明显的有四点，一是体制机制先行先试。创新行政管理组织架构，高度重视规划编制工作，政策措施各有亮点，发展规划目标清晰，国家战略定位明确，起点高，吸引力强，努力营造经济聚焦效应。二是投入力度强。各个新区都把大投入、大项目、大发展作为基本模式，在基础设施建设、特色产业经济发展等方面投入力度大、强度高，固定资产投资总体保持较快增长，不断增强经济发展后劲动力。三是突出发展特色优势产业。利用地理区位资源政策等优势，加快发展特色产业。如上海浦东新区着力打造国际金融、国际航运、国际贸易中心，服务业快速发展，第三产业增加值比重已超过64%，天津滨海新区着力发展现代制造业，电子通讯、石油开发与加工、海洋化工等主导产业发展明显，重庆两江新区大力发展汽车、电子信息、国防军工等主导产业，青岛西海岸装备制造业、石油化工、港口航运等产业发展明显。四是力促经济发展保持较快速度。这是各个新区设立的初衷，也是自我鼓励、拼搏奋进的结果，如上海浦东新区20多年年均保持16.3%经济增速，天津滨海和重庆两江近几年年均经济增速在20%以上，新设立的广州南沙和青岛西海岸2013年经济增速也保持在两位数。2014年上半年，在当前复杂严峻的宏观经济环境下，绝大多数新区依然保持了较快的经济增速。

(一)借助国家、省对新区发展的支持和浙江舟山群岛新区省部际联席会议机制，努力把各项政策落实到位，体现新区集聚效应和效率速度

2011年6月30日，国务院批复设立浙江舟山群岛新区，舟山成为国家第4个新区，成立时间相对较早；2013年1月17日，国务院批复浙江舟山群岛新

区发展规划，部分新区发展规划还未正式批复，且只有浦东新区、滨海新区等行政区设立区委区政府，其余新区都是行政管理，只设立管理委员会，舟山新区有新区党工委和管委会，同时仍然保留市委市政府，行政体制较为健全。11个国家新区中，只有浙江舟山群岛新区有省部际联席会议机制，协调、沟通渠道较为畅通。2013 年 4 月 22 日，浙江省政府又出台了《关于推进舟山群岛新区建设的若干意见》，《新区建设三年行动计划》也已经出台，赋予舟山群岛新区省级经济社会管理权限，对舟山新区建设及经济社会发展提出了 40 条政策措施支持新区发展的意见。

这些政策措施为舟山新区建设提供了强有力的保障，关键是把各项政策措施落实到位，把省部际联席会议平台作用发挥好，把舟山新区管理机制运作好，在辖区内实行更加开放和优惠的特殊政策，提振信心，先行先试，创新探索，加快新区建设，体现新区速度，做大做强新区规模，促进新区经济社会健康快速发展，切实起到长三角地区经济发展主要增长极的作用，把舟山新区打造成国际化的自由贸易港区。

(二)持续推进大力度投资，增强经济发展能级

2000 年以来，舟山投资规模不断扩大，2013 年固定资产投资已达 750 亿元，投资规模已超过丽水市和衢州市，13 年间固定资产投资年均保持 28.9% 高速增长，2014 年 1—11 月投资又增长 27.6%。但舟山基础设施相对较薄弱，投资主要用于基础性设施，生产性直接投资比重不高，投资效果系数难以提升，投资对经济直接拉动力还有待提高，经济新增长点难以有效形成，经济发展后劲不足。

在基础设施不断完善的前提下，投资结构需进一步调整，逐步向生产性投资转移，加快推进重大项目，扩大有效投资，提升经济增长能级，加快扩张经济规模，不断提升优化经济骨架和产业结构。

一要坚持以“大平台、大项目、大企业、大产业”建设为重点。要注重招商选资的质量和档次，利用舟山独特的地理位置和资源优势，有针对性地引进一批大项目、好项目，引进经济效益、社会效益、生态效益高度统一的优质项目，充分发挥大平台、大项目、大企业、大生产在经济发展中的关键作用。

二要加快推进投资项目进度。对项目的引进、审批、落地、建设、投产等，要攻坚克难加快突破。对新建和前期项目，要加快相关工作进程争取及早开工；对在建项目，要及时帮助协调解决各种困难和问题，加快项目建设进度；对已完成建设和投产的项目，要抓好产能释放，进一步扩大生产能力。

三要切实提高投资效率。通过科学规划，引领舟山市重点投资领域和重

大项目有序发展。避免低水平重复建设,防止生产要素大量闲置,促进资源利用效率。不断优化政府的投资行为,科学界定政府的投资领域和范围,促使投资结构由政府主导型向民间主导型转变。

四要加快技术更新改造。要加强规划和产业政策引导,引导企业的投资方向,鼓励企业进行科技创新和技术改造,提升和扩大企业生产能力。

(三)充分利用舟山区位资源优势,发展特色产业和优势产业

舟山地理位置重要,生态环境优良,海岛资源丰富,人文环境朴实,海洋、海岛、港口、航运、旅游等资源丰富是舟山的优势,在当下立足海洋依托海洋促进经济发展的大环境下优势明显。2013年,舟山海洋经济增加值占GDP比重达到69.1%,港口货物吞吐量已超3亿吨,万吨以上生产性泊位个数有47个,自1999年来一直在全国前10大港口行列,海上运输运力已超500万吨净载重量,船舶工业新接订单数、手持订单数、船舶完工量分别占到全国的9.3%、13.8%、10.3%。油罐储藏能力已超过2000万立方米。旅游接待人数已超3000万人次。

为此要进一步发挥舟山新区优势,大力发展特色产业。一要打造江海联运服务中心,以舟山为江海母港,辐射长江流域,立足舟山,深化和拓展江海联运服务中心建设内涵,使港口码头、路桥等基础设施、加工交易基地建设、产业经济、现代服务业发展有机统一,加快海洋经济转型升级步伐,积极融入上海国际航运中心体系建设,积极参与长江经济带国家战略的建设,踏上丝绸之路经济带和21世纪海上丝绸之路建设。借机做大做强海运业。尽管航运市场尚未走出低谷,可利用舟山航运业优势,进行重组、整合、组建具有国际竞争力的航运集团,加强与世界著名航运公司如马士基航运(MSK)、地中海航运(MSC)、达飞航运(CMS-CGM)、中远集团(COSCO)、赫伯罗特(HPL)、美国总统轮船(APL)、长荣海运(EMC/EVG)、中海集团(CSCL)等建立良好的关系,争取与舟山建立分支机构或办事处,打通国际直航通道,降低运输成本,争取进出口产品竞争优势,提高海运效率。同时要加快推进甬舟铁路建设,构建立体交通网络。

二要做大绿色石化产业,参照新加坡裕廊化工岛模式,选择舟山群岛中的几个小岛,用填海围垦的方式形成人工岛屿,加快大型绿色石化基地建设,设置海底储运管道,发挥舟山油罐储藏能力,优化资源配置,共享原料供应,降低石油和石化产品的生产成本,生产高科技含量的石化产品,强化生态环境保护,促进带动相关配套产业发展,形成上下游一体化发展的石化产业模式,打造21世纪世界一流的绿色、生态石化产业岛。

三要加快发展游轮游艇经济，利用朱家尖游轮码头优势，打造国际化旅游集散口岸，延伸游轮游艇经济产业链，做大衍生性产业。同时，突出“普陀金三角”旅游功能，打造普陀山观音文化健康休闲基地，提升旅游档次，解放海洋文化生产力，提高文化产业、旅游产业、体育产业、健康休闲业等对经济增长的贡献，提高服务业发展水平。

四要推进海洋高新技术产业发展，建立战略性新兴产业培育体制机制，深入实施创新驱动发展战略。积极争取设立国家级高新技术产业园区，制订新区产业发展引导目录，鼓励企业进入有利于新区海洋产业转型升级的投资领域，制定差异化扶持政策，推动海洋工程、海洋能源、海洋电子信息、海洋生物医药、通用航空等新兴产业加快发展，优化产业布局，化解产能过剩矛盾，加快船舶、水产加工等传统产业转型升级，做强特色主导产业，推进产业集聚集约发展。

(四)进一步完善新区机制体制，充分发挥功能区、平台作用

2013 年，新区实施了体制创新。下步建议重点对新设立的功能区块具体工作运行机制进一步进行优化完善，协调处理好跨行政区域、利益格局调整管理权限调整等问题。五大功能区和大众商品交易中心、综合保税区、科创园区等平台为新区建设发挥了积极作用，但贡献力度还需提高，产业集聚作用不够明显，功能区块应成为舟山经济增长的着力点，平台更要起到辐射、纽带、造势作用。

新区建设发展，关键在人。因此要积极营造氛围，激发干部创业智慧积极性，揽天下英才，兴新区大业。要不拘一格吸收人才，招徕各路英才来新区做事创业。同时，要创新激励与约束机制，建立干部能上能下、公务员能进能出的机制，最大限度地激发人的积极性和创造性，促进新区加快发展。

张欣南　张　荣　郑　倩　王黛琼

台州模具制造产业发展现状及路径研究

模具制造产业一直是台州市主导产业之一，其独特的定位决定了该产业主要依附于从属产业的发展态势，而随着国际市场要求渐高、国内省市间竞争加剧，台州市模具制造企业正面临着“坚守”和“突破”的两难境地。文章对当前台州模具制造企业现状、所处的内外环境进行梳理，在借鉴发达省市发展经验的基础上，提出加快台州模具制造企业发展的路径建议。

有着“工业之母”称号的模具，其经济发展基础的地位显而易见。但近年来，受产业内部结构变化和市场竞争加剧的影响，模具制造企业在“坚守”和“突破”中艰难抉择，亟须引起政府及社会各界关注。

一、前言

模具，工业生产上用以注塑、吹塑、挤出、压铸或锻压成型、冶炼、冲压等方法得到所需产品的各种模子和工具。简而言之，模具是用来成型物品的工具，这种工具由各种零件构成，不同的模具由不同的零件构成。它主要通过所成型材料物理状态的改变来实现物品外形的加工。模具是制造业的重要基础工艺装备，素有“工业之母”的称号，模具制造技术已成为衡量一个国家产品制造水平的重要标志之一。

20 世纪 70 年代初期，台州市仅有二十几家小规模的乡镇企业，80 年代的改革开放政策极大地调动了人民群众办企业的积极性，大量个体、民营模具加工企业应运而生，形成了鲜明的民营经济特色。但由于企业设备落后、技术人员缺乏，模具技术水平明显不高。进入 90 年代，为了适应新的经济形势，各企业纷纷进行技术改造，一批有一定规模和较高水平的骨干企业脱颖而出，模具制造企业正式在台州落地生根，并迅速发展。根据第三次经济普查数据资料，2013 年台州市有模具制造企业单位 1486 家，占全部工业的 3.7%，营业收入 101.08 亿元，占全部工业企业的 1.2%，从业人员 2.67 万人，占全部工业企业的 1.6%。台州市模具制造企业主要集中在黄岩区，且黄岩区已成为国内遐迩闻名的模具之乡，塑料模具与塑料制品在全国占有重要地位。2013 年台州市规模以上（年主营业务收入 2000 万元及以上，下同）模具制造企业有 62 家，其中黄岩区 53 家。

为深入了解全市模具制造企业发展情况，共探未来发展路径，本课题组设计了问卷调查表，以网上填报方式开展了重点调查。问卷调查内容包括企业基本情况、结构情况、生产销售情况、资金流情况和发展计划情况五个部分。调查企业是在 2013 年主营业务收入 2000 万元及以上的模具制造企业中，以黄岩区为调查区域，选取辖区内 53 家企业进行调查。为保证调查质量，本次调查问卷特别要求企业负责人填写。剔除无法回收和废卷部分，此次调查共回收有效问卷 48 份用于分析。

二、台州模具制造企业发展特点

台州模具制造起步早、发展快、积淀深厚。其主要特点：以民营私营为主要组织形式，主要从事配套产品的生产供应，以塑料模具制造为主，在市场上占有一定的份额，但缺乏有影响力的品牌。

（一）主要优势

1. 企业创业时间久，资本积累深厚。重点调查显示[①]，93.8％的被调查企业创立时间在 5 年以上，其中 10 年以上的有 32 家，主要得益于台州市长久以来的政府扶持和产业政策引导，使组织架构模式从最初的家庭作坊式向行业协会式发展，从散兵向集团化运作方式转变。在全球金融危机下，一批企业纷纷倒闭，但也推动了优质企业的飞跃发展。与第二次经济普查数据对比，虽然 2013 年台州市规模以上模具制造企业数比 2008 年减少了一半，但企业年内实现的平均工业总产值却是 2008 年的 3 倍。

2. 组织架构简单，转型潜力巨大。2013 年，台州市 62 家规模以上模具制造企业中，私人控股企业单位数占 88.7％，工业总产值占 85.9％，从业人员占 82.7％，民营、私营经济是模具制造企业的基本组织形式，众多企业尤其是中小企业的老板仍是企业唯一的决策者和管理者。调查显示，87.5％的被调查企业仍延续家族制管理模式或公司制管理模式，没有聘请职业经理人。60.4％的被调查企业认为现行的管理模式有利于企业的发展，想要继续保持。相对于其他组织形式的企业来说，民营、私营企业在决策制定、执行等方面有更大的灵活性，转型更为容易。

3. 技改投资逐年加大，产品技术含量较高。调查显示，93.7％的被调查企业产品技术含量较高，有一定的市场份额，从生产工艺要求与从业人员素质匹配度看，93.8％的被调查企业产品有一定的技术要求，需要经过一段时间熟练

① 此处调查数据即前言中所指的模具制造企业发展情况问卷调查所取得的数据，此处计算的百分比是与有效问卷总数相比，而不是与全部企业数相比，下同。

或专业培训才能胜任。这与台州市不断提高技改投入有着密不可分的联系，2013 年台州市模具制造企业技术改造投资 11.2 亿元，以 2010 年为基期，年均增速高达 30%，同时这也是台州市加大产业集群建设、以协作和互补的模式提升行业水平，通过实施行业标准，促推产业整体质量的重点所在。调查显示，70.8%的被调查企业认为现有设备已经比较先进，可以满足生产需求。

4. 企业家信心饱满，对外投资较为谨慎。一方面是持之以恒做实业。前几年房地产业的蓬勃发展吸引了大量的实体经济资金，一定程度上阻碍了实体经济的持续发展，但从台州市模具制造行业来看，大部分企业家仍坚持着"小而精""小而专""小而强"的发展之路。调查显示，87.5%的被调查企业全部投资工业，坚守在模具制造这一领域，仅 12.5%的企业从事多个领域的业务活动。同时，95.8%的被调查企业认为台州市模具制造行业仍有发展空间。绝大部分企业家对模具制造行业的坚守和信心，是台州市模具产业发展的动力，也是提升产业整体水平的依托。另一方面是对外投资更趋谨慎。台州市模具产业经过将近半个世纪的发展，已形成一条完整的产业链，企业对外投的成本和风险有较为清晰的判断，调查显示，83.3%的被调查企业没有任何向外投资。

（二）主要劣势

1. 产品品牌效应不强，产业层次偏低。模具产业作为制造业的重要基础工艺装备，主要是用于工业市场领域的配套，与大企业之间存在不同程度的依托或寄生关系，在产业链中处于从属地位。调查显示，87.5%的被调查企业定位于贴牌生产或为其他企业配套。这样的产品定位决定了企业利润的获取不单受制于原材料供应价格和销售价格，还受制于其配套企业及所属行业的发展情况，很多小企业只是按照配套企业的要求生产制定产品，更多的只是作为一个"加工基地"的形式存在。调查显示，66.7%的被调查企业基本没有品牌效应，14.6%的被调查企业表示产品竞争力弱已成为当前制约企业发展的主要困难。

2. 市场形势多变，经营风险抬升。2008 年世界金融危机爆发后，全球资源正在经历一轮全新的整合洗盘，欧盟国家复苏缓慢，国内经济增长速度明显放缓，大部分行业正处于"转型期"，而模具的从属地位决定了这一产业的发展方向并非取决于自身，而是配套企业及所属行业的市场情况。调查显示，75%的被调查企业表示 2011—2013 年配套企业对产品要求越来越高，订单难接，且交易风险有所加大，如货款拖欠情况有所恶化，68.8%的被调查企业产品销售后货款拖欠时间在 3 个月及以上，其中内销产品拖欠现象更为明显，这也是大部分企业面临外销市场不景气，宁愿少接订单也不愿意接内销订单的主要原因。

3.各项成本高企，盈利空间不断压缩。一是财务成本压力较重。调查显示，100％的被调查企业按一般纳税人缴纳税金，2013 年全市规模以上模具制造企业利息支出占主营业务收入的 3.3％，比重较 2008 年翻了一番。二是用工成本逐年上涨。随着中西部地区异军突起，人口红利逐渐消失，“招工难”“招工贵”等现象已成为制约台州市经济发展的一大瓶颈。2011—2013 年，台州市规模以上工业企业人均劳动报酬同比分别增长 13.4％、18.8％和 11％，今年上半年仍保持 12.5％的增幅。模具作为劳动密集型产业，2008—2013 年，台州市规模以上模具制造企业人均劳动报酬以年均 15.4％的速度增长，不断挤压企业盈利空间。

4.销售模式单一，更新计划落后。近年来，台州市电子商务蓬勃发展，2013 年全市网络零售额达 209.13 亿元，比上年同期增长 97.1％，但台州市模具制造企业并未及时跟上步伐，仍停留在传统的销售方式上，仅 12.5％的企业产品销售采取电子商务等新模式，且方式单一。而在转型升级方面的下步计划中，只有 1 家被调查企业将重点在营销网络构建等销售环节进行转型升级。

5.多重因素叠加，发展困境凸显。一方面是空间制约日益明显。近几年，台州市新增建设用地指标逐年下降，工业用地出让价格持续走高。从国土部门了解到，今年上半年台州市工业用地供应量比去年同期下降 48％，且平均出让地价达 37.1 万元/亩，比去年同期增长 18％。调查显示，22.9％的被调查企业租用厂房，27.1％的被调查企业需要新增用地但得不到解决。在用地用能不足、产品竞争力弱、市场前景不乐观、资金不足和人员素质等软资源不足、经济体制机制不够灵活几方面选择中，31.3％的被调查企业认为当前制约企业发展的主要困难仍然是用地用能不足。另一方面是企业家对转型升级的认识不足。台州市大部分企业负责人都是农民企业家，受年龄、知识层次以及生活经验等条件的局限，眼光不够长远，比较注重近期利益等。台州市 2013 年开展的制造业转型升级问卷调查显示，仍有 42.8％的企业家没有转型升级的意愿，反映出企业家在“财富”和“发展”中更倾向于前者，缺乏做大做强的动力。调查显示，60.4％的被调查企业没有任何引资计划，而在转型升级方面的下步计划中，22.9％的被调查企业表示近年不考虑实施重大策略调整，所占比重居第 2 位。

三、台州模具制造企业所处的环境

（一）市场需求环境

国际方面，目前国际市场整体处于供不应求的局面，市场总量在 600 亿—650 亿美元，而我国模具出口不到 8％。随着经济全球化的不断推进，国内的模具制造业走出国门已成为既定事实,但如何提升国内模具产品精密、复杂、高效、寿命长的技术水平,淘汰工艺简单、精度低的模具产品,是目前国内模具制造企业亟须解决的问题。

国内方面,从“十一五”收官,“十二五”开始,国民经济继续保持较快的发展速度,国内模具行业也保持着一个相对稳定的态势,稳定的市场经济给模具行业较好的宏观支持。汽车、IT 电子、家电、机械和建材行业、塑胶等行业都是模具的需求大户,且这几个行业也是国内近几年发展较快的行业之一,随着国内研发能力的提高,国内模具行业将在良好的宏观环境下得到快速发展。同时,欧盟、韩国、新加坡等地的模具企业也密集组团来我国考察,寻求进驻区域和合作伙伴。发达国家模具巨头继 20 世纪 90 年代中期外资模具进入中国之后再掀投资热潮,正是看中国内模具制造的集聚效应和市场效应,但本土模具产业也将面临国外先进技术和高品质产品的“近身挑战”,民族企业的生产空间将受到挤压。

(二)扶持政策环境

1.扶持政策频繁出台。由于我国模具制造区域性特色突出,主要集中在部分省市,因此国家层面的扶持政策较少,以地方政策为主。从 2004 年的《台州市人民政府关于加快我市五大主导行业发展的若干政策意见》、2010 年《台州市黄岩区模具行业发展规划(2005—2010 年)》、2010 年《浙江省人民政府关于加快块状经济向现代产业集群转型升级的指导意见》到 2014 年台州市对塑料模具行业的发展规划,台州市实施了一系列政策措施,主要着力于构建模具制造产业基地、推进企业转型升级、整合技术资源、扶强龙头骨干企业、促进企业上市等方面。

2.扶持政策落实不力。一是政策惠及面有限。调查显示,对于当前国家和地方政府对模具制造企业的各项扶持政策落实情况的反馈,31.3%的被调查企业表示享受过政策优惠,但对企业发展没有明显帮助;27.1%的企业知道有这样的政策,但没有享受过这种政策优惠;20.8%的企业不知道有这样的政策。相较于中小企业而言,大企业在政策受惠方面更有优势,调查显示,认为各项扶持政策对企业发展有较大帮助的被调查企业中,60%的企业工业总产值居行业前 10 位。二是政策针对性不强。目前,地方政府扶持政策主要着力于技术创新、产业集群发展空间、专业技术人才培养等方面,税收优惠并不突出,且形式单一,但调查显示,在税收、融资、技术研发、人才引进、市场开拓、用地保障等方面政策选择中,72.9%的被调查企业希望政府出台更多税收优惠政策。三是政策效果并不明显。台州市模具制造企业起步早,发展快,产品特色鲜明，一直是台州市经济发展的支柱产业之一，但企业规模偏低。2013 年台州市 62 家规模以上模具制造企业中，18 家企业工业总产值超亿元，没有一家企业超 5 亿元，且截止到 2013 年底，台州市 29 家上市企业中没有一家模具制造企业，在“做大做强”的企业发展路径上，政策的扶持作用有待增强。

（三）同行竞争环境

近年来，我国模具制造行业迅猛发展。在各级政府的支持鼓励下，我国已经形成 50 多个模具集聚基地，在完善产业链、吸引外资及加强社会投资方面起到积极作用。模具行业地域分布特色日渐成形，从地区分布来看，以珠三角、长三角为中心的东南沿海地区发展最快，重庆正在联手成都打造中国模具工业第三极，逐渐形成“六足鼎立”的局面。

1. 广东地区。广东是目前国内最主要的模具市场，也是最大的模具出口和进口省份，全国 40％的模具产值来自广东，且模具加工设备数控化率、设备的性能、模具加工工艺、生产专业化水平和标准程度均领先国内其他省市。随着经济全球化的深入发展和国际市场竞争的日趋激烈，标准的作用和地位日趋突出，对比国家与国际同类标准，广东模具联盟制定的“长安五金模具”“横沥塑胶模具”等多项行业标准则是结合了日本标准“精密高”和国家标准材料符合国内生产需求两方面特点，有效整合了国际标准、国家标准和联盟企业内部标准，解决了模具标准零件行业发展的关键问题，填补了广东省在模具标准零件对材料、精密要求领域的空白，推动整个模具标准零件行业的发展。

2. 上海地区。上海是国内信息产业和汽车行业模具的主会场，主攻发展 IT 行业的精密镁合金压铸模、精密注塑模，汽车业的覆盖件模具、大型零件压铸模、精密冲压件多工位级进模等产品。上海以其独特的地理优势和雄厚的经济实力，利用举办国际展会的方式，吸引海内外模具企业参展，提升上海模具产业的集聚发展效应。

3. 浙江地区。浙江的模具产业主要集中在宁波市和台州市，宁波市的宁海、余姚、慈溪及鄞州主要生产塑料模具，北仑以压铸模为主，象山和舟山以铸造和冲压模具为主；台州市模具生产企业主要集中在黄岩和路桥，产品以塑料模具为主。浙江模具产业具有明显的地域特色：一是模具生产企业几乎都是私营企业；二是模具企业相对集中，已形成一定规模的模具市场；三是模具在可满足不同层次用户需求的同时，高水平的模具快速发展，并已占有较大比例；四是通过多次创业，已涌现出一批高素质的骨干重点企业；五是已形成专业化分工，主要企业特色明显；六是模具产业发展对当地及周边地区工业发展的拉动作用显著。

4.江苏地区。江苏武进的模具制造业已有90多年的历史，但创新能力不足是其发展最大的阻碍。自长三角模具城建成后，以“武进制造”向“武进创造”转变为目标，自筹资金创办了公共科技服务平台，着力于壮大入园企业，向模具装备材料国际化产业基地迈进，逐步将长三角模具城打造成国内最大、世界一流的模具工业园。随着全世界模具制造都朝着精密、复杂、高效、长寿命的方向发展，江苏模具制造产业充分发挥企业外资民营为主的优势，利用先进的技术和产品，在精密零件领域做出一流的模具。

5.安徽地区。安徽作为模具制造产业的新生力量，一批有活力的民营模具企业正在崛起，模具制造的集聚效应正在形成。滁州已成为冰箱吸塑发泡模具的重要制造基地；宁国是橡胶模具的聚集区；宣州和芜湖以薄板冲压模具为主，是汽车零部件的重要制造和供应基地；蚌埠的厚板冲压级进模独具特色；合肥在注塑模、汽车模具和快速制模上有一定优势。安徽等新兴模具制造基地的崛起，加剧了国内模具制造的竞争，传统的模具制造基地在维持传统与转型升级间面临两难抉择。

6.重庆地区。近几年，重庆的汽车电子、生物塑料、重化工业等产业发展较快，而成都模具产业发展已经达到了一定水平，分别以电子信息领域精密模具、汽车模具以及重化工业领域大中型复杂模具为主，呈现产业结构互补的格局。重庆正以成都初具规模的模具产业企业联盟为范例，在成渝两地逐步实施模具联合体战略，联手打造中国模具工业第三极，共同开拓市场。

四、加快台州模具制造企业发展的路径建议

（一）加大财政政策扶持力度，丰富扶持方式

一是针对调查企业反映的政策需求，加大政策执行力度，将一些限时执行的税率下调、减免有关税费、取消行政性收费项目等优惠政策的时间延长并固定下来，建立稳定的政策执行期。二是丰富财政税收优惠政策扶持方式，强化政策组合拳力度，可借鉴国外及国内其他省市，对“小升规”企业实行一定时期内的减免税收优惠，扩大所得税优惠覆盖面，激发中小企业“做大做强”、提高企业规模的积极性。三是加大财政补贴范围与力度，对积极提升工业技术改造、研发“高精尖”产品的企业，给予财政补贴上的倾斜。

（二）加强技术创新扶持力度，增强技术研发动力

一是鼓励企业与大专院校、科研院所和研究机构进行技术合作，广泛采用计算机辅助技术、人工智能技术等进行设计决策、模拟分析和优化设计，吸引国外模具企业考察与合作，引进国内外先进的精密机械设备，增强企业技术创新能力。二是充分发挥模具城的集聚优势，在国家支持下，有所选择地培养一

批“领军企业”,鼓励其积极对接中小企业,引导其提升产业层次,从粗加工、热处理向精加工、光整加工等技术升级,并主动为中小企业提供技术研发支持和指导。三是健全社会化服务体系,更好地发挥开发中心、技术交流中心、企业孵化器等技术创新支持机构的作用,加强对模具企业实验、研发过程的技术和人才服务,发挥企业在技术创新中的主体作用。四是开设对模具制造产业技术创新的专项基金账户,做到专款专用,加大对模具制造企业高技术投入的财政补贴力度。

(三)加快企业转型升级,调整产业结构

近年来,模具行业结构调整步伐加快,主要表现为大型、精密、复杂、长寿命的模具和模具标准件发展速度高于行业的总体发展速度,塑料模和压铸模比例增大,安徽、重庆等新兴地区异军突起,对台州市的传统模具造成较大冲击。对此,一要鼓励企业认准市场定位,形成专业化、商品化生产,引导产品主辅分离,使模具生产从附属向独立转变。二要加快淘汰工艺简单、精度低的低端生产线及产品,帮扶企业引进精密、复杂的模具生产线,注重产品结构调整的定位,进一步提升模具的制造技术水平,占领结构复杂、精密度高、技术含量高的高档模具市场。三要通过协作、整合的方式,促进企业间联合重组,破解中小企业资金、场地、技术、信息交流等因素的局限,改变原有依靠传统设备和手工加工制造的生产模式,减少行业内同质竞争,形成整体的竞争优势。

(四)加快自有品牌建设,拓宽产品应用领域

一是加快树立品牌战略模式,提升塑料制品档次,引入工业设计技术,提升设计能力和设计水平,重视开发具有高阻隔性、耐高温和保鲜等功能的新产品,重点发展药品、热饮料及啤酒等包装制品,拓宽塑料应用领域。二是实时关注各大产业发展动向,依靠自身产业及技术优势,加快发展汽车、家电、电子电气、交通运输、邮电通讯等行业使用的塑料制品,开发和扩大汽车、摩托车和家电产品的塑料配件。三是顺利完成可降解塑料原料生产基地建设,依靠台州市医化行业的技术优势,利用可降解—聚乳酸的生产技术,加快可降解塑料原料应用和产品的技术开发,推动台州市可降解塑料生产应用开发技术走在全国前列。

台州市制造业固定资产投资发展状况探析

制造业作为国民经济的支柱产业，是经济增长的主导部门和经济转型的基础。制造业固定资产投资作为带动经济增长的重要因素，其投资效益直接关系到企业效益，进而对整体经济产生影响。特别在当前经济发展呈现新状态和加快转型升级的背景下，进一步加大台州制造业投资力度，更好地发挥对经济增长的拉动作用显得尤为重要。文章从台州制造业投资的现状出发，通过对制造业投资效益分析，得出台州制造业投资率和交付使用率均偏低，投资分散，重复建设浪费严重，导致整个制造业投资水平效益较低的结论。通过对制造业投资结构分析，可知投资结构存在资金来源、所有制、产业结构不协调现象，传统行业和产能过剩行业比重偏高，新兴行业培育难的矛盾依然突出，制造业投资偏重重工业，投资结构单一，同质化严重，导致资源配置效率低下。最后提出要优化投资结构、提高投资效益、完善投资环境和破除要素制约来加快台州制造业固定资产投资发展。

一、台州制造业投资发展概况

改革开放以来，台州制造业经过 30 多年特别是最近 10 年的快速发展，在国民经济中的地位不断上升，成为支撑台州经济发展的主要力量。2013 年，全市实现工业增加值 1357.40 亿元，其中制造业增加值占 93%左右，以制造业为主的工业增加值占 GDP 比重为 43.1%。台州制造业的发展离不开台州制造业投资的支撑。

（一）制造业投资规模不断扩大

自 2003 年以来，台州制造业投资迅速扩大。2013 年全市完成制造业投资 509.40 亿元，是 2003 年的 4.59 倍，年均增长 18.4%。从制造业投资占固定资产投资比重变动情况看，2013 年，全市制造业投资占 33.78%，比 2003 年提高了 3.86 个百分点，比重总体呈现先上升后下降的趋势，并在 2008 年达到最高点，其后基本稳定在 32%—45%之间。从制造业投资增速看，2003 年以来，台州制造业投资增速出现不同程度的波动，2003 年全国经济趋向过热，特别是固定资产投资过热，中央加强宏观调控，抑制投资过快增长，收缩性的宏观调控一直持续到 2008 年，同年金融危机爆发，对制造业投资和生产建设带来严重影响，台州制造业投资增速继续下滑，至 2009 年到达历史性低点，此后受浙江扩大有效投资等相关政策的影响，2012 年开始制造业投资增长出现明显回升。

表 1　2003—2013 年台州市制造业投资占固定资产投资比重变动情况

年份	制造业投资额（亿元）	固定资产投资额（亿元）	制造业投资占固定资产投资的比重（%）	增长速度（%）
2003	111.05	371.10	29.92	100.6
2004	142.89	461.02	30.99	28.7
2005	188.26	450.65	41.78	31.8
2006	246.51	540.57	45.60	30.9
2007	300.93	624.35	48.20	22.1
2008	335.92	654.76	51.30	11.6
2009	321.26	729.78	44.02	−4.4
2010	324.53	838.07	38.72	1.0
2011	322.55	1007.81	32.01	−0.6
2012	405.88	1242.56	32.66	25.8
2013	509.40	1507.87	33.78	25.5

数据来源：《台州统计年鉴》。

（二）制造业产业投资结构趋于优化

制造业投资在快速增长的同时，投资结构也在发生新的变化，呈现出装备制造业①投资占比提升、传统制造业②投资占比稳定、高能耗③行业投资占比下

① 装备制造业共包含 9 个子行业：金属制品业、通用设备制造业、专用设备制造业、汽车制造业、铁路船舶航空航天与其他运输设备制造业、电气机械及器材制造业、计算机通信与其他电子设备制造业、仪器仪表制造业、金属制品机械与设备修理业。

② 本文定义传统制造业包含 11 个子行业：农副食品加工业、食品制造业、饮料制造业、纺织业、纺织服装鞋帽制造业、皮革毛皮羽毛（绒）及其制品业、木材加工及木竹藤棕草制品业、家具制造业、造纸及纸制品业、印刷业与记录媒介的复制业、文教体育用品制造业。

③ 高耗能行业共包括 8 个子行业：纺织业、造纸及纸制品业、石油加工炼焦及核燃料加工业、化学原料及化学制品制造业、化学纤维制造业、非金属矿物制品业、黑色金属冶炼及压延加工业投资、电力热力的生产与供应业，其中电力热力的生产与供应业不属于制造业，本文在计算高耗能投资占比时已将其剔除。

降的良好格局。2013 年台州制造业投资行业中，所占比重超过 2%的行业有 14 个，这 14 个行业的投资，占制造业投资的比重从 2003 年的 76.5%上升到 2013 年的 87.6%。可以说，这 14 个行业的发展，基本代表了台州制造业的发展情况。从表 2 中可以看出，长期以来，传统产业一直是台州制造业的主体，而随着高新技术的发展，装备制造业、战略性新兴产业等也都取得了长足的发展。2013 年台州装备制造业投资 296.26 亿元，是 2003 年的 5 倍，年均增长 19.7%，高于同期工业和制造业投资年均增速，占制造业投资比重达到了 58.2%，比 2003 年提升了 5.2 个百分点。传统制造业投资占比稳中有降，文教工美体育与娱乐用品制造业、家具制造业和纺织服装与服饰业比重有所提升，其他行业占比均有不同程度的下降。高能耗行业投资受到了一定程度的限制，投资占比除非金属矿物制品业有所提升外，其他高能耗行业均呈下降趋势，其中纺织业和造纸及纸制品业占比分别下降了 0.96 个和 0.56 个百分点。台州制造业产业正在从低技术、低附加价值的传统劳动密集型产业，向高附加值的新型劳动密集型产业升级。

（三）制造业投资呈现区域集群化特点

台州制造业非常鲜明的一个特征就是中小企业发达，采取专业化的分工，相互依赖、相互合作，形成一个个专业特色鲜明的企业集群。同时，台州市委市政府也积极搭建经济发展平台，建成了临海市医化园区、路桥区吉利（汽车）工业园区等工业园区和黄岩模具、路桥金属资源再生、玉环汽摩配等转型升级示范区，产业集群效益日益凸显。从地区分布情况看，集中度最高的皮革、毛皮、羽毛（绒）及其制品业，主要集中在温岭，2013 年占全市皮革、毛皮、羽毛（绒）及其制品业投资的比重为 93.1%；废弃资源综合利用业主要集中在路桥，占比 90.9%；化学原料及化学制品制造业、黑色金属冶炼及压延加工业和医药制造业主要集中在临海，所占比重分别为 52.1%、49.6%和 45.7%；计算机、通信及其他电子设备制造业主要集中在椒江区和温岭市，分别占 50.6%和 21.8%；纺织业主要集中在天台县和仙居县，分别占 45.8%和 20.0%；纺织服装与服饰业主要集中在椒江区和黄岩区，分别占 43.2%和 31.7%；家具制造业主要集中在临海市和玉环县，分别占 41.2%和 38.9%；汽车制造业主要集中在临海市、玉环县和路桥区，分别占 25.1%、21.6%和 18.7%。产业园区建设和产业集群的发展，为台州制造业持续发展注入生机与活力。

二、台州制造业投资效益和投资结构分析

（一）制造业投资效益分析

固定资产投资效益是指固定资产投资所取得的有效成果与所消耗的投资

表 2　台州市制造业分行业投资占比变动情况

行　业	2003 年		行　业	2013 年	
	总量（万元）	占制造业投资的比重（%）		总量（万元）	占制造业投资的比重（%）
制造业	1110549	100	制造业	5093966	100
农副食品加工业	15943	1.44	农副食品加工业	44228	0.87
食品制造业	9554	0.86	食品制造业	16384	0.32
饮料制造业	6987	0.63	酒饮料与精制茶制造业	22076	0.43
纺织业	31104	2.80	纺织业	93567	1.84
纺织服装鞋帽制造业	2080	0.19	纺织服装与服饰业	20034	0.39
皮革毛皮羽毛(绒)及其制品业	29386	2.65	皮革毛皮羽毛(绒)及其制品业	91629	1.80
木材加工及木竹藤棕草制品业	8125	0.73	木材加工及木竹藤棕草制品业	8712	0.17
家具制造业	7109	0.64	家具制造业	79229	1.56
造纸及纸制品业	24525	2.21	造纸及纸制品业	84133	1.65
印刷业与记录媒介的复制业	10264	0.92	印刷业与记录媒介的复制业	29632	0.58
文教体育用品制造业	500	0.05	文教、工美、体育与娱乐用品制造业	128374	2.52
化学原料及化学制品制造业	34558	3.11	化学原料及化学制品制造业	142715	2.80
医药制造业	85026	7.66	医药制造业	351156	6.89
橡胶制品业	19801	1.78	橡胶与塑料制品业	633421	12.43
塑料制品业	106862	9.62			
非金属矿物制品业	14102	1.27	非金属矿制品业	126750	2.49

续　表

行　业	2003 年		行　业	2013 年	
	总量（万元）	占制造业投资的比重（%）		总量（万元）	占制造业投资的比重（%）
黑色金属冶炼及压延加工业	9050	0.81	黑色金属冶炼及压延加工业	26867	0.53
有色金属冶炼及压延加工业	15122	1.36	有色金属冶炼及压延加工业	50215	0.99
金属制品业	69066	6.22	金属制品业	238850	4.69
通用设备制造业	90817	8.18	通用设备制造业	717413	14.08
专用设备制造业	90650	8.16	专用设备制造业	428075	8.40
交通运输设备制造业	206428	18.59	汽车制造业	610297	11.98
			铁路船舶航空航天及其他运输设备制造业	293472	5.76
电气机械及器材制造业	79273	7.14	电气机械及器材制造业	437087	8.58
通信设备计算机及其他电子设备制造业	39254	3.53	计算机通信及其他电子设备制造业	129667	2.55
仪器仪表及文化办公用机械制造业	13056	1.18	仪器仪表制造业	104188	2.05
废弃资源和废旧材料回收加工工业	42510	3.83	废弃资源综合利用业	120181	2.36
工艺品及其他制造业	49397	4.45	化学纤维制造业	3827	0.08
			石油加工炼焦及核燃料加工业	8133	0.16
			其他制造业	50144	0.98
			金属制品机械及设备修理业	3510	0.07

数据来源：《台州统计年鉴》。

额之间的比率，投资效益不好，不仅会造成巨大的资金浪费，而且会给国民经济的发展带来重大的潜在风险，所以必须重视对固定资产投资效益问题的研究。反映固定资产投资效益的指标分为微观效益指标（建设工期、单位生产能力投资、生产能力利用率、投资回收率）和宏观效益指标（建设周期、固定资产交付使用率、投资效果系数、固定资产投资率）。本文主要采取固定资产投资率、固定资产交付使用率和固定资产投资效果系数 3 个指标，分析台州制造业投资与经济增长之间的关系，即固定资产投资实际效益。

1. 制造业固定资产投资率。固定资产投资率是指固定资产投资规模占国内生产总值的比重，反映的是固定资产投资对经济增长的贡献。即：

制造业固定资产投资率＝制造业固定资产投资额/工业增加值×100％

表 3　2003—2013 年台州市与浙江省制造业固定资产投资率比较

年份	台州市			浙江省		
	投资额（亿元）	工业增加值（亿元）	投资率（％）	投资额（亿元）	工业增加值（亿元）	投资率（％）
2003	111.05	520.32	31.4	1537.15	4462.97	34.4
2004	142.89	614.26	31.4	1980.00	5491.33	36.1
2005	188.26	599.96	31.4	2283.98	6344.71	36.0
2006	246.51	705.62	34.9	2668.22	7585.47	35.2
2007	300.93	838.06	35.9	3025.92	9090.74	33.3
2008	335.92	935.90	35.9	3402.71	10328.72	32.9
2009	321.26	957.34	33.6	3655.91	10518.21	34.8
2010	324.53	1135.75	28.6	4007.99	12657.78	31.7
2011	322.55	1253.40	25.7	4538.67	14683.03	30.9
2012	405.88	1273.64	31.9	5305.38	15338.02	34.6
2013	509.40	1357.40	37.5	6133.89	16368.43	37.5

数据来源：《台州统计年鉴》和《浙江统计年鉴》。

有关资料分析显示，在经济起飞阶段，投资率一般保持在 33％—35％左右，对经济的发展较为有利。由表 3 可知，台州工业增加值从 2003 年以来呈持续增长趋势，制造业固定资产投资也随着工业经济的增长而增长。2003 年以来，台州的制造业投资率基本稳定在 30％以上，说明制造业固定资产投资对台州工业经济的带动作用比较大。与此同时,我们也可以看到,与全省的制造业投资率相比,台州的制造业投资率仍一直低于全省平均水平,这将使得其工业经济发展缺乏长期的动力和有效的支撑。

2.制造业固定资产交付使用率。固定资产交付使用率又称固定资产形成率,是指一定时期由投资建成投产或交付使用的新增固定资产与同期投资完成额的比率。

制造业固定资产交付使用率=报告期制造业新增加固定资产/报告期制造业投资完成额×100%

表4 2003—2013年台州市与浙江省制造业固定资产交付使用率比较

年份	台州市			浙江省		
	制造业投资额(亿元)	制造业新增固定资本(亿元)	制造业固定资产交付使用率(%)	制造业投资额(亿元)	制造业新增固定资本(亿元)	制造业固定资产交付使用率(%)
2003	111.05	62.85	56.6	1537.15	876.12	57.0
2004	142.89	106.16	74.3	1980.00	1321.11	66.7
2005	188.26	106.08	56.3	2283.98	1654.96	72.5
2006	246.51	134.89	54.7	2668.22	1701.90	63.8
2007	300.93	125.75	41.8	3025.92	1862.90	61.6
2008	335.92	194.41	57.9	3402.71	2120.98	62.3
2009	321.26	204.94	63.8	3655.91	2357.95	64.5
2010	324.53	287.21	88.5	4007.99	2825.14	70.5
2011	322.55	206.59	64.0	4538.67	3275.82	72.2
2012	405.88	266.53	65.7	5305.38	3567.34	67.2
2013	509.40	349.28	68.6	6133.89	4470.22	67.2

数据来源:《台州统计年鉴》和《浙江统计年鉴》。

从表4看,台州的制造业固定资产交付使用率波动较大,2004年和2010年制造业固定资产投资交付使用率比较高,分别达到74.3%和88.5%,高于全省制造业固定资产交付使用率。但在2003—2013年间,固定资产交付使用率主要集中在54.7%和68.6%之间,这说明还有大量的固定资产投资被浪费,制造业投资还存在很多问题。从总体来看,台州制造业固定资产交付使用率较低，说明制造业固定资产投入产出速率不高。台州的制造业固定资产平均交付使用率为 62.9%，低于全省 66.0%的制造业固定资产平均交付使用率水平，表明台州有必要加大对制造业项目建设资金的宏观调控力度，进一步提高建设项目的资金到位率和建设资金的集中使用程度。

3. 制造业固定资产投资效果系数。固定资产投资效果系数是指一定时期内国内生产总值的增长额与引起这一增长的全社会固定资产投资的比值，它反映了固定资产投资运用的宏观效果。

制造业固定资产投资效果系数＝报告期工业增加值的增长额/报告期制造业固定资产投资×100%。制造业固定资产投资效果系数值愈高，单位工业投资实现的增加值就愈多，投资的经济效率也就愈好。由于当年的固定资产投资额对当年工业增加值所起的作用有可能由于投资项目种类、政策效应、经济结构调整等因素的存在会产生所谓的“滞后效应”。考虑滞后因素制造业固定资产投资效果系数可以表示为：

$$Et-i=\triangle Yt/Kt-i(i=1,2)$$

式中：$Et-i$ 为滞后期为 i 年的固定资产投资效果系数，本文主要研究 Et、$Et-1$、$Et-2$。

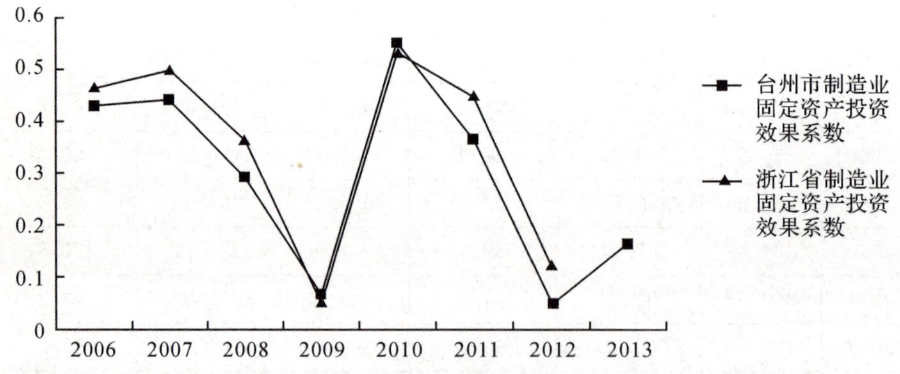

图 1 2006—2013 年台州市与浙江省制造业固定资产投资效果系数比较

结合表 5 和图 1 来看，台州制造业固定资产投资效果系数整体低于全省水平，只有 2009 年和 2010 年高于全省同期水平。从表中还可看出，2006—2013 年台州制造业固定资产投资效果系数不稳定，最高最低相差了 0.69。总体来看，台州制造业固定资产投资效果系数还是处于低位徘徊状态。这反映了台州制造业固定资产投资效果总体并不理想，投资存在被浪费现象，经济发展受到外界的影响较大，经济发展的内生动力还不强。

表 5　2006—2013 年台州市与浙江省制造业固定资产投资效果系数比较

年份	台州市					浙江省				
	第 t 年工业增加值增加额($\triangle Y_t$)	第 t 年固定资产投资额(Kt)	第 t 年固定资产投资效益系数(E_t)	第 t−1 年固定资产投资效益系数(E_{t-1})	第 t−2 年固定资产投资效益系数(E_{t-2})	第 t 年工业增加值增加额($\triangle Y_t$)	第 t 年固定资产投资额(Kt)	第 t 年固定资产投资效益系数(E_t)	第 t−1 年固定资产投资效益系数(E_{t-1})	第 t−2 年固定资产投资效益系数(E_{t-2})
2006	105.66	246.51	0.4286	0.5612	0.7394	1240.76	2668.22	0.465	0.5432	0.6266
2007	132.44	300.93	0.4401	0.5373	0.7035	1505.27	3025.92	0.4975	0.5641	0.6591
2008	97.84	335.92	0.2913	0.3251	0.3969	1237.98	3402.71	0.3638	0.4091	0.4640
2009	21.44	321.26	0.0667	0.0638	0.0712	189.49	3655.91	0.0518	0.0557	0.0626
2010	178.41	324.53	0.5497	0.5553	0.5311	2139.57	4007.99	0.5338	0.5852	0.6288
2011	117.65	322.55	0.3647	0.3625	0.3662	2025.25	4538.67	0.4462	0.5053	0.554
2012	20.24	405.88	0.0499	0.0627	0.0624	654.99	5305.38	0.1235	0.1443	0.1634
2013	83.76	509.40	0.1644	0.2064	0.2597	1030.41	6133.89	0.1680	0.1942	0.2270

数据来源:《台州统计年鉴》和《浙江统计年鉴》。

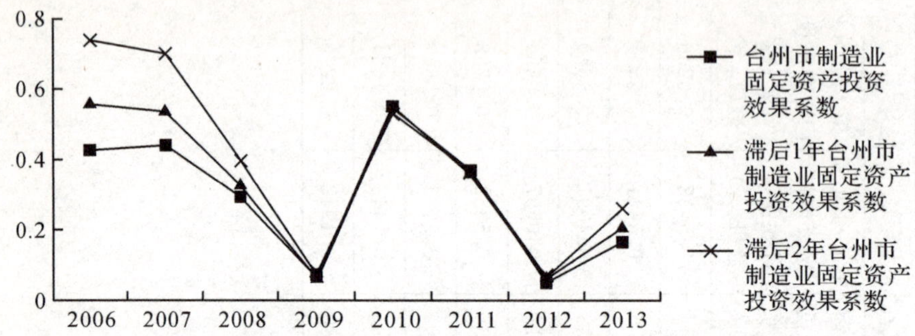

图 2 2006—2013 年台州市制造业固定资产投资效果系数

由图 2 可以看出，台州滞后期的制造业固定资产投资效果系数与同期的波动趋势基本一致，但滞后期越长投资效果越好，波动幅度越大。台州制造业固定资产投资效果系数相互关系可用 Et＜Et－1＜Et－2 表示，该式表明，效果系数随滞后期增加而依次递增。因此在当前加大投资力度的同时，更要注意投资效益的有效发挥，最大限度地使用已投资的固定资产，避免重复和浪费投资现象，保证经济的持续健康发展。

(二)制造业投资结构分析

投资结构是指投资总量中各个分量之间的比例关系，按照不同分量划分，投资结构主要包括投资主体结构、投资的来源及使用结构、投资的产业结构、投资的所有制结构、投资地区结构等。本文选取资金来源结构、所有制结构、产业结构对台州制造业固定资产投资结构进行分析。

1. 资金来源结构分析。投资来源结构是指不同资金来源渠道的投资在投资总额中所占的比重。目前制造业投资资金的主要来源由国家预算内资金、国内贷款、利用外资、自筹资金和其他资金来源几部分构成。

随着经济社会的发展，台州制造业投资主体越来越多元化，投资资金的来源也越来越多样化。从表 6 中可以看出，自筹资金一直是台州制造业固定资产投资资金的主要来源，随着台州“工业立市”战略的大力推进，该比例呈不断上升趋势，近几年更是基本稳定在 90％以上，表明企业的投资主体地位得到不断强化。国内贷款稳居台州制造业固定资产投资资金主要来源的第 2 位，贷款占资金来源的比重远远大于国家预算资金，反映出经济主体通过市场化融资的比重在提高。但是国内贷款占资金来源的比重自 2003 年以来不断下降，2013 年仅为 4.82％，可见银行与企业之间市场化的资金供求关系并不稳定。受民营经济体制性因素影响，台州市利用外资和其他资金来源在资金来源中的比重均较小，特别是受 2008 年金融危机影响，比重下降明显。

表6　台州市制造业固定资产投资资金来源构成

年　份	2003	2004	2005	2006	2007	2008	2009	2010	2011	2012	2013
国家预算资金(%)	0.28	0.17	0.11	0.02	0.03	0.01	0.15	0.02	5.29	0.01	0.07
国内贷款(%)	15.45	12.57	7.78	6.6	6.94	5.95	5.49	2.68	16.85	6.08	4.82
债券(%)	0.01	0	0	0	0	0	0	0	0.2	0.05	0.27
利用外资(%)	1.46	2.28	1.63	0.97	0.5	0.27	0.35	0.05	0.2	0	0.24
自筹资金(%)	80.21	83.18	89.12	91	91.2	92.86	92.79	96.28	69.42	93.68	94.38
其他资金来源(%)	2.58	1.8	1.36	1.4	1.33	0.92	1.22	0.97	8.04	0.18	0.22

数据来源:2003—2013年统计年报。

2.所有制结构分析。投资的所有制结构是指不同的所有制经济主体之间的相互关系及其各自投资在总投资中所占的比重。本文以统计上投资控股的分类，将投资主体分为国有、集体、私人、港澳台、外商和其他。

表 7 2007—2013 年台州市制造业固定资产投资所有制结构

年 份	2007	2008	2009	2010	2011	2012	2013
国有(亿元)	4.44	7.53	7.37	8.32	9.53	10.44	7.93
集体(亿元)	21.95	20.54	19.62	16.84	10.28	7.61	12.92
私人(亿元)	261.97	304.64	28.51	287.01	293.51	378.41	473.53
港澳台(亿元)	6.14	7.93	4.28	6.22	4.27	5.74	4.22
外商(亿元)	6.31	4.27	4.88	3.22	2.65	2.02	3.03
其他(亿元)	0	0	0	2.93	2.31	1.67	7.77

数据来源:2007—2013 年统计年报。

从表 7 中可以看出，在民营经济发达的台州，私人投资在制造业固定资产投资中占据了绝对地位，是促进制造业固定资产投资的主要动力，近几年比重更是高达 90%以上，这种变化使得民间投资的比重大幅提高。与此同时，集体投资有所收窄，港澳台投资额度较少，而外商投资则呈现下降趋势，台州制造业企业利用外商投资较少。

3.产业结构分析。投资的产业结构是指投资在国民经济各行业或部门之间的比例关系。本文按制造业行业的轻重工业分类分析台州市制造业投资的产业结构情况。

从表 8 可知，重工业固定资产投资规模大，比重呈上升趋势。相比而言，轻工业的投资规模较小，占比不断下降，这表明台州制造业固定资产投资中，重工业仍占据主导地位。结合表 2 可以看出，台州制造业投资结构偏重重工业，高能耗、产能过剩行业投资力度仍然较大，高附加值行业投资占比相对较低，而恰恰是这些投资占比较低的高附加值行业，对经济增长的拉动效率要高于重工业。同时，重化工业投资导向在一定程度上弱化了对其他方面的投资。

三、制约台州制造业投资发展的因素

从以上分析可以得出，虽然近几年台州制造业投资总量在不断扩大，产业结构也得到了一定的优化提升；但是，工业领域特别是制造业产能过剩问题依然突出，投资结构性矛盾仍未解决，制造业投资效益低下，制约了台州制造业的发展。

表 8 2003—2013 年台州市制造业固定资产投资产业结构表

年 份		2003	2004	2005	2006	2007	2008	2009	2010	2011	2012	2013
绝对额（亿元）	轻工业	45.95	59.82	69.49	94.39	106.91	143.98	139.08	118.88	125.36	144.71	170.93
	重工业	65.11	83.08	118.77	152.11	193.9	200.93	182.18	205.65	197.19	261.17	338.47
比重（%）	轻工业	41.4	41.9	36.9	38.3	35.5	41.7	43.3	36.6	38.9	35.7	33.6
	重工业	58.6	58.1	63.1	61.7	64.5	58.3	56.7	63.4	61.1	64.3	66.4

数据来源:2003—2013 年统计年报。

（一）投资结构的影响

近几年台州制造业发展不畅，主要症结在于长期以来的投资结构和投资增长方式没有得到根本性的改变。国际金融危机后，国家集中投入的 4 万亿元投资形成的新增产能在近年来快速释放，导致工业领域产能过剩矛盾十分突出。从产业层次上看，台州近几年的投资主要集中在重化工领域，必然出现以要素和资本投入为主而少考虑技术进步和要素节约的发展模式。从行业结构来看，台州制造业投资结构未有较大变化，传统产业、“两高”行业、产能过剩行业占比仍然偏高，特别是橡胶和塑料制品业、金属制品、纺织等行业技术含量低且易受到原材料成本制约，利润空间小，增加值率不高，而附加值高、能耗低的新兴行业投资比重较小，培育仍显不足。从资金来源上看，台州制造业领域民间资本高达 80％以上，其投资主体主要是中小企业，大量有效资源固化在产能过剩行业上，短时间内很难扭转局面。

（二）创新能力的影响

民营经济发达的台州，作为制造业投资主体的中小企业普遍缺乏创新能力和创新技术，这是制约制造业投资发展的关键因素。投资项目建设性质反映出其仍依靠上新项目或依靠土地扩张的粗放发展模式。2013 年，全市 495 个新建制造业项目投资占制造业投资比重为 21.1％，新建和扩建项目投资占比达到了 67％，225 个改建和技术改造项目投资占比仅为 7.4％，这种外延型资产增量和低技术水平的投资不利于提高投资效益。另外，从项目规模来看，2013 年，全市制造业计划总投资亿元以上项目共有 229 个，只占全市制造业施工项目个数的 9.1％，与其他经济发达地方相比，大的投资项目明显偏少，带动经济发展困难。受制于创新能力、融资成本高等因素影响，台州制造业投资项目不仅储备不足，新建项目个数也呈下降趋势。同时，规模较大的项目可以有效地降低平均成本，提高经济效益，而台州制造业多数项目规模较小，难以发挥规模效益。

（三）投资意愿的影响

由于宏观经济下行压力加大，一方面过剩产能短期内难以消化，另一方面国内外市场需求不足，民间投资意愿明显减弱，对制造业投资产生较大的影响。从投资主体来看，较多企业受制于市场前景、投入预期和经营困难，投资意愿不强，加之库存和应收账款增长较快，企业融资难度增大，企业经营状况不佳，都严重影响了企业的投资热情。从投产情况来看，台州制造业固定资产交付使用率一直不高，这与注重外延投资、盲目扩张不无关系，导致项目重复建设严重，项目投资效益低下。同时，部分项目由于建设周期较长，受资金、土地、市场供求等不确定因素影响,部分项目落成后未能产生预期效益,甚至出现一些闲置厂房、闲置土地的现象,造成了资源的巨大浪费,更加剧了投资意愿的下降。

(四)资源要素的影响

近几年,台州制造业投资受人才、土地、交通、能源等要素资源的刚性约束越来越严重。从土地供给情况看,近几年台州工业用地总量严重不足,土地要素瓶颈日益凸显,导致部分投资者增值扩产脚步放缓,新项目难以落成,部分企业有向外转移发展的苗头。同时,征地项目严重受制于征地难、落地难,征地成本不断上升,很多企业从拍地到动工,往往要数年甚至更长的时间,严重影响企业投资效率。从能源需求角度来看,随着节能减排相关政策的进一步实施,台州制造业扩张和能源约束矛盾将越来越突出。一方面,节能减排的任务艰巨,另一方面目前台州制造业产业结构仍以能源依存度大、所需资本投入高的重化工业为主,随着制造业投资规模的不断扩张,台州能源资源环境将面临更大的压力。从人才资源情况看,台州目前高等教育发展严重不足,人才综合素质不高,高精尖人才特别是创新引领行业尖端发展的人才极度缺乏,导致台州制造业很多行业特别是高新技术产业发展不快,从而制约了台州制造业进一步发展壮大。

四、加快台州制造业投资发展的建议

目前,台州制造业已经到了转型升级的关键时刻,在依赖投资驱动型的发展模式来推动经济快速增长的同时,更需要依靠科技创新推动产业转型升级。为此,必须制订切实有效的措施,努力营造有利于台州制造业投资发展的环境,推动台州制造业真正实现差异化、可持续的转型升级。

(一)优化投资结构

针对投资结构失衡的问题,必须把引导投资结构优化作为当前制造业投资发展的一项重要任务来抓,解决制造业投资与经济增长不协调的矛盾。一方面,要加大投资结构调整力度,加强资金来源结构调整,在保障对民间投资主体支持力度的同时,进一步深化金融投资体制改革,提升投资银行和证券公司等机构在促进制造业固定资产投资中的作用。加强所有制结构调整,加大招商引资工作力度,重点引进制造业重大项目、优势项目,继续限制“两高”行业发展,促进形成合理稳定的投资协作和分工体系。加强投资产业结构调整,注重轻、重行业合理协调发展,鼓励企业将投资重点由初级产品加工向精深加工、高附加值的行业转变,引导企业加大对传统工业转型升级投资力度,有重点地发展高新技术产业,培育新的经济增长点,使其成为投资重点。另一方面，积极转变投资方式，逐步实现以外延型扩大再生产为主向以内涵扩大再生产为主的转变，引导企业将投资的重点由过去的基本建设为主，变为以技术改造为核心。要以行业骨干企业为龙头，抓紧实施一批有助于转型升级的重大技术改造项目。充分利用中央和地方政府扩大有效投资和支持技术改造的有利条件，扩大技术改造投资规模，增强制造业投资活力。

（二）提高投资效益

当前，台州经济已经进入工业化中后期，由投资驱动型向创新驱动型转变，因此不仅要关注投资的数量，更要关注投资的效益。要保持投资适度增长，防止对投资总量规模的片面追求，避免出现重复建设和无效投资，提高项目投资效益。一方面，要加强企业自主创新能力。台州制造业企业多数产品还集中在中低端市场，必须在开发和制造水平上下功夫，缩短与先进制造业企业的距离。要注重提高原创能力，努力掌握先进装备制造业技术，加快发展高新技术产业。要突破制造业发展技术瓶颈，构建产学研联合平台，促进自主知识产权转化、项目对接。要推进信息化与工业化的深度融合，加快对传统产品的信息化改造，提高产品附加值，带动制造业向技术、知识密集型转变。另一方面，要完善项目投资管理体系。强化各政府部门在投资活动中的协调和合作，积极为项目建设单位提供全方位优质服务。加强有限资源的优化配置，鼓励投资效益相对较好的民间投资，鼓励新兴产业和接续替代产业投资。指导行业部门和各地多渠道、深层次挖掘和培育项目，加大对储备项目开工率和转化率的跟踪考核，促进储备转化实施。加强项目的动态监管，强化前期可行性研究，减少盲目投资；加快项目中期建设进度，着力解决项目进展过程中遇到的困难和问题，完善项目建成后的评价机制，促其早日达产达效，使其成为企业新的经济增长点。

（三）完善投资环境

经过几十年的工业化，台州产业园区建设和产业集群发展已初具成效，但受制于制造业企业规模的影响，这种聚齐多是同类企业简单的聚集，产品同质化现象严重，形成了无序的恶性竞争。现代产业园区是制造业的集聚高地和经济发展的重要平台。一方面，要注重打造现代产业园区，以平台促进产业的提升和集聚。充分发挥工业园区在招商引资中的“主战场”作用，着力引进制造业好项目、大项目。加快推进制造业发展空间布局结构调整，引导各地的块状经济向园区集聚。加快整合提升现有工业园区，在区域产业集聚中进一步扶植培育区域品牌。大力提高工业园区的管理水平，加强园区审批、服务企业等环节，从整体上增强园区的创新功能和服务功能。另一方面，要大力提升制造业经济规模效应。要始终把项目建设作为实现经济更好更快发展的第一要务,不断优化投资环境,充分发挥投资的规模效益。通过壮大优势企业,切实引进一批大项目,以大企业、大项目带动投入的大增加、规模的大提升,真正发挥项目投资对经济发展的拉动作用。

(四)破除要素制约

长期以来,台州制造业受到“要素约束”的现状没有得到根本改变,“投资饥渴症”现象依然普遍存在。一方面,要努力缓解“土地瓶颈”制约。每年新增工业用地指标,优先支持制造业项目建设,优先保障制造业龙头企业用电、用能的合理需求,加大闲置土地流转和处置力度。加强金融支持,引导各地区商业银行加大对制造业投资项目的信贷支持,优先向金融机构推荐重大制造业项目融资需求。另一方面,要加强人才资源能力建设。坚持引才与育才并重、创新与创业并重,以人才发展、人才服务、创新创业为主题,构筑先进制造业基地“人才高地”。进一步加大企业人才资源的开发力度,多渠道实施对制造业人才的引进,特别是高技术和高层次管理人才引进。建立适应市场化要求的人才运作体系,根据人才和企业双向选择建立人才配置机制,提高人才利用率。改善人才的创业环境,提高制造业人才的工资水平,建立制造业企业人才奖励机制,鼓励和吸引更多优秀高级人才为台州制造业发展服务。

课题负责人 张炳峰
课题组成员 陈章利 徐梓晋
于 超 方 芳
课题执笔人 方 芳

参考文献:

[1] 陈良祥.产业转型背景下的制造业投资效率研究[D].大连:东北财经大学,2011.

[2] 王淑梅,张霞.产业结构视角下固定资产投资效率研究——基于沈阳市的实证分析[J].当代经济,2014(1).

[3] 古丽帛斯旦·买买提.新疆固定资产投资结构和投资效益的实证分析[J].江苏科技信息,2011(6).

[4] 李春瑜.近年来中国工业投资结构与效率变动趋势研究[J].经济与管理研究,2009(9).

[5] 董彦兵.浙江制造业投资效率的制约因素研究——基于国际分工模式和产业

集群的分析[D]. 杭州:浙江工商大学,2011.

[6] 王翠华. 中国制造业产业结构升级的影响因素与对策研究[J]. 改革与战略,2011,27(3).

[7] 汪伟海. 基于全球价值链提升我国制造业竞争力的探讨[J]. 世界贸易组织动态与研究,2008(1).

[8] 沈飞. 我国长三角制造业创新升级战略探讨——基于全球价值链分析[J]. 对外经贸实务,2011(5).

[9] 明娟. 安徽制造业产业竞争力评价与分析[J]. 湖南商学院学报,2011,18(1).

[10] 李金华. 中国现代制造业体系的构建[J]. 财经问题研究,2010(4).

[11] 苏银梅. 对兰州市固定资产投资效益的评价与分析[J]. 甘肃科技,2007,23(5).

[12] 高平亮,刘兴波,董杰. 内蒙古固定资产投资结构优化研究[J]. 内蒙古财经学院学报,2011(6).

[13] 谈友胜. 关于我国固定资产投资效率问题的研究[J]. 投资研究,2010(1).

发展趋势良好　扶持尚需加力

——余杭涉农企业电子商务发展探析

当前,电子商务无疑是最热门的词汇之一。随着网络经济和通信技术的不断发展,电子商务已成为经济社会的重要组成部分,其发展不仅催生了许多新的行业和新的商业模式,而且对传统产业的提升和改造作用也十分巨大。余杭正致力于打造"中国电商谷"。国内两大电商巨头淘宝和京东分据东西两域,为余杭发展电子商务产业创造了得天独厚的条件。相对于各行业电子商务的飞速发展,涉农企业电子商务起步较晚、规模较小。日前,余杭局队利用问卷调查、走访座谈等方式对全区开展电子商务的50余家涉农企业发展情况进行了调查。文章利用调查数据和调研结果对全区涉农企业的电子商务发展情况进行深入探究,并提出相关建议,以供决策参考。

一、受访涉农企业基本情况

本次调查对象以农业企业为主,涉农电子商务公司和个人农产品网店为辅。调查对象经营规模大小不一,其中注册资金在1000万元以上的占32.3%,100万—1000万元的占35.4%,100万元以下的占32.3%。

(一)企业成立时间较早,但开展电子商务较晚

受访企业中除了大学生创业近几年才注册的涉农电子商务公司外,其余成立时间较早,注册时间在2000年以前的有32.3%;2000—2010年注册的占41.2%;2010年以后注册的最少,占26.5%。相对较早的成立时间,企业开展电子商务业务较晚,其中2010年以前开始从事电子商务的仅有20.6%,其余均是2010年以后开始涉足电子商务,有44.1%的企业2013年才开始从事电商业务。

(二)有专门的电商部门,但从业人数较少

在受访企业中有一定规模的企业大都成立了专门负责电子商务的部门,占全部企业的64.7%。由于小规模的涉农电商企业从业人数仅有几人,且基本从事电子商务技术和客服人员角色,因此从单个企业看电商从业人员的比重无法估量从事电商人员的规模,但从所有受访企业中从事电子商务技术和客服人员占企业总人数比例来看,明显较少,仅有7.0%。

(三)商品以加工农产品为主,来源渠道较多

企业网上销售商品种类最多的是加工农产品,占47.1%,生鲜农产品、食品(取得食品流通许可)、以农副产品为原料的日用品及工艺品分别占20.6%、17.6%、14.7%(见图1)。网上销售商品来源渠道(部分企业有多个来源渠道):通过自加工的企业有52.9%,通过自产销售的有41.2%;代销、代理的较少为26.5%。网上销售商品(除自产外)原料主要产地为周边农户,占64.7%,其他地区为35.3%。

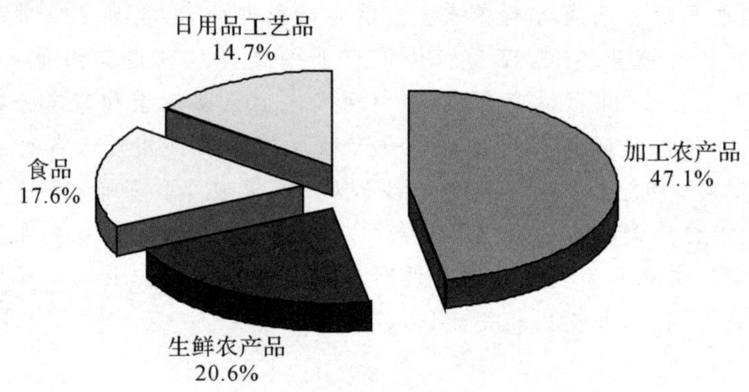

图1　网上销售商品主要种类分布情况

(四)电子商务以第三方平台为主,自建网站为辅

有82.4%的企业利用第三方平台开展网上销售活动,淘宝和天猫各占一半左右;仅有17.6%的企业利用自建网站进行网上销售活动;全部企业中共有32.3%的企业自建了网站。网上销售安全措施自行维护的最多,达到了58.8%;委托外包的有26.5%;无具体安全措施的有14.7%(见表1)。大部分企业的网站或网店信息能够做到实时更新,达到55.9%;每日、每周、每月更新的分别有17.6%、14.7%、11.8%。

表1　涉农企业电子商务技术情况

主机设备	比例%	系统维护	比例%	安全措施	比例%
无	23.5	自行维护	29.4	无安全措施	14.7
自有	47.1	外包	20.6	自行维护	58.8
租用	29.4	租用平台无须维护	50.0	委托外包	26.5

二、涉农企业电子商务运营情况

受访企业2014年预计电子商务营业额(包括线上联系,线下交易)除个别

企业外，比 2013 年均有所增长，部分企业甚至翻番。2014 年预计电子商务营业额占销售总额比重在 10.0％以下的有 41.2％，10％—40％的有 32.3％，40％以上的有 26.5％。

（一）网上销售方式灵活，辅助手段丰富

受访企业网上销售形式基本批零兼营，销售方式灵活（部分企业多种方式兼营），能实现在线支付的企业有 67.6％，能够线上联系、线下交易的有 44.1％，委托第三方交易的有 26.5％。网上销售的辅助手段形式多样，使用最多的是微信，有 50.0％的企业采用；其次是参与第三方团购秒杀等活动、网络广告、微博，分别有 38.2％、32.3％、20.6％；使用频率较少的是链接交换、手机短信、农民信箱、论坛、传统媒体推广，分别有 8.8％、11.8％、8.8％、11.8％、14.7％（详见图 2）。

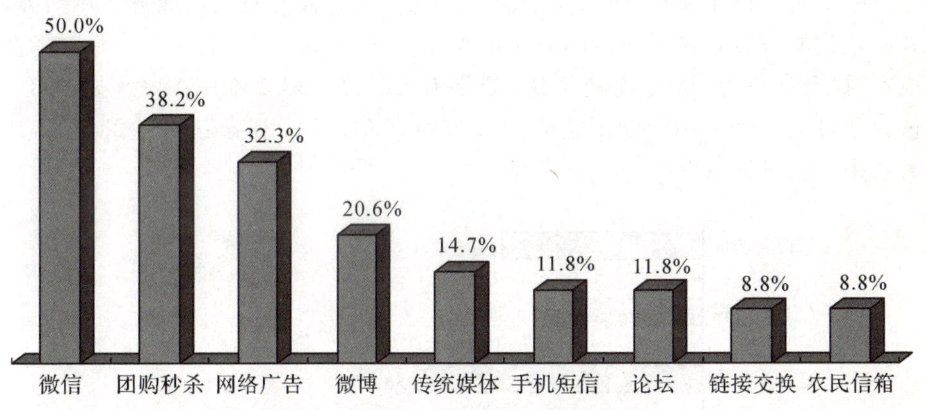

图 2　网上销售辅助手段使用情况

（二）电子商务营收有待提高，业务趋势向好

由于涉农企业电子商务起步较晚，因此当前总体电子商务还在投入和熟悉阶段，企业电子商务利润有限。尽管在受访的企业中有 44.1％的企业电商收支实现了盈利，但另有 20.6％的企业基本持平和 35.3％的企业亏损。相对于有限的营收，电子商务业务趋势明显较好，有超 6 成的企业业务趋势明显上升，达 64.7％，有 29.4％的企业基本持平，仅有 5.9％的企业有所下降。

（三）经营满意度较高，对未来发展充满信心

尽管不少企业电商业务刚起步，总体还在扭亏为盈阶段，但大部分企业对电商经营满意度较高，表示非常满意的有 17.6％；满意的最多，有 52.9％；一般和不满意的分别有 23.6％、5.9％。在较高满意度的基础上，企业对电子商务前景也充满信心，有 61.8％的企业在对前景展望中非常看好，认为目标

可达的有 29.4%，认为不明确的仅有 8.8%，没有企业选择不看好未来前景(见表 2)。

表 2 涉农企业电子商务经营满意度及发展前景

经营满意度	比例%	发展前景	比例%
非常满意	17.6	非常看好	61.8
满意	52.9	目标可达	29.4
一般	23.6	不明确	8.8
不满意	5.9	不看好	0

(四)电商业务作用明显，带动周边农户增收

除个别受访企业外，绝大多数企业均认为电子商务对拓展业务作用明显，其中认为能拓展新客源和新市场的企业最多，达到 82.4%；其次是认为能降低成本、提升竞争力、资金周转加快，分别有 41.2%、38.2%、29.4%(见图 3)。认为通过电子商务能带动周边农户增收的有 61.8%，不清楚的有 23.5%，认为效果不明显最少仅有 14.7%。

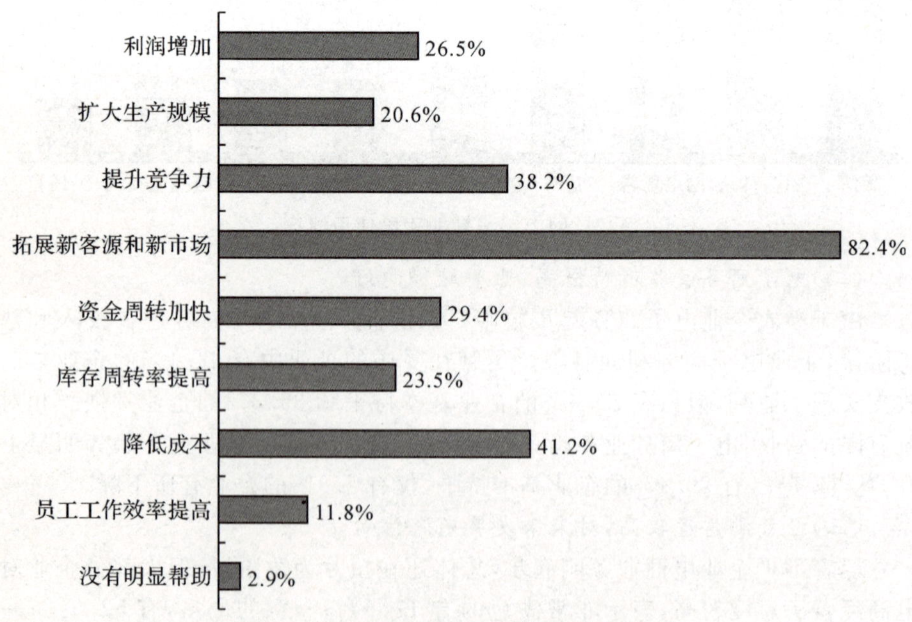

图 3 涉农企业电子商务对业务的作用

三、当前涉农企业发展电子商务面临的问题

如今随着电子商务的迅猛发展，网络经济正在以崭新的电子技术手段和服务形式影响着涉农企业的发展。相对于其他各行业电子商务产业的发展，涉农企业电子商务发展还面临着诸多问题。

（一）劳动力成本高，网上销售竞争压力大

电子商务大大缩短了生产和消费的距离，被称为“直接经济”“零距离经济”，为企业带来更多客户的同时也增加了更多的竞争对手。笔者调研过程中了解到，对于涉农企业的农产品销售，除了部分生鲜农产品由于物流的局限有一定的区域限制外，其他均面临着全国的竞争对手。相对于其他欠发达地区，余杭区不管是农产品种植还是加工过程中劳动力成本均较高，而农产品附加值较低，劳动力成本直接关系到产品价格。因此销售过程中余杭区涉农企业存在价格竞争劣势，随着商家的越来越多，价格战也逐渐升级，在这种恶性竞争中，企业利润不断压缩。问卷调查资料显示，受访企业网上销售商品受消费者欢迎的主要原因中，“低价促销”仅次于“产品质量好”位列8选项中的第2位。

（二）物流系统不完善，产品配送成本高

物流配送直接影响涉农企业电子商务的发展。一方面，很多涉农企业地理位置相对偏远，而且电商业务刚起步，初期配送量有限，找物流公司合作较为困难，配送成本较高。另一方面，很多农产品不耐久存，易腐烂、易变化，且配送呈现多点次的特征，物流技术难度高，严重制约线上散单交易。特别是生鲜农产品的配送需要高质量的保鲜设备、一定规模的运输设备。保鲜等物流技术难度大且成本高，例如枇杷的网上销售，最终的保鲜包装、物流成本远远高于产品的原本价值。调查资料显示，当前农产品电子商务主要存在的问题中，企业选择“物流成本高”“保鲜期短，易在运输过程中受损、变质”“本地农村物流配送体系不健全”的较多，分别有55.9%、44.1%、26.5%（详见表3），如果剔除部分销售茶叶等不受保鲜配送影响商品的企业，比例将会更高。

表3　当前农产品电子商务主要存在的问题

选　项	频率%
电子合同执行和监督难	8.8
缺乏产品规格、质量标准，不适合网上销售	20.6
保鲜期短，易在运输途中受损、变质	44.1
仓储不足	8.8

续　表

选　项	频率%
信用体系不完善	11.8
本地农村物流配送体系不健全	26.5
物流成本高	55.8
网站(店)宣传不够	26.5
企业运作流程不适应	5.9
模式雷同,缺乏盈利突破口	23.5
技术力量不足	29.4
缺乏政府扶持	38.2
资金不足	35.3

(三)电商业务起步晚,运营成本高

随着电子商务的快速发展,开展电商业务的企业也越来越多,竞争日趋激烈。电子商务发展初期,竞争对手较少,获取订单和流量相对较易,平台提点费较低;而涉农企业电子商务起步相对较晚,不投入费用没流量,投入费用后入不敷出,需要经历初期的入不敷出阶段,企业电商业务运营成本较高。在受访对象中,有近一半的企业是2013年才开始从事电子商务的,达到44.1%。另外涉农企业向农户收购农产品无法获取进项发票,而天猫出售商品都按点扣税,缴税没有进项发票进行抵消,较高税费负担也增加了运营成本。

(四)技术力量薄弱,企业做大做强难

当前涉农企业存在缺少掌握电子商务知识或计算机网络技术的专业人才,并主要表现在认知落后和人才难留两方面。一方面,很多涉农企业的电子商务意识淡薄,因担心网络交易及运输的安全问题,仍对电子商务心存怀疑态度;另一方面,电商人才年轻人居多,不习惯农村生活,难以久留,或者是干脆不愿上门做。除了电子商务技术力量薄弱外,很多生鲜农产品的保鲜物流配送技术也很薄弱,在标准化方面还存在着先天不足,行业内也没有统一的要求,极大地制约了鲜活农产品的流通现代化。

四、对涉农企业发展电子商务的建议

随着阿里巴巴在美国成功上市,电博会在杭州的成功召开,余杭区电子商务产业将步入快速发展阶段,农产品电子商务交易将从预热期转向发展繁荣期。笔者结合电子商务的内在要求和余杭区实际情况,提出组织培训、强化服务、综合协调、完善政策等促进涉农企业电子商务发展的建议。

(一)组织培训,积累涉农企业发展电子商务的人力资本

涉农企业开展电子商务需要既懂农业、商务、管理知识,又懂得网络信息技术的复合型人才。调研过程中了解到,7成左右的企业在人才和知识方面比较薄弱,希望得到技术支持和相关培训,因此在积极引进人才的同时更要做好现有人员的培训,充分发挥现有人力资源的积极性和创造力。一是开展个人的知识、技术培训。组织涉农企业从事电子商务的相关人员进行在职培训,使他们的知识水平和工作技能显著提高。二是开展团队的协作、理念培训。很多涉农企业对电子商务缺乏了解,对成功实施电子商务缺乏信心,因此要积极发挥优秀电子商务涉农企业的示范作用,定期开展各种形式的交流会、座谈会等推广经验,取长补短,通过典型示范开展团队的协作、理念培训。三是组织农村待业大学生开展培训。当前大学生就业形势严峻,很多大学生毕业即失业,可以对这些人员开展专门的电商培训,特别是拥有相关专业基础的大学生,鼓励他们到涉农企业中就业,从而充实涉农企业发展电子商务的人力资本。

(二)强化服务,优化涉农企业发展电子商务的环境氛围

涉农企业电子商务发展还处在起步阶段,需要优良的配套服务和创新的发展氛围,尤其需要政府发挥指导、协调、规划、监督等作用。一是加强农产品品牌化和标准化服务。为提高余杭区农产品网上销售竞争力,需要大力推进农产品品牌战略,深入挖掘本地特色化产品,加快实施农产品包装化、标准化,以消除劳动力成本带来的价格劣势。二是做好专业化服务。综合协调各有关部门向电子商务涉农企业提供IT技术、营销推广和政策法规等专业化服务。三是规范市场秩序。切实加强对网上交易商品和服务质量、价格行为的监管,防止恶性竞争,严厉打击依托网络制售假冒伪劣、侵犯知识产权、传销、诈骗等行为。四是搭建本地特色的农产品销售平台。涉农企业单打独斗竞争力弱,影响力低,搭建平台,形成网上本地农产品销售集群,不同产品相互推广、相互引流,借助地方特色的影响力推动发展。五是拓展宣传推广服务方式。整合本地网站、电视、报纸、微博等宣传渠道,集中力量对本地农特产品进行整体包装,实现抱团营销、整体宣传。

(三)综合协调,完善涉农企业发展电子商务的物流设施

当前农产品电子商务真正拥有物流配送体系的很少,大部分企业都与其他物流公司合作进行物流配送,更没有保障生鲜农产品配送的冷链运输,加上有些企业位置偏远,物流公司还未触及,或者由于订单量较少物流公司不愿合

作。因此,建设完善的物流是推动农产品网上销售的必然要求。一是鼓励物流公司与涉农企业开展合作。一方面可以为涉农企业做担保,以企业未来电商业务良好的发展前景来吸引物流公司长期合作;另一方面向与涉农企业合作的物流公司提供税费减免等优惠政策。二是投入农村电子商务基础设施建设。阿里巴巴美国上市后,启动了千县万村计划,大力投入农村基础设施建设,余杭区要发挥地域优势,努力搭载阿里农村发展战略的顺风车,建设村级电商服务站,整合现有的物流能力,完善农村物流配送系统。三是帮助企业进行冷链运输建设。生鲜农产品的保鲜等物流技术难度大且成本高,对刚起步的农业电子商务企业来说困难很大,政府需要做好相关技术支持、研发、金融支持等帮助,引导鼓励企业进入生鲜 O2O 市场。

（四）完善政策,加大涉农企业发展电子商务的扶持力度

调查过程中,涉农企业普遍反映目前促进农业电子商务发展的相关政策门槛过高,很难惠及广大中小企业。企业电商业务开展初期无法达到政策要求,但却是最需要扶持的发展时期,因此希望降低扶持门槛,让政策扶持达到雪中送炭的效果,而不是锦上添花。一是减免税费。对于“企业＋农户”合作方式或者主要向周边农户采购农产品的企业给予减免税费,既降低企业由于没有进项发票而带来的成本压力,又避免企业追求自身利益而压价产生的“啃农”效应,让企业和农户在农产品电子商务中均能得利。二是完善补贴。软件开发、硬件设施、平台提点费、宣传费等电子商务费用对于大部分电商业务刚起步的中小涉农企业来说,压力较大,需要政府细化补贴,扶持发展。三是金融支持。引导和鼓励金融机构创新推广面向涉农企业电子商务发展需要的金融产品和服务,加快推进集风险投资、银行信贷、保险合作等内容的多层次电商金融服务。四是扶持回乡创业大学生。近年来,余杭区农村涌现了一批大学生返乡开办农产品网店创业的代表,例如中泰竹笛网上销售店,他们既有制作竹笛的技术,又具有电子商务相关知识,却缺乏资金与经验,迫切需要政府提供有效的政策支持。

课题组成员　蔡志祥　刘利华
执　　　笔　刘利华

新经济时代港口物流业的转型思考

——以宁波北仑为例

近年来，在国内外宏观经济日益复杂严峻的背景下，港口物流业的发展面临经济增长乏力、外贸持续低迷、航运市场疲软等压力，如何在新经济时代加快港口物流业的发展成为企业和政府关注的焦点问题。文章以宁波市北仑区港口物流业的发展为视角，截取了2004—2013年的数据对其港口物流业的发展现状进行分析和解读，并结合当前经济形势提出加快港口物流业发展的相关建议。希望借此文抛砖引玉，引发社会大众对港口物流业转型升级更多的思考和关注。

一、港口物流业发展概况

在全球经济一体化的背景下，港口在各国和地区经济往来中扮演着越来越重要的角色。依托港口的优势，集仓储、运输、加工、包装为一体的综合物流中心逐渐成为现代物流业的龙头产业，在整合港口资源、优化港口物流服务体系方面发挥了核心作用。

（一）国际港口物流业的发展概况

世界主要港口物流业的发展，经历了运输储存的传统物流、配送物流、综合物流和港口供应链几个阶段。近年来，为适应全球贸易、国际运输和全球物流的发展趋势，发达国家和地区的港口通过自身优势和由此衍生出的诸多功能，建立强大的现代化港口物流中心，进入了港口综合物流和港口供应链阶段。例如鹿特丹港，凭借优越的地理位置、良好的港口设施、现代化全自动装卸设备和流经欧洲数国的莱茵河集疏运条件，在国际港口发展中异军突起，成为世界第一大港长达30年。近年来，其不断拓展港务管理功能，积极向现代化、信息化和物流链管理转变，目前在该港中转的货物可在48小时内运到欧洲内陆各个目的地。

（二）国内港口物流业发展概况

我国上海、深圳等地的港口物流业也取得了令人惊叹的成绩。上海港是我国最大的综合性、多功能、现代化的港口，代表着我国港口物流的发展方向。近年来上海港利用长三角的腹地经济和航线密集的优势，不断加快集装箱码头建设，完善集疏运系统，提升综合服务功能。2013 年，上海港集装箱吞吐量为 3361.7 万标箱，在全球港口集装箱吞吐量排名首位。但是，从目前我国几大港口的运营状况看，由于地理位置和发展阶段及模式不同，物流业的发展存在着区域不均衡现象。同时，港口城市的物流业在战略设想、服务理念、技术操作等方面与发达国家和先进地区相比，还有很大的提升空间。

二、北仑港口物流业的发展现状

北仑区位于东海之滨，因北仑港而得名，是浙江省和宁波市对外开放的窗口。北仑港港阔水深，北面有舟山群岛为天然屏障，常年不冻不淤，深水岸线后方陆域平坦宽阔。经过 30 年的开发建设，北仑港已开发岸线 70 公里，现有生产性泊位 305 座，可靠泊 30 万吨级世界特大型货轮和第六代大型集装箱船舶，已与世界 100 多个国家和地区的 600 多个港口通航，成为东北亚国际航运中心的重要组成部分。2013 年以北仑港为核心的宁波港完成货物吞吐量 3.45 亿吨，集装箱吞吐量 1677.4 万标箱，列世界港口第 6 位。北仑港在自身快速发展的同时，也带动了现代物流业的蓬勃发展。近年来，高端物流园区的兴建增强了港口集聚和辐射功能，一大批国内外知名物流航运企业的入驻提升了行业的整体水平。

（一）经济总量持续增长，行业地位举足轻重

北仑经济依托港口而发展，交通运输仓储业是北仑服务业的支柱产业，而港口物流业在整个交通运输仓储业中占有较高比重，因而可用交通运输仓储业增加值的数据分析反映港口物流业的发展。2013 年北仑交通运输仓储业实现增加值 65.0 亿元，占服务业增加值的比重为 24.3%。2004—2013 年北仑交通运输仓储业增加值年均增长 8.8%。（见图 1）

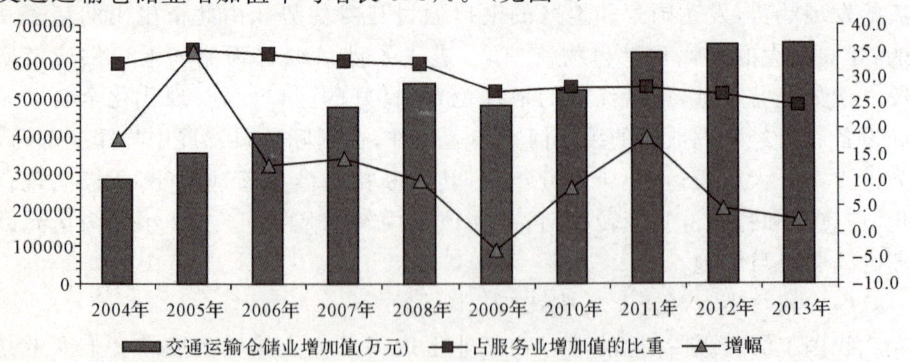

图 1　2004—2013 年北仑区交通运输仓储业增加值相关数据图

注：数据来源于历年北仑统计年鉴，统计口径均为北仑区本级交通运输仓储业数据。

(二)港口规模持续扩大,服务水平日渐提升

近十年来,随着大型集装箱码头相继投产,北仑港的产能和规模大幅扩张。北仑港区四期、五期集装箱码头工程、梅山保税港区 1—5 号集装箱码头工程等重大项目均在近年基本建成并使用。这些工程的建成缓解了宁波—舟山港集装箱泊位通过能力不足的矛盾,进一步优化了口岸整体服务环境,加快了北仑港拓展省内城市和内陆腹地的脚步。

(三)物流企业数量猛增,竞争激烈寻求突破

北仑港不断增长的吞吐量给物流企业带来了发展契机。截至 2013 年底,北仑区共有道路货运经营户 4365 家,其中集装箱道路运输企业 335 家;专业普通货运企业 107 家;集装箱运输车辆 7600 辆,占宁波全市的 58%;道路危险货物运输企业 15 家,运输车辆 343 辆,载重 6377 吨。物流企业数量的骤增带来了激烈的市场竞争,倒逼物流企业转型发展。有的企业向供应链管理业务转型,为其他企业制定最佳物流方案,代理物流供应获取效益;有的企业整合当地原料、制品和零售等企业的物流业务,形成链状商品供应系统;有的企业开展双重甩挂运输,降低了集卡运输成本,提高企业效率。

(四)物流园区初具规模,招商引资步伐加快

近年来,北仑区加快了高端物流园区的兴建,梅山保税港区物流园区、霞浦现代国际物流园区等现代物流基地已初步形成。梅山保税港区保税物流配送中心建成投入使用,马士基、中外运、DHL 等全球航运物流龙头企业相继进驻梅山国际商贸物流产业园。截至 2013 年底,梅山保税港区累计引进企业 3569 家,注册资金超过 1102.4 亿元,梅山港区已开通至韩国、西非、南美等国际集装箱班轮航线 33 条,累计完成集装箱吞吐量 286.5 万标箱。同时,霞浦的现代物流园区也快速发展,普洛斯、中外运、前程供应链等国内外知名企业纷纷入驻园区,天翔货柜、东南物流、铃与物流等近百家物流企业已经正常生产运营。

三、港口物流业发展面临的问题

虽然北仑港口物流业发展成绩斐然,但应清醒地意识到,北仑港口物流业的发展依然面临诸多问题。

(一)港口物流转型升级亟须加快

观之港口物流业发达地区,港口物流集商品流、资金流、技术流和信息流于一体,突出增值服务和综合物流链管理,体现金融、保险、咨询、法律、通关代理等全方位服务。但目前北仑各个港口的业务依然停留在以传统装卸运输功能为主导的发展阶段,在装卸、中转过程中提供的配送、加工、包装等增值服务

还较少，面向广大物流企业的金融、保险、咨询、法律等配套服务还亟待提升，需要加快由装卸中心向现代物流中心的根本性转变。

(二)港口集疏运网络尚待完善

近十年来，虽然北仑集疏运建设步伐加快，但从长远来看依然存在较多问题：一是集疏运建设速度滞后于码头建设速度。依据《宁波—舟山港总体规划(报批稿)》预计 2020 年全港货物吞吐量 8.4 亿吨，其中集装箱吞吐量 2600 万标箱。北仑的总通行能力仍然无法应对未来高速增长的交通压力。二是集疏运体系结构失衡。北仑的集疏运过多依赖于公路，铁路和内河发展滞后，这大大加剧了公路交通的拥堵。三是集疏运配套设施及服务薄弱。为集卡专门服务的集住宿、餐饮、修理、加油等为一体的服务中心有待进一步建设，目前集卡车乱停放带来交通拥堵、事故和环境污染等一系列问题仍较突出。

(三)物流企业现代化程度相对较低

虽然从数量上看，近几年北仑区物流企业迅速增加，但行业整体呈现出平均规模小、服务能力弱、现代化程度不高的特点。多数物流企业仍以货物运输、单纯仓储等传统物流业务为主，开展物流增值服务的企业比例低。行业依然处于从以传统储运为主向现代物流过渡的阶段。同时，由于传统业务所限，物流市场仍停留在瓜分现有市场的低层次恶性低价竞争中。运力过剩和成本升高进一步挤占了企业的利润空间，部分企业的运营陷入举步维艰的境地。

四、对策和建议

(一)提升港口功能，加快港口由运输中心向综合物流中心的转型

一是提高港口综合作业效率。保持码头作业高效率，特别是时船时效率，满足国际大型船舶及特种船舶作业要求；加强海关、国检等口岸各个环节的配合，提升港区查验移箱效率，降低货物在码头的堆存时间和费用。二是提升港口综合服务功能。完善港口运输、金融、保险、咨询、法律、信息等服务功能，为企业提供高效率全方位的综合服务。加快搭建大宗商品如铁矿石、煤炭、原油等原材料交易平台。三是加强港口物流的对接和合作。港口应成为物流产业链的中心环节，因此需要加强与世界物流合作。同时，还应利用自身密集的支线网络，在码头经营上加强与世界大型船舶公司的合作，像梅山集装箱码头牵手马士基打造超大型集装箱码头就是较为成功的例子。

(二)健全集疏运网络，构造畅通高效的运输体系

加快构造全方位立体型的公、水、铁多式联运的集疏运体系是未来发展的重要内容。一是大力推进海铁联运。铁路运输具有大运量、长距离、节能环保的优势，因此要加快连接港口的铁路建设，推进北仑集疏运网络向中西部经济

腹地的延伸。二是改善公路网络布局。针对梅山、六横港区集装箱码头的大规模开发建设和北仑区域东西向通道能力不足问题，建议在高速公路网规划中进行布局调整，重点解决六横、梅山港区开发的集疏运问题，分担北仑东西向的交通压力。三是加快发展水水中转业务。目前船舶在北仑港码头靠泊后，可通过皮带机进行“水水中转”，大大减少货物的储存时间，货物可直达武汉、重庆，“水水中转”网络可覆盖华东地区及长江流域。今后应大力发展长江流域江海联运，大力发展国际中转以及沿海内支线运输，提高水路集疏运的比例，减少公路集疏运压力。

（三）拓展增值服务，引导物流企业转型升级

一是提高物流的服务水平。传统的仓储运输企业要适应市场需求，积极拓展增值服务，推动企业在经营主体、经营管理及设施技术方面的升级，从而实现转型发展。二是鼓励开展先进运输方式。政府相关部门应采取积极的财税、土地、价格等政策，鼓励企业实施先进的运输组织方式，开展厢式运输、甩挂运输、双重运输等业务。三是加快物流的信息化建设。充分运用信息化技术，搭建公共信息平台，实现企业信息、港站信息、公共物流信息的互联互通，实现物流企业与供应链上下游企业之间的信息共享。物流企业要利用先进信息技术实现企业内部管理的优化和服务升级。

综上所述，北仑区港口物流业在近年来取得了令人瞩目的成绩，但也存在诸多“成长的烦恼”。世界经济新的形势对现代港口的服务功能和运转模式提出了新要求，如何利用新技术拓展新服务、提升港口功能和港口产业价值链，是打造现代港口物流中心面临的重要课题。

北仑区统计局　贺艳萍

加快发展都市区经济　提升金华核心竞争力

——推进金华市县域经济向都市区经济转型的思考

所谓都市区是由一定规模以上的中心城市及与其保持密切社会经济联系、非农业活动发达的外围地区共同组成的具有城乡社会经济一体化倾向的城市功能地域。一个强大的中心城市不仅自己能持续优质发展，还应对周边地区发挥引领、辐射、集散功能，而这必须依托一个能高度聚集资源、发挥效能的都市区作为载体。

纵观全球，都市区（都市圈）和中心城市在现代经济中具有举足轻重的作用，在区际乃至国际经济竞争与合作中的作用越来越重要，大都市圈是衡量一个国家或地区社会经济发展水平的重要标志。美、英、法、日等发达国家，现代化建设无不依托中心城市和都市圈为发展主形态。这样一种全球经济规律，在中国也得到验证：长三角、珠三角和环渤海三大中国最具竞争力的城市群中，顺城市化者强，逆城市化者弱。所以，加快城镇化步伐下发展的都市区经济将是今后一段时间经济社会发展的新引擎。当前金华经济已经进入赶超发展的关键时期，加快发展都市区经济已经成为金华经济转型升级的关键。

一、当前金华市经济发展现状

（一）经济总量快速发展

改革开放以来，金华市经济取得了显著发展。数据显示，截至 2013 年，金华市 GDP 总量 2958.78 亿元，是 1978 年（GDP 只有 9.85 亿元）的 300.4 倍，年均增长 13.1%，全市人均 GDP 突破 1 万美元大关（10123 美元，按户籍人口计算）。三次产业结构得到优化，全市三次产业的比例关系由 1978 年的 51.0∶28.3∶20.7 调整为 2013 年的 4.7∶48.9∶46.4，第一产业比重在三次产业的序列中由首位退居末位；第二产业比重由第二位跃居首位，成为主体性产业；第三产业比重快速上升由第三位进到第二位，仅次于第二产业。产业结构已从农业为主的低级结构层面向第二、三产业协同并进的更高一级结构层面转换升级。

（二）“弱市强县”客观存在

近年来全市的经济成就显著，但是与全市其他县域相比市区作为中心城市的地位却在弱化。人均 GDP 是反映城市实力的一个重要指标，2013 年金华市区人均 GDP 是 60682 元(按户籍人口计算，下同)，比全市 62688 元的平均水平低，更低于县域 63188 元的平均水平。从 2005 年、2010 年和 2013 年主要经济指标市区占全市比重看，市区主要经济指标总量占全市的比重不高，几个主要经济指标占全市比重基本在五分之一左右，并且占全市比重还存在继续下降的风险。对比 2013 年和 2005 年的数据，只有实际利用外资和社会消费品零售总额有明显提升(2013 年占比比 2005 年分别提高了 7.6 个和 5.6 个百分点)，GDP 和规模以上工业总产值基本稳定，其余指标占比均存在不同程度的下降，这说明市区作为金华中心城市的本身的实力弱于其他县域，未能担负起中心城市对周边的带动作用。

表 1　市区主要指标占全市比重变化表

	2005 年市区占全市比重(%)	2010 年市区占全市比重(%)	2013 年市区占全市比重(%)	与 2005 年相比占比变化(±)百分点
GDP	19.3	19.1	19.3	0
规模以上工业总产值	19.2	18.4	19.3	0.1
社会消费品零售总额	23.9	24.3	29.5	5.6
固定资产投资	25.2	21.9	22.3	−2.9
出口额	15.6	14.1	9.5	−6.1
实际利用外资	34.5	39.7	42.1	7.6
地方财政收入	27.3	25.0	24.1	−3.2
金融存款	24.4	20.7	20.6	−3.8
金融贷款	33.5	21.9	20.9	−12.6

二、县域经济亟待转型升级

得益于“省管县”财政体制和连续四轮的“强县扩权”，使得金华市的县域经济发展取得了显著成绩。2013 年县域经济 GDP 总量为 2387 亿元(扣除市区经济总量)，占全市 GDP 的 80.7%。应该说县域经济有力地支撑了金华经济的又好又快发展，在推动金华综合实力增强、统筹城乡发展、新农村建设、城乡居民增收和社会和谐稳定等方面发挥了重要作用。然而，随着工业化和城镇化的加速推进，县域经济已经较难适应新形势发展的需要，发展的局限性逐步显现。

（一）资源要素集聚受到制约

县级行政主体在现有的县域资源配置框架之下，生产要素集聚困难，拓展空间障碍重重。特别是在集中力量引进大项目、培育大企业时，往往会受制于自身资源禀赋条件的局限，如建设用地有限、人才和科技等创新要素不足等制约，导致县域内企业和产业起点较低、规模偏小、技术含量不高。截至 2013 年底，金华市工业经济中产值超百亿制造业产业排在靠前的依次是纺织、金属制品、有色金属延压等传统产业；并且企业总体规模不大，平均每家规上工业企业总产值 1.33 亿元，低于全省 1.72 亿元平均水平；大企业大集团不多，产值超 10 亿元的工业企业仅 57 家，产值超 50 亿元的工业企业仅 6 家。

（二）区域分割制约转型升级

县与市、县与县之间的独立性和竞争性在市场经济发展的初期有力地推动了县域经济的蓬勃发展。但是在产业布局上，由于缺乏跨区域的产业链式延伸和各个环节的分工合作，导致县与县之间同类产业区块并存，重复建设，工作难以互补，并且受制于自身因素的局限，自主创新能力不强，总体竞争能力不强。进一步可能致使相邻县市间不仅难以结成发展同盟，而且彼此视为竞争对手，在政策优惠上互相拼杀，在资源整合上互相掣肘，导致产业区域分工上不协调性加大，“楚河汉界”难以跨越，无法很好地实现各县优势互补、协同发展。特别是随着市场供求关系和要素禀赋结构的变化，区域分割所带来的负面效应逐步扩大，最终制约全市的转型升级。

（三）环境治理工程任重道远

近年来，金华市大力实施“五水共治”“三改一拆”“四破攻坚”等专项整治活动，转型升级步伐不断加快，发展环境不断改善。但是当前金华市县域经济总体仍停留在粗放式增长状态，技术、投资要求均不高，这些产业的进入门槛较低，并且由于行政分割碎片化，企业就地办厂、分散布局，导致土地浪费和环境污染较为严重。如很多地方绿水青山不再，工业废水的超标排放致使一些河道污染严重，废弃和有害气体排放也对金华的大气环境造成了影响。同时由于工业用地增长过快，城镇环境基础设施相对滞后，特别在县域的工业园区周边的城乡接合部这类地区的环境承载能力堪忧。

三、发展都市区经济的基础

在当前区域一体化的新形势下，为了克服要素制约和区域分割等问题，迫切需要中心城市的龙头引领和其辐射功能。所以，大力推进县域经济向以中心城市引领的都市区经济转型升级势在必行，而且近年来出台的一系列政策意见也为金华县域经济向都市区经济转型明确了方向。

（一）《国家新型城镇化规划》的出台

去年出台的《国家新型城镇化规划》指导思想明确为“以城市群为主题形态，推动大中小城市和小城镇协调发展”，并阐述了支持发展城市群的基本原则、发展目标、重点任务和制度建设。具体到浙江省来看，当前省域经济仍以县域经济为主体，城镇间多有田园农村，都市区特征较为明显。因此，省委省政府明确浙江新型城市化的主体形态为都市区，而不是城市群，关键在于浙江包括金华在内县域经济发达，大部分县域已发展成中小城市，城市功能“小而全、大而全”特征明显，迫切需要通过都市区的培育建构来实现城市间的特色优势鲜明、优势分工互补显著，由此推动县域经济向都市区经济转型升级。

（二）省委、省政府重大战略部署的要求

《浙江省城镇体系规划（2011—2020 年）》《浙江省国民经济和社会发展第十二个五年规划纲要》《浙江省深入推进新型城市化纲要》提出，要加快杭州、宁波、温州、金华—义乌都市区的形成和发展。金义都市区城市总体定位为：重点发展先进制造业，强化商贸博览、高等职业教育、文化娱乐等职能。通过科学定位，明确了做大做强金华都市区的设想和空间格局，这对体现省委省政府发展战略、提升金华在浙中的核心竞争力和辐射带动功能具有十分重要的意义。

（三）市委、市政府出台加快金义都市区建设实施意见

为深入贯彻落实党的十八大、十八届三中全会、中央城镇化工作会议、省委十三届五次全会和全省新型城市化工作会议精神，根据省委、省政府《关于深入推进新型城市化的实施意见》精神，市委、市政府去年出台了《关于深入推进新型城市化的实施意见》（金委发〔2014〕26 号），提出了将深入推进新型城市化，加快建设全省第四大都市区。实施意见的出台明确了下一步全市加快都市区发展的方向。

（四）城市群建设取得新成效

《浙中城市群规划》获省政府批复，协调机制进一步健全，浙中城市群综合交通、轨道交通线网、生态绿道及旅游一体化等专项规划陆续完成。实施“外通内畅”工程，基础设施进一步完善。特色城市进一步发展，义乌市深入实施国际贸易综合改革试点，这一改革重点领域的突破带动全局发展，打造全球竞争新优势；兰溪市加快与金华市区“互补互惠、融合发展”，奋力追赶跨越、重振雄风，打造山水人文休闲城市；东阳市加强与义乌融合发展，发挥磁性材料、木雕、建筑、横店影视产业实验区等特色优势，推进文化产业全域化发展，打造影视旅游名城；永康市大力发展总部经济，壮大汽车、现代五金产业集群，打造国

际五金名城;浦江县加快接轨义乌,打造书画之乡、特色工贸城;武义县加快与金华市区、永康融合发展,打造温泉名城、养生胜地;磐安县打响“山水磐安”品牌,打造长三角地区生态旅游名县。金华必将成为浙闽赣皖四省九地市协作区的龙头城市、建设中的浙江中西部中心城市、省政府重点培育的“浙江第四极”——浙中城市群。

(五)各项改革试点助推经济转型

当前,各项改革试点正在金华市如火如荼地进行中。一是国家和省部级改革试点。深化义乌国际贸易综合改革试点,保税物流中心封关运作,市场采购贸易方式落地,航空口岸对外开放;积极融入“一带一路”国家战略,“义新欧”中欧国际货运班列、宁波港铁海联运专线常态化运行;推进低丘缓坡综合开发利用试点,累计完成农转用征收报批面积 4.98 万亩;获批实施全国现代服务业综合试点,建立现代服务业发展基金,重点支持电子商务、现代物流和服务贸易。二是全面开展“四破”整治。建立市场化退出机制,为转型腾出空间;资源要素市场化配置综合配套改革在东阳和浦江开展;完善水电价差别化、阶梯价格机制;开展“抢栽抢种抢建”专项整治。三是统筹推进各项专项改革。深化商事登记制度改革;深化农村改革,开展兰溪市镇域改革试点;启动武义县户籍改革试点;稳步推进林业股份制改革和林权抵押试点;推进政府投融资和国有企业管理体制改革;大力推进政府自身改革,加快构建“四张清单一张网”。所有这些都将为建立和谐有序的社会环境起到积极作用,更加激发人的创业欲望,激发社会整体的创造活力。因此完善市场经济体制、加快社会管理体制改革,是今后经济实现可持续增长的强大动力。

(六)金义都市新区快速发展为都市区建设提供了实践

当前金义都市新区建设正抓紧各项规划编制工作,目前已完成新区总体规划、6 个区块控制性详规、11 个专项规划的编制和核心区城市设计,基本形成“总体规划—控制性详细规划—专项规划—城市设计”层级鲜明、覆盖全面的规划体系。基础设施建设正加快推进,核心区块一环道路全面贯通,金义网络经济学院 9 月份正式开学,智能化规划展示区春节前完成,鞋塘初中、人才公寓、都市新社区等项目建设扎实推进。电子商务迅猛发展。现已集聚菜鸟·金义电子商务新城、金义邮政电商示范园等一批电商物流项目。“跨境通”日通关量已突破 4 万票,菜鸟·金义电子商务新城电商仓储用房正式投运,“双 11”期间货单处理量达 70 万单。综保区创建工作全力推进,各项要素保障有力。新区 3.77 万亩低丘缓坡试点工作,已完成 3.6 万亩的征地、实现清表交地 1.7 万亩,实现重点区块无障碍施工。可以预见,快速发展的金义都市新区将成为浙江第四大都市区，成为带动浙江中西部地区经济社会发展的重要增长极。

四、加快金华都市区经济发展的对策建议

加快发展金华都市区能使高度聚集的资源得到优化，经济质量得到提升，经济规模得以壮大，同时吸引更多资源聚集。要以“一轴两带”建设为核心，突破县域行政区划限制，整合资源，优化产业布局，加快转型升级，促进区域协调发展，从而加快金华赶超发展步伐。

（一）加快市区赶超发展，提升中心城市地位

加快金义都市区建设，着力培育金义主轴线，通过聚合主轴，发挥特色产业集群和专业市场优势，建设国际贸易物流中心和高技术产业基地，推进金华义乌双向融合，加强金华—义乌都市区建设，进一步提升城市群内核集聚辐射能力，强化金华义乌中心城市极核带动作用，从而解决“核心不强、‘群珠’无线、能级不高”问题，使金义主轴线成为辐射带动浙中城市群发展黄金轴线。特别是市区作为金义主轴的节点城市和城市群极核之一，需要积极调整完善城市总体规划，发挥交通、信息、科技、教育、人才等优势，以建设发展金华（浙中）新兴产业集聚区、义乌金东商贸服务集聚区为契机，进一步拓展产业发展新空间，高水平建设金华经济开发区、浙中商业购物中心、浙中信息产业园和金华科技园，推进现代服务业综合配套改革试点工作，强化高端资源要素集聚，力争成为浙江中西部交通枢纽，信息、旅游、购物、科教、文化中心，现代工业基地和农产品生产加工基地，发挥城市群的核心引领作用。因此，强化金华市区作为中心城市的辐射带动功能，成为当前金华城市发展的当务之急。

（二）以开发建设为导向，推进功能区经济发展

根据《浙江省主体功能区规划》（浙政发〔2013〕43 号文件）（以下简称该规划）要求，将浙江省国土空间划分为优化开发区域、重点开发区域、限制开发区域和禁止开发区域四大类。根据该规划分类，全省 90 个县（市、区）分成三类：主体功能区优化发展区域、主体功能区重点发展区域和主体功能区生态发展区域。该规划的主要目标是到 2020 年杭州、宁波、温州、金华—义乌都市区基本形成，带动新型城市化加快发展。根据分类，金华市各县（市、区）集中在重点开发区域（婺城区、金东区、兰溪市、义乌市、东阳市和永康市）和生态发展区域（包括省级重点生态功能区磐安县、省级生态经济地区武义县和浦江县），其中重点开发区域要充分发挥土地和生态优势，建设成为浙江省区域均衡发展的战略载体，主要通过加快推进义乌国际贸易综合改革试点，加快金华—义乌都市区建设，择优发展先进制造业，加快现代服务业发展等来推动。生态功能区主要通过水源涵养林、生态公益林建设，建立水源头保护等重要生态功能保护区，并通过发展水果花卉苗木等优势特色农业，整合旅游资源，发展山水生态旅游，从而加快产业结构调整。

(三)以“一轴两带”为核心，优化产业布局

从金华区域范围来看，义乌商贸业发达，其他县市制造业有一定基础，义乌县域商贸业与金华市域制造业之间是相互联动、相得益彰的。义乌中国小商品市场集聚了周边兄弟县市的优势制造业，与此同时义乌商贸业发展也带动了周边县市的制造业提升，解决了上百万农村劳动力的就业问题。但是，作为县域经济发达的义乌同样面临着“成长的烦恼”，土地、资金、人才等资源要素的制约越来越突出，很难突破现有的县域行政框架制约。相对应的是，金华市域制造业也需要有一个贸易平台，来促进制造业转型升级。因此，切实增强金义主轴集聚力、承载力和辐射带动力，发展都市区经济，从而引导人才、产业等优质资源要素集聚，促进产业关联度强化，培育区域特色产业集群，最终实现错位发展、分片开发、重点突出，从而做大做强金兰永武和义东浦磐“城市带”。

(四)加快交通运输网络建设，推进都市区融合发展

都市区经济的形成和发展乃至繁荣的进程中，交通运输网络是都市区经济发展的基础力量，所以要坚持以交通项目促进都市区融合发展。坚持交通先行，按照网络化、一体化、同城化要求，加快都市区轨道交通、高速公路、城际快速公路、城乡联网公路和快速公交系统(BRT)、公交一体化建设，着力形成都市区内“一小时通勤圈”和到中心城市“半小时联系圈”。积极推进金义都市新区到永康、兰溪等周边县市快速道路规划建设，进一步优化都市区交通网络。加快内河港口、航运开发建设，推进交通设施智慧化改造，加强公路、水路、铁路、航空等交通运输方式衔接，完善高效合理换乘体系，加快形成布局合理、衔接顺畅、优势互补的综合交通运输网络。

(五)统筹协调，形成合力

面对县域经济向都市区经济转型的新要求和新形势，全市上下应发挥各种主体能动性，强化共识基础，有效形成政府合力、社会合力、市场合力和制度合力。不断加强加快县域经济向都市区经济转型的思想引导和舆论宣传，心往一处想，劲往一处使，超常规运作，全方位协作，逐步形成全社会关心、支持和参与县域经济向都市区经济转型的浓厚氛围。坚持以市场为导向、以企业为主体、以地方为特色为依靠，统筹做好规划、合理配置教育卫生等社会保障

体系，关注人才培养和流动，以共赢发展、整体提升为目标，加强沟通谋划，努力在县域行政区域体制方面寻求突破。立足于“一轴两带”建设的核心，努力实现建设用地、节能减排、区域设施、财政负担、优势产业人才培养、共性技术攻关、整体品牌宣传提升等领域的职责共担，共同缓解政策约束性资源和人才科技等高端要素资源的瓶颈制约，营造良好的都市区经济建设环境。

课题组组长　郑迪元
课题组成员　夏小平　赵奇峰　黄丽燕　潘月珍
执　　　笔　赵奇峰

象山县战略性新兴产业发展状况与未来发展思路

在当前宏观经济形势下，发展战略性新兴产业是象山县立足当前、着眼长远的重大战略选择，既对象山县当前经济社会平稳较快发展起重要的支撑作用，更引领象山县未来经济社会可持续发展的战略导向。文章在对象山县八大战略性新兴产业发展状况进行概述的基础上，分析其发展过程中存在的问题，探寻象山县战略性新兴产业发展的重点领域与未来发展思路。

战略性新兴产业是以重大技术突破和重大发展需求为基础，对经济社会全局和长远发展具有重大引领带动作用，知识技术密集、物质资源消耗少、成长潜力大、综合效益好的产业。党的十八大报告就提出，要"推动战略性新兴产业、先进制造业健康发展"，把战略性新兴产业的发展放在更加重要的位置之上。根据《宁波市战略性新兴产业行业分类统计目录（试行）》划分，包括节能环保产业、新一代信息技术产业、生命健康产业、海洋高技术产业、新能源产业、新装备产业、新材料产业、工业设计与创意产业八大产业。象山县战略性新兴产业近年来的培育和发展取得了明显成效，尤其是在节能环保产业取得了较大成绩。为了便于比较，本文所采用的数据均为象山县规上工业企业2013年快报数。

一、象山县战略性新兴产业的发展状况

（一）发展环境

从国际环境看，随着全球经济步入"后危机"时代，世界经济将迎来加快转型的时期，寻找并培育新的经济增长点——发展战略性新兴产业已成为新时期世界主要国家抢占新一轮经济社会发展制高点的重大决策。全球新技术、新产业将加速发展，为象山县培育战略性新兴产业创造了良好的条件。

从国内环境看，我国已形成加快战略性新兴产业发展的良好氛围。党中央、国务院把加快培育和发展战略性新兴产业作为全面建设小康社会、加快转变经济发展方式、构建国际竞争新优势的重大战略举措和"十二五"时期的重点任务，制定并出台了一系列加快发展的政策措施。全国各省（区、市）也纷纷把培育和发展战略性新兴产业提上重要议事日程，陆续出台了财政、金融、税

收、市场等方面的扶持政策，重点支持战略性新兴产业的发展，为象山县战略性新兴产业发展提供了有力保障。

从宁波市环境看，宁波市委、市政府高度重视加快培育战略性新兴产业，专门成立了领导小组，并根据宁波经济发展的实际情况，确定了八大战略性新兴产业，为象山县培育战略性新兴产业奠定了坚实基础。

从象山县环境看，在大力培育和发展战略性新兴产业的背景下，象山县顺应产业发展规律，明确发展目标、重点方向和主要任务，县委、县政府明确提出“创新驱动”发展战略，大力发展新装备、新材料和海洋生物（生命健康）三大战略性新兴产业，着力建设四大公共服务平台，谋划打造五大产业基地，积极推进 30 个重点项目，加快形成“3—4—5—30”产业发展支撑体系，加快实施战略性新兴产业三年行动计划，加速培育壮大象山经济增长点，全力推进战略性新兴产业跨越发展。

（二）发展现状

近年来，象山县战略性新兴产业发展态势总体良好，产业发展初具规模，整体实力不断增强。2013 年，象山县涉及战略性新兴产业企业数有 240 家，涵盖了《宁波市战略性新兴产业行业分类统计目录》中的全部八类产业，共完成规上工业战略性新兴产业产值 84.97 亿元，同比增长 3.9%，总量占全县规上工业总产值的 18.1%；共完成规上工业战略性新兴产业销售产值 76.54 亿元，同比增长 2.6%；共实现规上工业战略性新兴产业增加值 15.02 元，同比增长 4.8%，总量占全县规上工业增加值的 18%。

1. 节能环保产业。2013 年，节能环保产业组成了战略性新兴产业的主力军，共涉及 92 家企业，完成产值 29.49 亿元，同比增长 14.6%，占全县规上工业战略性新兴产业产值的 34.7%；完成工业销售产值 27.87 亿元，同比增长 15.3%；为象山县贡献了 5.8 亿元的战略性新兴产业增加值，同比增长 12.9%，高出全县平均水平 8.1 个百分点，领跑象山县战略性新兴产业的发展。

2. 海洋高技术产业。2013 年，象山县海洋高技术产业充满潜力，规上工业中涉及的企业共 40 家，完成工业总产值 18.23 亿元，同比增长 6.5%，占全县规上工业战略性新兴产业产值的 21.5%；完成工业销售产值 14.44 亿元，同比增长 1.6%；实现工业增加值 2.11 亿元，同比增长 7.5%。

3. 新装备产业。2013 年，象山县新装备产业稳步发展，成为重要支柱之一，规上工业中涉及的企业共 119 家，完成工业总产值 14.16 亿元，同比增长 7.8%；完成工业销售产值 12.61 亿元，同比增长 8.6%；实现工业增加值 2.21

亿元，同比增长 8.7%。

4. 新能源产业。2013 年，主要受欧美针对中国光伏“双反”政策影响，象山县以光伏为代表的 26 家新能源产业受阻，完成工业总产值 9.59 亿元，同比下降 2.3%，低于全县平均水平 26.2 个百分点；完成工业销售产值 9.2 亿元，同比下降 22.1%；实现工业增加值 1.28 亿元，同比下降 17.8%，拉低全县规上工业战略性新兴产业增加值增速 2 个百分点。

5. 生命健康产业。2013 年，象山县规上工业企业中，涉及生命健康产业的相关企业共 21 家，完成工业总产值 6.82 亿元，同比增长 1.9%；完成工业销售产值 6.05 亿元，同比增长 4.6%；实现工业增加值 2.11 亿元，同比下降 2.5%。

6. 新材料产业。2013 年，象山县规上工业企业中，涉及新材料产业的相关企业共 27 家，完成工业总产值 3.69 亿元，同比下降 5%；完成销售产值 3.55 亿元，同比下降 3.7%；实现工业增加值 0.43 亿元，同比下降 4%。

7. 工业设计与创意产业。2013 年，象山县工业设计与创意产业正处于起步阶段，规上工业中涉及的企业共 16 家，完成工业总产值 2.56 亿元，同比增长 3.2%；完成工业销售产值 2.41 亿元，同比增长 1.9%；实现工业增加值 0.96 亿元，同比增长 4%。

8. 新一代信息技术产业。2013 年，象山县规上工业企业中，涉及新一代信息技术产业的企业较少，仅 3 家，分别为象山巨鹰科技发展有限公司、宁波天科电子有限公司、浙江恒洲电子实业有限公司。从涉及企业的产品来看，主要以电视接收机顶盒和电子元件制造为主，完成产值 0.43 亿元，同比增长 3.6%；完成工业销售产值 0.42 亿元，同比增长 1.9%；实现工业增加值 0.12 亿元，同比增长 7%。

表 1　2013 年象山县规上工业战略性新兴产业分类规模与增速

产业类型	企业数（家）	工业总产值（亿元）	同比增速（%）	工业增加值（现价）（亿元）	同比增速（%）
节能环保产业	92	29.49	14.6	5.80	12.9
海洋高技术产业	40	18.23	6.5	2.11	7.5
新装备产业	119	14.16	7.8	2.21	8.7
新能源产业	26	9.59	—22.3	1.28	—17.8
生命健康产业	21	6.82	1.9	2.11	—2.5

续 表

产业类型	企业数（家）	工业总产值（亿元）	同比增速（%）	工业增加值（现价）（亿元）	同比增速（%）
新材料产业	27	3.69	−5.0	0.43	−4.0
工业设计与创意产业	16	2.56	3.2	0.96	4.0
新一代信息技术产业	3	0.43	3.6	0.12	7.0
合计		84.97	3.9	15.02	4.8

注：企业数按产业涉及家数统计，存在一家企业涉及多个产业情况，产业之间按规定系数进行折算工业总产值和工业增加值。

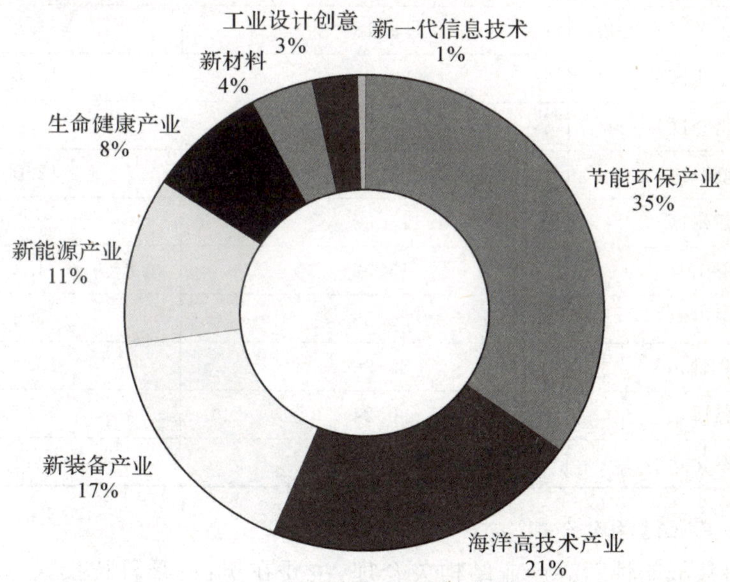

图 1　2013 年象山县规上工业“八大”战略性新兴产业产值占比图

二、象山县战略性新兴产业发展存在的问题

（一）发展规模偏小

象山县还是以传统产业为主，战略性新兴产业总体规模偏小，中小企业居多，龙头企业少，企业整体实力不强，在经济总量中占比不高，支撑作用不明显。2013 年，象山县规上工业战略性新兴产业完成产值仅占全县规上工业产值比重的 18.1%，实现增加值仅占全县规上工业增加值比重的 17.8%，占比均不到五分之一。从发展规模看，2013 年象山县规上工业实现战略性新兴产业增加值 15.02 亿元，在 11 个县市区中居倒数第 3 位，与南三县一带比较，总

量分别比宁海县、奉化市低 6.37 亿元和 2.96 亿元；从发展速度看，2013 年象山县规上工业实现战略性新兴产业增加值同比增长 4.8%，与先进地区比较看，特别是北三县一带比较，分别比余姚市、鄞州区、慈溪市低 9.1 个、4.4 个、0.3 个百分点，象山县战略性新兴产业在发展规模和速度上与宁波市其他县市区比较都存在差距。总体来说，现阶段象山县战略性新兴产业发展规模偏小，以现在的规模和增速要形成产业集聚群还需要一定的时间。

表 2　2013 年宁波市各县市区战略战略性新兴产业增加值汇总表

各县市区	工业增加值(现价)(亿元)	同比增速(%)
海曙区	2.20	−0.3
江东区	9.18	−5.8
江北区	22.83	10.0
北仑区	56.37	2.7
镇海区	58.32	12.0
鄞州区	115.30	9.2
象山县	15.02	4.8
宁海县	21.39	7.2
余姚市	59.90	13.9
慈溪市	90.24	5.1
奉化市	17.98	4.1

(二)产业结构欠合理

象山县战略性新兴产业结构欠合理，主要在于：一是科技投入少，创新能力不高。尽管象山县财政不断加大在科技创新方面的投入力度，但由于企业的研发经费投入不足、技术创新力量薄弱等因素，导致以政府为主导、企业为主体的创新体系建设还不够完善，企业自主创新、高水平创新的能力有待于进一步提高，在一定程度上限制了产业层次快速提升。2013 年，象山县 240 家规上工业战略性新兴产业企业科技活动经费支出总额为 4.94 亿元，占主营业务收入比重仅为 1.5%，超半数以上企业科技活动经费支出为零。二是产能过剩行业占比较大。从企业看，象山县战略性新兴产业主要集中在节能环保产业、海洋高技术产业和新装备产业，其中节能环保产业总量占比达 35%，目前国内这个行业已处于产能过剩的状态。

（三）高端人才与核心技术缺乏

发展战略性新兴产业最根本的是高端人才，最关键的是技术。受房价高、名校少、子女就学难、创业环境不佳等多种因素制约，战略性新兴产业的高端人才，尤其是学科带头人和技术领军人物来象山就业、创业意愿不强。截至目前象山县尚无一家国家级企业工程（技术）中心和高等院所，研发机构的层级较低，象山县 2012 年每万人从事科技活动人员数量是 72 人，远低于宁波大市区 200 人的平均值，从这一个侧面反映出象山县高端人才资源极其短缺。同时，由于缺乏支撑产业核心技术的掌握，拥有自主知识产权的创新成果不多，使得象山目前大部分产能仍处于产业价值链中低端，产品附加值相对较低。

（四）产业集聚度有待提高

目前，象山县战略性新兴产业发展主要在园区和产业区，其他乡镇（街道）战略性新兴产业集中度偏低，有的甚至是空白，布局较分散，招商引资各自为政。全县产业集聚区还存在企业结构单一、产品结构不完善、产业层次不高、产品科技含量低和附加值低等问题，缺乏一批与龙头企业相配套的中小企业支撑，没有形成较大规模的企业集聚群。另外，象山县部分企业重复投资有呈现产业缺乏关联性或产业结构雷同趋势，制约了全县产业链条和整体竞争力的形成。象山县急需加快制定园区发展与产业集聚群发展相衔接和相促进的战略性发展规划，形成各自主导产业和特色产业，进一步提高产业集聚发展水平。

（五）发展环境有待优化

由于象山县受外部市场影响，订单需求不足、产能过剩、用工、融资成本上升等要素挤压，企业生产经营利润空间压缩，直接限制企业扩大战略性新兴的产业投入。全国各部委相继出台政策，如工信部等 14 部门联合下发《关于实施宽带中国 2014 专项行动的意见》，国家发展改革委、财政部、工信部联合印发《海洋工程装备工程实施方案》，工信部印发《2014 年物联网工作要点》等促进战略性新兴产业的发展。而象山县今年仅发布了《象山县新兴产业发展行动计划》，而更多针对战略性新兴产业的政策仍亟须出台，需在财政、金融、税收、知识产权保护、市场培育、政府采购等方面加强和完善的扶持政策，发挥加快培育和发展战略性新兴产业领导小组及办公室统筹协调作用，形成长效的工作推进机制，以加速引导和推动行业的发展。

三、象山县战略性新兴产业的重点发展领域

（一）海洋生物（生命健康）产业

根据现实基础和发展潜力，抓住浙台（象山石浦）经贸合作区发展的机遇，重点发展海洋生物育种与健康养殖、生物医药及制品两大优势产业，着重培育发展生命健康医疗设备和现代海洋服务业两大产业，努力形成“2+2”产业体系。

1.海洋生物育种与健康养殖。重点发展宁波市水产种业园区台洋生物颗粒饲料产业基地项目等。

2.海洋生物医药和制品。加快推进象山国际水产物流园海洋生物产业园项目、海硕生物氨基酸产业化项目、裕天海洋生物科技浓缩蛋白粉项目和不饱和脂肪酸生产线项目等的发展。

3.生命健康医疗设备。引进国内外先进技术和工艺，加强和巩固以妇幼保健设备、油水分离设备、生物制药设备等生命健康设备的研发，重点发展戴维医疗器械生产线扩建项目等。

4.现代海洋服务业。依托水产品贸易发展特色冷链物流产业，围绕涉海金融保险服务业、海洋旅游、海洋信息服务业等领域，加快推动现代海洋服务业高端化发展。

（二）新装备产业

1.海工与石化装备。重点发展宁波中油海工基地项目、中石化大型非标设备扩建改造项目和新乐海工装备新建项目等。

2.新能源装备。重点发展日星铸造二期精加工项目等。

3.高端基础件。提升发展九龙紧固件生产线项目、宁波易锻精密机械生产项目、宁波昌盛电梯配件生产项目、德克尔运输装备项目和宁波三安制阀生产项目等。

4.高效节能设备。依托象山县食品装备产业优势，重点发展宁波佳利环保设备项目、天安直驱式磁性齿轮复合电机项目、贝德尔风机生产线项目和弘坤智能电力制造项目等。

5.通用航天装备。依托航空航天产业园的创建，谋划培育通用航空航天装备产业，延伸航空装备产业链，推动机场及飞机研发生产、维修保养等航空关联产业的发展。

（三）新材料产业

1.海洋新材料。抓好海洋新材料的研发生产，重点发展宁波能特科技一期表面处理环保项目等。

2.高性能金属材料。努力推动宁波新材料城象山延伸区的建设，重点开发宁波宝象物流加工园项目等。

3.先进高分子及化工新材料。重点发展瑞基科技技改项目等。

4.新型功能材料。重点发展鼎晟纳米生产项目、福象烟草包装纸生产项目、激智光学薄膜生产项目、国恒锂电池生产项目和浙江银翔材料有限公司新建项目等。

四、象山县战略性新兴产业的培育与发展思路

(一)推动传统产业升级,助推新兴产业发展

依托传统产业,扩大产业辐射范围。战略性新兴产业的优势不仅在于自身的创新性和成长性,更在于对传统产业的辐射带动作用。象山县的针织服装、船舶、汽车零部件、模具、水产品加工等六大传统产业已形成较大的规模,象山县战略性新兴产业投资项目应选择以本地传统产业为依托。汽配产业中,有华翔等汽车零部件生产企业,在发展高端装备制造业和新能源汽车等战略性新兴产业上具备先天优势,而且华翔集团已经在向新能源汽车领域进军,积极开展与新能源汽车厂商特斯拉的合作;输变电产业中,以天安、日升等为代表的企业近些年通过技术革新和协同创新,开发出磁性复合齿轮电机等节能环保新产品,风电、核电、太阳能等新能源产业用配套产品;针织产业中,万洋等针纺织品生产企业在新材料研发和生产上不断取得突破;水产品加工产业中,超星、海硕等公司通过研发生产各类海洋生物制品、保健品,在生命健康产业取得了十分可喜的成绩;船舶产业中,以新乐、东红、博大等为代表的船舶制造企业,通过生产化学品船等特种船舶和海洋工程装备,在新装备产业中开疆扩土。只有这样,才能实现二者的良性互动,使传统产业和战略性新兴产业形成相互促进、相互渗透、共同发展的良好格局,双轮驱动象山县经济蓬勃发展。

(二)加强产业平台搭建,提高产业集聚效应

加快制订战略性的园区发展与产业集聚群发展相衔接和相促进的发展规划,以规划统领园区建设和产业集聚群化发展,象山现有宁波象保合作区、象山临港装备工业园、象山经济开发区城南高新创业园、宁波象山现代海洋渔业基地等专业园区产业基础,下一步要通过规划对现有的产业布局进行调整、改造,组建符合新型工业化要求的专业化产业园区。临港装备工业园,规划面积达 100 平方公里,下阶段需要着力落实宁波国家高新区一区多园挂牌单位和宁波新材料科技城象山延伸区建设,通过宁波高新区提高招商效率,重点打造和谋划新装备、新材料、航空产业园等战略性新兴产业布局;宁波象保合作区,规划面积约 25 平方公里,利用其区位优势与政策优势可重点打造海洋生物、生命健康、文化创意等战略性新兴产业;象山经济开发区城南高新创业园和宁波象山现代海洋渔业基地也均以特色产业集聚为发展重点,分别侧重打造新兴企业孵化科创基地和远洋鱼类精深加工基地。象山县应尽量协调项目落地于符合集聚群发展规划的园区,以防止各园区间产业结构趋同,早日形成各自主导产业和特色产业,使园区发展和产业集聚群相互促进。

（三）引进高端技术人才，促进企业技术创新

战略性新兴产业需要高端技术人才，但是由于象山县地域的限制及相关配套设施的滞后使得这一类人才缺失，所以可以通过加强与高等院校和研究所的合作，借助外脑来促进科研水平的提高和产品的开发，大力实施引进国家"千人计划"、省"千人计划"、市"3315"计划等高端创业创新团队和海外高层次人才，实施领军和拔尖人才培养工程。加快人才公寓建设，对战略性新兴产业领域的企业、研发机构高层次人才住房需求给予倾斜保障。实行创业扶持补助政策，鼓励科技人才自主创业，支持智力成果参与分配。重点瞄准国内500强、央企、大型民企等行业龙头企业，开展有针对性的项目对接与前期洽谈，针对企业的投资需求提供个性化服务，提高招商引资的成效，促进象山县产业结构转型升级。目前，象山县企业与科研院所建立了长期的产学研合作伙伴关系，为技术引进和协同创新奠定基础。另外，在与国内外企业的合作中建立了互信，也为发展战略性新兴企业提供了坚实的基础。

（四）强化各项要素保障，扶持发展新兴产业

在象山县原有各类政策扶持的基础上，化"普降细雨"为"局部阵雨"，举全县之力，集中人力、物力、财力，制订出台战略性新兴产业发展的专项扶持政策。建立战略性新兴产业发展工作领导小组，积极落实国家、省、市扶持战略性新兴产业发展的各项政策。加强行业跟踪监测、分析和管理，及时了解战略性新兴产业的发展状况，协调产业布局及产业发展重大问题。加大土地保障支持，积极为战略性新兴产业项目争取发展空间，安排用地计划，在城市建设用地计划指标安排中向战略性新兴产业倾斜，积极争取符合要求的战略性新兴产业项目列入省、市级重点项目，争取上级统筹用地计划指标。提高资金支持力度，培育和发展创业投资产业，鼓励建立和发展创业投资引导基金及专项产业投资基金，引导和推动投资公司加大对象山县战略性新兴产业的投资力度，鼓励金融单位把更多资金投放到特色项目建设和战略性新兴产业上来，支持实体经济发展。

象山县统计局　陈巧云

参考文献：

[1] 周敏，孔辰，范晓林. 泰州市战略性新兴产业发展状况与路径选择[J]. 统计科学与实践，2014(1).

[2] 刘春香，胡惠萍，李建花. 宁波战略性新兴产业发展现状与对策探讨[J]. 宁波经济：三江论坛，2011(12).

关于衢江区类金融经济发展的若干思考

衢江区要“奔跑起来”,加快建设现代田园城市,必须紧紧抓住加快转变经济发展方式这条主线,实现以经济结构调整为核心内容的经济转型。而如何加快产业结构转型,笔者认为实现资金要素供给是关键问题之一。为此笔者搜集整理了近年来衢州市与衢江区金融业的发展资料,走访了浙江香溢融通控股集团股份公司以及区内部分企业。通过分析对比,认为建立健全金融体系,积极发展类金融经济,发展多样化的金融服务可以开启融资的另一扇大门。

一、类金融经济的基本含义及衢江区发展现状

(一)类金融经济的基本含义

从狭义上看,类金融机构就是银行贷款等主要融资渠道的重要补充形式,表现在具体业态上有金融租赁、信托投资、担保公司、典当等。传统的金融业是现代经济的血液,是融通资金、配置社会资源的原动力,是金融业不可或缺的角色,而类金融机构与传统的金融机构相互补充、相互促进、共同发展,形成了错位发展、分层服务、互为补充的金融服务产业群。

(二)发展类金融经济的宏观背景

2013年7月,《国务院办公厅关于金融支持经济结构调整和转型升级的指导意见》(“金改国十条”)正式出台,明确了金融改革服务实体经济转型和产业升级,将金融改革的战略意义上升到了新的高度,标志着“金改”从初时的“犹抱琵琶半遮面”终于从幕后走到了台前。一时间,“金改”成为最热门的话题,众多金融概念股成了投资者竞相追逐的“明星”。包括香溢融通、友阿股份、中福实业、江南高纤等多支类金融概念股应声而动,迅速爆发涨停。

(三)衢江区类金融经济的发展现状

近年来,衢江区的金融业发展形势迅猛,2001年至2013年的12年间,金融业增加值由4139万元增至5.93亿元,按可比价格计算,年均增长23%,比同期地区生产总值(GDP)的年均增速12.6%快10.4个百分点,发展形势喜人,显示出强劲的扩张势头。2013年,全区实现金融业增加值5.93亿元,增长19.6%,拉动服务业增加值加快了2.4个百分点,贡献率达到26.73%,在服务

业9个国民经济行业门类中居首位，引领和带动作用日益突出。

衢江区类金融业随着新区建设的日新月异，也经历了从无到有的成长过程。从最近的全国第三次经济普查数据资料来看，截至2013年底，衢江区金融业及担保行业共有活动单位69家，其中类金融机构9家，包括典当公司2家、小额贷款公司3家、担保公司4家，2013年9家公司合计实现营业收入6431.86万元。

二、衢江区发展类金融经济的必要性分析

(一)产业转型升级的需要——服务业发展需打开新的局面

回顾衢江区服务业发展史，是一段飞速发展的历史。“十五”期间，衢江区撤县设区，服务业经济步上新台阶，2002年至2005年间，衢江区服务业增加值年均增速达到了17.8%，高出同期全市平均水平2.4个百分点；“十一五”期间，衢江区服务业经济转入稳中有快的增长区间，年均增速14.6%，快于GDP 1.8个百分点，快于全市1.6个百分点；10年来，服务业经济快速发展，有效推动了全区整体经济的转型升级，服务业增加值占比从建区伊始的29.5%，提升到2013年的35.8%，从全市的倒数第一跃升至全市第四。但从近年来看，衢江区服务业发展增速不升反降，对经济增长的推动作用有所弱化，2013年，衢江区服务业增加值仅增长9%，增速与GDP持平，结束了延续11年来的服务业增加值速度快于GDP速度的现象。产业贡献率从2010年的36.23%回落至2013年的35.24%。

通过分析对比，笔者认为衢江区生产性服务业占比偏低是衢江区服务业增长难以为继的主要原因之一。从服务业行业结构看，传统产业仍占大半江山，2012年，全区服务业增加值39.51亿元，其中传统服务业(交通运输、零售贸易、住宿餐饮业、居民服务业、公共管理等)占比已经超过50%。生产性服务业增加值为15.69亿元，占服务业增加值比重的39.72%，占GDP的14%，分别低于全市0.58个和1.5个百分点，低于全省5.88个和6.62个百分点。其中，金融业仅占GDP的4.4%，分别低于全市和全省1个和3.6个百分点。

(二)进一步深化金融改革的需要——引导和促进民间资本形成投资主体

近年来，因民间资金链断裂企业的老板“跑路”频现，由此引发了一系列的连锁问题，衢江区个别企业也受到了波及，在一定程度上影响了经济发展和社会稳定。其实，透过现象看本质，“跑路”出现最根本的原因就是民间资本缺少投资渠道，大量的民间资金游离在实体经济之外。如何引导民间资本进入金融领域已成为深化金融改革的突破口。“金改”启动两年后，温州“金改”经验得到验证，已初步形成了民资进入金融领域的具体“路径”：亿元级民资拥有者

可直接参与地方性金融机构改制成为股东；千万元民资拥有者可投资小额贷款公司或村镇银行；百万元民资拥有者可跟随民间资本管理公司进行股权投资活动；百万元以下民资拥有者可认购“幸福股份”，以合伙方式投资政府基础设施。金融综改区设立的终极目标，就是鼓励和引导民间资本进入金融服务领域，畅通民间投资渠道，改善小微企业和“三农”金融服务，拓宽企业融资渠道。“鼓励和引导民间资本进入金融服务领域”，在当前，不仅需要，也很必要。

（三）进一步壮大类金融总量的需要——衢江区类金融机构数量不多、规模不大

2013 年，全区实现金融业增加值 5.93 亿元，增长 19.6%，快于同期 GDP 增速 10.4 个百分点。但与此同时，可以看到，衢江区金融业中，银行业增加值已占到金融业增加值的 90%，金融业主要依靠银行在唱重头戏。全国第三次经济普查数据资料显示，截至 2013 年底，衢江区金融业及担保行业共有活动单位 69 家，其中独立自主的法人单位仅有 15 家。除去银行、保险业，衢江区的 9 家类金融机构 2013 年合计实现营业收入 6431.86 万元，其中 4 家担保公司仅实现营业收入 79.5 万元。而衢州市全市有金融业法人单位 126 家，担保公司 37 家，衢江区两个行业的企业加起来仅占全市总量的 9.2%。

（四）努力拓展融资渠道的需要——部分企业融资依然困难

在间接融资方面，衢江区仍然缺乏专门服务中小企业和“三农”的中小金融机构，而大型融资机构服务大企业、大项目的思维惯性在短期内难以转变，具有融资功能的类金融机构对民间经济的融资补充作用依然较弱。从最近一次的衢江区经济发展调查情况来看，调查的 305 家企业（含农业、工业、建筑业、服务业）其中有资金问题的 136 家，占调查总数的 44.6%。有 50.5%的企业认为政府要想方设法帮助企业融资。此外，从银行机构来看，银行对经济助力的上升空间有限。按我国的《商业银行法》第 39 条第二款规定，商业银行最高的存贷比例不得超过 75%。而近年来衢江区金融机构本外币贷款余额与存款余额的比例持续徘徊在 80%左右，2013 年底为 80.5%。

三、发展类金融经济的途径思考

（一）高度重视，抢抓“金改”之机

在以经济结构调整和转型升级为重点的形势下，经济的增长速度逐步让位于产业结构的转型升级，而作为经济命脉的金融行业正在为经济回暖和转型增长积蓄新动能。2013 年 7 月 5 日，国务院办公厅发布了《关于金融支持经济结构调整和转型升级的指导意见》，宏观性地提出了未来金融改革的 10 条改革政策，扩大民间资本进入金融业。鼓励民间资本投资入股金融机构和参

与金融机构重组改造；尝试由民间资本发起设立自担风险的民营银行、金融租赁公司和消费金融公司等类金融机构。2014 年 5 月 14 日召开的国务院常务会议，部署了加快生产性服务业重点和薄弱环节发展、促进产业结构调整升级的多项举措。其中，对于推广融资租赁，创新抵押质押、发行债券等金融服务提出了创新性金融服务的思路。今年 5 月中下旬，李克强总理在内蒙古自治区考察时强调，要坚持稳中求进，努力奋发有为，推动经济稳定增长民生持续改善。其中特别指出金融是经济发展的血液和重要支撑，再次提出优化金融结构，推进金融改革，营造良好的金融环境的要求。

金融支持实体经济的呼声越来越近，6 月 21 日，衢州市政府出台了《衢州市人民政府办公室关于建立金融支持实体经济发展工作机制的通知》（衢政办发〔2014〕71 号）。该通知指出，要鼓励金融创新，积极探索金融租赁、无形资产质押贷款等创新型金融产品和服务；做大做强担保行业，充分发挥市中小企业担保有限公司等融资性担保机构的作用。这个文件的出台，为进一步实现金融普惠政策落在实处提供了具体的措施意见。

建议：一要强化领导。在下一步工作中，要进一步正确认识实体是经济着力点，以“金改”作为拓宽金融支持实体经济的主要途径。近年来，衢江区通过多次的“银企对接”，已基本形成了“政府协调指导、金融机构主动服务、企业诚信发展”三位一体的联动机制，逐步实现了银企对接的经常化、制度化和规范化。在此基础上，要继续搭好银企对接平台，并力求有所突破，如在小额贷款公司方面可在资金转贷上寻求对称信息，并尝试融资性担保公司参与银企对接，扩展筹融资渠道。二是干部尤其是经济部门干部要加强现代经济理论和金融知识学习，深入了解金融工作，提升服务能力。三要解读政策。抓紧研究制定和贯彻落实各级各项政策，充分利用有利条件，强化激励引导。四要加大“金改”的舆论宣传力度，大力营造良好环境，努力开创金融改革发展新局面。

（二）规划引领，打造“衢东金融中心”

按照 2011 年衢江区制定的《衢江区服务业发展“十二五”规划》，金融服务业主要发展任务是：加强金融创新，强化金融保障，增强金融机构的核心竞争力。特别提出要注重金融产品创新，探索发展创投基金，积极开展担保、证券、融资租赁、信托、债券、股权融资等金融业务。完善金融组织体系，做大金融总量。按此规划要求，笔者认为，衢江区的金融业应定位于“衢州东区金融中心”，构建起国有商业银行、政策性银行、股份制商业银行、城市商业银行、农村合作金融机构、邮储银行、村镇银行、证券、保险机构以及小额贷款公司、典当、信托、租赁、财务公司等多种非银行金融机构，达到金融机构多元化、金融业务市场化、融通资金多样化、营运手段现代化，形成各类金融机构相互并存、相互竞争、相互补充的立体式、多层次金融体系，具备较强的聚合力、辐射力和综合服务能力。

建议：一要紧紧抓住“衢州东城”的区域优势，始终站在“衢州东区金融中心”的视角谋划衢江金融发展，不失时机地开展与市区间的金融合作，优势互补，增强合力，形成城市间密不可分的金融产业链，营造共同的金融大市场；二要完善自身结构，针对不同对象、不同用途，建立订制化的金融服务体系，构建多层次资本市场，推进银行总部建设，以泰隆金融大厦项目和东方广场等城市综合体项目为载体，不断增加总部级金融机构数量，提升金融能级；三要有针对性地发展一批能够满足市场需要的投资银行、担保公司、金融租赁公司等类金融企业，成为金融机构体系的有益补充，从而形成良好的梯队结构，使金融服务体系更加实用、高效。

（三）招大引强，健全金融服务体系

目前，衢江区的金融业以银行业为主导，类金融机构数量少、规模小，在衢州的市场占有率极低，金融业的综合服务能力较弱。整个金融行业的服务能级不高，未能形成金融机构的梯次结构。以担保公司为例，根据银监会《关于银行金融机构与担保机构开展合作风险提示的通知》，明确规定担保机构与银行合作的条件是注册资本金应在1亿元人民币以上，且必须是实缴资本。而衢江区现有的4家担保公司，没有一家公司的实收资本超过5000万元，2013年4家担保公司合计实现营业收入不足百万元。

建议：全区上下进一步强化服务业招商意识，在进行服务业企业招商的同时，注重招大引强，提升服务业产业结构。在金融机构上引进新的投资者或联合组成更大型的类金融机构，如有目标地引进类似浙江香溢融通控股集团股份有限公司这样的具有相当经济实力与从业水平的上市公司。这样一方面可以扩大区域内金融业的业务范围，另一方面也可以加大信息资料的收集，降低整体经营风险。

（四）强化引导，完善扶持政策

一直以来，衢江区始终高度重视金融服务业的发展，主动创新，出台了许多有助于金融业发展的政策措施，取得了诸多成效。如对金融机构扩大信贷投入方面出台了《衢江区财政性资金存贷挂钩激励实施意见》，针对中小企业融资难问题也出台了《企业还贷周转金实施办法》，并积极搭建金融服务平台，成立了金融工作领导小组，设立金融办，开展了一系列银企合作等帮扶措施，合理配置金融资源，满足了多方的金融需求。

建议：在下一步的工作中，衢江区可在《衢江区人民政府关于实施商贸兴区战略促进服务业发展的若干政策意见》（衢江区政发〔2012〕35 号）的基础上，整合现有的扶持政策，针对金融领域，专门制定出台相关激励和优惠政策，鼓励和引进国有银行、商业银行和合作银行以及规模以上类金融机构在衢江新城区核心地段建设银行总部大楼或设立分支机构，做大做强金融业。如对入驻的总部型金融企业、重点发展的金融行业内的企业和风险投资等新型金融企业，考虑给予一次性开办费资助和支持发展的年度专项补贴，并在地方税留成部分给予一定的补助。在引进金融高端人才时，经申请批准后，给予一定的住房租金补贴或购房补贴，在高端人才缴纳个人所得税时考虑给予一定比例的优惠，以及企业在为员工缴纳社保基金时可参考经济发达地区以最低工资倍数封顶等一系列办法来促进人才集聚。

（五）规范管理，营造良好环境

成熟的金融市场以高信用、低风险为标志。随着金融创新步伐的加快，新的风险点会随之产生。为此，要将信用环境建设和风险防控摆在更加突出的位置来抓。

建议：一要高度重视信贷行为，特别是民间借贷的安全问题，时刻警惕可能存在的风险隐患，综合运用法律、经济以及行政手段进行治理和规范，建立完整的应急处理机制。二要加大对从业机构的经营范围、业务运作、资金来源等方面的监测和监管，不断规范业务操作程序。三要加强企业信用宣传，多渠道采集企业信息，扩大、丰富企业信用档案。发挥信用担保、信用评级和信用调查等信用中介的作用，建立起多层次的企业信用评估体系。四要面对中小（微）企业融资，大力构建多层次的担保体系。推动组建中小（微）企业融资性担保机构，建立各类中小（微）企业贷款风险补偿基金、融资担保基金、非营利性中小（微）企业再担保公司、贷款奖励基金，合理分担中小（微）企业贷款风险。鼓励有实力的企业组建信贷担保公司，促进中小（微）企业信贷融资的健康有序发展。

课题组组长　徐迎红
课题组成员　张小琴（衢江区统计局服务业能源科长）
　　　　　　徐美芝（衢江区统计局服务业能源科副科长）
执　　　笔　徐迎红

松阳县茶产业链经济发展探析

——基于统计视角

茶产业是松阳县的特色产业。经过多年持续快速发展，松阳县茶叶已经横跨一、二、三产领域形成了产业链，并已形成以茶叶种植为基础、茶业加工为中坚、茶叶市场为龙头的产业发展模式。

为摸清全县茶产业链经济发展底细，松阳县统计局组织力量开展了专项调查。种植、销售环节的数据主要来源于相关权威部门，加工环节的调查对象主要是按分层抽样方法抽取的200户加工户。根据历史数据及本次调查中获得的相关数据，笔者梳理了茶产业的发展脉络，并对今后茶产业的提升提出一些建议，以期从统计视角为县委县政府决策提供参考。

一、松阳县茶产业经济发展历程

（一）种植、加工、销售发展历史

1. 种植方面：1949年解放时，全县茶叶种植面积只有643亩，总产量10.15吨，经过多年发展，到2013年全县有茶园11.7万亩，产量1.1万吨(见表1)。松阳县茶叶的种植面积、总产量、单产、亩均产值均居丽水各县(市、区)首位。

表1 主要年份茶业种植面积及产量

单位：万亩、吨

年份	1949	1981	1990	2000	2002	2005	2007	2010	2013
面积	0.06	2.17	2.06	3.19	5.89	8.47	10.05	11.02	11.73
产量	10.15	577	1059	2532	3652	5195	6388	9050	10959

从茶叶种植面积看，20世纪80年代经历了多次起落波动，从90年代开始步入平稳发展，年均增长5.0%；2001—2010年是快速扩张阶段，年均增幅高达13.2%；自2011年以后又趋于稳定。

2. 加工方面：茶叶加工是随着茶叶种植面积的快速增长而兴起的。从三次经济普查资料分析(见表2)，2004—2013年这十年，茶叶加工单位每年以近200户的速度递增，相应的工业总产值、工业增加值和产品产量也分别以年均33.7%、38.6%和27.0%的速度递增。(注：茶叶加工业的三经普数据除了企业数是全面普查数据外，其他指标是根据今年 200 户抽样调查数据推算的）。

表 2　茶叶加工单位（包括个体）主要经济指标

单位：个、人、亿元、万吨

指　标	一经普（2004 年）	二经普（2008 年）	三经普（2013 年）	2004—2013 年均递增
企业数（个）	464	1562	2462	20.4%
从业人员数（人）	1435	4826	8200	21.4%
工业总产值（亿元）	1.49	5.52	20.23	33.7%
工业增加值（亿元）	0.29	1.50	5.42	38.6%
固定资产原价（亿元）	0.26	1.44	4.53	37.1%
产量（万吨）	0.29	0.76	2.49	27.0%

3. 销售方面：松阳县茶叶市场创建于 1993 年初，随着茶叶交易量的不断增加，曾三易其址，由最初的露天交易到摊位交易再到营业房交易。现在的浙南茶叶市场占地 100 亩，分交易区一期、二期、三期（茶文化街）、物流中心四个区块，目前市场能够容纳近万人同时交易，电子商务、信息系统、检测系统、现代物流、金融服务等配套服务已日趋完善。“浙江浙南茶叶市场”已成为全国最大的绿茶集散地、“中国绿茶价格指数”的采集地。

表 3　浙南茶叶市场历年交易额

单位：个、万吨、亿元

年　份	2001	2002	2003	2004	2005	2006
摊位（个）	—	—	—	3000	3000	3000
交易量（万吨）	0.65	0.8	1.0	1.59	1.68	1.81
交易额（亿元）	2.3	3.0	3.44	4.01	4.86	5.44

续　表

年　份	2007	2008	2009	2010	2011	2012	2013
摊位（个）	3000	5000	10000	10000	10000	10000	10000
交易量（万吨）	2.01	3.01	4.23	5.12	5.59	6.78	7.12
交易额（亿元）	5.55	6.70	12.40	17.12	25.99	34.39	38.62

从表3中可见，市场交易量和交易额在2008年市场二期投入使用后开始飞跃，且交易额增长大大快于交易量增长，说明茶叶的平均交易价格在不断提升，2013年平均每公斤交易价格达54.2元，比2007年翻了一番。

（二）产业发展阶段判断

大致可分为三个阶段：

2000年之前为筑底期。这阶段茶叶种植面积历经多次波动后步入平稳发展，为松阳县茶产业打下了坚实的基础和抗风险的能力。在这个阶段，主要特点是由茶叶种植业带动加工业和销售业的发展。

2000—2010年为腾飞期。这个阶段全县茶叶种植面积快速扩张达到顶峰，茶叶加工力量迅速壮大，浙南茶叶市场销售额快速增长，三者相辅相成互动发展成为这阶段最鲜明的特点，形成了以种植为基础、加工为中坚、市场为龙头的产业链良性发展。

2010年后开始进入提升期。全县茶叶种植从“量的扩张”转入“质的提升”，2010年底启动了茶叶统防统治工作，实行植保专业化，松阳县很多茶农离开本土，开始“走全国、种全国、卖全国”。茶叶加工从“粗放”转入“精深”。振通宏茶业、茗阳科技、诚天和食品、箬寮食品等多家茶叶精深加工企业生产出速溶茶粉、茶食品、茶保健品等系列，实现了喝茶向吃茶、用茶的转变。茶叶销售在做大“产品销售”的同时更加注重“品牌销售”，浙南茶叶市场成为全国最大绿茶集散地，香茶（松阳）在渤海商品交易所成功上市；松阳银猴茶叶节暨中国茶商大会已连续举办6年；松阳银猴作为区域公用品牌，2014年以15.94亿元的品牌价值居全市第一、全省第五；大木山骑行茶园作为茶旅结合的拳头产品在全国打响。一、二、三产的联动提升，有力地推动了松阳县茶产业的持续健康发展。但应看到，产业提升越到后期阶段，面临的任务将越艰巨，如农业生产环节的质量管控、人工保障，加工环节“低、小、散”状况的提升及精深化发展，销售环节的品牌战略、茶旅结合战略的实施等；此外，松阳县还面临突出的人工需求矛盾、产销矛盾，这些矛盾处理不好极易“伤筋动骨”。

二、从统计视角探析当前茶产业链经济规模

（一）形成了“2345”的产业格局

一产方面。根据农业部门调查，2013年全县茶园11.73万亩，其中采摘面积11.56万亩，全年产茶1.1万吨，亩均产出0.9万元（来自农业部门20户调查户的资料），产出中化肥成本、利润五五开，即肥料、农药、人工（包括采摘）成本占50%，利润占50%。测算中按亩均产出0.7万元计算，2013年全县茶叶产值达到了8亿元规模，其增加值达到6亿元规模。全县从事茶叶种植、采摘业的有 8 万余人，在采摘旺季，还要输入上万名外来人口从事采摘。

二产方面。根据三经普调查数据及今年 200 户抽样调查数据推算，2013 年全县共有茶叶加工单位 2462 户，精制茶叶产量达到 2.49 万吨，茶叶加工产值为 20.23 亿元，增加值达 5.4 亿元，从业人员 8200 人。其中，规模以上（主营业务收入达到 2000 万元）茶叶加工企业 8 家，工业产值达到 7.8 亿元。

三产方面。茶产业链中第三产业主要体现在浙南茶叶市场，其统计数据主要参考物流数据，可信度较高。2013 年浙南茶叶市场交易量为 7.12 万吨，交易额 38.62 亿元，比上年分别增长 5.0% 和 12.3%，市场从业人员约 1300 人，测算增加值为 3 亿元规模。因茶叶产业而带动的其他服务业如餐饮住宿、旅游、金融等行业在此不做测算。

综合以上调查数据，2013 年松阳县茶叶产业链产出额已经突破 70 亿元，增加值超过 14 亿元，从业人员超过 9 万人。分析可得出“2345”的发展格局：茶产业链增加值占全县 GDP 的 20%，茶叶产值占农林牧渔业总产值的 30%，农民从事茶叶所得占农民人均可支配收入的 40%，从事茶产业的人口占全县常住人口的 50%。

（二）现行统计制度存在一定的滞后性

现行统计制度下，2013 年全县茶叶产值为 6.05 亿元，茶叶加工业产值为 15.4 亿元，浙南茶叶市场只有 5 家个体经营户纳入大个体批发贸易统计。现行统计制度下的数据明显低于专项调查数据。这是由于统计方法制度是由国家制定并在全国范围内共同实施的，其有自身的科学性、系统性、规范性要求，但也就不可避免地存在一定的滞后性，导致地方一些有特色的发展成果难以及时、客观地反映出来。这一方面有待松阳县根据统计制度规定落实相关政策措施，积极鼓励经营户“上规”，以纳入全面统计；另一方面有待统计方法制度的改革和完善。

三、茶产业在提升期遇到诸多制约因素

松阳茶产业在经历多年发展后，已经初具规模，但茶产业在提升期也面临诸多制约因素。

（一）一产方面

茶园基础设施建设薄弱，抵御自然灾害的能力较差，“靠天吃饭”的农业生产格局仍未得到根本性改变；产业组织化程度较低，企业带动能力弱；茶叶质量隐患仍然存在，卫生安全意识有待进一步增强，质量安全成为松阳县茶叶产业链中的薄弱环节，无公害生产技术与产品质量保证体系建设有待完善和加强。

（二）二产方面

1.企业规模偏小，加工设备落后。松阳数千家茶叶加工单位大多数以个体户为主，属家庭式、作坊式加工。规模较小、设备陈旧、标准化生产水平低。据第三次经济普查资料，2013年茶叶加工业户均产值84万元，年产值50万元以下的有1539户，占全部茶叶加工单位的62.5%。2013年末，全县茶叶加工单位户均从业人员不足4人，茶叶加工企业仅有46家，个体加工户2416家。加工设备落后，科技含量低，生产效率低，自我发展能力弱，规模效益难以显现，是松阳茶叶产业链中的最薄弱环节。

2.茶叶清洁化生产状况较差。除了少部分茶叶加工厂房设施较好，加工环境较整洁，工商、卫生证照齐全外，绝大多数茶厂的卫生和管理问题十分突出：茶厂选址不合理，茶厂与农户的生产、生活混在一起；厂房比较简陋，基本上没有卫生设施；车间内茶、柴混杂、堆放无序，茶叶直接与地面接触等现象比较普遍，离国家对食品加工场所的要求差距很大。加工环境卫生状况差，清洁化加工意识薄弱，将成为提升松阳茶叶品质的瓶颈。

3.品牌整合力度还不够。品牌只有形成合力，才能做大做强。松阳茶叶品牌虽经整合推出了“银猴”系列产品，并有几家企业开始使用“银猴”品牌，但多数企业仍自打品牌，整合的积极性不高，缺乏有实力的经营实体运作品牌，品牌建设管理思路有待革新。

（三）三产方面

1.市场管理机制不够完善，品牌影响力小。松阳县茶叶市场经营理念、管理手段与现代市场的要求有着很大差距，缺乏严格统一的源头管理标准，导致品牌整合的积极性不高，营销能力较弱，效益偏低，服务功能有待进一步加强。同时，由于缺乏全球性经营主体和龙头企业，品牌培育和推广相对滞后，品牌保护机制尚未健全，茶产品“有姓无名”问题比较突出，导致茶产业竞争力难以提升。

2.交易理念和方式传统滞后，现代化交易平台缺乏。目前，松阳县的交易方式主要还是以“一对一”方式进行，与国际通行做法不能实现有效对接，引发市场无序竞争、低价竞销，不利于形成合理的竞价机制和统一的质量标准，导致市场流通秩序不规范，流通效率难以提高。同时，电子商务等交易平台普遍存在规划引导不够、创新能力不足、转型提升缓慢等问题，导致现代商贸流通模式推广缓慢，一定程度上制约茶产业现代化发展水平提升。

四、对茶产业链提升的几点建议

茶产业是松阳县本土产业。发展到现在是政府、企业、农民共同努力的结果，要倍加珍惜，后续的产业提升极为关键，需特别重视。

（一）坚定信心，集聚各方力量促提升

松阳县茶产业经历多年发展，达到当前的“2345”格局实属不易，茶叶成了松阳县农民的“金叶子”，也成了松阳县的“金名片”，是松阳县“田园经济”的形象代言，若产业提升能顺利进行，几年内将会成为上百亿元规模的大产业。为此，一定要坚定信心，乘势而上，把茶产业链提升作为松阳县重中之重的工作来抓，政府在发展前景的研究、规划布局的引导、科技服务、人才引进、质量管控等方面加大力度，不遗余力地集聚各方力量促进该产业持续健康发展。

（二）合理布局，做大茶叶加工业

笔者在调查中听到最多的诉求是生产用地供应无法满足加工生产场地需求的矛盾待解决。目前松阳县茶叶加工绝大多数以个体户为主，属家庭作坊式加工，星星点点，厂房比较简陋，卫生设施较差，生产、生活混在一起。在这种环境下生产的企业必定表现为“小、散、弱”，这也是今后产业提升所面临的大难题。作为本土产业，平台建设问题一直反映较多，要从培育大产业的角度来考量产业用地需求问题，认真研究解决茶农的强烈诉求。为此建议积极引导、合理布局：一方面在县级园区推进适度集聚发展，鼓励有实力有前景的企业入驻，重点在于培育企业上规模，通过 ISO 9001 · 2000 国际质量管理体系认证和 QS 质量安全认证等，整体提高松阳县茶叶加工业的规模、质量和竞争力；另一方面在重点产茶乡镇（村）鼓励适度分散发展，建立标准化厂房，将原有零散的加工户整合到茶叶加工区块里来，以适应就地收购茶青、就地就快进行加工的需求，重点在于加强企业清洁化生产管理，提高产品品质。

（三）茶旅结合，做深茶产业经济链条

茶旅结合是茶业与旅游业及相关配套服务业一体化发展的新模式，它能把茶产业的一、二、三产很好地链接起来，作为一个体系来运作，以一体化为目标，这也是松阳茶产业提升的主攻方向。一是明确着力点，一产围绕“茶旅结合”狠抓基地改造，使茶园集采摘、观光、体验、生态于一体；二产围绕“茶旅结合”狠抓工厂清洁化改造和健康产品开发，使茶叶加工园成为宜工、宜游、宜购的新型加工园；三产围绕“茶旅结合”狠抓服务内涵的丰富和服务品质的提升，以满足休闲、运动、养生、度假、教育、购物等多方位的旅游需求。应深化相关研究，制定具体工作目标抓落实。二是把大木山骑行茶园建设成为“茶旅结合”的精品区。该区域是松阳县最有特色的种植、加工、旅游基地，名气越来越大，游客也越来越多，但游客往往是茶园转一圈就走，“带走了美丽的记忆，却没留下多少人民币”。建议深化该区域的“茶旅结合”实施方案，在“吃住行游购娱”的软硬件建设方面稳步推进，以期“留得住人，留得下钱”。三是促进浙南茶叶市场融入更多的旅游元素。目前该市场的功能比较纯粹，就是批发交易，虽然市场三期是“茶文化街”，但始终没有形成氛围。建议从市场外立面改造、市场基础设施改造、市场服务功能等方面考虑茶旅结合的要求，融入更多的旅游元素，让交易市场同时成为旅游市场。

（四）出台政策，鼓励企业“上规”

2013 年，全县 2462 家茶业加工单位中规模以上企业只有 8 家，全县 44 家第三产业规模以上企业中没有一家涉及茶产业。现实中有些企业产出额虽然达到“上规”标准，但因各种原因不愿“上规”，其中最大顾虑是税费以及财务成本的增加。从衡量一个产业的发展实力来说，“规上”企业占比是一项重要指标，从现行统计制度来说，企业只有纳入“规上”企业采取联网直报，才能真实反映出相关数据。为此，建议政府高度重视该项工作，有关部门加强调研，出台一些针对性强的激励政策，如企业“上规”后不增加税费，企业“上规”所增加的财务成本给予以奖代补，等等。

松阳县统计局